公司利益的法律解释

LEGAL INTERPRETATION OF CORPORATE INTERESTS

沈晖 / 著

图书在版编目(CIP)数据

公司利益的法律解释／沈晖著. —北京：北京大学出版社,2023.4
ISBN 978-7-301-33655-7

Ⅰ.①公… Ⅱ.①沈… Ⅲ.①公司法－研究－中国 Ⅳ.①D922.291.914

中国国家版本馆 CIP 数据核字(2023)第 006166 号

书　　　名	公司利益的法律解释 GONGSI LIYI DE FALÜ JIESHI
著作责任者	沈　晖　著
责 任 编 辑	周　希　靳振国
标 准 书 号	ISBN 978-7-301-33655-7
出 版 发 行	北京大学出版社
地　　　址	北京市海淀区成府路 205 号　100871
网　　　址	http：//www.pup.cn　http：//www.yandayuanzhao.com
电 子 信 箱	yandayuanzhao@163.com
新 浪 微 博	@北京大学出版社　@北大出版社燕大元照法律图书
电　　　话	邮购部 010-62752015　发行部 010-62750672 编辑部 010-62117788
印 刷 者	三河市博文印刷有限公司
经 销 者	新华书店 650 毫米×980 毫米　16 开本　28.75 印张　386 千字 2023 年 4 月第 1 版　2023 年 4 月第 1 次印刷
定　　　价	98.00 元

未经许可，不得以任何方式复制或抄袭本书之部分或全部内容。
版权所有，侵权必究
举报电话：010-62752024　电子信箱：fd@pup.pku.edu.cn
图书如有印装质量问题，请与出版部联系，电话：010-62756370

目录

序一 发现公司利益的制度逻辑 / 001

序二 沈晖个人利益的一个构成因子 / 001

第一章 通往团体利益之路
——公司利益的生成路径 / 001

一、作为独立团体利益的公司利益 / 005

（一）作为独立利益的公司利益 / 005

（二）作为团体利益的公司利益 / 009

二、什么样的团体利益：公司利益构成的观念分歧与理论基础 / 013

（一）关于公司利益构成的观念分歧 / 013

（二）"公司利益"构成分歧背后：公司目标理论分歧 / 033

（三）分歧的焦点：非股东利益相关者利益的保护模式 / 036

三、公司利益的生成路径 / 058

（一）利益与公司利益 / 059

（二）公司的价值判断是公司利益关系形成的核心步骤 / 062

　　（三）公司的价值判断何以形成？——以意思形成与意思表示分离的视角考察 / 062

　四、初步的观察：代结语 / 079

第二章　揭开公司利益不确定性的面纱 / 089

　一、不确定的公司利益 / 094

　　（一）不同类型公司间利益构成之不确定性 / 095

　　（二）同一类型公司在不同国家间公司利益构成之不确定性 / 095

　　（三）同一公司在不同阶段利益构成的不确定性 / 096

　　（四）特定权益是否属公司利益的不确定性 / 097

　　（五）特定情境下管理层是否"为公司利益"行事判定的不确定性 / 097

　二、公司利益不确定性探源 / 098

　　（一）语言的模糊性 / 099

　　（二）价值的任意性与主观性 / 101

　　（三）法律漏洞 / 103

　　（四）利益种类的多样性 / 104

　　（五）公司利益衡量标准的不确定性 / 105

　　（六）公司的营利性特征要求不确定性 / 108

　　（七）公司利益的不确定性有利于司法机关根据现实变化调整司法态度 / 111

　三、公司利益不确定性之实体控制 / 112

　　（一）对公司利益构成的控制 / 113

　　（二）对公司利益客体范围的控制 / 113

　　（三）对特定损害公司利益行为的控制 / 114

　四、公司利益不确定性之自我控制 / 115

　　（一）公司利益不确定性之组织控制 / 116

　　（二）公司利益不确定性之程序控制 / 121

五、公司利益不确定性之司法控制 / 130
  （一）因语言模糊性产生的不确定性风险之控制 / 130
  （二）法律漏洞产生的不确定性的司法控制 / 131
  （三）公司利益不确定性司法控制的标准 / 132

第三章 公司利益的构造 / 145

一、公司利益的总体构造 / 148
  （一）公司利益并非股东利益最大化：通过证伪的方法说明 / 148
  （二）实践中的公司利益总体构造：利益相关者综合利益 / 151
  （三）反思利益相关者理论：质疑与回应 / 152

二、公司利益的构成因子 / 163
  （一）信托模式下的公司利益构成因子 / 164
  （二）参与模式下的公司利益构成因子 / 177
  （三）被忽略的话题：董事利益是否是公司利益的构成因子？/ 187

三、动态的公司利益层次结构 / 191
  （一）公司利益的动态结构 / 191
  （二）公司利益的层次结构 / 195
  （三）公司利益层次结构在不同情境下的动态表现 / 197

四、公司利益构造的中国问题 / 228
  （一）集团利益与关联企业间交易规制路径的选择 / 228
  （二）雇员利益融入公司利益：中国法下参与模式的问题与出路 / 241
  （三）政府利益融入公司利益：参与模式是否必要？/ 249

第四章 公司利益客体的范围 / 255

一、公司利益客体的范围包括但不限于公司所得享有的权利 / 259
  （一）公司权利是法律化的公司利益 / 260
  （二）公司利益的范围广于公司权利 / 261
  （三）公司利益客体的范围包括但不限于公司得享有的权利 / 262

二、公司利益客体的范围 / 263

（一）财产利益及其视角下的公司机会 / 264

（二）公司的生存利益：一种人身利益 / 268

（三）公司利益客体中的长期利益：以商誉权为例说明 / 284

三、公司利益客体范围的限制 / 289

（一）基于团体性质而不得享有特定种类的权利与利益 / 289

（二）公司可否谋求政治利益？——以政治捐赠的法律规制为例 / 290

（三）公共利益对公司利益的限制 / 301

（四）公司不得享有对自身的控制性利益：以控制权转让溢价的取得主体为例分析 / 306

第五章　公司利益的识别 / 311

一、公司利益识别的分类与功能 / 313

（一）公司利益识别的分类：以识别主体与时间为标准 / 314

（二）公司利益识别的功能 / 317

二、公司利益的事中识别 / 321

（一）识别组织 / 321

（二）识别程序 / 325

（三）我国公司利益事中识别机制的完善 / 342

三、公司利益的事前识别 / 356

（一）问题的提示：从一则案例提起 / 356

（二）公司利益事前识别的正当性 / 359

（三）公司利益事前识别的比较法考察 / 361

四、公司利益的事后识别 / 372

（一）公司利益的事后自我识别 / 373

（二）公司利益的司法识别 / 398

参考文献 / 417

序一　发现公司利益的制度逻辑

蒋大兴*

这是一本迟出的著作。它是沈晖的第一本专著,也是他的博士论文。沈晖是我在北大带的第一届博士生,也是跟随我北漂读书的第一位南大学生。

这本书的初稿完成于 2013 年,顺利通过了博士论文答辩,其后,压在沈晖的箱底差不多又是 10 年。十年磨一剑。但今天大家看到的这把"剑"仍是十年前的样子。即便如此,我们仍能强烈地感受到"公司利益解释"的重要性——无论是在学术界,还是实务界,这依然是一个未能很好完成的领域,甚至经常处于无解状态。这些年,有关公司利益的理论解释以及制度设计、案例演化等等,均未取得太大进展。我们对阿里、腾讯这些"伤人的"公司新贵,以及"三桶油"等这些传统的"垄断国企",或者康美药业等沉迷于说谎的公司,仍然缺乏有效的

---

* 北京大学法学院教授。

规制方法。隐藏在其后的公司利益的制度逻辑并未有效地生成、合理地构造、准确地被识别。在公司利益、股东利益、债权人利益,甚至公众利益、国家利益、社会利益等这些利益圈层的融合、竞争、冲突过程中,法律仍然未能游刃有余、形成一种完美的权力/权利/利益/责任的分配格局。这是中国公司法学界的基本状况。这十年间,我们虽然发表了不少论文,致力于公司法的"进步性改革",但学术的进展是十分有限的。尤其是关于基本范畴的研究,仍处学术发展的初级阶段。值得记忆的文章,寥寥可数。这也意味着十年前,我和沈晖商定的这个论文领域,是不乏远见的。

这部作品初步讨论了公司利益作为独立团体利益的价值,揭示了公司利益的独特生成路径——意思形成与意思表示的分离,提出了公司利益具有层次性、不确定性、动态性等多元气质,进而对公司利益的客体范围、公司利益的识别等影响公司利益判断的诸多重要问题尝试进行了解释。这些讨论试图秉持解释论的方法,为我们逐步展现关于公司利益的宏大宫殿的内部场景。尽管沈晖在法教义学解释工具的运用方面还不成熟,有关解释判断的成文法以及判例法的论据使用也还存在很大的努力空间,尤其是,在这部作品中,我们每个人所看到的公司利益宫殿的内容也可能存在差别,但客观来说——沈晖是有自己的贡献的。

博士学位论文事后如果能够被评价为"有贡献",这个博士学位就没有白读。更何况,这个"有贡献"是在沈晖毕业十年后,我以及可能存在的"我们"所做的判断。虽然,在这十年间,我对沈晖有很多不满意,例如,他并未按照我最初的建议或者设计,离开现在所供职的学校,以便可能获得更大的发展空间;再比如,他回到金陵脂粉地,一头扎进实务的圈子里,似乎赚得"盆满钵满",房子买了好几套,老婆孩子热炕头,在六朝古都生活得很安逸……

可是这些都不能让"为师的我"满意。

我一直认为,他是做学问的料子。虽然年纪有点大(只比我小一岁)、英语有点差、口才很一般、长得也不好看……但作为南京的江北人,他有一种我很少看到的执拗劲,而且喜好读书/乐于做笔记,有很好的"发散性思维"。当年在南大,他跟着徐棣枫老师读知识产权的研究生,却偏要写关于公司资本制度的毕业论文时,我就发现了他的这些长处。

我一直认为,人的一生,只要坚持做一件事,大概率就能成功。何况在沈晖身上,还有很多可以"做好学问"的优点。

因此,当他成长为一个小有名气的金陵律师后,我对他多多少少还是有些失望的。所以,他毕业后偶尔有几次见面或者打电话,他还会捡我爱听的说,比如,他要继续做学术,云云。对此,我多半已是一笑了之。人生没有太多的十年可以等待。我其实已经不是很相信(严格来说是不那么在意)他说的话了,毕竟,学生一茬一茬的,在不断交替的希望与失望之间,我已不像十年前那样充满期待。因为在这个过程中,不断有人在入学考试/申请时会跟你说,自己这一生是要做学问的。但一旦入校/毕业,你就会发现他/她之前不过是跟你开了个玩笑,当不得真的。而且,现在的这一代真的不简单,他/她们有超强的自信心和健忘能力,他/她可以一边开着公司、干着律师、做着投资人,一边在你满目疑问中言辞凿凿地说,"自己仍然是要继续做学术的"!或者"自己为什么不适合做学术了"?你发现,他/她说的都对。只是,当老师近30年,越来越疑惑——为什么现在的一些法科学生,一点契约精神都没有?与此同时,还炉火纯青地滥用着合同解释权。

当然,自己选择的路,自己开心就好。只是但凡做不到或者可能没打算做到的事情,就没有必要在师长那里如此言之凿凿,让人感觉被欺骗。人类社会再怎么道德沦陷,欺骗还是很伤人的。好在"五十而知天命",这些年来,我对学生的工作意向已不那么强求。人家只是跟你求了几年学,你有什么资格去设计他/她的一生?

活到今天,我和沈晖大体上已经知道自己这一生需要什么。这和十年前或者二十年前，甚至刚毕业、刚进入大学时的懵懂状态比较，我们早已不可同日而语。所以，我想，沈晖应该是很清楚自己现在到底需要什么。虽然这种需要曾经可能是"有层次的、动态的、不确定的……"。早些年还年轻时，他可能追求忠于爱情、照顾家庭、孝顺父母，因此，努力挣钱是他的主要事业。也许，现在回过头来，仓廪实的他开始怀念读书和求学的好日子。出版这本书，可能是对其博士阶段的一种纪念。虽然我更愿意相信，这是他重新回归学术道路的一种开始。这个开始并不晚，我们很多人、很多事都是从五十岁后才开始的。虽然这可能是伤人的，例如，第二次握手……但人生的阅历多了，对生活、对情感、对国家、对社会、对公司的理解也可能会更透彻，这也会更有利于做学问。因此，社会科学在某种意义上是老年人的事情。

这也可能是我依然愿意给沈晖这位"老讲师"写序的原因。我内心其实一直希望自己认为"很不错"的学生，能够继续其学术的道路。何况，沈晖在十年前就创作了"好作品"。

虽然，如同很难判断何者为"好公司"一样，我们有时也不太好判断什么是"好作品"。但我很清醒地知道，沈晖这部著作的最大意义在于：他将耳熟能详的生活语词——公司利益——拉入了学术的视域；他开发了一个不太被重视的学术富矿——试图发现公司利益背后的制度逻辑；他尝试用法律解释的方法，系统解构公司法中的核心范畴；他昭示着公司法研究已经逐步从"制度关注"转向"范畴解释"……凡此种种，皆为进步。

希望沈晖能藉此重新开启自己的"学术春天"。

是为序。

2022 年 5 月 10 日于北京

序二 沈晖个人利益的一个构成因子

缪因知[*]

初识沈晖是在他2009年到北大读博之际,后来我们一起参加过大兴老师的课题组。由于沈晖的室友长期在外居住,我当时住得离北大近,在日间也经常去藏书丰富的沈晖宿舍,尽管我们的经历甚至气质并不近似,也挺谈得来。

沈晖是爱笑的,但他讲起专业问题时,会一脸严肃、一脸刚毅,甚至露出"这个事情就是如此"的斩截气势。他对专业的熟稔、做事的精练背后,是他肯下苦功夫的拼劲和焚膏继晷形成的积累。这是我愿意和他多交流的原因,也是他的法律业务做得成功的原因。

在外人看来,读博的决定对沈晖并不是那么容易。他来北京读博时已经37岁,无论是原单位的工作,还是兼职的律师生意,均已然顺手。

---

[*] 中央财经大学法学院教授。

沈晖冲破舒适区来读博期间,沈太太在南京待产。她是高龄产妇,虽然有其他家人陪伴,但总会有孕期的种种困难。沈晖读博当然离不开沈太太的理解与支持,不过在此情境下,他偶尔被抱怨一下也是难免的,我还见证过她来电责备沈晖一个人在北京读博不顾家。这明显给沈晖带来了精神压力,但他还是坚持了下来。这里的家务曲直不由我评判,但我可以感受到沈博士对于做学问的强烈执念。

这从沈晖的博士论文选题也可窥见一斑。沈晖当时并不是一个还在抓摸方向的学术"小白",他对不少法律领域已经有成熟的看法,如果按照偏重实务的话题整理一篇博士论文,是相当稳健合理的道路。但沈晖没有这么选择,而是选择了一个偏抽象的、自己必须从头做起的话题,即我们看到的这本关于公司利益的著作。这体现了他导师的洞见和高标准,也体现了他自身的觉悟与志气。

我对这本书的内容可以说是熟悉的。我担任编辑的《财经法学》曾经按照流程刊发过其中的两个话题:《公司利益的构成因子——以主体的视角观察》和《政府利益对国有公司利益的影响路径研究》,刊发效果也很好。虽然话题不算热门,下载量不算很大,但质量高,前者被《清华法学》等大刊的论文引用,后者则被中国人民大学《复印报刊资料》全文转载。本书其他部分内容也先后刊发在中国社会科学院法学研究所和清华大学法学院主办的高品质刊物上。不过,作者发稿时并非简单地整块挪移切割,而是各有取舍调整的。

就具体内容而言,本书是有理论开拓性、深入性的。其探讨的是公司制度和公司理论中一个基本元素的内在构造、生成机制、识别路径。在公司独立性和团体性的基本路线之争中,公司利益正是一大聚焦点所在。本书的逻辑体系未必十分严整,各章的勾连也可以处理得更为有机,字句亦有打磨空间,一些具体结论也未必是我赞同的。然而,其论述是上路的,视角是多元的,材料是丰富的,分析是启发人且不务虚的,例如,相关理论可以为关联公司、股东代表诉讼制度提供借鉴。

任何希望从法律、治理或商务角度对公司利益这样的基础概念、本原事项作一番探究的人,均值得翻阅本书。致力于作出更深研究的人,也可以从本书中找到可攻之玉。较之当年,现在西方人发明的无所不包的"饿死鬼"(Environment, Social and Governance, ESG)标准一方面正试图在制度设计上以饕餮之势兼容并包任何事物或因素进入公司利益,另一方面又在实操中高度偏向于白左社会运动家们偏好的特定政治利益,给宏观经济已然进入困难期的世界公司治理带来了不少纷扰。阅读沈晖主要是在此思潮兴起前写下的公司利益著作,或可见一种更为中允的看法。

作为见证了本书前传的人以及一个或许看上去比沈晖更像学者的人,我比他人更能感受到这本书体现的、作者追求学术时的精神力量。就沈晖的年资、事业、财富自由度而言,此时出版这本书,对他个人的功利价值并不是那么大。但就像他当初的读博之旅一样,这可谓对学术念念不忘的一种回响。我想沈晖自我设定的个人利益的构成因子中,肯定有一项是"纯粹地做学问",虽然这并不能从本书的理论论述中导出。

今日的学术圈面临着种种评价机制的压力带来的形变。我也和不少人一样,虽然似乎初步解决了生存问题,仍然无法驱除对所做之事的困惑和疑虑。此时返首看见沈晖在鸿图大展之际,仍然不时腾出功夫打制这样一部不乏乏味、甚至可谓冷门的形而上话题的作品,这能让我们感受到他的学术热情,一种令我们也可以更为暖心、有力的热情。他能最终获得法学界顶级出版社的垂青,是他的幸运,也是给我们广大读者的佳音。

作为沈晖的朋友,我知道这是一位认真的学者的作品。

作为本书的读者,我发现了册页中的诸多思想矿藏。

作为学术道路上的同行者,我见证了此书形成中作者的心血。

我愿意将此书推荐给各位。

2022 年 6 月 15 日

第一章

通往团体利益之路
——公司利益的生成路径

一切主义，一切学理，都该研究。但只可认作一些假设的(待证的)见解，不可认作天经地义的信条；只可认作参考印证的材料，不可奉为金科玉律的宗教；只可用作启发心思的工具，切不可用作蒙蔽聪明，停止思想的绝对真理。如此方才可以渐渐养成人类创造的思想力，方才可以渐渐使人类有解决具体问题的能力，方才可以渐渐解放人类对于抽象名词的迷信。

——胡适①

在公司法中，"公司利益"是一个极其重要的概念。不仅公司法的立法目的包含保护公司

---

① 胡适：《介绍我自己的思想》，载陈平原选编：《胡适论治学》，安徽教育出版社2006年版，第4页。

利益①,在涉及股东义务②、董事义务③、监事职责④,以及其他的有关人员的行为规则⑤也均可能涉及对"公司利益"的判断。以至于有学者指出:"在公司法中,没有比谁的利益是公司试图回报的利益更大的政策问题了。"⑥

然而,与"公司利益"在公司法中的重要性形成鲜明反差的是,中外公司法均未对其概念作出明确界定。不仅如此,理论与司法实践中对其含义的认识也出现了极大分歧。对公司利益含义理论上的分歧,在于对非股东利益相关者的利益保护方式的分歧。是否符合公司这一"团体"的利益诉求的判定,只能交给其利益主体——公司来进行。公司进行这一判定的过程是一种团体意思的形成过程,考察这一意思形成过程及其考量因素,将会发现利益相关人的利益何以融入"公司利益"或与公司利益相分离。

---

① 我国《公司法》第 1 条即规定:"为了……保护公司……的合法权益,……制定本法。"此处,权益自然应当系指权利与利益,原因如下:一则,理论上一般认为,权利为法律所保护的利益(耶林、张文显、彭诚信等学者均持此见解),自然,利益还包括尚未权利化的利益(如长远利益)。二则,我国《公司法》第 21 条明文规定控股股东等不得损害"公司利益",既然公司法专门作此规定,自然,公司法的立法目的也包括保护公司利益。

② 例如,我国《公司法》第 20 条第 1 款规定:"公司股东……不得滥用股东权利损害公司或其他股东的利益……"

③ 英美公司法一般均规定董事负有"为公司整体利益而行使权力"的义务。在我国,《公司法》虽未作此明文规定,不过,若董事未"为公司整体利益而行使权力",因公司为一完整的团体,则意味着董事为公司以外的其他主体利益而行事,对此似可归入董事违反勤勉义务之列。

④ 例如,依据《公司法》第 53 条第(三)项之规定,当董事、高级管理人员的行为损害公司的利益时,监事有权要求董事、高级管理人员予以纠正。

⑤ 例如,《公司法》第 21 条第 1 款规定:"公司的控股股东、实际控制人、董事、监事、高级管理人员不得利用其关联关系损害公司利益。"

⑥ See Christopher M. Bruner, "The Enduring Ambivalence of Corporate Law," 59 *Alabama Law Review* 1426(2008).

一、作为独立团体利益的公司利益

(一)作为独立利益的公司利益

公司具有独立于股东的利益、地位与权力。[①] 公司的利益是指作为法律实体的公司组织本身的利益而不是指公司独立主体以外的其他人的利益。[②] 公司是一个有着自身权利的机构,这个实体独立于其投资者而存在,并且,其独立存在不因其投资者身份的变化而受影响[③],公司之所以不同于独资企业或合伙,也正是因为存在着独立的公司利益[④]。

公司有其独立利益得到了各国立法、判例与学说的支持。

在英美公司法早期,人们为了确立公司的法律地位而严格贯彻着公司人格独立理论,认为,从法律上讲,公司一旦设立,即完全独立于公司的成员。因此,公司的利益不同于公司股东的利益。在早期的公司法中,"公司整体利益"是指公司作为独立的法律实体的利益,而不是指公司股东或某些股东的利益。[⑤] 美国《遗产继承法》则规定:"公司是由一些人组成并被赋予法律许可,作为一个法律实体而存在的,它拥有自身的权益、权力和义务,与成员的权益、权力和义务截

[①] 参见邓峰:《普通公司法》,中国人民大学出版社2009年版,第110页。
[②] 参见张民安:《公司法上的利益平衡》,北京大学出版社2003年版,第379—380页。
[③] See Andrew Keay, *The Corporate Objective*: *Corporations*, *Globalisation and The Law*, Edward Elgar Publishing Limited, 2011, p.18, pp.175 – 177.
[④] 参见 Lawrence E. Mitchell, " Fairness and Trust in Corporate Law," 43 *Duke Law Journal* 425 – 491(1993),转引自邓峰:《公司利益缺失下的利益冲突规则——基于法律文本和实践的反思》,载《法学家》2009年第4期,第84页。
[⑤] 参见 L. C. B. Gower, *Gower's Principles of Modern Company Law* (4th edition), Stevens,1979,p.577,转引自张民安:《公司法上的利益平衡》,北京大学出版社2003年版,第139页。

然不同。"①明确承认了不同于其成员利益的独立的公司利益。

在英国,早在1975年,丹宁勋爵在 Wallersteiner v. Moir(No.2)案中即指出:"(公司是一个法人)是我们法律中的基本原则,它有自己的公司身份,独立并区别于其董事与股东,有权独自拥有自己的财产权和利益。"②英国上诉法院在1994年审理的 Fullham Football Club Ltd. v. Cabra Estates Plc. 案中似乎重申了公司的这种独立地位,其指出:"董事所负的义务是针对公司的,公司绝不只是其成员的总和。"③并且,股东不得出于一己私利,利用其多数决权力,允许董事的行为违背其对公司负有的义务。④ 法院相信,即使多数派股东的决定依据章程是正确的,其亦非压倒一切的。董事会的一些决定,即使股东们100%同意,也不能得到批准认可。⑤ 法院愈来愈愿意接受这样的观点:公司一旦得以创立,则不仅仅是从其成员中独立出来的创造物,而且其成员在行使投票权时,必须考虑到他们一己私利之外的那些利益。⑥ 公司利益独立于股东一己私利之外但与之密切关联的观点,正变得越来越普及。英国开始不再将公司看作所有者之间为追求其自身利润而订立的契约,而认为公司是一个有着其自身目标的企业。这些目标必须通过根据其真正的自身利益——而非股东短浅且狭隘的

---

① 参见〔美〕罗伯特·蒙克斯、〔美〕尼尔·米诺:《公司治理(第2版)》,李维安、周建等译,中国财政经济出版社2004年版,第1页。
② [1975] QB 373, in Andrew Keay, *The Corporate Objective: Corporations, Globalisation and The Law*, Edward Elgar Publishing Limited, 2011, p. 18, p. 184.
③ [1994] 1 BCLC 363, at 379, in Andrew Keay, *The Corporate Objective: Corporations, Globalisation and The Law*, Edward Elgar Publishing Limited, 2011, p. 18, pp. 184 – 185.
④ 参见 Prudential Assurance Co. Ltd. v Newman Industries (No. 2) [1981] Ch. 257; Alexander v. Automatic Telephone Co. [1900] 2 Ch. 56; Estmanco (Kilner House) Ltd. v. GLC [1982] 1 WLR 2, 转引自〔英〕珍妮特·丹恩:《公司集团的治理》,黄庭煜译,北京大学出版社2008年版,第45页。
⑤ 参见 R v. Gomez [1992] 3 WLR 1067, 转引自〔英〕珍妮特·丹恩:《公司集团的治理》,黄庭煜译,北京大学出版社2008年版,第45页。
⑥ 参见〔英〕珍妮特·丹恩:《公司集团的治理》,黄庭煜译,北京大学出版社2008年版,第44页。

财产利益——所作出的决策来加以推进。[1]

澳大利亚新南威尔士最高法院在 1988 年于 Darvall v. North Sydney Brick & Tile Co. Ltd. 案中指出,将公司作为一个独立于其成员的商业实体来考虑其利益是非常正确的。[2]

在加拿大,其最高法院在 2004 年审理的 Peoples' Department Store Inc. v. Wise[3] 案中即明确否定了股东利益优位原则,指出,"'公司的最佳利益'不能被简单地解读为'股东的最佳利益'",并指出,董事负有为公司的最佳利益行事的义务,"公司的最佳利益"意味着最大化公司的价值。[4]

在苏格兰的 Dawson International Plc. v. Coats Paton Plc. 案中,法庭指出,董事在执行公司事务与履行义务时,需考虑公司的利益,他们对股东并不负有义务。[5]

在德国,司法判例和学术界提出了"企业利益"这一概念[6],主张企业是一个独立的组织,有着自己独立的利益,该概念已成为一个被人们广泛接受和使用的概念。[7]

在法国,其公司法并未要求实现股东财富的最大化。它实际上鼓励管理层以全体的社会利益(即企业内的所有利益相关者)为基点来

---

[1] 参见〔英〕珍妮特·丹恩:《公司集团的治理》,黄庭煜译,北京大学出版社 2008 年版,第 46 页。

[2] See [1988] 6 ACLC 154, p.176, in Andrew Keay, *The Corporate Objective: Corporations, Globalisation and The Law*, Edward Elgar Publishing Limited, 2011, p.18, p.184.

[3] See [2004] SCC 68; [2004] 244 DLR(4th) 564.

[4] See Andrew Keay, *The Corporate Objective: Corporations, Globalisation and The Law*, Edward Elgar Publishing Limited, 2011, pp.168 – 169, p.185.

[5] See [1988] SLT 854, 860; [1989] BCLC 233, 241, in Andrew Keay, *The Corporate Objective: Corporations, Globalisation and The Law*, Edward Elgar Publishing Limited, 2011, p.185.

[6] 参见〔德〕托马斯·莱塞尔、〔德〕吕迪格·法伊尔:《德国资合公司法(第 3 版)》,高旭军、单晓光、刘晓海、方晓敏等译,法律出版社 2005 年版,第 128 页。

[7] 同上注,第 31 页。

营运企业。① 梵因诺特报告(The Vienot Report)②将董事的功能和作用界定为:在任何情况下,董事都应该为公司利益行事,这是公司作为法人的最高利益,即公司自身就是自主的经济单位,具有自身目标。③根据该报告,公司利益凌驾于股东利益之上。④ 该报告声称:"公司的利益可以被理解为公司作为与股东、雇员、债权人,并包括税收当局、供应商和客户在内的代理人相区别的经济代理人所享有的不可逾越的利益主张。但是它代表着这些人共同的利益,且目的是使公司保持运营和秩序。"⑤根据科尔·费里国家公司的调查,早在2002年年底,巴黎证券市场的前40家上市公司,100%执行了1号报告。⑥ 不难看出,公司独立利益在法国也得到了认可。

我国《公司法》在规定股东利益⑦、债权人利益⑧和职工权益⑨的同

---

① 参见 James A. Fanto, "The Role of Corporate Law in French Corporation Governance," *Cornell International Law Journal* 31,47(1998),转引自〔美〕马克·罗伊:《公司治理的政治维度:政治环境与公司影响》,陈宇峰、张蕾、陈国营、陈业玮译,中国人民大学出版社2008年版,第95页。
② 该报告分为1号报告与2号报告,1号报告发布于1995年7月。2号报告发布于1999年7月22日。两者均认可公司的独立利益。参见〔法〕贝特朗·理查、〔法〕多米尼克·米艾莱:《公司治理》,张汉麟、何松森、杜晋均等译,经济管理出版社2006年版,第10—16页。
③ 参见朱羿锟:《公司控制权配置论——制度与效率分析》,经济管理出版社2001年版,第329页。
④ 参见〔法〕贝特朗·理查、〔法〕多米尼克·米艾莱:《公司治理》,张汉麟、何松森、杜晋均等译,经济管理出版社2006年版,第11页。
⑤ The Board of Directors of Listed Companies in France, *Report of the "Vienot Committee"* (1995),转引自王清华:《评英国的公司利害关系人理论》,载顾功耘主编:《公司法律评论》(2002年卷),上海人民出版社2002年版,第76页。
⑥ 参见〔法〕贝特朗·理查、〔法〕多米尼克·米艾莱:《公司治理》,张汉麟、何松森、杜晋均等译,经济管理出版社2006年版,第31页。
⑦ 例如,《公司法》第20条第1款规定:"公司股东……不得滥用股东权利损害公司或者其他股东的利益……"
⑧ 例如,《公司法》第20条第1款规定:"公司股东……不得滥用公司法人独立地位和股东有限责任损害公司债权人的利益。"第3款规定:"公司股东滥用公司法人独立地位和股东有限责任,逃避债务,严重损害公司债权人利益的,应当对公司债务承担连带责任。"
⑨ 例如,《公司法》第17条第1款规定:"公司必须保护职工的合法权益……"

时,又明确规定了对"公司利益"的保护①,据此,也可得出我国公司法上的公司利益是一种不同于股东利益、债权人利益与职工利益的独立利益的结论。

(二)作为团体利益的公司利益

公司利益之所以为一独立利益,乃因公司系一个独立团体。"公司是以谋求公司社员的利益为目的的利益团体……现代公司已经脱离了以追求公司社员利益为目的的存在,成为了社会性的存在。因此,公司拥有了利益团体性质与共同团体的性质。"②从而,公司法也成为"关于资本形成和提供人力相结合的团体的团体法"③。

对复数股东公司而言,公司是一种社团组织。社团是指为一定目的而结合在一起的人的集合,公司作为实体是根据公司法的规定而形成的。公司根据公司法的规定形成实体时,公司自然就具有社团性,并通过其设立登记自动取得法人人格。④ 在 Greenhalgh v. Arderne Cinemas Ltd. 案中,Evershed M. R. 指出:"'公司整体'这一术语是指公司作为商事实体区别于公司成员。"⑤利益可分为个人利益、团体利益、整体利益等。⑥ "法律规范保护人的共同体之利益,……共同体成

---

① 例如,《公司法》第 21 条第 1 款明确规定:"公司的控股股东、实际控制人、董事、监事、高级管理人员不得利用其关联关系损害公司利益。"第 33 条第 2 款规定:"公司有合理根据认为股东查阅会计账簿有不正当目的,可能损害公司合法利益的,可以拒绝提供查阅……"第 53 条规定:"监事会、不设监事会的公司的监事行使下列职权:……(三)当董事、高级管理人员的行为损害公司的利益时,要求董事、高级管理人员予以纠正……"诸如此类,不再一一列举。
② 〔韩〕郑灿亨:《韩国公司法》,崔文玉译,上海大学出版社 2011 年版,第 2 页。
③ 同上注。
④ 参见〔日〕前田庸:《公司法入门(第 12 版)》,王作全译,北京大学出版社 2012 年版,第 21 页。
⑤ Greenhalgh v. Arderne Cinemas Ltd. [1950] 2 ALL. E. R. 1120, 1126,转引自张民安:《现代英美董事法律地位研究》(第二版),法律出版社 2007 年版,第 438 页。
⑥ 参见 Heck, Begriffsbildung, S. 37,转引自吴从周:《概念法学、利益法学与价值法学:探索一部民法方法论的演变史》,中国法制出版社 2011 年版,第 242 页。

员的利益也属于共同体利益。"①非一人公司显然为团体组织,其公司利益为团体利益。

  一个值得思考的问题是,随着一人公司得到各国公司法的普遍肯认,一人公司利益是否为团体利益?2008年韩国《商法》修订前,其第169条曾规定:"本法所称的公司是指……社团。"日本2005年修改前的《商法》第52条第2款也曾规定,公司是指"以实施商行为为目的的社团"。不过,由于一人公司是否具有社团性引发了极大的争议,所以尽管存在着肯定一人公司社团性的种种解释②,但韩国2008年《商法》修改案还是把社团从公司的意义中删除③。而日本2005年修订后颁行的《公司法》,也未再作原《商法》中所有的关于公司社团性的规定。④ 上述立法修改对公司社团性要求的放弃,回避了对一人公司社团性问题的争议。我国公司法中并无关于公司社团性的要求,因此,

---

  ① Heck,Grundrib,S.472,Nr.2b. 转引自吴从周:《概念法学、利益法学与价值法学:探索一部民法方法论的演变史》,中国法制出版社2011年版,第377页。

  ② 例如,对于一人公司社团性存在与否,韩国理论界存在着极大的争议:(1)财团说认为,资合公司具有一人公司的承认、所有和经营的分离、股东会权限的限制、无表决权股份的承认等性质。这在其他社团中是找不到的,所以不能把资合公司视为由人结合的社团,应解释为由物结合的财团(营利财团法人)。(2)社团说认为,要区别社团法人和财团法人,不能单纯地考虑是以人为中心、还是以财产为中心,应在其构成以及运营上,考虑其自律性和他律性的基本构造,资合公司在基本结构上有自律性,所以称为社团法人,而且,一人公司是一时的过渡现象,而无表决权股份等是商法承认的例外现象。参见〔韩〕郑灿亨:《韩国公司法》,崔文玉译,上海大学出版社2011年版,第13页。日本也存在类似争议,参见〔日〕末永敏和:《现代日本公司法》,金洪玉译,人民法院出版社2000年版,第5—6页。国内更有学者认为,一人公司是一种中间性的团体法人,一人公司既不是社团、也不是财团,但仍不失为一种兼有社团性和财团性的团体,即是由股东、经营管理人员(董事、监事、经理等)及其组织机构、财产(资本)之类的人的因素和物的因素所组成的一种团体,具有复杂的团体关系。其仍然是一种团体,只不过这种团体既不同于人合而成的社团,又不同于资合而成的财产,但兼有两者的一些属性。参见孔祥俊:《公司法要论》,人民法院出版社1997年版,第105页。

  ③ 参见〔韩〕郑灿亨:《韩国公司法》,崔文玉译,上海大学出版社2011年版,第13页。此后,韩国公司法又于2009年5月28日(法律第9746号)和2011年4月14日(法律第10600号)经过两次修订。

  ④ 参见〔日〕前田庸:《公司法入门(第12版)》,王作全译,北京大学出版社2012年版,第21页。

大可不必为一人公司的社团性问题而困扰。而对于一人公司是否为团体,涉及对"团体"如何作出界定。尽管理论上存在着对团体的种种解释,但团体并不是一个严格的法律词汇,或者说,尚不是一个被法学界广泛认可和使用的概念。[1] 笔者以为,在公司法上,团体因下列原因而具有区别于其成员个体的特征并具有法律上的意义:(1)团体具有区别于其成员个体的意志和利益。一方面,根据《公司法》第二章第三节的规定,一人有限责任公司除不设股东会外,其组织机构与复数股东的有限责任公司相同,从而与复数股东的有限责任公司的董事会、监事会一样,一人公司的董事会、监事会亦有权在其职权范围内形成"公司意思"[2];另一方面,一人公司作为公司,如前所述,具有独立于其唯一股东的利益。因此,一人公司具有不同于其股东个体的意志和利益。(2)学者们在论及作为团体法上的公司法时,也多因公司法上的关系,不仅关涉投资人的个人利益,还关涉公司团体的利益(如公司本身、公司雇员、公司债权人无不受其影响)[3],这种受影响利益的广泛性也并不因公司股东为一人还是数人而产生明显差异。(3)如同学者所指出的:"法人——仅系以法律规定之方式,处理公司与股东个人间财产关系之技术尔。因此,其中心目的乃至于机能仅系在处理财产

---

[1] 参见李志刚:《公司股东大会决议问题研究——团体法的视角》,中国法制出版社2012年版,第27—29页。

[2] 例如,《公司法》第46条规定的董事会的职权范围包括:……(三)决定公司的经营计划和投资方案;……(八)决定公司内部管理机构的设置;(九)决定聘任或者解聘公司经理及其报酬事项,并根据经理提名决定聘任或者解聘公司副经理、财务负责人及其报酬事项。当公司董事会作为公司机关,决定有关"方案""设置"以及"事项"时,显然是在作出一种公司意思,作为其职权行使行为所形成的这种公司意思也将对公司产生约束力。而《公司法》第53条规定的监事会的职权范围包括:……(二)……对违反法律、行政法规、公司章程或者股东会决议的董事、高级管理人员提出罢免的建议;……(五)向股东会会议提出提案;(六)依照本法第一百五十一条的规定,对董事、高级管理人员提起诉讼。同样,监事会作为公司机关,其在职权范围内所作的"提出建议"或"提出提案"以及"对董事、高级管理人员提起诉讼"的意思表示,也属因行使职权而形成的公司意思,对公司具有拘束力。

[3] 参见蒋大兴:《公司法的展开与评判:方法·判例·制度》,法律出版社2001年版,第31页。

关系。团体(特别是社团)纵使不存在,只须有分别其独立的财产,其即具有法人化之条件。"①"公司的独立意志构成了社团的根本……,社团意志,和其成员的意志相分离,是表明了社团作为一个组织,其存在、权力的存在依据。"②在他们看来,无论是法人,还是传统上认为由复数成员构成的社团,其构成的基础在于独立的财产与意志,与其成员数目间关涉倒不太紧密。因此,有学者进一步指出,公司之所以成为公司,是因为它具有独立的人格。只要公司能维持其自身的独立人格,无论股东人数是一人还是数人都不影响其成为公司,现代法制对一人公司承认的实践正好能够证明这一点。或许,我们应重新理解公司的社团性,而不是将公司的社团性质简单地建立在其社员的复数基础上。对此,法经济学者提出的公司的"契约关系"理论认为,公司是由多数参与者构成的集合。这些参与者包括股东、债权人、雇员、社区以及管理者等不同因素,而不是仅仅由股东这一单一因素构成。该学者进一步提出,这是否构成一种对公司社团性的新的解说呢?③ 在我看来,这确定可被看作一种对公司团体性的新的解说。

因此,即便是一人公司,其也具有与其唯一股东相区别的独立的人格、意志与利益,该公司法律关系亦具有团体法上的意义,只要其不属在成立后立刻停业而不与任何人发生联系的"僵尸一人公司"④,即便是一人公司,除股东外,其也必然与职工、债权人等发生联系,形成法律关系,在此意义上,其也完全是一个团体法意义上的"团体"。与复数股东公司相比,一人公司只是不涉及控股股东与小股东之间的利

---

① 〔日〕川岛武彦:《"企业的法人格"商法的基本问题》,第185页以下,转引自赵德枢:《一人公司详论》,中国人民大学出版社2004年版,第235—236页。
② 邓峰:《作为社团的法人:重构公司理论的一个框架》,载《中外法学》2004年第6期,第762页。
③ 参见施天涛:《公司法论》,法律出版社2005年版,第81页。
④ 这样的"僵尸一人公司",尽管从逻辑上有存在的可能,但成立这样一个在成立后会立即被打入冷宫而不从事任何活动的一人公司的可能性是极低的(毕竟,开办公司需承担开办费用和设立后的维持费用等相关费用),对这种低概率事件,本书不再耗费篇幅予以研究。

益冲突,其"股东利益"显得更加纯粹而已。因此,即便是一人公司,也可视为团体,其具有独立的团体利益。本书的研究结果,如无特别说明,对一人公司也予适用。

二、什么样的团体利益:公司利益构成的观念分歧与理论基础

(一)关于公司利益构成的观念分歧

尽管公司利益是一种独立的团体利益,然而,对其构成,理论上众说纷纭。

1. 股东整体利益说

此说将公司利益视为股东利益的同义语,其中,股东利益包括近期利益和远期利益。[1]"人们认为公司的利益就是股东的利益,包括'现在和将来'的整体利益。"[2]公司被期待增进其股东的利益。[3] 公司的目标就是追求股东利润的最大化。[4] "公司的利益正是股东全体的利益。"[5]

英美法传统观念认为,公司是属于股东的。[6] "公司是为股东的

---

[1] 参见王义松:《私人有限责任公司视野中的股东理论与实证分析》,中国检察出版社2006年版,第330页。

[2] Gaiman v. National Association for Mental Health [1971] 1 Ch. 317,转引自何美欢:《公众公司及其股权证券》(上册),北京大学出版社1999年版,第416页。

[3] 参见〔美〕曼瑟尔·奥尔森:《集体行动的逻辑》,陈郁、郭宇峰、李崇新译,格致出版社、上海三联书店、上海人民出版社2011年版,第6页。

[4] 参见郁光华:《公司法的本质:从代理理论的角度观察》,法律出版社2006年版,第72页。

[5] 〔韩〕李哲松:《韩国公司法》,吴日焕译,中国政法大学出版社2000年版,第339页。

[6] 参见何美欢:《公众公司及其股权证券》(上册),北京大学出版社1999年版,第208页。

利益而组成和经营的。董事的权力须为此目的而行使。"①公司应当以股东的利益为终极关怀,公司最高利益就是股东的利益,该观念始于 19 世纪,在 20 世纪初得到广泛适用。② 在美国内战之后,那种认为共同体利益可以脱离甚至超越共同体成员个体利益的观点遭到抛弃。取而代之的是,共同利益不是个体利益正当性的裁判标准,从根本上说,共同利益来源于私人利益,而不是私人利益的构成因子。③ 诺贝尔经济学奖获得者米尔顿·弗里德曼(Milton Friedman)即认为,公司的利益就是股东的利益④,企业仅具有一种而且只有一种社会责任——在法律和规章制度许可的范围之内,利用它的资源从事旨在增加它的利润的活动。公司领导人承担除了尽可能为自己的股东牟利以外的社会责任,将彻底损害自由社会的基础。⑤ 哈耶克也明确支持弗里德曼的观点,指出:"管理者只是股东的受托人,公司的任何活动是否被用来服务于更高的价值,要留给每个股东去决定,乃是一项最重要的保证。"⑥保罗·戴维斯指出:"公司的利益就是全体股东的利益。"⑦"公司的最佳利益,以普通法的传统认识,就是指股东作为一个团体的利益。"⑧Berle 在 *Corporate Powers as Powers in Trust* 一文中认为,公司管理者与股东之间为信托关系,公司管理权的行使以股东为公司企业

---

① 何美欢:《公众公司及其股权证券》(上册),北京大学出版社 1999 年版,第 209 页。
② 参见张民安:《公司法上的利益平衡》,北京大学出版社 2003 年版,第 3 页。
③ 参见李春成:《公共利益的概念建构评析——行政伦理学的视角》,载《复旦学报(社会科学版)》2003 年第 1 期,第 43 页。
④ See Joel Bakan, *The Corporation*: *The Pathological Pursuit of Profit and Power*, Free Press, 2004, p.34.
⑤ 参见〔美〕米尔顿·弗里德曼:《资本主义与自由》,张瑞玉译,商务印书馆 2004 年版,第 144—145 页。
⑥ 〔英〕弗里德里希·冯·哈耶克:《民主社会中的公司:它应为谁的利益而运行?》,载〔英〕弗里德里希·冯·哈耶克:《哈耶克文选》,冯克利译,凤凰出版传媒集团、江苏人民出版社 2007 年版,第 64 页。
⑦ Paul L. Davies, *Gower*: *Principles of Modern Company Law* (6th edition), Sweet & Maxwell, 1997, p.604.
⑧ 〔英〕保罗·戴维斯:《英国公司法精要》,樊云慧译,法律出版社 2007 年版,第 273 页。

的唯一受益人。"所有赋予公司、公司管理层或者公司内任何群体的权力，不管是由法律还是公司章程赋予的，或者是由两者共同赋予的，在任何时候都只能服务于全体股东应有的利益。"① Frank H. Easterbrook 和 Daniel R. Fischel 也支持公司利益即股东利益最大化的主张，他们指出："……谋求股东的利益最大化，也会自动地有利于其他利益相关者。"②"将信义原则运用于除股东利益最大化之外的任何目标，将会把直接监督管理者的高昂成本转化为一道阻止投资者控制管理者行为的屏障，从而破坏信义原则的传统功能。"③Eisenberg 指出，从效率方面考虑，股东利益与社会利益是一致的，为股东利益管理公司符合社会利益；多重目标实质上降低了公司管理者的责任心。④

股东利益说得到了诸多国家立法与司法实践的支持。

在美国，早在 1919 年密歇根州最高法院审理的 Dodge v. Ford 案中，即强调公司是为股东利益而存在。⑤ 有学者在 2001 年重述该案时指出："今天，法律仍然是这样……公众公司及其董事、经理首要的责任是最大化股东价值。"⑥根据美国法律研究院通过并颁布的《公司治

---

① A. A. Berle, Jr, "Corporate Powers as Powers in Trust," 44 *Harvard Law Review* 1049 (1931)，对于 Berle 该文的中文译文，可参见李伟阳、肖红军、郑若娟编译：《企业社会责任经典文献导读》，经济管理出版社 2011 年版，第 7—22 页。

② Frank H. Easterbrook and Daniel R. Fischel, *The Economic Structure of Corporate Law*, Harvard University Press, 1991, p.38.

③ Ibid, p.93.

④ See M. A. Eisenberg, "Corporate Legitimacy, Conduct and Governance—Two Models of the Corporation," 17 Creighton Law Review 17—18 (1983)，转引自王文钦：《公司治理结构之研究》，中国人民大学出版社 2005 年版，第 106 页。

⑤ 在该案中，法院认为，"一家商业性公司的组成和运转主要是为了股东的利益，公司董事会的权利即为此目的而存在。董事会的辨别能力是在实现这个目标的含义选择中得以发挥，而不是扩展到改变这一目标本身、去减少利润或在名义上忠实于他们而为了其他目的的不给他们分配利润。"参见〔美〕玛格丽特·M.布莱尔：《所有权与控制：面向 21 世纪的公司治理探索》，张荣刚译，中国社会科学出版社 1999 年版，第 186 页。

⑥ Daniel P. Hann, "Emerging Issues in U. S. Corporate Governance: Are the Recent Reforms Working?" 68 *Defense Counsel Journal* 191, 194 (2001)，转引自王文钦：《公司治理结构之研究》，中国人民大学出版社 2005 年版，第 127 页。

理原则:分析与建议》第2.01条规定,除另有规定外①,一家公司应当以提高公司营利和股东收益为其商业活动的目标②。对其第4.01(a)条所规定的"公司的最佳利益",代表法律研究院观点的评注指出:"本短语表达的是……公司董事主要的忠诚义务。作为股东所委派的人士,公司董事处于为公司所有者服务的地位,而公司所有者的利益与公司实体的利益是相互融合的。"③而在《1984年示范公司法》第14.30(2)条对公司陷入僵局的描述中,其中情形之一是:董事们在公司事务的管理上陷入了僵局,股东们无力打破僵局,"公司将遭受或正在遭受无法弥补的损害,或者由于僵局而使得公司的业务无法以对股东总体有利的方式进行下去了"。根据该条,公司的业务应以对股东总体有利的方式进行。前述判例与立法均体现了公司利益即股东利益的认识与态度。

在英国,据说"为了公司整体的利益"的说法意味着股东是一个群体。④ 普通法确立的原则是,公司董事必须善意地为了公司利益而行使权力。⑤ 公司的利益包括了不同参与方的利益。但是从长远的角度看,公司的利益通常等同于股东的长远利益。⑥ 现在,将公司最佳利益

---

① 指属于该条(b)分节和第6.02条(董事们的行为具有阻止经邀请的收购要约的可预见性效果)所规定的情况。
② 参见许传玺主编:《公司治理原则:分析与建议》(上卷),楼建波、陈炜恒、朱征夫、李骐译,法律出版社2006年版,第64页。
③ 同上注,第170页。
④ 参见 Allen v. Gold Reefs of West Africa Ltd.,转引自〔新加坡〕陈清汉:《公司法改革的途径:对英联邦法域的一种选择性比较研究》,载顾功耘主编:《公司法律评论》(2003年卷),上海人民出版社2003年版,第37页。
⑤ 参见 Re smith and Fawcett Ltd.(1942)Ch. 304,p. 306,转引自葛伟军:《英国公司法:原理与判例》,中国法制出版社2007年版,第151页。
⑥ 参见 Eilis Ferran, *Company Law and Corporate Finance*, Oxford University Press,1999, pp. 124-125,p. 158,转引自葛伟军:《英国公司法:原理与判例》,中国法制出版社2007年版,第181—182页。

等同于股东的最佳利益。① 在 Theseus Exploration NL v. Mining and Associated Industries Ltd and Ors 案中,Hoare 法官认为:"我们必须牢记的一项准则是,法院要求董事善意为公司利益行事是为了保护整体股东的利益。"②其公司法检讨机构将公司法加于董事的核心义务表述为:董事应当"以他善意决定的最有可能为了股东的整体利益促进公司成功的方式"行为。③ 这是一个比董事应当"以公司的最佳利益"行为的普通法规则更为清楚的表述,因为它明确了谁构成公司的利益。④ 2006 年《英国公司法》修订时采纳了公司法检讨机构的意见,其第 172 条就董事促进公司成功的义务作出如下规定:"(1)公司董事必须以他善意地认为为了公司成员的整体权益而将最大可能地促进公司成功的方式行事。"⑤就其所称的"公司成员",该法第 112 条规定:"(1)公司备忘录所载的认购人视为同意成为公司成员,并且基于公司登记而成为成员,必须据此被记载于其成员登记册。(2)同意成为公司成员并且其名称被记载于成员登记册的每个人,是公司成员。"第 113 条第(3)项规定:"如果是具有股本的公司,连同成员的名称和住所,登记册中必须要有关于下列事项的声明——(a)每个成员持有的股份,区分每一股份——(i)根据其数量(只有股份有数量),以及(ii)公司具有一个以上的已发行股份的类别时,根据其类别,并且(b)每个成员对股份已缴纳或同意被认为已缴纳的数额。"⑥即对有股本的公司而

---

① 参见〔英〕保罗·戴维斯:《英国公司法精要》,樊云慧译,法律出版社 2007 年版,第 170 页。

② 〔马来西亚〕罗修章、王鸣峰:《公司法:权力与责任》,杨飞、林海全、张辉、钟秀勇等译,法律出版社 2005 年版,第 195 页。

③ 参见 CLR, Final Report, Vol. I, July 2001,第 345 页(原则 2),转引自〔英〕保罗·戴维斯:《英国公司法精要》,樊云慧译,法律出版社 2007 年版,第 294 页。

④ 参见〔英〕保罗·戴维斯:《英国公司法精要》,樊云慧译,法律出版社 2007 年版,第 294 页。

⑤ 葛伟军译:《英国 2006 年公司法》,法律出版社 2008 年版,第 105 页。

⑥ 同上注,第 68—69 页。

言,其所称的"公司成员"即为公司股东。① 不难看出,该法第 172 条与之前对公司法修改的建议相似,根据之前的公司法检讨,其实际上建议仍然坚持以股东为中心,但以一种现代化的、开明的方式来表述这一理念,该条规定下的董事义务通常被称为"开明的股东价值(ESV)观点下的董事义务"。其中"公司董事必须以他善意地认为为了公司成员的整体权益而将最大可能地促进公司成功的方式行事"的规定,不过是重申了董事义务中的股东中心理念,并无开明之处。该条接下来规定董事在为股东的利益而促进公司利益的情形下履行义务时,可以考虑非股东的利益,这也意味着:如果公司为了成功维护其成员的利益而需要舍弃非股东的利益,则董事无须考虑那些非股东的利益。② 因此,2006 年《英国公司法》第 172 条之(1)的关于开明股东价值的规定,实际上与股东价值方法只是存在着极其细微的差别。③《英国公司法》第 172 条之(1)的总体效果可被归纳为"股东首位解释"。其基本的法律立场是非常简单的:董事的善意及为公司最佳利益行为的义务要求董事将股东利益置于首位,雇员和其他利益相关人的利益在董事履行该项义务时可被考虑,但只有在这种考虑有利于股东利益时方可如此。④ 该规

---

① 在英国,存在着一种尤其适合从事非营利活动的公司,即"保证有限"(limited by guarantee)公司,此种公司的成员不是股东,因为这种公司不发行股份。反而,如果公司由于破产而解散,其成员必须承诺对公司资产负有一定责任。由于这种公司形式的存在(公司成员不是股东),英国公司法案中使用的用来指那些加入公司的人的一般术语是"成员"(member),而不是"股东"(shareholder),虽然在大多数公司中成员就是股东。参见〔英〕保罗·戴维斯:《英国公司法精要》,樊云慧译,法律出版社 2007 年版,第 33—34 页。

② 参见〔英〕保罗·戴维斯:《英国公司法改革》,代小希译,载赵旭东主编:《国际视野下公司法改革——中国与世界:公司法改革国际峰会论文集》,中国政法大学出版社 2007 年版,第 115 页。

③ See Andrew Keay, "Tackling the Issue of the Corporate Objective: An Analysis of the United Kingdom's Enlightened Shareholder Value Approach," 29 *the Sydney Law Review* 579 (2007).

④ See Anthony Forsyth Parliamentary Joint Committee on Corporations and Financial Services, in Andrew Keay, "Tackling the Issue of the Corporate Objective: An Analysis of the United Kingdom's Enlightened Shareholder Value Approach," 29 *the Sydney Law Review* 592 (2007).

定尽管承认利益相关者在最大化股东财富中的重要性,但是,其仍然强调股东价值优位。① 保罗·戴维斯指出:"因此,董事需要考虑非股东利益集团的利益,但是,在这种以股东为中心的方法中,当然只是在保护其他利益能够促进股东利益的限度内如此行为。"②

在加拿大,在 Martin v. Gibson 案中,法院指出,需被考虑为其利益行事的对象,是股东整体,这并非仅指大股东,而是大股东加上小股东所构成的全体股东。③

在比利时,公司法只是调整公司内部关系,董事会为股东利益最大化行事,利益相关者(包括职工、供应商、消费者和公共福祉)不在公司法之列。在公司决策过程中,董事会虽然可以考虑职工、市场或税务机关的利益,但这只不过是为了股东长远利益而已,最终还是服务于股东利益的最大化。④

作为其"审计师独立性原则和监控审计师独立性的公司治理角色"理念中的一部分,国际证券委员会组织(IOSCO)建立了一套包括审计师监督在内的广泛原则,其中认为,"应有一个治理机构由表及里地独立于被审计公司的管理层,行为以投资者利益为目标,并应监督外部审计师的选择和任命过程以及审计行为"⑤。根据其要求,公司治理机构也应是以投资者——股东利益为目标的。

---

① See A. Alock, "An Accidental Change to Directors' Duties?" 30 *The Company Lawyer* 362, 368(2009), in Andrew Keay, *The Corporate Objective: Corporations, Globalisation and The Law*, Edward Elgar Publishing Limited, 2011, pp. 225 – 226.

② Paul L. Davies, "Enlightened Shareholder Value and the New Responsibilities of Directors," Lecture at University of Melbourne Law School, 4 October 2005, in Andrew Keay, "Tackling the Issue of the Corporate Objective: An Analysis of the United Kingdom's Enlightened Shareholder Value Approach," 29 *the Sydney Law Review* 597 (2007).

③ See (1907), O. L. R. 632, in Tuvia Borok, "A Modern Approach to Redefining 'In the Best Interest of The Corporation'," *Windsor Review of Legal and Society Issues*, 2003, p. 121.

④ 参见朱羿锟:《公司控制权配置论——制度与效率分析》,经济管理出版社2001年版,第327—328页。

⑤ 经济合作与发展组织:《公司治理:对OECD各国的调查》,张政军、付畅译,中国财政经济出版社2006年版,第125页。

有学者指出,公司利益的最大化就是股东利益最大化的理念与经济学上的主流理念是一致的:经济学上的公司治理问题的根本落脚点就是公司管理层对股东的"责任承担能力问题"。如果抛离股东利益而单纯谈论公司利益,那么衡量管理层的经营业绩在实际上是不可能的。[1]

2. 综合利益说(利益相关者综合利益说)

此说区分公司利益与股东利益,认为公司利益是多种利益相关人利益的综合利益。此种观点认为:"对于一个有社会责任感的企业而言,企业管理人员要平衡多方的利益,而不仅仅只是为股东获取更多的利益。"[2]公司不仅仅代表一种利益,而是代表着许多潜在利益冲突的竞技场,公司董事主要向作为抽象实体的公司承担责任,这一抽象实体潜在地包含着诸多利益,董事不得不在实践中予以平衡并解决它们之间的冲突。[3] 公司的目的和那些对它的行为拥有决策权的人的基本责任应是:实现受公司影响的所有集团"利益的合理调和"。[4] 马克斯·韦伯也指出,团体是一种社会关系,这种社会关系是一个封闭性的对外限制或者对外封闭的社会关系,需要依靠特定的、以贯彻秩序为行动目标的人来保障秩序的遵守。[5] "如果社会行为取向的基础,是理性(价值理性或目的理性)驱动的利益平衡,或者理性驱动的利益

---

[1] 参见 Janet Dine, *The Governance of Corporate Groups*, Cambridge University Press, 2001, p.18, p.187, 转引自陈东:《跨国公司治理中的责任承担机制》,厦门大学出版社 2003 年版,第 211 页。

[2] 〔美〕Archie B. Carroll:《企业社会责任:概念构建的演进》,载李伟阳、肖红军、郑若娟编译:《企业社会责任经典文献导读》,经济管理出版社 2011 年版,第 104 页。

[3] 参见 John H. Farrar and Brenda Hannigan, *Farrar's Company Law*, Butterworth, 1998, pp.13 – 14, 转引自李小军:《董事对谁承担责任?》,载王保树主编:《实践中的公司法》,社会科学文献出版社 2008 年版,第 344 页。

[4] 参见〔美〕罗伯特·C. 克拉克:《公司法则》,胡平、林长远、徐庆恒、陈亮译,工商出版社 1999 年版,第 571 页。

[5] 参见〔德〕马克斯·韦伯:《社会学的基本概念》,胡景北译,上海人民出版社 2000 年版,第 75 页。

联系,这时的社会关系,就应当被称为'社会'。"①"社会常常只是相互冲突的利益之间的妥协。"②理论上,诸多支持利益相关者理论的学者主张,董事必须平衡组成公司的不同成员之间的利益。③"公司管理者的工作是平衡各种不同的利益。这才是公司真正的功能。"④

至于参与"综合"/"调和"/"平衡"/"妥协"而形成"公司利益"的构成因子,即构成公司利益的利益相关人利益的范围⑤,则众说纷纭。具体而言,根据所主张的公司利益的构成因子的不同,此种学说又可分为以下几类:

(1)股东、职工、债权人综合利益说,该说认为公司的利益不仅仅是指公司作为商事主体所存在的长期和短期利益,还指包括公司股东、公司雇员和债权人利益在内的一种综合利益。⑥公司利益包括股东、职工和债权人利益。对于公司利益,可以从两个方面来理解:从内涵看,公司利益应当被理解为公司法人所享有;从外延上看,公司利益包括股东、经营者、职工三方的利益,即三方利益平衡的统一体。⑦

---

① 〔德〕马克斯·韦伯:《社会学的基本概念》,胡景北译,上海人民出版社2000年版,第62页。

② 同上注,第64页。

③ See Andrew Keay, *The Corporate Objective*: *Corporations, Globalisation and The Law*, Edward Elgar Publishing Limited,2011,p.71.

④ 约翰·凯语,约翰·凯被《财富杂志》誉为"英国管理思想的引领者",转引自〔荷〕塞特斯·杜玛、〔荷〕海因·斯赖德:《组织经济学——经济学分析方法在组织管理上的应用(第3版)》,原磊、王磊译,华夏出版社2006年版,第101页。

⑤ 其实,就谁是利益相关者这一关键问题,利益相关者理论支持者一直未形成统一认识,从1963年斯坦福大学的一个研究小组首次定义利益相关者算起,迄今经济学家已提出了近30种定义,这些定义大致可以分为以下三类:一类是最广泛的定义,指凡能影响企业活动或被企业活动影响的人或团体(如政府、消费者、相关的社团、周边的社会成员等)都在其中;二类是稍窄些的定义,指与企业有直接利益关系的人或团体,该定义排除了政府、社团、社会成员及社会组织等;还有一类是最窄的定义,指在企业中投入了专用型资产的人或团体。参见杨瑞龙、周业安:《企业的利益相关者理论及其应用》,经济科学出版社2000年版,第131页。

⑥ 参见张民安:《现代英美董事法律地位研究》(第二版),法律出版社2007年版,第136页。

⑦ 参见赵建国:《析公司利益》,载《铜陵学院学报》2003年第4期,第25页。

（2）股东、经营者和劳动者综合利益说，该说认为企业总是在追求所有者利益、经营者利益和劳动者利益均衡值的最大化。现代企业的企业利益是所有者利益、经营者利益和劳动者利益既相矛盾又相统一的综合体。①

（3）广义利益相关者综合利益说，此种观点将更广泛的相关人的利益纳入公司利益的范围，例如，Harold Johnson 1971 年在《现代社会中的企业：框架与议题》(Business in Contemporary Society: Framework and Issues)一书中即指出，"对于一个有社会责任感的企业而言，企业管理人员要平衡多方的利益，而不仅仅只是为股东获取更多的利益。一个负责任的企业同时也要考虑雇员、供应商、交易商、当地社区以及国家的利益。"②再如，有观点认为，从内涵上看，公司利益应当被理解为公司作为法人所享有的利益；从外延上看，公司利益囊括了包括股东、职工、债权人、消费者、公司所在地区和居民利益等各种利害关系人的利益。③ 甚至有观点认为，公司利益是包含"公司的利益"在内的诸多利益的统一体，公司利益应包括：公司的利益、股东利益、债权人利益、供应商利益、经营者利益、职工利益，公司利益是这几方面利益的辩证统一体。④

此种学说也得到了当代诸多国家公司立法与司法的支持，其各国立法与司法中，一般要求董事会在作出决策时，除考虑股东利益外，还可/应考虑特定利益相关人的利益，此种要求反映到公司利益上，即使得公司利益成为所需考虑的相关利益的"综合"/"调和"/"平衡"的结

---

① 参见余政：《综合经济利益论》，复旦大学出版社 1999 年版，第 60 页，第 94 页。
② 〔美〕Archie B. Carroll：《企业社会责任：概念构建的演进》，载李伟阳、肖红军、郑若娟编译：《企业社会责任经典文献导读》，经济管理出版社 2011 年版，第 104 页。
③ 参见刘俊海：《公司的社会责任》，法律出版社 1999 年版，第 90 页。
④ 参见王义松：《私人有限责任公司视野中的股东理论与实证分析》，中国检察出版社 2006 年版，第 330 页。卜祥健：《小议公司利益的范围及保护》，载《时代金融》2008 年第 6 期，第 92 页。不过，将"公司的利益"纳入"公司利益"范围，实际上是循环论证，于理论分析并无帮助，于实务亦无帮助，当属不妥。

果。区别只是在于,"综合"/"调和"/"平衡"的规则不同而已。

在德国,董事会的首要任务是维护和实现"企业利益",最大限度地实现企业利润既不是企业的最高目标,也不是企业的重要目标。① 企业利益不同于股东利益、职工利益,也不同于合同当事人的利益、地区或公众利益。它是对具体情况中的不同相关个体的利益加以权衡的结果。② 在其利益相关者体制下,股东价值最大化并非董事会工作的主要目的。③ 董事会必须维护企业利益。属于其中的利益首先是,但不完全是股东在其资本金的保全和增值使用上所具有的利益。人们普遍承认,董事会在其业务执行活动中不仅要顾及股东利益,还可以顾及公司的员工利益和公共利益。不存在完全基于股东利益的追求营利最大化的法定义务。尤其是股东利益也并非一定是同质的。④ 司法判例和学术界提出了"企业利益"这一概念⑤,早在德国2003年公布的《公司治理行为规范》⑥前言部分便要求,"股东代表与雇员代

---

① 参见〔德〕托马斯·莱塞尔、〔德〕吕迪格·法伊尔:《德国资合公司法(第3版)》,高旭军、单晓光、刘晓海、方晓敏等译,法律出版社2005年版,第141—142页。
② 参见〔德〕路德·克里格尔:《监事会的权利与义务(第5版)》,杨大可译,法律出版社2011年版,第300页。
③ 参见〔德〕西奥多·鲍姆、〔美〕肯·斯科特:《认真对待股东权利——公司治理在美国和德国》,李园园译,载赵旭东主编:《国际视野下公司法改革——中国与世界:公司法改革国际峰会论文集》,中国政法大学出版社2007年版,第321页。
④ 参见〔德〕格茨·怀克、〔德〕克里斯蒂娜·温德比西勒:《德国公司法(第21版)》,殷盛译,法律出版社2010年版,第480页。
⑤ 参见〔德〕托马斯·莱塞尔、〔德〕吕迪格·法伊尔:《德国资合公司法(第3版)》,高旭军、单晓光、刘晓海、方晓敏等译,法律出版社2005年版,第128页。
⑥ 根据定位,《公司治理行为规范》没有对企业行为提出有约束力的要求,因此属于所谓的软法。但德国《股份有限公司法》第161条规定,上市公司有义务每年声明是否参照《公司治理行为规范》。在偏离《公司治理行为规范》的情况下,公司通常应该说明理由("要么遵循,要么解释未遵循的原因"),但这不是一项义务。人们期望,不遵循个别或者所有规定的行为会受到资本市场的"惩罚"(例如通过股票下跌),然而,这种期望至今尚无实现。对于企业的资产评估和股票行情来说,人们更看重由美国两个大公司所作的评级。参见〔德〕沃尔夫冈·多伊普勒:《德国雇员权益的维护》,唐伦亿、谢立斌译,中国工人出版社2009年版,第123—124页。

表均对企业利益承担义务"①。"企业利益"已成为一个广为接受和使用的概念。企业是一个独立的组织,有着自己独立的利益,②该利益"是指以实现企业宗旨为目的同时包括所有相关当事人的利益。"③这一利益具体表现为投资者利益、职工利益和其他参与者的利益。企业的机构在决策时必须考虑到各方的利益。所有这些已经得到大家的公认。④德国公司法的设计就是一系列利益的折衷,股东利益非常重要,对于其他利益相关者包括职工、债权人以及公共福祉的实现,具有工具性的重要意义。但是,股东利益不能压倒一切。在实行共同决定的公司中,股东和职工利益压倒了其他利益相关者的利益。⑤ 2013 年 5 月 13 日版的德国《公司治理行为规范》第 4.1.1 条对"公司利益"进行了具体定义,据此,董事会须同时估计股东、职工及其他利益相关者的利益并以这些利益的持续增加("公司价值的持续提升")为目标。⑥德国要求公司追求非股东利害关系人利益的观念和做法由来已久。早在 1937 年,德国公司法即规定,公司"董事会,为公司和公司员工的利益以及民族、国家的共同利益,自行负责管理公司",该规定最显著的特点是:未明确提及董事会管理公司系为股东利益,而是将股东利益笼统地涵盖在公司利益之中。因此,有学者称之为"最早的非股东

---

① 〔德〕沃尔夫冈·多伊普勒:《德国雇员权益的维护》,唐伦亿、谢立斌译,中国工人出版社 2009 年版,第 124 页。
② 〔德〕托马斯·莱塞尔、〔德〕吕迪格·法伊尔:《德国资合公司法(第 3 版)》,高旭军、单晓光、刘晓海、方晓敏等译,法律出版社 2005 年版,第 31 页。
③ 同上注,第 128 页。
④ 同上注,第 31 页。
⑤ 参见朱羿锟:《公司控制权配置论——制度与效率分析》,经济管理出版社 2001 年版,第 329 页。
⑥ 参见杨大可:《德国法上的公司利益及其对我国的启示》,载《清华法学》2019 年第 4 期,第 168 页,该文将前文所称的《公司治理行为规范》译为《公司治理准则》,本书为保持与前文一致,统一使用《公司治理行为规范》的译法。

利害关系人条款"①。不过,此规定后来被指责为当时纳粹政权下风行一时的以全体国家的团体法思想为基础的指导者理念。② 德国1965年公司法将1937年公司法的上述条款修改为"公司的董事会,应自行负责管理公司"。该法草案中曾规定,董事会应当"为公司雇员、股东以及一般公众的利益"管理公司,但议会经辩论后删除了这一条款且放弃了以其他表述形式重新加入这一规定。然而,当时并没有打算由此从原则上改变其原有的法律状态。确切地说,人们在立法讨论时的看法是一致的,即董事会今后在领导企业时也须顾及公共利益、股东利益以及股份有限公司员工利益这三个因素,但立法规定这一点则是多余的,因为它是不言而喻的。顾及公共利益的义务可以从德国公司法第396条以及其他条款中推导得出。而顾及员工利益的义务则在一个社会福利的法治国家无须特别强调,并且可以从众多的同样适用于股份有限公司的劳动法律中推导得出。③ 而且,虽然删去了有关公司追求社会目标的规定,德国1965年公司法对公共利益还是给予了特别关注,规定在公司因违反法律而危害公共利益却不解雇公司管理者的情形中,国家可以勒令公司解散。不过,这一条款只是要求公司管理者遵守法律,并未要求公司管理者自行考虑公共利益。④

---

① 不过,对公司法的这一条款,德国法院从未作过解释,学界亦很少有人进行阐述。个别学者所作解释中,有人认为,该条规定是说公司的最高目标是共同利益;也有人认为,按照该条规定,公司利益是最高准则;还有人认为,该条规定可以推出,在公司行为出于公共利益目的但却损害公司利润的情形,可以免除董事会责任;也有人认为,该条款不具有任何实际意义。参见 Alfred F. Conrad, "Corporate Constituencies in Western Europe," 21 *Stetson Law Review* 73,74 – 77(1991),转引自王文钦:《公司治理结构之研究》,中国人民大学出版社2005年版,第118页。
② 参见〔韩〕李哲松:《韩国公司法》,吴日焕译,中国政法大学出版社2000年版,第52页。
③ 法律委员会报告和政府法案,见 Kropff(Hrsg),Aktg, 1965, S. 97 f,转引自〔德〕格茨·怀克、〔德〕克里斯蒂娜·温德比西勒:《德国公司法(第21版)》,殷盛译,法律出版社2010年版,第480页。
④ 参见 Alfred F. Conrad, "Corporate Constituencies in Western Europe," 21 *Stetson Law Review* 77(1991),转引自王文钦:《公司治理结构之研究》,中国人民大学出版社2005年版,第119页。

1951年,德国制定《共同决定法》,使经营矿山、钢铁业的企业以劳动者和出资者为同数组成监事会,并规定必须选任劳务董事,再进一步,根据1976年的《共同决定法》,更加强化了劳动者的经营参与。从这一点上来看,可以说,公司法受到了社会性的影响。①

《荷兰民法典》第140条规定,董事会应该为公司利益和其所支持的企业利益行事。司法实践和学术界对该条形成了这样的共识:董事会应该考虑多方面的利益,不只是为股东利益最大化服务。有人认为"企业"的利益是指企业的长期存续、健康发展和扩张,另有人认为该条是要求平衡各方面利益。② 具体包括:(1)职工利益。一系列的法律规范对雇员参与企业事务作了规定,其中,《企业委员会法》③是最重要的一项法律规范。根据该法的规定,雇员代表机构即企业委员会有权就涉及企业管理和经营事务的重大决定提出意见,其中,某些决定作出之前,还必须征得企业委员会的同意。④ 为实现企业的良好运作,保障企业中的雇员享有协商权和代表权,雇员人数为50人以上的企业的企业主应当设立企业委员会。⑤ 用人单位雇员人数在10人以上50人以下的,可以自愿决定是否选举职工代表,⑥如果用人单位多数职工要求选举职工代表,雇主必须同意。职工代表由职工直接选举

---

① 参见〔韩〕李哲松:《韩国公司法》,吴日焕译,中国政法大学出版社2000年版,第53页。
② 参见朱羿锟:《公司控制权配置论——制度与效率分析》,经济管理出版社2001年版,第328页。
③ 企业委员会法(Wet op de Ondernemingsraden)制定于1971年,先后于1979年、1982年、1984年、1995年、1996年、1998年、1999年、2001年、2004年以及2006年作了多次修订。
④ 参见〔荷〕费迪南德·B.J.格拉佩豪斯、〔荷〕莱昂哈德·G.费尔堡:《荷兰雇佣法与企业委员会制度》,蔡人俊译,商务印书馆2011年版,第45页。
⑤ 参见《荷兰企业委员会法》第2条,转引自〔荷〕费迪南德·B.J.格拉佩豪斯、〔荷〕莱昂哈德·G.费尔堡:《荷兰雇佣法与企业委员会制度》,蔡人俊译,商务印书馆2011年版,第46页。
⑥ 参见《荷兰企业委员会法》第35条c款,转引自〔荷〕费迪南德·B.J.格拉佩豪斯、〔荷〕莱昂哈德·G.费尔堡:《荷兰雇佣法与企业委员会制度》,蔡人俊译,商务印书馆2011年版,第6页。

产生,其人数为 3 人以上,其权力包括批准企业重组事项①等诸多事项,职工代表还享有知情权。用人单位如果没有设立职工代表,管理者每年必须与企业职工进行两次协商。其中至少一次协商中,必须讨论企业的经营性事务。用人单位雇员人数为 10 人以下的,同样可以设立职工代表。但是,只有当集体合同或者有关劳动条件的强制性规定有此项要求时,用人单位才必须设立职工代表。职工代表一经设立,其享有的权力与 10 人以上 50 人以下用人单位中的职工代表的权力相同。② 企业委员会及其下设委员会有权获取为行使职权所需的全部合理且必要的信息,企业在任何情况下都应当不时向企业委员会提交某些基本信息(包括财务与经营信息、社会政策信息等)。③ 涉及下列事项的决定,企业应当听取企业委员会的意见:(a)企业转让或者部分转让;(b)设立、兼并另一企业或者放弃对另一企业的控制权;与其他企业建立、实质变更或者终止长期合作关系,包括对该企业建立、变更或者终止实质性的财务参与;(c)企业经营活动或主要经营活动的终止;(d)企业经营活动的实质性变更;(e)企业组织结构的实质性变更,或者企业内部责任承担主体的实质性变更;(f)企业住所的变更;(g)集体招聘或者解雇一批雇员;(h)以企业名义进行的重大投资;(i)企业向外贷款;(j)企业对外借款,以及为企业提供担保,除非基于企业正常经营活动的需要借款或者提供担保;(k)引进或者更新重大技术设备;(l)与企业重大环保举措有关的行动或决定,包括引入新的或者改变现有的政策以及与环保有关的组织性的或者管理性的设备;(m)依据《社会保障资金法》第 40 条的规定,作出与残疾人待遇相关

---

① 参见《荷兰企业委员会法》第 35 条 c 款 4 项及 27 条 1 款 d 项,转引自〔荷〕费迪南德·B. J. 格拉佩豪斯、〔荷〕莱昂哈德·G. 费尔堡:《荷兰雇佣法与企业委员会制度》,蔡人俊译,商务印书馆 2011 年版,第 6 页。
② 参见〔荷〕费迪南德·B. J. 格拉佩豪斯、〔荷〕莱昂哈德·G. 费尔堡:《荷兰雇佣法与企业委员会制度》,蔡人俊译,商务印书馆 2011 年版,第 6—7 页。
③ 同上注,第 56 页。

的风险承担有关的安排;(n)任命为上述事项提供意见的外部专家及确定授权其提出意见的范围。① 管理方应当提前向企业委员会征求意见,以使其意见对拟定中的决定能够产生影响。② 如果企业就上述事项作出的决定与企业委员会提供的意见相左,或者企业委员会在提供意见时所依据的事实和情况可能会导致不同的结果,企业委员会在知悉这些事实和情况后,在接到该决定的书面通知之日起一个月内,可以向阿姆斯特丹上诉法院企业庭③提起上诉。在上诉的一个月期限内,企业应当暂时中止实施该决定。④《企业委员会法》第26条第4款明确规定,提起上诉的唯一理由是,企业未能权衡所涉及的各方利益合理作出决定。由于复审的范围相对有限,上诉审不对事实问题进行审查。因此,在多数情况下,法院会以程序性欠缺为由作出有利于企业委员会的裁决。阿姆斯特丹上诉法院企业庭认为,企业不征求企业委员会的意见的,属于企业未能权衡所涉及的各方利益合理作出决定所导出的一项不可辩驳的推论。如果法院确实认为企业未能合理作出决定,可以作出一项裁决,要求企业全部或者部分撤销决定,并消除该决定带来的后续结果的影响。⑤ 如果公司变更其社会政策,须征得企业委员会同意。如果该委员会不同意,公司只有在获得法院准许之后,方可实施有关决定,如果该委员会认为公司管理不善,还可以向法院申请进行调查。《欧洲企业委员会指令》也于1997年得以在荷兰实施。如果董事会侵犯职工利益,补救措施包括撤销有关决定、禁止实施有关决定。在实践中,由于未考虑或平衡不同职工集团的利益而撤

---

① 参见《荷兰企业委员会法》第25条第1款,转引自〔荷〕费迪南德·B.J.格拉佩豪斯、〔荷〕莱昂哈德·G.费尔堡:《荷兰雇佣法与企业委员会制度》,蔡人俊译,商务印书馆2011年版,第60—61页。
② 参见《荷兰企业委员会法》第25条第2款。
③ 参见《荷兰企业委员会法》第26条,阿姆斯特丹上诉法院企业庭由司法部部长设立。企业庭由法院法官以及2名外部专家组成。
④ 参见《荷兰企业委员会法》第25条第6款。
⑤ 参见《荷兰企业委员会法》第26条第5款。

销董事会决定的司法判例已经出现了不少。① 与其他一些国家不同，荷兰法律并未要求企业管理机构中必须要有雇员代表，企业委员会也不决定利润的分配问题。如果某一企业属于"大型"企业②，其应当设立监事会。③ 大型企业监事会成员由企业股东大会任命。④ 法律赋予企业委员会提出监事会人选的权利，以及就不超过监事会成员 1/3 的人选提出候选人的权利。⑤ 除非监事会有理由相信企业委员会推荐的人选不符合资格条件，任命其为监事会成员将导致监事会无法正常运转，否则，监事会应当直接将企业委员会推荐的人选列入监事会成员候选人名单。如果随后监事会与企业委员会之间未能达成协议，监事会可以申请法院对有关争议进行裁决。⑥ 另外，企业雇员为 10 人以上 50 人以下、未成立企业委员会的，企业应当每年分两次与雇员进行协商。企业应每年至少一次口头或书面向雇员提供企业基本信息，涵盖企业在上一年度的经营活动和业绩。企业还应提供未来一年的经营规划。如果企业应当对外公布年度账目和年报，其同时应当向雇员提供这些材料。⑦ （2）企业集团整体利益。在企业集团中，一个公司在

---

① 参见朱羿锟：《公司控制权配置论——制度与效率分析》，经济管理出版社 2001 年版，第 328 页。

② 同时符合下列三项条件的企业属于大型企业，企业也可以自愿将其自身视为大型企业：(a) 企业发行的资本及储备金，包括提留的利润超过 16000000 欧元；(b) 企业或者其附属企业成立了企业委员会；(c) 企业及其附属企业在荷兰境内通常有 100 名以上的雇员。参见〔荷〕费迪南德·B.J. 格拉佩豪斯、〔荷〕莱昂哈德·G. 费尔堡：《荷兰雇佣法与企业委员会制度》，蔡人俊译，商务印书馆 2011 年版，第 66 页。

③ 参见〔荷〕费迪南德·B.J. 格拉佩豪斯、〔荷〕莱昂哈德·G. 费尔堡：《荷兰雇佣法与企业委员会制度》，蔡人俊译，商务印书馆 2011 年版，第 66 页。

④ 参见《荷兰民法典》第 2 编第 158 条第 4 款、第 268 条第 4 款。

⑤ 参见〔荷〕费迪南德·B.J. 格拉佩豪斯、〔荷〕莱昂哈德·G. 费尔堡：《荷兰雇佣法与企业委员会制度》，蔡人俊译，商务印书馆 2011 年版，第 45 页。

⑥ 参见《荷兰民法典》第 2 编第 158 条第 6 款、第 7 款，第 268 条第 6 款、第 7 款，转引自〔荷〕费迪南德·B.J. 格拉佩豪斯、〔荷〕莱昂哈德·G. 费尔堡：《荷兰雇佣法与企业委员会制度》，蔡人俊译，商务印书馆 2011 年版，第 66—67 页。

⑦ 参见〔荷〕费迪南德·B.J. 格拉佩豪斯、〔荷〕莱昂哈德·G. 费尔堡：《荷兰雇佣法与企业委员会制度》，蔡人俊译，商务印书馆 2011 年版，第 68 页。

决策之时不仅要考虑自身的利益,而且要考虑集团整体的利益、存续以及该集团其他职工的活动。①

不过,有观点指出,平衡各方利益是一个空洞的目的。股东的利益,常常与顾客和员工的利益相冲突。倡导平衡各方利益的目的,有一个致命的缺点:它无法给公司成员提供一个努力追求的核心目标。由于缺乏一种可对各方所提出的互相抵触的要求进行衡量的客观标准,因此,管理者只能凭自己的个人感觉,来对各方利益进行适当的平衡。②

3. 公共利益说

学者指出,政府可控制公司实现社会公益。因为,在公司发展的早期,公司主要是为实现公共目的而设,至少到 19 世纪中叶,主要为实现私人商业目的而设立公司的情况仍然较少,公司的设立往往还是为了追求某种公共目的。即便公司取代合伙成为标准的企业组织形式,国家赋予公司特许的概念依然存在,这不仅仅是为了公司设立者的利益,也是为了促进公共利益。无论是制定法还是普通法,均限制管理者为股东利益积聚财富的权力。③ 公司起初就是作为一种目的在于服务国家利益和促进公共利益的公共机构而建构的。在 17 世纪的英格兰,诸如哈德森湾公司(the Hudson's Bay Company)和东印度公司这样的公司被皇室特许,在大英帝国的殖民地行使国家垄断权。同样,在 18 世纪和 19 世纪早期,无论是在英格兰还是美国,公司主要都是为了诸如修建运河和输水这样的公共目的而建立起来的。现代的逐利性公司,其仅仅追求促进所有者的私人利益,这与公司这种组织

---

① 参见朱羿锟:《公司控制权配置论——制度与效率分析》,经济管理出版社 2001 年版,第 328 页。
② 参见〔美〕理查德·埃尔斯沃斯:《公司为谁而生存》,李旭大译,中国发展出版社 2005 年版,第 19 页。
③ 参见 David Millon, "Theories of the Corporation," *Duke Law Journal* 205 – 211(1990),转引自王文钦:《公司治理结构之研究》,中国人民大学出版社 2005 年版,第 114—115 页。

的早期形式存在极大差异。不过,二者在一个关键方面,仍保持着一致:和从前一样,公司仍然是由国家制定的公共政策的产品。① 例如,在18、19世纪产生重大影响的英国东印度公司的特许证上,即载明其目的为,"服务于公共利益"。② 目前在美国,有观点认为,一个公司的决策者所设想的公司目的不仅应包括营利的目标,还应包括促进公共利益的目标。③ 在达特茅斯学院案(Trustees of Dartmouth College v. Woodward)中,大法官马歇尔指出:"一个公司被设立的目的,通常是实现政府希望促进的那些利益,它们被认为是有利于国家的,这种利益构成了对价,在大多数案件中,唯一的对价就是授权。"④在欧洲,公司具有公共利益方面的责任已引起关注,并且人们认为公司的公共利益责任随着它的变大而增加。⑤

公司法律和政策建立在公共利益的观念之上,这一事实证明了公共利益的观念应当继续作为衡量公司的机构价值及合法性的最终标准。一个明确的例证就是,大多数的公司法律法规均包含着"在政府确信公司已极大地损害公共利益时,允许政府解散公司,或者寻求一个法庭命令以解散公司"的条款。作为已知的如上述内容的条款,撤销许可法一直是公司法的一部分。这些条款说明,政府能够像创造一个公司一样轻松地消灭一个公司,这象征着那个明显的但又容易被遗忘的观念:在民

---

① See Joel Bakan, *The Corporation: The Pathological Pursuit of Profit and Power*, Free Press, 2005, p. 153.
② See Andrew Keay, *The Corporate Objective: Corporations, Globalisation and The Law*, Edward Elgar Publishing Limited, 2011, pp. 6 – 7.
③ 参见〔美〕罗伯特·C. 克拉克:《公司法则》,胡平、林长远、徐庆恒、陈亮译,工商出版社1999年版,第571页。
④ Trustees of Dartmouth College v. Woodward, 17. U. S. (Wheat.), 1819,转引自邓峰:《作为社团的法人:重构公司理论的一个框架》,载《中外法学》2004年第6期,第744页。另可参见〔美〕格里高里·A. 马克:《美国法中的公司人格理论》,路金成、郑广淼译,载方流芳主编:《法大评论》(第三卷),中国政法大学出版社2004年版,第267页。
⑤ See M. Kaye, "The Theoretical Basis of Modern Company Law," 235 *Journal of Business Law* 239 (1976), in Andrew Keay, *The Corporate Objective: Corporations, Globalisation and The Law*, Edward Elgar Publishing Limited, 2011, p. 6.

主社会中,公司是按照公众的愿望、并在他们的统治下存在的。① 因此,学者指出,公司只是一个国家创造的,为促进社会和经济政策服务的工具。从而,它仅仅有一个制度上的目标:服务于公共利益(不是那种将公共利益等同于商业利益的循环性定义的公共利益概念)。② 公司并非真正的私人机构,而应被视为具有公共义务的公共机构。它们在一定程度上应当以我们通常与政府相联系的方式来承担责任。③

需指出的是,在英国,1985年公司法案提供了一种尤其适合从事非营利活动的公司形式,这就是"保证有限公司",公司法案允许此类公司追求某种界定的公共利益目标。④ 在德国,根据其《股份公司法》第3条第1款"股份有限公司视为商事公司,即使经营的对象非为营业经营,也不例外"⑤及《德国商法典》第6条第2款"无论企业的经营内容为何,凡法律赋予商人资格的社团,其权利和义务不受妨碍,即使不具备第1条第2款⑥的要件,也不例外"⑦之规定,因此可以将股份有限公司形式用于非营利的公益性目的⑧。即使如此,它也是商事公司,是商人。⑨

---

① See Joel Bakan, *The Corporation: The Pathological Pursuit of Profit and Power*, Free Press, 2005, pp. 156 – 157.
② Ibid, pp. 156 – 158.
③ See D. Branson, "The Death of Contractarianism and the Vindication of Structure and Authority in Corporate Governance and Corporate Law," *Progressive Corporate Law*, Westview Press, 1995. p. 93.
④ 参见〔英〕保罗·戴维斯:《英国公司法精要》,樊云慧译,法律出版社2007年版,第34页。
⑤ 杜景林、卢谌译:《德国股份法·德国有限责任公司法·德国公司改组法·德国参与决定法》,中国政法大学出版社2000年版,第3页。
⑥ 《德国商法典》第1条第2款规定为:商事营利事业指任何营利事业经营,但企业依照性质或者规模不需要以商人方式所设置的营业经营的,不在此限。
⑦ 杜景林、卢谌译:《德国商法典》,法律出版社2010年版,第4页。
⑧ 参见〔德〕托马斯·莱塞尔、〔德〕吕迪格·法伊尔:《德国资合公司法(第3版)》,高旭军、单晓光、刘晓海、方晓敏等译,法律出版社2005年版,第85页。
⑨ 参见〔德〕格茨·怀克、〔德〕克里斯蒂娜·温德比西勒:《德国公司法(第21版)》,殷盛译,法律出版社2010年版,第400页。

(二)"公司利益"构成分歧背后:公司目标理论分歧

对"公司利益"构成的认识分歧,在于其究竟只是股东的整体利益,还是包含股东利益在内的特定范围的利益相关者的综合利益(公共利益不过是在全社会范围内包含社会全体成员的综合利益),而后者(利益相关者综合利益说与国家利益说)可以认为是将利益相关者的利益融入/内化于公司利益中予以保护而已。就其理论基础而言,"公司利益"理论与"公司目标理论"存在着千丝万缕的联系,"股东整体利益说"无疑是以公司目标理论中的"股东利益优位理论"为其理论基础,而利益相关者综合利益说及国家利益说则以"利益相关者理论"为基础,然而,上述关于公司目标的"股东利益优位理论"与"利益相关者理论"则长期争论不休。

1. 股东利益优位理论

一种关于公司目标的理论是"shareholder primacy"理论,该理论也以"shareholder value"以及"shareholder wealth maximisation"为人们所知。[1] 对此,有学者将此种观点译作"股东利益至上"[2]。然而,根据《牛津现代高级英汉双解词典》的解释,Primacy 应当译作"第一""首要"[3],有"第一""首要",自然就有"次要""第二""第三"……这正说明了此种理论并不仅仅关注股东利益,其并不否认对其他利益相关者的保护。"shareholder primacy"的表达指出了股东相较于公司中的其

---

[1] See Andrew Keay, *The Corporate Objective: Corporations, Globalisation and The Law*, Edward Elgar Publishing Limited, 2011, p.40.

[2] 参见〔美〕亨利·汉斯曼、〔美〕莱尼尔·克拉克曼:《公司法历史的终结》,载〔美〕杰弗里·N.戈登、〔美〕马克·J.罗编:《公司治理:趋同与存续》,赵玲、刘凯译,北京大学出版社2006年版,第47页。

[3] 参见张芳杰主编:《牛津现代高级英汉双解词典》,商务印书馆、牛津大学出版社1988年版,第886页。

他主体处于一种优先地位。① 这意味着管理者活动的首要义务被确定为对股东的义务,所有的其他义务都是非常次要的或派生的。② 鉴于此,"shareholder primacy"译作"股东利益优位"更为妥当。

根据股东利益优位理论,公司管理者应致力于最大化股东的利益。③ 其理论依据在于:(1)公司应当为了剩余索取权人的利益经营,风险承担者取得剩余索取权,股东正是这一剩余索取权人④;(2)根据流行的代理理论,董事是股东的代理人,由于股东没有时间或能力来经营公司,董事被聘来为股东运营公司,股东是最适合指导与处罚董事的人⑤;(3)该理论仅致力股东的利益,因此明确且易于执行⑥,也使得董事工作更有效率⑦;(4)能够实现社会福利最大化。"实现这一目的(追求社会总体福利最大化)的最佳方式,就是让公司管理者坚定地对股东利益负责,而且仅对股东利益负责"⑧;(5)公司中股权投资者(公司中的剩余索取权人)的利益不能得到合同的充分保护,而公司股东以外的其他的公司利益相关者的利益则通常能够通过合同和规则得到实质性的保护,因此,通过股东使公司价值最大化,能够补充利益

---

① See L. Johnson and D. Millon, "Missing the Point About State Takeover Statutes," 87 *Michigan Law Review* 848(1989).

② See J. Brummer, *Corporate Responsibility and Legitimacy*, Greenwood Press, 1991, p. 103, in Andrew Keay, *The Corporate Objective: Corporations, Globalisation and The Law*, Edward Elgar Publishing Limited, 2011, p. 44.

③ See Andrew Keay, *The Corporate Objective: Corporations, Globalisation and The Law*, Edward Elgar Publishing Limited, 2011, p. 17.

④ See Frank H. Easterbrook and Daniel R. Fischel, *The Economic Structure of Corporate Law*, Harvard University Press 1991, p. 36.

⑤ See John H. Matheson and Brent A. Olson, "Corporate Law and the Longterm shareholder Model of Corporate Governance," 76 *Minnesota Law Review* 1328(1992).

⑥ See M. Van der Weide, "Against Fiduciary Duties to Corporate Stakeholders," 21 *Delaware Journal of Corporate Law* 68(1996).

⑦ The Committee on Corporate Laws, *Other Constituencies Statutes: Potential for Confusion* (1990), 45 Business Lawyer 2253, p. 2269, in Andrew Keay, *The Corporate Objective: Corporations, Globalisation and The Law*, Edward Elgar Publishing Limited, 2011, p. 64.

⑧ Henry Hansmann and Reinier Kraakman, "The End of History for Corporate Law," 89 *Georgetown Law Journal* 442(2001).

相关者的利益,而不是与利益相关者的利益相竞争①;(6)股东可被视为是公司财产的所有者②,因此,股东能够以有利于自己的方式管理这些财产;(7)当董事接受管理职位时,他向股东作出了承诺,他将以最大化股东利益的方式作出决策③;(8)规定在所有情况下董事对股东负有何种决策义务是不可能的,股东利益优位原则可起到填补条款的作用④。

2. 利益相关者理论

利益相关者理论主张,公司管理者应当考虑包含股东在内的所有利益相关者的利益,董事管理公司并不仅仅是为了改善股东福利,其还应平衡大量的利益相关者的利益。⑤ 此种理论强调诸如信任和公平这样的为人们所喜爱的价值,并寻求融合经济与伦理这两个以往难以平衡的因素。⑥ 其理论依据在于:(1)公司需要大量的投入者以确保其生存与繁荣,如果董事不考虑这些利益相关者,这些人或集团就会不与公司相一致,这可能导致他们在公司需要时抽回投资或者取消对公司的支持,从而无法提高社会福利;(2)公司以尽可能多地为利益相关者创造价值的方式经营,对于每个人来说都是最好的交

---

① See Henry Hansmann and Reinier Kraakman,"The End of History for Corporate Law,"89 *Georgetown Law Journal* 449(2001).

② See M. Friedman, "The Social Responsibility of Business is to Increase its Profits,"*New York Times*, 13 September 1970, in Andrew Keay, *The Corporate Objective:Corporations, Globalisation and The Law*, Edward Elgar Publishing Limited,2011,p.66.

③ See K. Goodpaster, "Business Ethics and Stakeholder Analysis,"53 *Business Ethics Quarterly* 63(1991). Also see S. Bainbridge,*The New Corporate Governance in Theory and Practice*, Oxford University Press, 2008, p.58, in Andrew Keay, *The Corporate Objective:Corporations, Globalisation and The Law*, Edward Elgar Publishing Limited,2011,p.66.

④ See Jill E. Fisch, "Measuring Efficiency in Corporate Law:The Role of Shareholder Primacy," 31 *Journal of Corporation Law* 656(2006).

⑤ See Andrew Keay, *The Corporate Objective:Corporations, Globalisation and The Law*, Edward Elgar Publishing Limited,2011,p.17.

⑥ Ibid,p.136.

易。① 如果利益相关者的利益得到满足,利益相关者将表现出对公司的忠诚,这样,股东将会获得比在实施股东利益最大化的情形中更大的利益,因为公司将会获益更多并创造更多的社会财富②;(3)利益相关者以他们对公司的投入享有财产权,他们以对该公司的投资承担风险,因而值得保护。多数利益相关者无法通过合同获得保护,对利益相关者进行保护的基础在于,确保他们在合同内外的合法期待将会得到实现;(4)管理者与利益相关者存在着较多的个人联系。如果管理者实施利益相关者理论,他们就能真正考虑利益相关者的意见并在很多情形下显示出对他们利益的考虑,这将能够赢得利益相关者的尊敬与信任,从而能够把工作做得更好、更有效率③。

(三) 分歧的焦点:非股东利益相关者利益的保护模式

毫无疑问,各类利益相关者的利益均应获得保护,只是其保护方式不同。对公司利益构成的分歧并不在于非股东利益相关者的利益是否应予保护,而在于应通过什么样的方式进行保护。即便认为公司利益即为股东整体利益,进而主张公司目标在于最大化股东利益者,也并不否认对非股东利益相关者的利益进行保护之必要。"利润最大化准则不暗示公司和他们的经理对股东以外的人只负有最低限度的法律义务。公司和受其影响的个人或群体之间的每个重大关系,都要受到庞大而且错综复杂的法律原则体系和法律强制执行机制的调

---

① See Andrew Keay, *The Corporate Objective: Corporations, Globalisation and The Law*, Edward Elgar Publishing Limited, 2011, p. 130.
② See Kent Greenfield, "Saving the World With Corporate Law?" 57 *Emory Law Journal* 975 (2008).
③ See Andrew Keay, *The Corporate Objective: Corporations, Globalisation and The Law*, Edward Elgar Publishing Limited, 2011, pp. 132–133.

整。"①确定股东优先原则并不意味着利益相关者的利益必然或者应当不受保护,这种观点只是表明,保护非股东利益相关者(或者至少是除债权人之外的利益相关者)利益的最佳机制,存在于公司法之外。②正如经济合作与发展组织在对其成员国进行调查后指出的:"几乎所有的国家都承认利益相关者在公司治理中的作用,并且拥有还需加强的法律权利。"③

总体而言,考察理论学说与立法例,对利益相关者利益的保护,或者通过赋予该利益相关人有关权利的方式予以保护(赋权模式),或者通过规定董事行为时可以/应当考虑特定利益相关人的利益的方式(信托模式),以及通过利益相关人代表进入特定机关从而通过该机关对其权益予以保护(参与模式)。

1. 赋权模式

赋权模式是指通过赋予非股东利益相关人有关权利的方式对利益相关人进行保护,此种赋权主要通过公司法之外的其他法律进行,但也有通过公司法进行的。不过,区分究竟是通过公司法还是其他法律对非股东利益相关者进行此种赋权在理论上并无多大意义。因为按照法律部门的划分理论,依据调整对象不同所作的分工造就了法律部门之间的差异。但如果就特定的社会关系内容在调整方法和调整效果上不存在根本性的差异时,各部门之间当可以有内容上的交叉和替代。④ 因此,即便由其他法律而非公司法对公司利益相关者的权利保护问题作出规定,只要其不与公司法的特

---

① 〔美〕罗伯特·C. 克拉克:《公司法则》,胡平、林长远、徐庆恒、陈亮译,工商出版社1999年版,第564页。

② See Henry Hansmann and Reinier Kraakman, "The End of History for Corporate Law," 89 *Georgetown Law Journal* 442(2001).

③ 经济合作与发展组织:《公司治理:对OECD各国的调查》,张政军、付畅译,中国财政经济出版社2006年版,"总概要"第3页。

④ 参见〔美〕大卫·G. 爱泼斯坦、〔美〕史蒂夫·H. 尼克勒斯、〔美〕詹姆斯·J. 怀特:《美国破产法》,韩长印等译,中国政法大学出版社2003年版,"译者前言",第17页。

别规定相冲突,也必然对公司发生效力,而不受赋予该权利的规定属于哪一部门法的影响。关键是该规定的内容,而与其规定在何处并无关联。这些部门法的划分只具有一种立法技术上的意义。正如有学者指出的:

> 内部策略与外部策略的两分法是一种没有差异的区分。如果每个人都赞同在一些情形下公司行为需要规制,是否对那样的规制附上公司法还是诸如环境法这样的标签又有何区别呢?①

(1)通过公司法以外的其他法律赋权

即便认为公司利益即为股东整体利益者也并不否认对其他利益相关者利益进行保护之必要。一些非股东群体的利益是由公司法以外的一些法律来规范的。例如英国《健康和安全法》中的雇工利益,法律关于董事的义务规定并没有免除董事会遵守那个法律的强制性规则的义务。② 法律制度中的规则使我们对他人的利益表现出更高的尊重。③ 公司对他们的顾客、供应厂商、债权人、雇员以及对环境、全体公众和众多的政府实体负有契约的、普通法的和成文法的义务。④ 他们只是认为"公司法不是对公司强加普遍的社会改革和环境目标的适当工具,这些事项应当通过施加于所有雇主和商业企业之上的特定立法

---

① See Lan B. Lee, "The Role of the Public Interest in Corporate Law," p.16, available at http://ssrn.com/abstract=1909014, visited on October 18, 2012.
② 参见〔英〕保罗·戴维斯:《英国公司法精要》,樊云慧译,法律出版社2007年版,第296页。
③ 参见〔美〕邓肯·肯尼迪:《私法性判决的形式与实质》,朱硕、杜红波译,载冯玉军选编:《美国法学最高引证率经典论文选》,法律出版社2008年版,第111页。
④ 参见〔美〕罗伯特·C.克拉克:《公司法则》,胡平、林长远、徐庆恒、陈亮译,工商出版社1999年版,第564页。

进行"①。这些公司法以外的法律、法规通过赋予利益相关者实体权利的方式对其予以保护。

无论各个国家和地区如何认识"公司利益",以及采用什么样的公司治理模式,均存在对各种非股东利益相关者进行保护的法律,例如,对债权人进行保护的合同法、担保法,对劳动者利益进行保护的劳动法,对消费者利益进行保护的消费者权益保护法,对社会环境利益进行保护的环保法等等。

(2)通过公司法赋权

公司法中也有在特定情形下赋予特定非股东利益相关者权利的规定。

一些国家和地区存在债券持有人(我国台湾地区、日本、韩国规定为债权人)有权获取关于财务政策或其他有关资料的权利。我国台湾地区、韩国、德国还规定了债权人在公司违法分配利润时的返还请求权。德国、法国和我国澳门地区的法律赋予了债权人直接对公司管理者提出赔偿之诉的权利。我国澳门地区的法律中还规定了债权人对未缴付但可请求出资的请求权。②

有意思的是,在一些未能如下文所述的通过许可利益相关者(主要是职工)以参与公司特定机关的方式来保护利益相关者利益的国家,却在公司制度中通过某种方式赋予了利益相关者特定的请求权。例如,在美国,对债权人的保护通过欺诈性产权转让法、公平控制原则、揭开公司面纱等制度,以及对公司向股东支付股息或进行其他分配的能力予以限制的方式进行保护。③ 当然,这还离不开其完善的信

---

① NZ Report,paras. 19 and 59;See also Paras. 284－286,转引自〔新加坡〕陈清汉:《公司法改革的途径:对英联邦法域的一种选择性比较研究》,载顾功耘主编:《公司法律评论》(2003年卷),上海人民出版社2003年版,第40页。
② 参见赵旭东主编:《境外公司法专题概览》,人民法院出版社2005年版,第319—324页。
③ 参见〔美〕罗伯特·C. 克拉克:《公司法则》,胡平、林长远、徐庆恒、陈亮译,工商出版社1999年版,第31—62页。

用体系。根据《纽约企业社团法》《纽约公司法》的规定,公司10大股东对公司雇员负有连带及个别义务,支付所有工资,包括工资、假日代替金、解雇金、保险及退休金的雇主供款。[①] 根据《加拿大商业公司法》第119条的规定,董事对在职时公司欠每位雇员不超过6个月的应得工资而产生的所有债务,负有无限连带责任。雇员应当在董事任职期间或者董事去职两年之内就该债务提起诉讼,否则董事不承担该责任。董事清偿债务后,有权取代该雇员获得优先受偿权。如果判决业已作出,该董事有权要求将该判决结果转给自己。同时,除非存在以下情形,否则董事不承担前述责任:第一,雇员在该债务到期之日起6个月之内即对公司提起诉讼,而执行的全部或部分结果不能令人满意;第二,公司已经开始清算和解散程序或已解散,而清算和解散程序开始之日和解散之日较早一日起6个月之内即已证实该债务。第三,依据《破产和资不抵债法》,公司已经出让财产或者已获接管令,而在此后6个月之内已经证实该债务。[②]

根据我国《公司法》第173条和第177条规定,在公司合并或者减资时,公司债权人享有在法定期限内,要求公司清偿债务或者提供相应担保的权利。

不过,很多法律对利益相关者利益的保护是有限的甚至根本就没有保护。即使有,利益相关者也必须有动机告知规制当局或者自己采取法律行动。时间和成本因素可能会制约他们采取这样的行动。[③] 这一"相信法律可以合理修正行为"的信念是不真实的,这一理念存在的问题包括:在对引起人们反感的新的行为方式作出法律反应的过程

[①] 参见《纽约商业公司法》第630条规定:"受证券法规范的公众公司获豁免",转引自何美欢:《公众公司及其股权证券》(上册),北京大学出版社1999年版,第69页。
[②] 参见蔡文海校译:《加拿大重要商业公司法和证券法》,中国对外经济贸易出版社1999年版,第35—36页。
[③] See Andrew Keay, *The Corporate Objective: Corporations, Globalisation and The Law*, Edward Elgar Publishing Limited, 2011, p.161.

中,出现了不可避免的滞后现象;在设定标准和取得一致意见的过程中,出现了信息的不完全性;在解决特殊问题的过程中,出现了一般规则的不适应性。这些制约因素的存在,留下了能够和应该由"自我管理"原则加以弥补的空间,为此,管理者需要有责任感,并愿意在做出公司决策时充分考虑他人利益。① 这种通过自我管理方式保护利益相关者的模式,即为"信托模式"与"参与模式"。

2. 信托模式

对公司利益相关人保护的信托模式是指规定董事的信托义务的方式来保护利益相关人的利益。总体而言,此种模式又可分为两种:一种是利益相关人立法的信托模式,另一种则是确定董事对特定利益相关人的信托义务的信托模式。

(1) 利益相关人立法的信托模式

此种信托模式是指规定董事在行为时,可/应考虑非股东利益相关者的利益,即"减轻董事仅仅代表股东利益的义务和动机,从而使董事拥有更大的自由裁量权以关注其他利益相关者的利益"。② 美国的利益相关者立法和英国2006年公司法中的"开明股东价值"的规定均属此种模式。

在美国,自20世纪80年代起,为应对公司收购风潮,诸多州出台了利害关系人立法,这些立法对股东利益至上的公司法原则提出了挑战,明确授权公司董事会考虑非股东利害关系人的利益。自1986年,宾夕法尼亚州率先修订公司法、通过利害关系人法案以来,全美已有将近40个州通过了利害关系人立法。除康涅狄格州明确规定必须考

---

① 参见〔英〕约翰·帕金森:《公司法与利害相关者管理体制》,载〔英〕加文·凯利、〔英〕多米尼克·凯利、〔英〕安德鲁·甘布尔编:《利害相关者资本主义》,欧阳英译,重庆出版社2001年版,第185页。

② Henry Hansmann and Reinier Kraakman,"The End of History for Corporate Law,"89 *Georgetown Law Journal* 447(2001).

虑非股东利益外①,大多数州将是否考虑利益相关者利益留给董事和管理者的自由裁量权来解决②。典型的利害关系人法案允许,但并不要求董事必须考虑非股东利害关系人利益,如印第安纳州公司法规定:"董事可以,在考虑公司的最大利益时,考虑任何对公司股东、雇员、供货商、顾客和公司办公室或者其他设施所在社区的影响,或者董事认为适当的因素。"③在所有的利害关系人立法中,大约有1/4的州只允许在特定情形——通常是公司面临收购情况下,公司董事可以考虑非股东利害关系人的利益,其他州则不作限定,公司董事可以在任何公司决策中考虑非股东利害关系人的利益。④ 对此类条款,公司法委员会得出如下结论:本委员会认为对这些成文法律较好的解释⋯⋯是他们肯定了普通法的结论,即董事应该考虑相关者的利益,但仅限于该董事正在践行股东和公司的长期或短期的最佳利益。通过声明必须"与股东利润理性地相关",特拉华州的法院将董事对利益相关者的考虑和股东利益联系了起来;因而,其他法院也可以选择字眼来表达这种关联。⑤ 司法实践中,在 Unocal Corp. v. Mesa Petroleum Co.(1985)案中,特拉华州最高法院指出,在确定为防御收购所带来的威胁而采取的行动的合理性时,董事会可以考虑对股东之外的利益相关

---

① See Edward D. Rogers, "Striking the Wrong Balance: Constituency Statutes and Corporate Governance," 21 *Pepperdine Law Review* 777(1994),转引自王文钦:《公司治理结构之研究》,中国人民大学出版社2005年版,第115—116页。

② See Kathleen Hale, "Corporate Law and Stakeholders: Moving Beyond Stakeholder Statutes," 45 *Arizona Law Review* 834(2003).

③ Edward D. Rogers, "Striking the Wrong Balance: Constituency Statutes and Corporate Governance," 21 *Pepperdine Law Review* 777(1994),转引自王文钦:《公司治理结构之研究》,中国人民大学出版社2005年版,第115—116页。

④ See Lynda J. Oswald, "Shareholders v. Stakeholders: Evaluating Corporate Constituency Statutes Under the Takings Clause," 24 *Journal of Corporation Law* 3(1998),转引自王文钦:《公司治理结构之研究》,中国人民大学出版社2005年版,第116页。

⑤ 参见许传玺主编:《公司治理原则:分析与建议》(上卷),楼建波、陈炜恒、朱征夫、李骐译,法律出版社2006年版,第88页。

者,如债权人、顾客、雇员、或许还有整个社会的影响。① 1989年,特拉华州最高法院就"卓绝通讯公司诉时代公司案"的判决写道:时代公司管理层可以拒绝卓绝公司的兼并要求,尽管后者的开价有利于时代公司的股东。这就是说管理层可以为了非股东方面的利益而不顾股东的选择。②

2006年《英国公司法》修订时,其第172条就董事促进公司成功的义务规定:"(1)公司董事必须以他善意地认为为了公司成员的整体权益而将最大可能地促进公司成功的方式行事,并在这样做时考虑(与其他事项一起):(a)任何决定最终可能的后果;(b)公司雇员的利益;(c)培养公司与供应商、消费者和其他人商业关系的需要;(d)公司运作对社会和环境的冲突;(e)公司维护高标准商业行为之声誉的愿望;(f)在公司成员之间公平行事的需要。(2)当或在公司目的的范围内或包括公司成员权益以外之目的的范围内,第(1)款的效力是,如同所称的是为了其成员的权益而促进公司成功达到那些目的。(3)本条赋予的义务之效力,隶属于要求董事在某些情形下考虑或以公司债权人的利益而行事的任何法规或法律规则。"③除保证有限(limited by guarantee)公司成员外,此处的"公司成员"即为公司股东。传统公司法认为,董事对且只对公司本身承担受信托义务,而不对公司单个的成员即股东和公司债权人承担受信托义务。④ 近年来,英国判例认为,在决定什么行为是为公司的利益的行为时,在某些具体情况下,公司的利益包括公司债权人的利益,并且间接地认为,董事对公司债权人

---

① 参见 Unocal Corp. v. Mesa Petroleum Co.,493 A. 2d 946(1985),转引自李建伟:《公司制度、公司治理与公司管理——法律在公司管理中的地位与作用》,人民法院出版社2005年版,第107页。
② 参见郭富青:《公司权利与权力二元配置论》,法律出版社2010年版,第81页。
③ 葛伟军译:《英国2006年公司法》,法律出版社2008年版,第105页。
④ 参见 L. C. B. Gower, *Gower's Principles of Modern Company Law* (4th edition), Stevens, 1979, p.573,转引自张民安:《现代英美董事法律地位研究》(第二版),法律出版社2007年版,第539—540页。

承担义务。① 董事对债权人承担的民事义务是一种间接的对债权人的义务,即通过公司这一中介组织而承担的义务而非直接对债权人的义务。理由在于:第一,它会因此剔除双重赔偿引起的问题。如果此种义务不是通过公司这一中介组织而对债权人承担责任,那么,在董事的行为构成对债权人义务的违反亦构成对公司所承担义务的违反时,则债权人和公司都可以对董事提起损害赔偿的诉讼。第二,通过公司承担义务,它会使破产法中的一个原则即"任何债权人均应当平等对待,一债权人不享有优于其他债权人权利"得到维护,因为,根据英国法律,债权人保护问题往往都在公司破产时才会涉及。第三,通过公司这一中介组织承担义务也可以使有关处理破产债权的程序得到维护。② 或许正因如此,根据1986年《英国破产法》第214条的规定,如果公司已经破产并进入清算,并且在公司解散之前,董事"知道或应当已经得出这样的结论:公司没有不进入破产清算的合理期望",则法庭有权颁发命令,要求此种董事对公司的财产承担责任。而且,法庭仅在公司的清算人提出申请时始可命令某个董事对公司的财产承担责任。③ 公司债权人本身并不能提出此种请求。

奥地利《股份公司法》第70条规定董事会须为"企业利益"行事,考虑股东、职工和公共福祉。④

《OECD公司治理原则》第Ⅵ.C条也规定:"董事会应采用高道德

---

① 这些判例包括:Winkworth v. Edward Baron Development Co. Ltd. 案,以及West Mercia Safe Ltd. v. Dodd 案,参见张民安:《现代英美董事法律地位研究》(第二版),法律出版社2007年版,第190页。
② 参见Oxford Journal of Legal Studies vol.10, No.2, Oxford University Press,1990,pp. 275 – 276,转引自张民安:《现代英美董事法律地位研究》(第二版),法律出版社2007年版,第191—192页。
③ 参见张民安:《现代英美董事法律地位研究》(第二版),法律出版社2007年版,第186—187页。
④ 参见朱羿锟:《公司控制权配置论——制度与效率分析》,经济管理出版社2001年版,第329页。

标准,并考虑利益相关者的利益。"①

(2)董事对特定利益相关人直接承担信托义务的信托模式

在现代英美法系也有一些国家的公司法实务中,董事对公司债权人承担的信托义务为一种直接性的义务,一旦违反此种义务并使公司债权人利益受到损害时,董事应对公司债权人承担法律责任,并且,此种义务的承担不以公司处于破产的特殊时期为限,在公司正常经营期间,董事亦负担此种义务。例如,在澳大利亚,在 Walker v. Wimborne 案中,法院即认为,为了保护债权人利益,不论公司的经济状况如何,董事都要对债权人承担持续的义务。② "必须强调的是,公司董事在履行他们对公司所承担的义务时,必须考虑公司股东和公司债权人的利益。董事如果没有考虑公司债权人的利益,则不仅会使公司遭受不利后果,而且也会使公司董事自己遭受不利后果。"③在 West Mercia Safetywear Ltd. v. Dodd(1988)案和 Jeffree v. National Companies and Securities Commission 一案中,法院也认为,董事对公司债权人承担民事义务,该种义务如果被违反,可以由债权人诉请法庭予以强制执行。它打破了公司法的固有观念,重新确立了债权人在公司法中的地位,因而,被学者誉为公司法上的一场革命。④

3. 参与模式

参与模式是指赋予特定非股东利益相关者在特定机关(在公司正

---

① 经济合作与发展组织:《〈OECD 公司治理原则〉实施评价方法》,周清杰译,中国财政经济出版社 2008 年版,第 116 页。
② 参见[1976] 137 CLR 1,转引自张民安:《现代英美董事法律地位研究》(第二版),法律出版社 2007 年版,第 192 页。澳大利亚最高法院:参见《澳大利亚法律杂志报告》第五十期,第 446 页,转引自[加拿大]布莱恩·R. 柴芬斯:《公司法:理论、结构和运作》,林华伟、魏旻译,法律出版社 2001 年版,第 578 页。
③ 张艳丽:《破产欺诈法律规制研究》,北京大学出版社 2008 年版,第 132 页。
④ 参见张民安:《现代英美董事法律地位研究》(第二版),法律出版社 2007 年版,第 192 页。

常经营时,主要是董事会/监事会①)中的代表权,使其参与到该机关的决策过程中以保护其利益的模式。

确定某类利益相关者是否参与公司的决策,应有一定的判断标准:(1)该类利益相关者得以参与到特定公司决策机关,是基于其作为该利益相关者群体成员的身份,而非其他身份。例如,有学者认为,在德国与日本,企业融资主要是依赖银行贷款,在与银行的长期交往中,形成了对银行的依赖性。银行是企业最大、最重要的债权人,银行不但通过契约对公司进行监督,还对公司进行参股,利用股东的身份,直接加入公司的内部组织,获得公司的经营信息,直接对经营管理层进行监督,银行一方面维护作为股东的权益,另一方面保护作为债权人的权益。基于银行的债权人和股东的双重身份,银行参与公司管理。这是一种"债权人直接参与公司治理的方式"。② 笔者认为,此情形下的个别债权人参与公司治理并非"债权人直接参与公司治理",因为,其得以参与公司治理并非基于其债权人身份,而是基于其股东身份,试想,如果这些债权人不同时兼具股东身份的话,其能够当然地参与公司管理吗? 正如奥村宏教授所指出的,"职工出身的人成为经营者与职工的代表成为经营者是两个完全不同的概念。如果是职工的代表成为经营者的话,那么,就应该通过职工的选举来选出董事"③。同样,具有债权人身份者得以参与公司管理并不意味着债权人参与了公司管理。(2)该利益相关人参与特定机关须为代表利益相关者群体被选任,而非作为个别利益相关人参与。公司制度所要维护的利益相关者的利益,是作为整体的利益相关者群体的利益,而不是特定的利益

---

① 股东会只能由股东参加,没有除股东以外的利益相关者参加的可能性。在20世纪60年代,在德国曾经有过关于"公司大会"的设想,但没有继续进行探讨。参见〔德〕沃尔夫冈·多伊普勒:《德国雇员权益的维护》,唐伦亿、谢立斌译,中国工人出版社2009年版,第118页。

② 参见王艳华:《反思公司债权人保护制度》,法律出版社2008年版,第273—274页。

③ 〔日〕奥村宏:《股份制向何处去——法人资本主义的命运》,张承耀译,中国计划出版社1996年版,第48页。

相关者利益。非经特定利益相关者的群体依照法定程序的选任,特定利益相关者不能代表该群体。因此,即便个别债权人与公司通过契约约定,其在特定情形下可以成为公司董事而参与公司管理,或者成为公司监事而对公司实施监督①,由于这些个体实际上是通过协议由公司管理者控制的公司决定的,而非由特定利益相关者群体选任的,并不能说此种情况下,某利益相关者群体参与了公司决策。同时需要指出的是,尽管特定利益相关者群体所选任者基于其选任程序以及其固有的价值观、所属群体等,可能会对选任他的群体利益有更多关注,但是,一旦被选任参与公司特定机关,他就应基于公司利益而行使有关决策权。当然,某些特定的专门基于维护某利益群体利益的能够对公司产生拘束力的机关除外,例如,破产程序中的债权人会议,其目的即在于维护债权人利益,此种情形下,参与决策的债权人自应从债权人整体利益出发进行决策。(3)特定利益相关者参与的决策机关是其决策能对公司产生拘束力的内部机关,而非公司外部组织。如果系独立组织,利益相关者群体参与做出的决策系该组织的决策而非公司的决策。从而,利益相关者并未参与公司自身的管理决策。例如,在我国,公司工会具有独立的主体地位,因此,即便职工参与公司工会并基于特定程序参与了工会的有关决策,该决策可能也对公司产生特定影响,但并不能认为此种情形下职工参与了公司管理,其参与的只是工会的管理。

在欧盟,有将近半数的成员国,工人或者他们的代表有权任命一些大的私人产业公司的董事会成员(通常是双层体制下的监事会)。通常只有明显的少数成员代表雇工被任命,但是在德国的大公司,半

---

① 暂且不论这种约定是否会因违反或限制了公司股东选任董事或监事的职权而无效。

数的监事会成员是以这种方式被任命的。① 根据 OECD 的调查,在 OECD 成员国中,奥地利、捷克、丹麦、德国、挪威、瑞典这些国家,其员工有权任命一些董事会成员。② 具体而言,参与模式又可区分为如下几种:

(1)特定利益相关者参与监事会

一类特定利益相关者参与的机构是监事会。目前的立法实践中,主要是雇员代表参与监事会。③

德国是典型的通过立法确立职工参与监事会制度的国家,具体而言,有如下三种模式:其一,根据1976年颁布的、适用于雇员超过2000人的资合公司的《参与决定法》,监事会有一半成员为雇员代表,另一半是股东代表。④ 在表决票数相同的情况下,对于同一个表决对象可以再次进行表决。如果再次出现表决票数相等的情况,并且也只有在

---

① 参见〔英〕保罗·戴维斯:《英国公司法精要》,樊云慧译,法律出版社2007年版,第289页。

② 此处的董事会,既包括监督董事会(即我国通常所称双层制下的监事会),也包括管理董事会,参见经济合作与发展组织:《公司治理:对OECD各国的调查》,张政军、付畅译,中国财政经济出版社2006年版,第84—85页。

③ 第二次世界大战以后,德国有关公司法改革的讨论曾经提出许多建议,其中之一是,在企业中公共利益必须有自己的代表。许多政治团体提出的不同的企业改革管理模式,一般都要求,在监事会中除有股东代表和职工代表外,还必须有中立的第三方利益代表。1968年德国社会民主党提出了《企业宪法草案》,该草案的规定与《煤炭与钢铁工业职工共同决定法》第4条的规定相似,只是要求除股东代表和职工代表外,还必须有三个其他代表。在社会民主党于1972年提出的长期计划中,更明确指出,在监事会中必须有代表公共利益的第三方代表。德国工会联盟、德国职员工会以及德国基督工人运动组织都提出过类似的建议。部分企业法委员会的成员也主张,在所有的股份有限公司或者那些较大的企业中,其监事会必须设有公共利益的代表。不过,这些建议并未得到实施,已经过时。相反,20世纪90年代,私有化思潮占据了上风,即公共任务必须私有化,必须由私营企业来履行或者完成相关的公共任务。参见〔德〕托马斯·莱塞尔、〔德〕吕迪格·法伊尔:《德国资合公司法(第3版)》,高旭军、单晓光、刘晓海、方晓敏等译,法律出版社2005年版,第134—135页。此外,一些著作将双层制下的监事会也有称作监督董事会的,例如 Andrew Keay, *The Corporate Objective: Corporations, Globalisation and The Law*, Edward Elgar Publishing Limited, 2011, p.160。

④ 参见〔日〕青木昌彦:《比较制度分析》,周黎安译,上海远东出版社2001年版,第292页。

这种情况下,监事会主席有一个第二次表决机会(第二次表决权),即由监事会主席投出决定性的一票。① 而监事会主席和副主席由全体监事的 2/3 表决多数选举产生。假如选举不成功,则在第二轮选举中由股东代表选举监事会主席,由员工代表选举副主席,并且各自都以一个简单多数的方式选举产生(《员工共同参与决定法》第 27 条第 1 款和第 2 款)。因此,着眼于监事会主席在事实上对股东一方具有的重要意义,监事会主席的选举程序已经为股东设定了一个较大的影响力。监事会主席的第二次表决权更是在法律上将这个影响力进一步地固化了。② 根据该法,监事会中的劳方代表由企业或康采恩的职工选举产生(《参与决定法》第 16 条),但法律将这些代表划分为不同的类别。在劳方代表中,至少要有两名工会代表,与其他劳方代表不同,工会代表不一定是企业的职工(《参与决定法》第 7 条)。企业职工又分为三类,即工人、职员以及职员中的特殊类别——高级管理人员(《参与决定法》第 3 条),每一类人员都应按照人数比例选举其在监事会中的代表,但每一类别的职工至少要有一名代表(《参与决定法》第 15 条)。监事会的决议由简单多数形成(《参与决定法》第 29 条)。但是有两个因素影响了这种形式上的对等,使之更有利于资方。首先,所有高级管理人员的代表,在投票时实际上都是从企业的整体利益出发,而不会仅仅考虑工人的利益;其次,由于选举程序方面的原因,监事会的主席通常是资方的代表(《参与决定法》第 27 条),如果投票时赞成票与反对票票数相等,投票结果将取决于监事会主席如何投票(《参与决定法》第 29 条)。③ 此外,根据监事会对公司管理的一

---

① 参见《员工共同参与决定法》第 29 条第 1 款和第 2 款,转引自〔德〕格茨·怀克、〔德〕克里斯蒂娜·温德比西勒:《德国公司法(第 21 版)》,殷盛译,法律出版社 2010 年版,第 519 页。

② 参见〔德〕格茨·怀克、〔德〕克里斯蒂娜·温德比西勒:《德国公司法(第 21 版)》,殷盛译,法律出版社 2010 年版,第 519 页。

③ 参见〔德〕罗伯特·霍恩、〔德〕海因·科茨、〔德〕汉斯·G.莱塞:《德国民商法导论》,楚建译,中国大百科全书出版社 1996 年版,第 306—307 页。

般监督权,它享有任免董事会成员的重要权利。在这个问题上,《参与决定法》又一次规定,在表决权数相等时,监事会主席的投票立场将决定表决的结果。① 其二,根据 1951 年《煤钢行业共同决定法》,雇员 1000 人以上的矿业股份公司和钢铁生产企业,其监事会中必须要有半数职工代表,监事会由 11 人组成(如果是较大的企业可将这个数字提高到 15 或者 21),劳资双方各出 5 名代表担任监事,联合提名 1 名中立者担任监事会主席。在劳方的 5 名监事中必须有两名是企业职工,而 3 名企业外部代表则由企业中的工会领导机构向企业职工委员会提名。② 他们必须选出尽可能持中立态度的第 11 人。如果双方不能就某位人选达成一致,则应进行既耗时又费钱的调解程序。如果双方还不能达成一致,则最后由股东大会决定。其三,"三分之一参与权"模式,根据 2004 年 5 月 18 日颁布的《三分之一参与法》规定(这部法律取代了 1952 年《企业组织法》第 76、77 条的规定),其适用于拥有 500 至 2000 名雇员的资合公司。在此类公司中,雇员方决定 1/3 的监事会职位,监事会成员的数目必须是三的倍数。③ 尽管如此,监事不应把自己当作其选民的利益代表,监事首先必须是企业的机构,并以此身份开展工作。④

荷兰也通过立法确保雇员参与监事会。在荷兰,如果某一企业属

---

① 参见〔德〕罗伯特·霍恩、〔德〕海因·科茨、〔德〕汉斯·G. 莱塞:《德国民商法导论》,楚建译,中国大百科全书出版社 1996 年版,第 307 页。
② 参见李立新:《劳动者参与公司治理的法律探讨》,中国法制出版社 2009 年版,第 86 页。
③ 参见〔德〕沃尔夫冈·多伊普勒:《德国雇员权益的维护》,唐伦亿、谢立斌译,中国工人出版社 2009 年版,第 119—120 页。也可参见〔德〕格茨·怀克、〔德〕克里斯蒂娜·温德比西勒:《德国公司法(第 21 版)》,殷盛译,法律出版社 2010 年版,第 508 页。
④ 参见〔德〕托马斯·莱塞尔、〔德〕吕迪格·法伊尔:《德国资合公司法(第 3 版)》,高旭军、单晓光、刘晓海、方晓敏等译,法律出版社 2005 年版,第 208—209 页。

"大型"企业①,其应当设立监事会②。大型企业监事会成员由企业股东大会任命。③ 法律赋予企业委员会提出监事会人选的权力,以及就不超过监事会成员 1/3 的人选提出候选人的权利。④ 除非监事会有理由相信企业委员会推荐的人选不符合资格条件,任命其为监事会成员将导致监事会无法正常运转,否则,监事会应直接将企业委员会推荐的人选列入监事会成员的候选人名单。如果随后监事会与企业委员会之间未能达成协议,监事会可申请法院对有关争议进行裁决。⑤

职工参与的公司大会制度是挪威职工参与机关制度的特色。根据挪威《股份公司法》,凡是在之前 3 个年度中雇工超过 200 人的公司,应当设立公司大会,同时,其允许公司职工与经营者作出变通性的选择,如导入职工董事制度。公司大会的人数应由股东大会确定,但不应少于 12 人,且能被 3 整除。在公司大会的成员中,2/3 以上配备助手的公司大会成员由股东大会选举产生,但公司章程可以把该项权利让渡给他人(如公司职工或该公司所属的公司集团);1/3 以上配备助手的公司大会成员由公司职工在公司职工中选举产生。由 2/3 以上公司职工组成的工会或者半数以上的职工还有权决定另外选举观察员及其助手。公司大会具有以下权限:选举董事和董事长、有权监督董事和总经理的经营活动、有权向股东大会陈述意见、有权就某些重要事项做出决策、有权向

---

① 同时符合下列三项条件的企业属于大型企业,企业也可以自愿将其自身视为大型企业:(a)企业发行的资本及储备金,包括提留的利润超过 16000000 欧元;(b)企业或者其附属企业成立了企业委员会;(c)企业及其附属企业在荷兰境内通常有 100 名以上的雇员。参见〔荷〕费迪南德·B. J. 格拉佩豪斯、〔荷〕莱昂哈德·G. 费尔堡:《荷兰雇佣法与企业委员会制度》,蔡人俊译,商务印书馆 2011 年版,第 66 页。
② 参见〔荷〕费迪南德·B. J. 格拉佩豪斯、〔荷〕莱昂哈德·G. 费尔堡:《荷兰雇佣法与企业委员会制度》,蔡人俊译,商务印书馆 2011 年版,第 66 页。
③ 参见《荷兰民法典》第 2 编第 158 条第 4 款、第 268 条第 4 款。
④ 参见〔荷〕费迪南德·B. J. 格拉佩豪斯、〔荷〕莱昂哈德·G. 费尔堡:《荷兰雇佣法与企业委员会制度》,蔡人俊译,商务印书馆 2011 年版,第 45 页。
⑤ 参见《荷兰民法典》第 2 编第 158 条第 6 款、第 7 款,第 268 条第 6 款、第 7 款,转引自〔荷〕费迪南德·B. J. 格拉佩豪斯、〔荷〕莱昂哈德·G. 费尔堡:《荷兰雇佣法与企业委员会制度》,蔡人俊译,商务印书馆 2011 年版,第 66—67 页。

董事会提出建议。① 从挪威公司大会成员分别由股东和职工选举产生以及公司大会的职权来看,其与德国的监事会基本类似,因此,尽管有学者认为"公司大会是挪威职工参与机关制度的最大特色。不仅我国,就是其他绝大多数欧洲国家也无此制度。"②本书仍将挪威的"公司大会"视为德国法语境下的"监事会"。

(2)特定利益相关者参与董事会

一种意见主张,用利益相关者在董事会中的直接代表代替负有信托义务的董事,在这种公司"代表"模式中,两个或者两个以上的利益相关者选举代表进入董事会,这些代表就能够详细阐述使所有利益相关者整体福利最大化的政策。在这种情况下,即使董事会成员作为个体而言依然代表各自团体的利益,但是,董事会在理论上被作为共同受托人。董事会(或者监事会)于是成为一个"利益相关者团体的联合",并且作为"监督管理者的合作舞台",以及解决"不同的利益相关者团体之间的特定利益冲突"的舞台。③ 需要指出的是,在丹麦、瑞典以及卢森堡,在其单层董事会中,也存在着职工代表。④ 在丹麦,立法明确允许职工参与涉及董事会人选的决策;在瑞典,职工有权参与公司董事会及其规定的决策与计划机构。⑤

除职工董事外,学者们还主张在公司中设立其他公共董事。例如,斯通(Christopher D. Stone)在1975年出版的一本书中提议建立公共董事职位,要求公司对每10亿元资产或者销售额设立10%的公共

---

① 参见刘俊海:《公司的社会责任》,法律出版社1999年版,第216—220页。
② 同上注,第217页。
③ See Reinhard H. Schmidt and Gerald Spindler, "Path Dependence, Corporate Governance and Complementarity," 5 *International Finance* 27 (1999), in Henry Hansmann and Reinier Kraakman, "The End of History for Corporate Law," 89 *Georgetown Law Journal* 448 (2001).
④ See F. Allen, E. Carletti and R. Marquez, "Stakeholder Captalism, Corporate Governance and Firm value," 4 August 2007, *Working paper*, *Universtiy of Pennsylvania*, p. 6, in Andrew Keny, *The Corporate Objective*: *Corporations, Globalisation and The Law*, Edward Elgar Publishing Limited, 2011, p. 129.
⑤ 参见刘俊海:《公司的社会责任》,法律出版社1999年版,第213页。

董事职位。该公共董事的最重要的职能就是作为一个"大我",通过他的存在激励董事对行为负责。对行为负责是指:"在某些领域行为前考虑一下;充分考虑其行为将要带来的后果,考虑其他方案,扩展时间限制,将其分析与各类社会判断相联系;只做那些他可以在公众面前宣称是社会所认可的负责任的行为的事;考虑有关环境是部分由它所做成的这个事实。"① 不过,这种观点在美国并没有流行开来,美国有限的经验反馈是负面的。政府在铁路公司和通讯卫星公司任命董事的做法在改进管理方面被证明是无效的。② 尽管如此,我国台湾地区"证券交易法"第126条第2项仍将政府单位指派代表进入公司董事会付诸实施,该条规定:"公司制证券交易所之董事、监察人至少应有1/3,由主管机关指派非股东之有关专家任之;不适用'公司法'第192条第1项及第216条第1项之规定。"根据我国台湾地区行政管理机构对该条之修正理由的解释,该条规定系为增加证券交易所之公益性并提升其实际功能而设。③

反对者担心,董事会代表的利益多样,董事会机制不可能有效运作。④ "如果董事会的职工代表只关心职工的利益,则董事会中的冲突可能更为剧烈。"⑤ "如果公司董事会中不仅有职工董事,还有债权人董事、消费者董事、环保董事甚至代表政府的董事。这时,委托人系

---

① Christopher D. Stone, *Where the Law Ends: The Social Control of Corporate Behavior*, Harper—Row,1975,p.161,转引自何美欢:《公众公司及其股权证券》(上册),北京大学出版社1999年版,第521页。
② 参见何美欢:《公众公司及其股权证券》(上册),北京大学出版社1999年版,第521页。
③ 参见我国台湾地区1988年"证券交易法"修正条文及我国台湾地区行政管理机构为其提供的修正理由,转引自刘连煜:《公司治理与公司社会责任》,中国政法大学出版社2001年版,第44—45页。
④ 参见〔英〕保罗·戴维斯:《英国公司法精要》,樊云慧译,法律出版社2007年版,第287页。
⑤ 〔美〕乔治·斯蒂纳、〔美〕约翰·斯蒂纳:《企业、政府与社会》,张志强、王春香译,华夏出版社2002年版,第746页。

统就会比较混乱,即使各自确定了自己的受托人,也将存在不同程度的败德风险与投机行为无法得到有效的监督与修正的风险。同时,这些董事如何产生也是一个难以解决的问题。"①强制公司董事会中包含各种利益相关者团体的代表的做法,可能会破坏公司的决策进程,其昂贵的代价超出了获得代表权的团体所获得的利益。② 如果让所有的不同利益在董事会上都得到代表,那将会使一个公司难以对不断变化的环境作出及时的应变反应。例如,对于公司而言,如果它们的老供货商被合法地安排在董事会上,那么,当他们试图寻找最有可能合作的供货商时,就无优势可言。③ 在那些试行公共董事办法的地方,很难找出这种代表形式的董事会所实施的管理与以往有什么重大差异的确切证据。④ 引人瞩目的是,没有哪个现代公司法律制度寻求利用董事会来提供这种广泛的利益代表。⑤ 在美国,员工共同选举产生职工董事的建议同时被雇主和雇员所反对。"企业圆桌"反对的原因是认为该职工董事会给董事会带来"分裂和对立的气氛,这将阻碍公司的有效工作。"劳工反对是因为谈判桌会比董事会会议室产生更好的结果。⑥ 而且,雇工在他们的雇佣合同(以及间接地、在工会集体协商组织的集体协议)中享有权利。⑦ 然而,如果说职工董事会带来分裂

---

① 时建中、杨巍:《评公司法修订中的公司社会责任条款》,载楼建波、甘培忠主编:《企业社会责任专论》,北京大学出版社2009年版,第250页。

② See Henry Hansmann and Reinier Kraakman, "The End of History for Corporate Law," 89 *Georgetown Law Journal* 448–449(2001).

③ 参见〔英〕大卫·微利茨:《利害相关道路的困境》,载〔英〕加文·凯利、〔英〕多米尼克·凯利、〔英〕安德鲁·甘布尔编:《利害相关者资本主义》,欧阳英译,重庆出版社2001年版,第31页。

④ 参见〔美〕罗伯特·W.汉密尔顿:《公司法概要》,李存捧译,中国社会科学出版社1999年版,第8页。

⑤ 参见〔英〕保罗·戴维斯:《英国公司法精要》,樊云慧译,法律出版社2007年版,第287页。

⑥ 参见何美欢:《公众公司及其股权证券》(上册),北京大学出版社1999年版,第522页。

⑦ 参见〔英〕保罗·戴维斯:《英国公司法精要》,樊云慧译,法律出版社2007年版,第286页。

和对立,那么,作为替代措施的工会,在有些人看来,又同样何尝不是"对抗性的外部组织,它增加了有害的冲突,并加剧了雇佣关系的复杂程度"①。

反对者指出,一般公众并非公司合同的一方主体。② 公司利益与社会整体利益是有区别的,除非要推翻公司利益与社会利益的概念区分,否则,就不应当在公司董事会中引入公共董事。③ 施瓦茨(Schwartz)指出,生活的现实和历史的教训告诉我们,政府向私人董事会任命董事的做法对保护公共利益、防止私人滥用权力是无效的。④ 政府任命不仅无效,实际上还会带来坏处,因为它做出了政府支持该公司的假象,从而抑制了规管机构的工作热情。⑤

另外,也有人们存在着公共董事代表的设计可能会使公司控制权市场失去作用的担心。对此,正如有学者指出的,只要股东选举出的董事继续在董事会中占有多数投票权,公司控制权市场就将继续发挥作用。⑥ 不过,如果此种公共董事的设计要确保股东对董事会的控制的话,则似乎是将公共董事的作用局限于一种信息获取以及与其他股东选举的董事之间的协调与交流,如果是这种目的的话,则这种作用似乎可以通过独立的信息获得机制与交流机制达致目标[例如后文第

---

① Mahoney and Watson,1993,转引自〔美〕约翰·W.巴德:《人性化的雇佣关系——效率、公平与发言权之间的平衡》,解格先、马振英译,北京大学出版社2007年版,第132页。

② See Lan B. Lee,"The Role of the Public Interest in Corporate Law," p. 16, available at http://ssrn.com/abstract=1909014, visited on October 17,2012.

③ See Lan B. Lee,"The Role of the Public Interest in Corporate Law," p. 16, available at http://ssrn.com/abstract=1909014, visited on October 18,2012.

④ 参见 Herman Schwartz, "Governmentally Appointed Directors in a Private Corporation—The Communications Satellite Act of 1962," 79 *Harvard Law Review* 363(1962),转引自何美欢:《公众公司及其股权证券》(上册),北京大学出版社1999年版,第523页。

⑤ 参见 Herman Schwartz, "Governmentally Appointed Directors in a Private Corporation—The Communications Satellite Act of 1962," 79 *Harvard Law Review* 363-364(1962),转引自何美欢:《公众公司及其股权证券》(上册),北京大学出版社1999年版,第523—524页。

⑥ See Lan B. Lee,"The Role of the Public Interest in Corporate Law," p. 16, available at http://ssrn.com/abstract=1909014, visited on October 17,2012.

(4)种情形所述的"特定利益相关者加入能影响公司决策的其他机关"的方式],而无须通过这种在公司董事会中融入此类公共董事而可能减损公司董事会效率的方式来达到。

(3)破产阶段特定利益相关人参与能对公司作出有约束力决策的机关

公司自成立时起至终止前均具有法律人格,也自然有其"公司利益",在此过程中的各个阶段,均存在对其利益相关人予以保护之必要。在破产阶段,往往由清算组织取代公司正常经营时的董事会行使职能,此时,诸多国家和地区破产法均规定特定利益相关者有权参与清算组织或能对公司做出有拘束力决策的其他机关。例如在一些国家和地区中,即由债权人组成的债权人会议选任破产管理人,或者与法院指定相结合(具体包括以债权人选任为原则,以法院等机构指定为补充;以及以法院指定为原则,以债权人选任为补充的方式)。① 根据我国破产法,债权人有权参加债权人会议及债权人委员会②,同时,债权人委员会中还应包括一名债务人的职工代表或者工会代表③。管理人由人民法院指定,债权人会议认为管理人不能依法、公正执行职务或者有其他不能胜任职务情形的,可以申请人民法院予以更换④。此外,日本和我国台湾地区的立法中还设置了关系人会议,其是由重整债权人、股东等利害关系人组成的表达利害关系人的共同意思、维护他们的整体与公共利益的自治性的权力机关,是一种会议组织体。从设置了关系人会议的国家和地区立法来看,关系人会议的职权比较

---

① 当然,还包括由法院指定的方式。从破产法的发展历史来看,各国破产法在管理人的选任主体上,普遍寻求结合法院指定与债权人选任之优势的综合方法,绝对由法院指定或绝对由债权人会议选任都不是现代破产法的发展趋势。参见最高人民法院民事审判第二庭编著:《最高人民法院关于企业破产法司法解释理解与适用:破产管理人制度·新旧破产法衔接》,人民法院出版社2007年版,第37页。

② 参见《企业破产法》第59条、第67条。

③ 参见《企业破产法》第67条。

④ 参见《企业破产法》第22条。

单一,主要职能是讨论和通过重整计划,此外,还有权力了解债务人财务的基本情况,听取有关公司重整的意见,调查重整债务人或股东的表决权,以及决议其他的有关事项。①

(4)特定利益相关者参与能影响公司决策的其他机关或组织

此外,还有一些法律规定特定利益相关者参与能影响公司决策的机关或组织。

在德国,在共同决策方面,公司和工厂委员会必须联合决定与以下方面相关的问题:工作守则与纪律、日工作时间、休假制度、基于绩效的报酬和奖励、加班、安全与健康、培训及人事选择办法。② 当工厂委员会享有法定的参与决定权时,雇主不得采取任何有违其意志的行动。③ 在咨询权方面,雇主在实施关系到工作的性质以及实体工厂的变化的行动之前应通知企业委员会,并考虑它的建议和反对意见。此外,雇主还必须与工厂委员会共享有关公司的资产负债表、投资与营销计划以及其他企业计划的财务信息。④

在法国,董事会主席必须与包括工人、工会组织代表在内的企业委员会打交道,后者可以派观察员参加重要的董事会,并有权审查公司账目和决策,这样做至少能使管理者在践踏工人利益之前有所顾忌。⑤ 法国法要求,在收购事件公开时,目标公司的 CEO 与工会需立

---

① 参见张世君:《公司重整的法律构造——基于利益平衡的解析》,人民法院出版社 2006 年版,第 183 页。
② 参见〔美〕约翰·W. 巴德:《人性化的雇佣关系——效率、公平与发言权之间的平衡》,解格先、马振英译,北京大学出版社 2007 年版,第 186 页。
③ 参见〔德〕罗伯特·霍恩、〔德〕海因·科茨、〔德〕汉斯·G. 莱塞:《德国民商法导论》,楚建译,中国大百科全书出版社 1996 年版,第 355 页。
④ 参见〔美〕约翰·W. 巴德:《人性化的雇佣关系——效率、公平与发言权之间的平衡》,解格先、马振英译,北京大学出版社 2007 年版,第 186 页。
⑤ 参见 Jonathan Charkham, *Keeping Good Company: A Study of Corporate Governance in Five Countries*, Clarendon Press, 1994, ch. 2. z. 转引自〔美〕哈沃德·珀金:《第三次革命》,载〔英〕加文·凯利、〔英〕多米尼克·凯利、〔英〕安德鲁·甘布尔编:《利害相关者资本主义》,欧阳英译,重庆出版社 2001 年版,第 58 页。

即召开会议,如果工会要求,需在收到公开要约文件十五日内召开第二次会议,收购方也应派代表参加该会议。如果不遵守这些规则,可能会导致收购人所购入的目标公司股份丧失表决权。这就使得雇员得以参与公司控制权转移的决策。[①]

根据荷兰《企业委员会法》,企业委员会完全由选举出来的雇员组成。[②] 企业委员会及其下设委员会有权获取为行使职权所需的全部合理且必要的信息。企业在任何情况下应当不时向企业委员会提交某些基本信息(包括财务与经营信息、社会政策信息),企业委员会享有在某些情况下提出建议的权利,以及在一些情况下否决企业提出的动议的权利[③],企业委员会否决企业提出的动议显然对企业能产生约束力,雇员通过参与企业委员会来对这些其享有否决权的事项产生影响。

三、公司利益的生成路径

公司中的各利益相关人均应获得保护,在理论与实践中,这些利益相关人的利益也通过赋权模式、信托模式或参与模式得到了保护。这是否意味着公司利益就是利益相关人的综合利益(股东是利益相关人之一)？正如虽然社会生活中的个人负有不得侵害他人利益或者公共利益的义务,但并不能据此就将某一个人利益与他人利益乃至公共利益等同起来一样,我们也不能简单地根据公司负有保护利益相关人的义务就简单地得出公司利益构成等同于利益相关人综合利益的结论。

[①] See Paul Davies and Klaus Hopt, *Control Transactions*, in Reinier Kraakman, John Armour, Paul Davies, Luca Enriques, Henry Hansmann, Gerard Hertig, Klaus Hopt, Hideki Kanda and Edward Rock, *The Anatomy of Corporate Law: A Comparative and Functional Approach*(Second Edition), Oxford University Press, 2009, p. 266, note 186.

[②] 参见〔荷〕费迪南德·B. J. 格拉佩豪斯、〔荷〕莱昂哈德·G. 费尔堡:《荷兰雇佣法与企业委员会制度》,蔡人俊译,商务印书馆2011年版,第50页。

[③] 同上注,第56页。

对公司利益构成问题的分析,需要解决的前置性问题是:公司利益究竟是什么?

(一)利益与公司利益

学术界对利益的定义,存在着诸多观点:

1. 利益是一种客体或东西

例如,《美国侵权法重述》把利益界定为"任何人所欲求的客体"①。与之类似,霍尔巴赫认为,利益就是"我们每个人看作对自己的幸福不可缺少的东西"②。

2. 利益是一种主观愿望

例如,《牛津法律辞典》将利益定义为:个人或个人的集团寻求得到满足和保护的权利请求、要求、愿望或需求。③ 庞德把利益规定为:"人们个别地或通过集团、联合或者亲属关系,谋求满足的一种需求或者愿望,因而在安排各种人们关系和人们行为时必须将其估计进去。"④

3. 利益本质上是一种社会关系

利益是一定的客观需要对象在满足主体需要时,在需要主体之间进行分配时所形成的一定性质的社会关系的形式。⑤ 利益本身是一个关系范畴,利益问题说到底是一个利益关系问题。⑥

---

① Restatement (second) of Torts, §1. 1965,转引自彭诚信:《主体性与私权制度研究——以财产、契约的历史考察为基础》,中国人民大学出版社2005年版,第123页。
② 〔法〕霍尔巴赫:《自然的体系》(上卷),管士滨译,商务印书馆1999年版,第259—260页,转引自张世君:《公司重整的法律构造——基于利益平衡的解析》,人民法院出版社2006年版,第76页。
③ 参见〔英〕戴维·M.沃克:《牛津法律大辞典》,光明日报出版社1988年版,第454页,转引自张世君:《公司重整的法律构造——基于利益平衡的解析》,人民法院出版社2006年版,第76页。
④ 〔美〕罗斯科·庞德:《通过法律的社会控制:法律的任务》,沈宗灵、董世忠译,商务印书馆1984年版,第22页。
⑤ 参见王伟光:《利益论》,中国社会科学出版社2010年版,第80—81页。
⑥ 参见彭劲松:《当代中国利益关系分析》,人民出版社2007年版,第2页。

4. 利益是人类需要的满足,表现为对人的有益性

人类需要的满足是需要主体在拥有一定量信息的前提下,在运用一定的对人和物的支配权的基础上,对自然和社会依赖关系的实现。① 利益表现为对人的有益性。②

5. 利益是一种价值判断

例如,密尔认为:"毋庸置疑,人们的行为服从于他们的意志;他们的意志服从于他们的欲望;他们的欲望产生于其对善或恶的理解;换句话说,产生于他们的利益。"即密尔认为,利益即人们对善或恶的理解。③ 其他学者也认为,利益是一种价值判断,它是离不开主体对客体之间所存在的某种关系的一种价值形成,是被主体所获得或肯定的积极的价值。④ 我国也有学者认为,利益是对主体与客体关系的一种价值判断。⑤

笔者认为,由于"语言具有模糊性,模糊性以及因模糊性而产生的不确定性是法律的基本特征。"⑥"任何一个词汇都不是透明的、一成不变的,词汇仅仅只是一个活动的思维的外壳,根据不同的具体情形而具有不同的内在含义。"⑦因此,"利益"这一词汇在不同情形下亦具

---

① 参见余政:《综合经济利益论》,复旦大学出版社1999年版,第26—29页。
② 参见〔美〕艾伯特·奥·赫希曼:《欲望与利益——资本主义走向胜利前的政治争论》,李新华、朱进东译,上海文艺出版社2003年版,转引自郝云:《利益理论比较研究》,复旦大学出版社2007年版,第51页。
③ 参见 James Mill, *An Essay on Government*, Cambridge University Press, 1937, p. 62, 转引自彭诚信:《主体性与私权制度研究——以财产、契约的历史考察为基础》,中国人民大学出版社2005年版,第122页。
④ 参见 W. Jellinek, Verwaltungsrecht, 3. Aufl. 1948, S. 43; M. Layer, Prinzipien des Enteinungsrechts, 1902, S. 207, 转引自陈新民:《德国公法学基础理论》(上册),山东人民出版社2001年版,第182页。
⑤ 参见胡建淼、邢益精:《公共利益概念透析》,载《法学》2004年第10期,第4—5页。
⑥ 〔英〕蒂莫西·A. O. 恩迪科特:《法律中的模糊性》,程朝阳译,北京大学出版社2010年版,第1页。
⑦ Lamar v. United States, 245, U. S. 60, 65, 转引自董涛:《专利权利要求》,法律出版社2006年版,第158—159页。

有多种含义：

作为名词的"利益"，是一种客体或东西，是主体所欲求的东西，前述第(1)种定义所界定的实际是作为利益关系的客体。

主体对特定客体寻求获得满足的需求/愿望，即为"利益追求"，则为前述第(2)种定义所指。

当我们提及"利益主体""利益客体"时，此时的"利益"实际意指"利益关系"，即利益客体与利益主体之间形成的、利益客体对利益主体需要满足或具有有用性/有益性的关系。若非"关系"，是无从谈及"主体"与"客体"的。前述第(3)种观点虽认为公司利益是一种关系，也提及了客观需要对象对主体需要的满足，但将其定性为"社会关系"，而社会关系是人与人之间的关系，虽然利益分配常常涉及人与人之间关系，但是，单纯的人与物之间的关系也是可以形成利益关系的，例如，鲁滨逊在孤岛上，淡水和食物能够满足其生存需要，此时，尽管没有形成与其他人之间的社会关系，但是，不能说鲁滨逊对淡水和食品不拥有利益，在鲁滨逊与淡水和食品之间未形成利益关系。前述第(4)、(5)种定义则分别从不同角度指出了"利益关系"的某些特征，第(4)种定义指出了利益客体与利益主体之间存在有用性的关系，但有用性不过是主客体间存在"利益关系"的特征与判断标准而已。而是否具有这种有用性则有赖于利益主体的价值判断。将作为名词的"利益"定性为"需要的满足""价值判断"这些具体的行为，混淆了利益与利益关系、利益实现(需要的满足)、利益识别(价值判断)，不够全面。

与利益具有的多重内涵相应，不同语境下使用的"公司利益"一语也具有不同含义。当我们声称要保护"公司利益"时，此时所指的是公司利益关系中的客体。当我们称"公司利益(的)主体"或"公司利益(的)客体"时，"公司利益"实际指代"公司利益关系"。而当我们称公司对某客体拥有"(公司)利益"时，实际上是指在公司与该客体之间存在"(公司)利益关系"。

(二) 公司的价值判断是公司利益关系形成的核心步骤

无论我们在何种意义上使用"公司利益"一语,其总是与在公司和客体之间存在的"公司利益关系"发生联系,这种利益关系的存在意味着该客体对公司而言应是有用的/有益的。诚如德国学者所言,利益表现为某个特定的(精神或者物质)客体对主体具有意义,并且为主体自己或者其他评价者直接认为、合理地假定或者承认对有关主体的存在有价值(有用、必要、值得追求)。① 个人是自身利益的最佳法官。"每个人根据他自己所处的环境,比之别人能更好地判断什么对他有利和有用。"②对该有益性/有用性的判断,在正常(非争议)情形下,应由公司作出价值判断,从而,公司的价值判断成为建立"公司利益关系"的核心步骤。

公司的组织行为包括组织决策和组织活动两大类。"任何组织活动归根到底都是组织决策的结果……'活动'是组织将决策付诸实施的行为。"③因此,公司的组织决策是公司行为的核心与基础。公司决策系公司的意思形成行为,公司决策中必然包含对特定行为是否符合公司利益的价值判断。从而,公司意思形成的机理成为我们分析与研究公司利益关系形成的核心步骤。

(三) 公司的价值判断何以形成?——以意思形成与意思表示分离的视角考察

理论上一般认为,对公司事务的管理可以区分为两个阶段:其一,

---

① 参见〔德〕汉斯·J. 沃尔夫、〔德〕奥托·巴霍夫、〔德〕罗尔夫·斯托贝尔:《行政法》(第一卷),高家伟译,商务印书馆2002年版,第324页。
② 〔英〕约·雷·麦克库洛赫:《政治经济学原理》,郭家麟译,商务印书馆1975年版,第75—76页,转引自郝云:《利益理论比较研究》,复旦大学出版社2007年版,第275页。
③ 李伟阳、肖红军:《ISO26000的逻辑:社会责任国际标准深层解读》,经济管理出版社2011年版,第79页。

意思形成阶段,即通过某种特定机制或程序形成对公司相关事务的管理意思,此种管理意思尚停留在公司内部,未对管理相对人(或事务相对人)宣告;其二,意思表示阶段,即通过某种特定机制或程序,将已形成的公司管理意思对外表达出来,使管理相对人或事务相对人知晓。任何公司决策,欲对外产生预定的法律效果,必须经过意思形成和意思表示两个完整阶段。某些行为若仅有意思形成阶段,而无意思表示阶段,这些行为因未对外表达,仅能约束公司内部人,外部第三人一般不能因知晓这一公司意思而直接诉求公司履行。① 例如,在德国,有权利能力的社团是具有法人性质的商事公司的基本形式。② 社团的意思形成与意思表达是有区别的。董事会对外代表社团。不过,在重大问题上,在对外从事行为之前,还必须先在内部形成社团的意思。③ 上述观点也得到了我国最高司法机关的认可,在登载于《最高人民法院公报》2011年第3期的最高人民法院(2010)民提字第48号判决"绵阳市红日实业有限公司、蒋洋诉绵阳高新区科创实业有限公司股东会决议效力及公司增资纠纷案"的"裁判摘要"中,法院指出:"在民商事法律关系中,公司作为行为主体实施法律行为的过程可以划分为两个层次,一是公司内部的意思形成阶段,通常表现为股东会或董事会决议;二是公司对外作出意思表示的阶段,通常表现为公司对外签订的合同。出于保护善意第三人和维护交易安全的考虑,在公司内部意思形成过程存在瑕疵的情况下,只要对外的表示行为不存在无效的情形,公司就应当受其表示行为的制约。"④

---

① 参见蒋大兴:《公司法的观念与解释 II:裁判思维 & 解释伦理》,法律出版社2009年版,第166—167页。
② 参见[德]迪特尔·梅迪库斯:《德国民法总论》,邵建东译,法律出版社2001年版,第828页。
③ 同上注,第841页。
④ 最高人民法院办公厅主办:《最高人民法院公报》2011年第3期,第34页。

1. 公司内部意思的形成

公司内部意思,既可能由公司机关依照法定程序形成,也可能由公司代表人或代理人在其权限范围内形成:

(1) 公司机关形成公司意思

A. 形成公司意思的机关

"社团需要必要的机关,因为只有通过机关,社团才能够作为法律上联合的整体,形成其统一的'总意思'并进行活动。"① "法所规定的作为作出公司意思决定或实施行为的自然人或会议体组织就叫作公司的机关。"② "法人机关是形成法人意志的机构。"③ 在公司运营的过程中,一般来说,公司的意思体现在公司的所有机关中。"机关负责内部的意思形成以及其对外的实施……股份有限公司始终有三个机关:董事会、监事会和股东大会。"④ 其中,股东会是公司的最高意思形成机关,董事会和监事会分别在各自的权限范围内形成公司意思,执行公司业务或履行监督职责。⑤ 在英美,决策机关通常为股东大会,有时候,其决策也由董事会加以决定。⑥ 股东会是由全体股东所组成之会议体,是依股东之总意在公司内部决定公司意思之股份公司必备之最高机关。⑦ 董事会亦有意思决定权。"董事会是由股东会选举产生的,由董事组成的行使决策权和管理权的公司机构。"⑧ "董事会是公

---

① 〔德〕卡尔·拉伦茨:《德国民法通论(下册)》,王晓晔、邵建东、程建英、徐国建、谢怀轼译,法律出版社2004年版,第433页。
② 〔日〕前田庸:《公司法入门(第12版)》,王作全译,北京大学出版社2012年版,第260页。
③ 江平主编:《法人制度论》,中国政法大学出版社1994年版,第292页。
④ 〔德〕格茨·怀克、〔德〕克里斯蒂娜·温德比西勒:《德国公司法(第21版)》,殷盛译,法律出版社2010年版,第406页。
⑤ 参见蒋大兴:《公司法的观念与解释Ⅲ:裁判逻辑 & 规则再造》,法律出版社2009年版,第13页。
⑥ 参见〔美〕阿瑟·库恩:《英美法原理》,陈朝壁译注,法律出版社2002年版,第253页。
⑦ 参见柯芳枝:《公司法论》,中国政法大学出版社2004年版,第205页。
⑧ 赵旭东主编:《公司法学》,高等教育出版社2003年版,第330页。

司事务执行(经营)的意思决定机关。"①"公司董事会并非单纯的业务执行机关,它还享有公司经营事务的决策权。股东会只就公司经营中的特定事务作出决策,除此以外的公司经营事务的决策权均由董事会拥有和行使。"②"董事会也可以形成公司意思,即就有关经营决策形成公司的意志。"③德国法律明确规定监事会在许多情况下拥有独立的经营管理权,例如,监事会可代表公司对董事会及董事提起诉讼,这一规定的目的是能够客观公正地保护公司的利益(《德国股份法》第112条)④、监事会可委托审理师对公司进行审计(《德国股份法》第111条第3款)、以及在公司发行授权资本进行增资时监事会有共同决定权(《德国股份法》第202条第3款、第204条第1款)等。⑤ 监事会以决议的方式作出决定⑥,监事会的意志也是由监事会成员通过投票表决决定的⑦。可见,监事会同样可通过决议形成意思。这种意思也可能是对是否符合公司利益的判断,正如学者所指出的:

企业利益是一个可变的概念,其内涵也具有很大的弹性。尽管如此,它通常在企业内部决策过程中由企业机构根据其职权和管辖标准

---

① 梅慎实:《现代公司法人治理结构规范运作论》,中国法制出版社2001年版,第465页。〔韩〕李哲松:《韩国公司法》,吴日焕译,中国政法大学出版社2000年版,第447页。〔韩〕郑璨亨:《韩国公司法》,崔文玉译,上海大学出版社2011年版,第243页,第298—299页。
② 冯果:《公司法要论》,武汉大学出版社2003年版,第109页。王保树、崔勤之:《中国公司法原理》(最新修订第三版),社会科学文献出版社2006年版,第114页。
③ 孔祥俊:《公司法要论》,人民法院出版社1997年版,第167页。
④ 参见〔德〕托马斯·莱塞尔、〔德〕吕迪格·法伊尔:《德国资合公司法(第3版)》,高旭军、单晓光、刘晓海、方晓敏等译,法律出版社2005年版,第179页。
⑤ 同上注,第178—179页。
⑥ 参见《德国股份法》第108条第1款,载杜景林、卢谌译:《德国股份法·德国有限责任公司法·德国公司改组法·德国参与决定法》,中国政法大学出版社2000年版,第53页。
⑦ 参见德国法兰克福高等法院意见,参见乔文豹:《突破传统还是维持现状——德国"亚当—欧宝案"介评》,载蒋大兴主编:《公司法律报告》(第二卷),中信出版社2003年版,第262页。

进一步充实和具体化。只要监事会的职责并不是仅仅进行事后检查,而是也有权参与经营性的决策,那么监事会也参与了界定企业利益这一概念的过程。事实上,监事会成员在进行这一界定时有着相当大的自由判断空间,因为企业利益无非是企业中各种不同团体利益的总和,即它应该根据企业中的股东利益、职工利益、公共利益和政治机构利益来综合考虑和界定企业利益。①

总之,按照通说,机构权限并非用于实现机构的自身利益,而仅仅是为了实现公司的利益。② 对于哪些措施符合公司利益,只有主管的公司机构才能作出判断。③

此外,在公司解散清算或破产清算的过程中,清算组取代了公司正常经营时董事会的地位,成为决定公司清算过程中诸多事项的机构,其亦有权就其职权范围内的事项形成公司意思并约束公司。

B. 形成公司意思的方式

公司机关通过决议的方式形成公司意思。"决议是人合组织、合伙或法人之若干人组成的机构(如社团的董事会)通过语言形式表达出来的意思形成的结果。"④"社团决议是出席会议的一定人数的表决权人所为的意思表示而趋于一致的共同行为。此属一种集体意思形成的行为。"⑤公司决议(股东大会决议),是指通过股东的表决而形成的股东大会意思表示。在公司中,每一股东通过参与表决的方式来表

---

① 参见〔德〕托马斯·莱塞尔、〔德〕吕迪格·法伊尔:《德国资合公司法(第3版)》,高旭军、单晓光、刘晓海、方晓敏等译,法律出版社2005年版,第218页。
② 参见〔德〕莱因哈德·博尔克:《股份有限公司董事会和监事会间的机构诉讼——实体法和程序法问题》,乔文豹译,载蒋大兴主编:《公司法律报告》(第二卷),中信出版社2003年版,第279页。
③ 参见〔德〕路德·克里格尔:《监事会的权利与义务(第5版)》,杨大可译,法律出版社2011年版,第427页。
④ 〔德〕卡尔·拉伦茨:《德国民法通论(下册)》,王晓晔、邵建东、程建英、徐国建、谢怀栻译,法律出版社2004年版,第433页。
⑤ 王泽鉴:《民法总则》(增订版),中国政法大学出版社2001年版,第185页。

达自己的意思,即行使表决权,根据资本多数决的原则形成公司的集体意思。[1] 每个股东通过决议的形式分别进行各自的意思表示(表决权行使),对此适用多数决原则,从而达到股东们的集体意思的形成。[2] "决议一旦形成,即与个别股东的意思相分离,成为公司法人的意思决定"[3],决议的内容,就是公司意思的体现[4]。例如,在德国,社团内部的意思形成通常由成员大会负责,除非章程对管辖权另有规定。成员大会通常以决议的形式作出决定。[5] "股东大会通过决议来表达其意思。"[6]"作为思想形成机关的成员大会中,原则上适用多数决定原则。"[7]"股东就公司之业务为个别之意思决定,并加以决议,从而以之形成公司之意思决定。"[8]因此,股东大会决议本质上是一个公司意思形成过程。同样,董事会亦通过决议形成其意思。在德国,社团日常管理方面的事务,一般都由董事会负责管理,对于由多人组成的董事会内部的意思形成,适用与成员大会(内部意思形成过程)相同的规则。[9] 在日本,在设置董事会的公司以外的公司,董事业务执行的决定权,除公司章程另有规定外[10],以董事过半数进行决定。在设置董

---

[1] 参见梁上上:《论股东表决权——以公司控制权争夺为中心展开》,法律出版社2005年版,第49页。

[2] 参见〔韩〕李哲松:《韩国公司法》,吴日焕译,中国政法大学出版社2000年版,第382页。

[3] 钱玉林:《股东大会决议瑕疵研究》,法律出版社2005年版,第217页。

[4] 参见〔德〕齐特尔曼:《法人的概念和本质》,1873年,第93页以下,转引自〔德〕福尔克·博伊庭:《德国公司法中的代表理论》,邵建东译,载梁慧星主编:《民商法论丛》(第13卷),法律出版社2000年版,第538页。

[5] 参见〔德〕迪特尔·梅迪库斯:《德国民法总论》,邵建东译,法律出版社2001年版,第841页。

[6] 〔德〕格茨·怀克、〔德〕克里斯蒂娜·温德比西勒:《德国公司法(第21版)》,殷盛译,法律出版社2010年版,第540页。

[7] 同上注,第33页。

[8] 〔日〕田中诚二等:《新版会社法》,千仓书房出版社平成三年(1991年)九全订65版,第137页,转引自王文宇:《公司法论》,中国政法大学出版社2004年版,第250页。

[9] 参见〔德〕迪特尔·梅迪库斯:《德国民法总论》,邵建东译,法律出版社2001年版,第841页。

[10] 比如,规定委任于各董事,或赋予被规定为代表董事者等情形。

事会的公司中,董事会是公司业务执行的意思决定机关。①

需指出的是,决议主要调整组织内部的关系,只要决议符合章程的规定,并且不违反强制性法律规范,那么,决议不但对参与作出决议的人具有约束力,而且对该团体或法人的全体成员也都具有约束力。②例如,在德国,决议是针对有关意思形成机构(即针对社团或针对董事会)的意思表示。③犹如德国民法典的立法理由书所指出的:"就常规言,意思表示与法律行为为同义之表达方式。使用意思表示者,乃侧重于意思表达之本身过程,或者乃由于某项意思表示仅是某项法律行为构成之组成部分而已。"④可见,决议本身就是一种法律行为。因此,决议对那些没有对决议表示同意的人也可能产生约束力。⑤

(2)公司代表人形成公司意思

通常而言,意思形成与对外进行意思表示者可能并不相同。不过,公司代表人则可能在其权限范围内作出决定并对外进行意思表示。

通常而言,公司代表可能也是公司机关,从而代表人形成公司意思也就是该公司机关形成公司意思。

在一些实行共同代表制的立法例下,公司代表通常为公司董事会。除公司章程有相反规定,董事会成员应共同对第三人进行意思表

---

① 参见〔日〕前田庸:《公司法入门(第12版)》,王作全译,北京大学出版社2012年版,第263页。
② 参见〔德〕卡尔·拉伦茨:《德国民法通论(下册)》,王晓晔、邵建东、程建英、徐国建、谢怀栻译,法律出版社2004年版,第433页。
③ 参见〔德〕迪特尔·梅迪库斯:《德国民法总论》,邵建东译,法律出版社2001年版,第167页。
④ 〔德〕穆格丹编:《德国民法典资料总汇》,1899年/1900年,第1卷,第421页,转引自〔德〕迪特尔·梅迪库斯:《德国民法总论》,邵建东译,法律出版社2001年版,第190页。
⑤ 参见〔德〕迪特尔·梅迪库斯:《德国民法总论》,邵建东译,法律出版社2001年版,第167页。〔德〕卡尔·拉伦茨:《德国民法通论(下册)》,王晓晔、邵建东、程建英、徐国建、谢怀栻译,法律出版社2004年版,第433页。

示(积极代表)。在德国,通常由董事会对外代表社团。①《德国股份法》第 78 条规定:"董事会在诉讼上和诉讼外代表公司。""董事会由数人组成的,在章程无其他规定时,董事会的全体成员只有权以共同的方式代表公司。应向公司进行意思表示的,向董事会成员中的一人进行表示即可。""章程也可以规定,董事会的各个成员有权单独与一名经理人一起代表公司。章程向监事会进行此种授权的,监事会可以作出同样的规定。""有共同代表权的董事会成员可以授权其中的各个人实施特定的行为或特定种类的行为。董事会中的一个成员有权与一名经理人共同代表公司的,准用此种规定。"②可见,在德国,积极代表(对外作出意思表示)采共同代表制。③ 在美国,《特拉华州普通商业公司法》第 141(a)条及《1984 年示范公司法》第 8.01(b)条规定:"公司的一切权力应当由董事会行使或者在董事会的授权下行使,公司的业务和事务应当依照董事会的指导进行管理"且受到公司章程中所有限制的约束。④ 同样,在英国,法庭不认为单个董事有代表公司签约的通常权限,人们认为董事通过董事会议履行他们的义务,那是集体的行为,因此,虽然董事会有很广泛的管理权力,但这些没有扩展到董事会成员个人身上。⑤ 此时,代表机关作出的意思自然也就是董事会作出的意思,此与前述公司机关形成公司意思并无二致。

---

① 参见〔德〕迪特尔·梅迪库斯:《德国民法总论》,邵建东译,法律出版社 2001 年版,第 844 页。
② 杜景林、卢谌译:《德国股份法·德国有限责任公司法·德国公司改组法·德国参与决定法》,中国政法大学出版社 2000 年版,第 35 页。
③ 在德国,根据其《股份法》第 78 条,应向公司进行意思表示的,向董事会成员中的一人表示即可。可见,就消极代表(接受他人作出的意思表示)而言,任一董事均可代表公司,德国采单独代表制。参见〔德〕格茨·怀克、〔德〕克里斯蒂娜·温德比西勒:《德国公司法(第 21 版)》,殷盛译,法律出版社 2010 年版,第 478 页。
④ 参见〔美〕罗伯特·W. 汉密尔顿:《美国公司法(第 5 版)》,齐东祥等译,法律出版社 2008 年版,第 176 页。
⑤ 参见〔英〕保罗·戴维斯:《英国公司法精要》,樊云慧译,法律出版社 2007 年版,第 47—48 页。

一些实行单独代表制或者法定代表制的立法例中,作为公司代表的个人也可能独自形成约束公司的意思。当然,在这些立法例中,该代表董事同样也被认为系公司机关,只是这一公司机关仅由一人构成而已。例如,在法国,董事长兼有"管理权限"(作出决定)以及对第三人执行(公司)决定的权力(代表公司的权力)。① 此时,其作出的决定也是一种意思形成。在韩国,代表董事对外拥有在有关公司营业的决定上、决定外的所有行为中代表公司的权限(《韩国商法典》第389条第3款,第209条第1款)。② 作为独任的执行机关的代表董事(即使是数人),以自己的独断进行意思决定,其公正性由各自的法律责任来担保。③ 代表董事具有执行股东大会和董事会上决议的事项的权限,并可以进行除此之外的有关日常事项的业务执行的意思决定。④ 代表董事在一定的情况下,不仅可以做出业务执行本身的行为,还拥有与此相关的意思决定权。⑤

这些独立形成公司意思的代表人,也可能考虑到利益相关人的利益而作出决策,此时,自然也涉及对该行为是否符合公司利益的判定。

(3)公司代理人形成公司意思

公司还可能委托代理人代理其与第三人实施法律行为,该代理人在代理权限范围内有权代理公司作出意思表示,例如,美国《特拉华州普通商业公司法》第141(a)条及1984年《示范公司法》第8.01(b)条明确规定:"公司的一切权力应当由董事会行使或者在董事会的授权

---

① 参见〔法〕伊夫·居荣:《法国商法(第1卷)》,罗结珍、赵海峰译,法律出版社2004年版,第287页。
② 参见〔韩〕郑璨亨:《韩国公司法》,崔文玉译,上海大学出版社2011年版,第243页。
③ 参见〔韩〕李哲松:《韩国公司法》,吴日焕译,中国政法大学出版社2000年版,第338页。
④ 同上注,第458页。
⑤ 参见〔韩〕郑璨亨:《韩国公司法》,崔文玉译,上海大学出版社2011年版,第307页。

下行使……",该条款将实际管理的权力授予执行事务的高级职员。①根据 2002 年《示范公司法》第 8.40(a)条,公司的高级职员或者依内部细则而产生,或者由董事会依据内部细则而任命。② 高级职员可能会无可非议地被称为其公司的代理人,是较次要的管理人员和普通雇员,并且他们要承担代理人的信托义务。高级职员的明示授权通常由公司的内部章程或董事会决议赋予。例如,根据 2002 年《示范公司法》第 8 章第 41 条,高级职员具有在内部章程中规定的或由董事会决议赋予的与内部章程不一致的代理权力。③ "代理法与公司高级职员和雇员的职责密切相关,因为公司是拟制实体,它只能通过代理人来采取行动。""授权指的是代理人依被代理人明示或暗示的方式从事活动而影响被代理人法律关系的权力……授权可以经明示或暗示……固有授权是来源于代理人在被代理人中所担任的职位或位置。例如,公司'总经理'或'秘书',由于他们所担任的职务,拥有可以以公司名义从事某些交易的权力。"④法律上说,公司官员(和其他雇员)是公司的代理人,他们的权力来源于董事会的授权,授权可以是根据细则,也可以是一个董事会的决议或者靠暗示。此外,法庭还可能发现官员有"表意代理权",在表意代理权的学说下,当公司一方以前的行为过程给有理智的人一种表象即这个代理人是被授权去行动的,公司要为造成这种印象负责,并且不能回避或使交易无效。⑤ 在英国,公司的管理事务通常是交由董事会负责的,通常允许董事会进一步授权给总经理

---

① 参见〔美〕罗伯特·W.汉密尔顿:《美国公司法(第 5 版)》,齐东祥等译,法律出版社 2008 年版,第 176 页。
② 参见沈四宝编译:《最新美国标准公司法》,法律出版社 2006 年版,第 106 页。
③ 同上注。
④ 〔美〕罗伯特·W.汉密尔顿:《美国公司法(第 5 版)》,齐东祥等译,法律出版社 2008 年版,第 242—243 页。
⑤ 参见〔美〕威廉·A.克莱因、〔美〕约翰·C.小科菲:《企业组织与财务——法律和经济的原则(第 8 版)》,陈宝森、张静春、罗振兴、张帆译,岳麓书社 2006 年版,第 80 页。

和个人董事。① "公司法还没有发展出它自己的一套完整的规则。相反,它有赖于代理的一般规则去界定公司和代表它行为的人的法律地位。然而,这些规则只有经过特殊变化才能适用于公司。"② 在德国,经理是有限责任公司的代表机构,其代理权涉及所有因有限责任公司参与法律交往而带来的诉讼的和非诉讼的业务代理权的内容。③

需要指出的是,公司代理人独立作出的意思,需在授权范围内作出方为有效。这种代理权的取得,既可能是基于法律规定④,也可能是基于公司的授予,就公司授予其代理权而言,无论是董事会决定授权及其范围,还是公司代表人在其职权范围内决定这一事宜,涉及的其实是对公司机关或公司代表人独自作出的意思是否符合公司利益的判定。而表见代理情形下解决的只是基于对第三人利益的考量的后果归属问题,其与有关代理行为是否确系"被代理人"的意思并无关联。因此,尽管公司代理人也可能会基于对利益相关人利益的考量而作出公司意思,但这一意思是否符合公司利益依附于对公司机关及代表人形成意思是否符合公司利益的考量而并无对之予以单独考量的意义。

2. 公司利益的生成路径:以利益相关人保护模式为例进行的分析

对是否符合公司利益的判定,本质上是一种公司意思形成的过程,以此为基础进行分析,赋权模式、信托模式以及参与模式的利益相关人保护模式下,利益相关人利益分别对"公司利益"的形成产生不同影响。

(1) 赋权模式:与公司利益无关

在赋权模式下,立法赋予各利益相关人有关权利,当该利益相关人认为其权利受到侵害时,自然该利益相关人有权主张救济。由于此

---

① 参见〔美〕斯蒂芬·加奇:《商法(第二版)》,屈广清、陈小云译,中国政法大学出版社2004年版,第251页。
② 〔英〕保罗·戴维斯:《英国公司法精要》,樊云慧译,法律出版社2007年版,第45页。
③ 参见〔德〕托马斯·莱塞尔、〔德〕吕迪格·法伊尔:《德国资合公司法(第3版)》,高旭军、单晓光、刘晓海、方晓敏等译,法律出版社2005年版,第530页。
④ 例如,我国《公司法》第49条规定经理具有主持生产经营管理工作的职权,因此,与该事项有关的事宜可被认为属于经理依据法律规定取得的代理权限范围。

时对公司行为是否侵害利益相关人权利的判定并非由公司(或其内部有权机关)作出,不涉及公司意思的形成,因此,此种利益相关者保护模式,与公司利益的形成无涉。

(2)信托模式:自由裁量下的利益相关人利益的或然融合模式

在以美国与英国为代表的信托模式的利益相关人利益保护模式下,相关立法一般允许董事在作出决策时可以考虑非股东利益相关人的利益,美国康涅狄格州则要求董事应当考虑利益相关人的利益。不论是可以还是应当考虑利益相关人的利益,当董事未能考虑非股东利益相关者利益时,无论是在英国还是美国,成文法或案例法上并非赋予利益相关人提出救济的权利,对董事的违反义务行为,仅对公司可予以追究,或者由股东提起代表诉讼予以追究。然而,通过股东决策去考虑非股东利益相关者的利益似乎并不可行。股东不大可能会常常为其他受影响群体的利益而牺牲自身利益,在美国,根据联邦代理法对公司社会行为提议进行的表决记录不尽如人意的事实,已证实了这一推测。[1] 在缺少个人利益的情形下,股东没有激励去以有利于其他利益相关者的方式行事,而股东的利益当然有可能不同于那些其他利益相关者。[2] 并且,在英国与美国,董事由股东选举产生,正如有学者指出,即使采用利益相关者理论来确定公司最佳利益,股东也总是被保持在优先的地位。只要股东有权更换董事,他们就会受到关注以使他们满意。[3] 董事相关责任亦排除了由股东以外的其他利益相关者来追究的可能性,只能由没有其他利益相关者参与的公司机关对董事未能考虑其他利益相关者利益的行为进行审查或批准。上述规则的共

---

[1] 参见〔美〕罗伯特·C.克拉克:《公司法则》,胡平、林长远、徐庆恒、陈亮译,工商出版社1999年版,第574页。

[2] See David K. Million, "New Game Plan or Business as Usual? A Critique of the Team Production Model of Corporate Law," 86 *Virginia Law Review* 1022 (2000).

[3] See Tuvia Borok, "A modern Approach to Redefining 'In the Best Interest of the Corporation'," *Windsor Review of Legal and Society Issues* 132, 135 (2003).

同效果是:在信托模式下,是否考虑利益相关人利益,实际上便交由董事依自由裁量权进行判断了。商业判断规则(美国)或类似商业判断规则的派生规则(英国①)也保护了多数情形下董事的此种判断。在上述国家,一般要求董事会集体行使权利。在董事会议上,这些个别董事自由裁量权的集体行使,依照法定的决议规则,便经由董事会形成公司的集体意思——对公司利益的判断。

在澳大利亚,如果公司处于破产状态,董事在行使权力时就必须也考虑债权人利益,不论债权人具有担保与否。如果在此情况下,董事没有考虑债权人利益而违反义务,债权人不能直接起诉董事。其原因在于,虽然此时董事善意行使权力义务的保护对象实际上是债权人利益,但是,在理论上,董事是向公司而非债权人负有义务。尽管在董事违反破产交易义务时,债权人有时可以直接向董事求偿。② 1986年,澳大利亚的"金西拉诉罗素金西拉公司案"③也表明,当公司破产或濒临破产时,董事对第三人负有义务,且即使在公司破产的情况下,董事对第三人的义务也是以公司为中介产生的而不是独立的对第三人的义务,如果公司已经不存在,或公司清算人不对董事提起诉讼,第三人就无法得到赔偿。④ 同样,《澳大利亚公司法》第 180 条第 2 款即对商业判断规则作出了规定:公司的一名董事或其他管理人员作出商业判断时应当被认为符合第 1 款的要求并且履行他们在普通法和衡平法上的责任(这种责任是相等的),只要他们:(a)善意而为合理的

---

① 在英国,尽管并不存在正式的商业判断规则,不过,一个派生的规则却在适用,即英国法庭一贯限制对董事商业判断以司法上的事后眼光进行审查,参见 Andrew Keay, *The Corporate Objective*: *Corporations*, *Globalisation and The Law*, Edward Elgar Publishing Limited, 2011, p.314。

② 参见黄辉:《现代公司法比较研究——国际经验及对中国的启示》,清华大学出版社2011年版,第 211 页。

③ See *Kinsela v. Russell Kinsela Pty Ltd.*, 1985 - 1986, 10 ACLR 395。

④ 参见张开平:《英美公司董事法律制度研究》,法律出版社 1998 年版,第 163—164 页。

目的作出判断,且(b)没有个人利益存在,且(c)他们清楚判断的实质内容并且合理地认为判断是适当的,且(d)理智地认为该判断是为了公司的最大利益。2006年,澳大利亚公司和市场咨询委员会更进一步建议将商业判断规则的立法保护范围扩展至董事之外的其他参与公司管理或与公司管理有关的人士。①

另外,在大陆法系国家,单独代表制下的代表人(如日本②)或者共同代表制下的代表机关(如德国)可能也会基于利益相关人利益的考量而作出决策。这些国家,尽管立法上并未如美国的利益相关人立法或者英国的开明股东价值立法一般,规定董事在决策时可以考虑利益相关人因素。③但是,这些国家立法与司法实践中本已允许董事在决策时考虑利益相关人利益,例如,在日本,其最高法院判例即允许公

---

① 参见 Phillip Lipton and Abe Herzberg, *Understanding Company Law*, 14th Ed., Lawbook Co., 2008, pp.365-366,转引自张宪初:《全球改革浪潮中的中国公司法》,载王保树、王文宇主编:《公司法理论与实践:两岸三地观点》,法律出版社2010年版,第44页。

② 在日本,根据2005年修订后的《公司法》,在设置董事会的公司以外的公司,原则上各董事都享有业务执行权,并各自享有代表公司的代表权。有关设置董事会的公司的代表董事与业务董事间的关系,以及设置委员会的公司的代表执行官与执行官之间的关系也同样,参见〔日〕前田庸:《公司法入门(第12版)》,王作全译,北京大学出版社2012年版,第264页。需指出的是,日本修订前的公司法原设立了共同代表董事制度,所谓共同代表董事,是指在董事有数人时,董事会决定由其中的几人(比如甲与乙)共同代表公司。公司一旦作出此类决定,甲与乙若不共同代表公司实施行为,行为的效果就不能归属于公司。这样通过甲乙间的相互制约机制,可以达到防止滥用代表权的效果。但是,这种共同代表董事制度,对交易相对人而言,因不知道这种规定而与某一代表董事进行交易,其效果如果不归属于公司就会遭受损害。所以,不能否认这种制度对交易安全带来的负面效应。2005年修订后的《日本公司法》废除了该项制度。参见〔日〕前田庸:《公司法入门(第12版)》,王作全译,北京大学出版社2012年版,第366页。

③ 域外无论实行何种代表制,一般代表人均从董事中选任,因此,对董事权利义务的规定自然也对之适用。与之不同的是,根据我国《公司法》第13条的规定,我国公司的法定代表人依照公司章程的规定,由董事长、执行董事或者经理担任。而经理并非必然是董事,因此,严格来说,仅仅讨论董事这一主体决策时可予考虑的因素,似乎并不严格。不过,我国公司法中关于忠实义务及勤勉义务的规定均同时适用于董事与包括经理在内的高级管理人员,也对之同时规定了违反义务的责任。同时,我国《公司法》第5条又明定了公司应承担社会责任。据此,如果公司经理作为公司代表人,允许其考虑非股东利益相关人利益当无疑问。因此,虽然经理并非董事,但在义务与责任承担方面与董事并无区别,故本书中不再作出区分。

司在合理范围内为政治捐赠。① 德国更将作为职工的利益相关人纳入公司治理结构中,其司法实践中亦如同英美一样允许该董事在决策时考虑非股东利益相关人的利益。与此同时,日本司法实践中也引入了经营判断原则,其法理要求公司原则上要尊重董事的经营判断,即便因此而遭受损失,也不宜认定就是董事懈怠了必要的注意。② 在德国,《德国股份法》第 93 条第 1 款第 2 句表述了德国的"商业判断原则"。第 93 条第 1 款与第 76 条第 1 款一起确立了一个行为标准。在行使企业经营自由裁量权时,董事会必须适当收集信息,并且在没有不当影响和特别利益的情况下,善意地相信这是为了公司利益行为。如果这些条件都得到了满足,在事实构成上就已经不存在违反谨慎义务了,即使事后发现决定是不利的。③ 2005 年《企业诚实经营及撤销权现代化法》作出了更新,虽然该法既没有修改也没有补充与监事会有关的规定,但是它为《股份法》第 93 条第 1 款增添了全新的第 2 句规定并借此将所谓的"商业判断规则"以法律的形式确定下来。该规则之前已经在司法(判例)中被适用过。而通过《股份法》第 116 条对该法第 93 条的援引,该规则现在也适用于监事会。④ 这样,在这些虽然没有明确规定董事决策时可为非股东利益相关人利益考量的国家,在司法实践中,事实上也确立了与英美基本类似的、对利益相关人利益保护的信托保护模式。

在信托模式下,一方面,可能通过董事行使其职权时可考虑利益相关人利益而将利益相关人利益融入公司利益之中;另一方面,是否将利益相关人利益融入公司利益,则往往取决于董事的自由裁量。公

---

① 参见〔日〕前田庸:《公司法入门(第 12 版)》,王作全译,北京大学出版社 2012 年版,第 327 页。
② 同上注,第 315 页。
③ 参见〔德〕格茨·怀克、〔德〕克里斯蒂娜·温德比西勒:《德国公司法(第 21 版)》,殷盛译,法律出版社 2010 年版,第 487—488 页。
④ 参见〔德〕路德·克里格尔:《监事会的权利与义务(第 5 版)》,杨大可译,法律出版社 2011 年版,第 18 页。

司利益既可能因自由裁量权的行使而体现为股东整体利益,也可能因融入了利益相关人利益而体现为利益相关人综合利益。可以说,此种模式下,公司利益的形成是一种自由裁量下的利益相关人利益与公司利益的或然融合模式。

3. 参与模式:公司利益与利益相关人利益的融合

在参与模式下,尽管立法上并未规定相关决策主体应当考虑利益相关人利益,然而,由于利益相关人参与了决策机关,即使规定该类作为决策机关成员的这些利益相关人个体应当以"公司利益"为取向行使权利,但无可否认的是,此类成员作为利益相关人群体成员的身份及其对应的价值观,尤其是该利益相关人成员一般由此类利益相关人群体依照特定程序选举产生,这些因素都决定了此类成员在参与决策时必将会将其所属群体利益纳入考量范围,并通过该决策机关的决议规则转化为公司意思(否则,要求特定决策机构的特定成员由一定利益相关者团体选举便没有意义,而如果不这么做,这些被选举出来的决策机构成员也将失去他们的选民的信任,并可能在下次选举中落选),通过这一过程,利益相关人的利益便被融入了公司利益之中。正如有学者所言,"公司内的决策经常类似于在政治环境中,比如政府中的决策,参与决策的组成人员都有其个人利益"①,利益相关者代表的个人利益之一就是要在公司决策过程中体现其选民的利益,"如果在公司战略中,相关利益团体的利益必须要经过全面考虑,一个符合逻辑的步骤就是要吸收相关利益团体各方的代表参与公司的控制和公司的决策"②。而且,无论决策机关中各利益相关者代表的比例如何,如同伍德拉夫所说:"会议仪式应该使我们认识到我们是一个团队,不

---

① 〔美〕杰姆斯·布雷克利、〔美〕克雷佛·史密斯、〔美〕杰诺德·施泽曼:《管理经济学与组织架构》,张志强、王春香译,华夏出版社2001年版,第409页。
② 〔美〕乔治·斯蒂纳、〔美〕约翰·斯蒂纳:《企业、政府与社会》,张志强、王春香译,华夏出版社2002年版,第15页。

管有多少不同意见,我们应该是一个工作在一起的团队,通过相互尊重去实现我们共同的目标。"①通过利益相关人参与模式,非股东利益相关者的利益得以与股东利益共同融入公司利益而成为公司利益的构成因子,即将利益相关者利益内化于公司利益而获得保护,会议体的形式也使他们相互尊重以实现共同目标/共同利益。因此,让·梯若将公司治理结构理解为"诱使或迫使经理人员内在化利益相关者的福利的制度设计"②。德国学者指出,德国监事会的柔性功能之一,即在于与利益相关者以及商业上的合作者保持紧密联系和均衡公司内部的各种利益。③ 企业员工的共同参与决定了在企业目的实现的过程中融入了员工利益。④

在特定利益相关者参与能影响公司决策的机关的参与模式下,只要该机关的决策能约束公司,该利益相关者的利益便得以通过该决策而融入公司利益。甚至于,这些特定的机关对相关事项中利益相关者的关注较之于该利益相关者成为公司董事会或监事会成员而言要更强一些,因为此种机制避免了特定相关者利益因多数决机制而被湮没在股东利益之中。⑤

通过利益相关人保护的参与模式,特定范围的利益相关人利益必然得以作为公司利益的构成因子而融入公司利益中,而不是如信

---

① 〔美〕保罗·伍德拉夫:《尊崇——一种被遗忘的美德》,林斌、马红旗译,商务印书馆 2007 年版,第 30 页,转引自蒋大兴:《团结情感、私人裁决与法院行动——公司内解决纠纷之规范结构》,载《法制与社会发展》2010 年第 3 期,第 63 页。
② 〔日〕青木昌彦:《比较制度分析》,周黎安译,上海远东出版社 2001 年版,第 282 页。
③ 参见〔德〕克劳斯·J. 霍普特、〔德〕帕特里克·C. 莱因斯:《欧洲董事会模式——德国、英国、法国和意大利公司内部治理结构的新发展》,丁丁、蒋睿、刘睿杰译,载沈四宝、丁丁主编:《公司法与证券法论丛》(第 1 卷),对外经济贸易大学出版社 2005 年版,第 222 页。
④ 参见 Baums/ulmer (Hrsg.), Unternemens-Mitbestimmung der Arbeitnehmer im Recht der EU-Mitgliedstaaten, ZHR Sonderheft 72, 2004, 转引自〔德〕格茨·怀克、〔德〕克里斯蒂娜·温德比西勒:《德国公司法(第 21 版)》,殷盛译,法律出版社 2010 年版,第 503 页。
⑤ 例如,部分利益相关者董事在决议中所持的有利于该利益相关者群体利益的意见,因多数决原则而被更多由股东选举的董事的意见所否定,最终无法体现在作为公司意思体现的决议文件中。

托模式下,利益相关人利益被融入公司利益只是一种或然性。反过来,我们也可通过现行相关制度对相关决策机关构成的规定,来考察公司利益的构成因子,这也将成为下文中所采用的一种重要的分析方法。

四、初步的观察:代结语

从理论上进行分析,"公司在社会中的作用"①,取决于人们的社会观"②与价值观。笔者无意,也无力对人类应持什么样的社会观与价值观这一宏大的主题进行论证。"对于价值判断问题,我们难以证明,也无法从事科学的研究,因为它们属于接近信仰的领域。"③"在人文社会科学场景,答案有时无所谓对和错,只是不同的价值立场决定了思考者的不同选择。"④如同有学者所指出的:"不存在所谓的'企业的应有形态'。具有不同价值观的个人对于'企业的应有形态'有不同的理解。"⑤同时,我是一个改良主义者,在我看来,对于制度的改革,应当慎重而渐进,这一方面是制度变迁的路径依赖性使然,另一方面,我也觉得,在我国这样一个大国,任何细微的错误,带给全体国民的将

---

① 该作中,此处的"公司在社会中的作用"意指公司应为谁的利益而运行。
② 〔美〕罗伯特·C.克拉克:《公司法则》,胡平、林长远、徐庆恒、陈亮译,工商出版社1999年版,第563页。
③ 陈瑞华:《论法学研究方法》,北京大学出版社2009年版,第101页。
④ 蒋大兴:《公司法的观念与解释 III:裁判逻辑 & 规则再造》,法律出版社2009年版,第23页。
⑤ 〔英〕罗纳德·道尔:《企业为谁而在:献给日本型资本主义的悼词》,宋磊译,北京大学出版社2009年版,"日文版序"第1页。此处的"企业的应有形态"是指"(应该)从谁的利益出发设计企业的形态"。

可能是巨大的损失,我们禁不起一次又一次这样的试错。① 因此,我无意断然肯定或否定关于公司利益认识的任何一种学说,尽管"与那些旨在一点一滴地改进现存秩序的人士的更实际的短期考虑相比,思辨全盘重建社会的方案,更合乎知识分子的口味"②。也尽管,思辨抽象原理正好为不愿意了解当今时代之实际生活的人士提供了展示自己想象力的机会,它也满足了这些人理解任何社会秩序的理性基础的合理欲望,并为其宣泄自己的建构冲动提供了可能性。③ 诚然,理性思辨为一个学者所必须,然而,在进行这样的思辨之前,或者与这样的思辨同步进行的,我们毋宁进行一些必要的观察。通过对"公司利益"及其形成过程的观察,我们将会发现:

其一,"公司利益"理论争辩的各方都有成功与失败的例证。④ 例如,就德国监事会中的法定的员工共同参与决定是否具有提高效率的作用,在实际经验上并没有被完全解释清楚,经验性的研究没有提供明确的结论。⑤ "没人可以断言,共同参与法弱化了德国经济;相反,在德国,总的工作气氛是好的,与国际相比,它具有较高的企业效益,

---

① 正如我国的房产宏观调控,每次调控失败带给国民的都是房价巨额上涨产生的无尽痛苦,尽管也有人因此种房价上涨产生的财富增加而快乐,但不容置疑的是,这只是对那些至少有两套房者,或者开发商而言,这样的群体在全民中仍然居于少数。

② 〔英〕弗里德里希·冯·哈耶克:《知识分子与社会至上主义》,载〔英〕F. A. 哈耶克、〔美〕罗伯特·诺齐克等著,秋风编:《知识分子为什么反对市场》,吉林人民出版社 2011 年版,第 14 页。

③ 同上注,第 14—15 页。

④ 例如,即便被西方诸多主流经济学家认为无效率的将公共利益视为企业利益的模式,适用该模式的 20 世纪 50 年代的中国仍取得了巨大的经济增长,一位著名的美国经济学家估计,中国的国内生产总值从 1952 年的人民币 738 亿元增长到了 1959 年的 1234 亿元,增长了 70%,参见 Alexander Eckstein, "Economic Growth and Change in China: A Twenty-Year Perspective," 54 The China Quarterly 234 – 235 (1973),转引自〔美〕徐中约:《中国近代史:1600—2000 中国的奋斗(第 6 版)》,计秋枫、朱庆葆译,世界图书出版公司 2008 年版,第 530 页。

⑤ 参见〔德〕格茨·怀克、〔德〕克里斯蒂娜·温德比西勒:《德国公司法(第 21 版)》,殷盛译,法律出版社 2010 年版,第 504 页。

劳动冲突又比较少。"①"经验研究并没有发现公司治理体制与经济绩效之间有明确的关系。各种公司治理工具在理论上有不同的效果。但没有有力的证据可以表明,(无论是以内部监督还是以外部市场为基础的)公司治理机制是有效的。"②"最佳治理机构不可能从理论中产生,而一定是从实践中发展而来的。"③"效率性并不是一绝对概念,它不能脱离公司的环境而加以定义。"④"能保证在一个市场取得成功的合同和(或)组织形式,可能并不适合在另一个市场取得成功……需要进行选择的环境使公司面临多种多样的冲突和压力,他们可能需要'矛盾的做法'。"⑤正如学者在讨论关于美国式的以股东利益为核心的股东控制和诸如德国式的股东与特定的利益相关群体(主要是雇员)分享控制权的两种公司控制权分配模式时所指出的那样,"一种安排会战胜另一种安排的预测会随着展示这种或另一种安排的经济经过一段时间的相对成功而改变……每一种制度是更好地适应特定产业或产品运营的需要,两者都能够在快速变化的世界中存活下来"⑥。

其二,同样的公司治理模式所导致的经济绩效也是大不相同的。例如,20世纪90年代,美国的公司治理模式与英国、加拿大的基本相同。这一时期,美国公司股票价格飞涨、经济高速增长。而此时,英国人均GDP水平低于日本,产出增长也落后于德国。从1980年到20世纪90年代末期,英国在全球的人均收入排名实际上是有所下滑的,而

---

① 〔德〕托马斯·莱塞尔:《德国股份公司法的现实问题》,刘懿彤译,载《法学家》1997年第3期,第86页。
② 〔西〕泽维尔·维夫斯编:《公司治理:理论与经验研究》,郑江淮、李鹏飞等译,中国人民大学出版社2006年版,第9页。
③ Frank H. Easterbrook and Daniel R. Fischel, *The Economic Structure of Corporate Law*, Harvard University Press, 1991, p.5.
④ 〔美〕迈克尔·迪屈奇:《交易成本经济学——关于公司的新的经济意义》,王铁生、葛立成译,经济科学出版社1999年版,第172—173页。
⑤ 同上注,第171—172页。
⑥ 〔英〕保罗·戴维斯:《英国公司法精要》,樊云慧译,法律出版社2007年版,第299页。

当时英国正在仿效美国的公司治理模式。加拿大的情况更糟:尽管以美国的标准来看加拿大公司的治理体系令人羡慕,但同期人均 GDP 却从全球第三位下滑到第七位。① "数据表明不同的公司治理类型与人均 GDP 无关。"②

因此,很难说一种规则就一定优越于另一种规则,事实上,公司规则的设计是路径依赖的,一国经济体制在某一时点所拥有的规则依赖于、并且反映了该经济体制最初拥有的所有权结构和治理结构。③ 各国对待公司利益含义所持的立场与实践是与其历史传统和政治文化相关的。"各国的企业治理机制根植于各国的历史与文化之中,是建立在具有国别特征的'社会常识'之上的,是国内各利益集团对立的利益关系之间的长期冲突与妥协的产物。各国国民正是在这一过程中寻找利益关系与理想之间的平衡点,并对'企业为谁而在'这一问题作出回答。"④正如青木昌彦教授所指出的:"由于我们不知道全球性制度安排有何先验的理想模式,因此,真正使我们富有创造力的是多样性所提供的相互之间的学习、试验和机遇等。"⑤

---

① 参见 Richarcl B. Freeman,"The US Economic Model at Y2K,9:Lodestar for Advanced Capitalism?" 26 *Canadian Public Policy* 195(2000);"Waiting for the New Economy,"*Economist* (14 October 2000), pp. 70 – 77;"A British Miracle?"*Economist* (25 March 2000), p. 57;"desperately Seeking a Perfect Model,"*Economist* (10 April 1999), pp. 67 – 68;"Debating the New Economy,"*Business Week* (12 July 1999), p.26,转引自〔美〕桑福德·M.雅各比:《嵌入式世纪企业——日美公司治理和雇佣关系的实践与比较》,张平淡、刘荣译校,经济科学出版社 2010 年版,第 16 页。

② Richard B. Freeman,"Single-Peaked vs. Diversified Capitalism:The Relation Between Econonic Institutions and Outcomes," *NBER Working Paper* No. 7556(2000),转引自〔美〕桑福德·M.雅各比:《嵌入式世纪企业——日美公司治理和雇佣关系的实践与比较》,张平淡、刘荣译校,经济科学出版社 2010 年版,第 17 页。

③ 参见〔美〕卢西恩·阿依·拜伯切克、〔美〕马克·J.罗:《公司所有权和公司治理中的路径依赖理论》,载〔美〕杰弗里·N.戈登、〔美〕马克·J.罗编:《公司治理:趋同与存续》,赵玲、刘凯译,北京大学出版社 2006 年版,第 101 页。

④ 〔英〕罗纳德·道尔:《企业为谁而在:献给日本型资本主义的悼词》,宋磊译,北京大学出版社 2009 年版,"日文版序"第 1—2 页。

⑤ 〔日〕青木昌彦:《比较制度分析》,周黎安译,上海远东出版社 2001 年版,第 392 页。

其三，认为公司只需关注股东利益，而将对利益相关者利益的保护委诸其他法律规则的观点，其实是将对利益相关者的保护交给了亚当·斯密所称的"看不见的手"，即认为人们对个人利益的追求会自动促进社会公共利益。"他通常既不打算促进公共的利益，也不知道他自己是在什么程度上促进那种利益。""他受着一只看不见的手的指导，去尽力达到一个并非他本意想要达到的目的。也并不因为事非出于本意，就对社会有害。他追求自己的利益，往往使他能比在真正出于本意的情况下更有效地促进社会的利益。"① 然而，现实世界并非如斯密所假设的那般自由，正如加尔布雷斯所指出的，现代资本主义经济体系由两大部分组成，一部分是大公司，另一部分是规模较小的公司或组织，例如农场主、汽车修理厂、加油站、洗衣店、饭店和其他服务型机构、零售店等。在大公司中实行的是"计划生产"和"计划销售"，采取的是"操纵价格"，所以这一部分经济可以被称为"计划系统"，而小公司和组织则只能听命于市场，由市场波动决定命运，故这部分经济被称为"市场系统"。② 现实世界可能并非如亚当·斯密所假设的那样的全由"看不见的手在发挥作用"，计划或许会扭曲这只手的功能。而且，就法律而言，"相信法律可以合理修正行为这一信念是不真实的，这一理念存在的问题包括：在对引起人们反感的新的行为方式作出法律反应的过程中，出现了不可避免的滞后现象；在设定标准和取得一致意见的过程中，出现了信息的不完全性；在解决特殊问题的过程中，出现了一般规则的不适应性。这些制约因素的存在，留下了能够和应该由'自我管理'原则加以弥补的空间，为此，管理者需要有

---

① 〔英〕亚当·斯密：《国民财富的性质和原因的研究（下卷）》，郭大力、王亚南译，商务印书馆1974年版，第27页。
② 〔美〕约翰·肯尼斯·加尔布雷思：《经济学与公共目标》，于海生译，华夏出版社2010年版，51—59页。

责任感,并愿意在作出公司决策时充分考虑他人利益"①。或许正因如此,国际标准化组织(ISO)才会在其于 2010 年 11 月 1 日发布的社会责任国际标准《社会责任指南:ISO26000(第一版)》②中指出:"本国际标准旨在帮助组织对可持续发展作出贡献;在承认遵守法律是任何组织的基本义务及其社会责任的重要组成部分的同时,鼓励组织进行超越而不只是满足于遵守法律……"③

其四,尽管理论上对关于公司应当为谁的利益而运行的争论一直在热烈地进行,以至于有学者声称这一争辩已"令人作呕"。④ 与理论上的莫衷一是相对的是,无论在主流理论上对公司利益采何种学说,通过前文对公司利益形成路径的分析说明我们可以看出,各国实际上并不反对公司追求利益相关人利益,其区别只是在于实现路径不同:或者通过董事决策时的自由裁量权而或然地将利益相关人利益融入公司利益(如美国、英国),或者通过利益相关人参与公司治理而使得利益相关人利益得以通过参与而融入公司利益(如德国的共同参与制,或者破产清算时的清算组),或者两者兼而有之(例如,德国既有共同参与制的参与模式的利益相关者保护模式,又有实践中的董事决策时可为利益相关者考量的事实上的利益相关者保护的信托模式)。总体而言,英美更偏重信托模式的公司利益生成路径,而欧洲则更偏重

---

① 〔英〕约翰·帕金森:《公司法与利害相关者管理体制》,载〔英〕加文·凯利、〔英〕多米尼克·凯利、〔英〕安德鲁·甘布尔编:《利害相关者资本主义》,欧阳英译,重庆出版社 2001 年版,第 185 页。
② ISO26000 是一个不适用于认证的指南性标准,可供包括政府(不含执行国家职能的政府)在内的各种不同类型的组织自愿选择使用。参见李伟阳、肖红军:《ISO26000 的逻辑:社会责任国际标准的深层解读》,经济管理出版社 2011 年版,第 22 页。
③ 李伟阳、肖红军:《ISO26000 的逻辑:社会责任国际标准的深层解读》,经济管理出版社 2011 年版,第 31 页。
④ See Henry N. Bulter and Fred S. McChesney, "Why They Give at the Office: Shareholder Welfare and Corporate Philanthropy in the Contractual Theory of The Corporation," 84 *Cornell Law Review* 1195(1999).

于参与模式的公司利益的生成路径。① 利益相关者利益通过各种模式融入公司利益,根据融入的利益相关者利益的范围与强度,则形成各种关于公司利益的综合利益说。当国家利益融入公司利益并占据主导地位时,则形成公司利益的国家利益说,由于国家利益不过是国家范围内所有利益相关人的综合利益,公司利益的国家利益说本质上是利益相关者综合利益说的一个变种。看来,实践中似乎并不反对公司利益可为"利益相关者综合利益",其争执点只是在于作为公司利益构成因子的利益相关者利益的范围,以及确定究竟什么样的利益相关者的综合利益才能符合公司利益?②

其五,目前对"公司利益"含义的各种争辩似乎是"盲人摸象",大多数争辩主要集中于公司的正常经营阶段。然而,公司在终止前均具有法律人格,也具有其"公司利益",大量的研究却忽略了对正常经营阶段与诸如破产阶段的公司利益的关联性的综合研究。

其六,我国公司法兼具两种不同的使利益相关人利益融入公司利益的机制:(1)就信托模式的或然融入机制而言,我国《公司法》第147条规定了董事、监事、高级管理人员的忠实义务及勤勉义务。同时,我国《公司法》第5条又明确规定了公司应承担社会责任。据此,无论是由董事构成的董事会,还是作为公司法定代表人的董事长、执行董事或经理,均有权在其职权范围内行使自由裁量权而决定是否将特定利益相关人的利益纳入考量之中。(2)就参与模式下的利益相关人利益

---

① 这与在英美和欧洲对强化公司社会责任路径的探讨也是一致的,有学者对其原因进行了分析,其指出,美国学者着力于通过改革董事义务责任体系以强化公司社会责任,欧洲大陆学者则主要从公司的经营管理机构入手,而且十分注重对劳动者的保护,其原因主要在于:(1)英美法系中存在着较为发达的信托及信托责任的概念,而这种概念又被严格地适用于美国公司法中的董事和股东,而在欧洲大陆尤其是在德国的法律体系中则仅有代理的原理,缺乏信托的原理;(2)美国的工会组织远不如欧洲大陆的伙伴们更有力量,劳动者保护的传统和意识也较为薄弱。参见刘俊海:《公司的社会责任》,法律出版社1999年版,第55页。笔者以为,上述原因对于英美与欧洲的公司利益生成路径差异的产生原因也是同样适用的。

② 对这些问题,笔者将在下文中讨论。

融入公司利益机制而言,我国同时存在职工这一特定利益相关人在监事会层面的融入机制与董事会层面的融入机制。A. 就监事会层面的融入机制而言,我国公司法也确立了职工参与监事会的机制,例如,根据我国《公司法》第 51 条、第 117 条的规定,无论是有限责任公司还是股份有限公司,监事会中均应包括股东代表和适当比例的公司职工代表,其中,职工代表的比例不得低于 1/3,具体比例由公司章程规定。监事会中的职工代表由公司职工通过职工代表大会、职工大会或者其他形式民主选举产生。根据《公司法》第 70 条的规定,国有独资公司监事会中职工代表的比例不得低于 1/3,具体比例由公司章程规定。监事会成员中的职工代表由职工代表大会选举产生。B. 就董事会层面的融入机制而言,我国公司法采取了区别对待的态度:对于特殊类型的公司(两个以上的国有投资主体投资设立的有限责任公司),其董事会成员中应当有公司职工代表①,其职工董事是一种强制制度安排;对于其他有限责任公司与股份有限公司,董事会成员中可以有职工董事②,是否设立职工董事由公司自主安排。无论是强制性还是自主性设立的职工董事,均由公司职工通过职工代表大会、职工大会或者其他民主形式选举产生。③ 这些立法上的制度安排一方面体现了我国对"公司利益"的构成采取的是一种"利益相关者综合利益说"的观点。另一方面,或然的信托模式下可予考虑的相关者利益范围要远远大于参与模式下可予考虑的参与者的范围(正常经营状态下仅包括职工)。上述安排既使得究竟某种行为是否符合公司利益因自由裁量权的行使而处于一种相当不明确的状态,又使得不同机制之间对"公司利益"的认识可能存在矛盾(例如,董事、经理根据自由裁量权考虑了股东、职工以外的利益相关人利益,而由股东和职工组成的监事会可能认为

---

① 参见《公司法》第 44 条第 2 款。
② 参见《公司法》第 44 条第 2 款,第 108 条第 2 款。
③ 参见《公司法》第 44 条第 2 款,第 108 条第 2 款。

董事经理的该行为或判断不符合公司利益,而根据《公司法》第 53 条第(三)项之规定而要求其予以纠正,此类争执如何解决？多重利益相关人利益融入公司利益机制的制度安排,使公司利益处于一种相当不确定的状态。这种不确定性究竟是一种精妙的安排,还是一种无奈的选择？我们应当如何对待这种不确定性？这些都是有待进一步研究的课题。

上述观察结果,既是前文研究的初步结论,也是展开进一步研究的基础。

第二章

揭开公司利益不确定性的面纱

第二章　揭开公司利益不确定性的面纱

> 水至清则无鱼,人至察则无徒。
>
> ——《汉书·东方朔传》

"公司利益"是公司法中的一个基础概念。公司的独立人格决定了其有自身的独立利益追求。公司利益的界定,形成了对公司治理的约束,其既是制定公司治理规则、包括设计公司治理法律规则的基本政策理念,也是实施公司治理行为的基本指南,它形成了对公司管理者的约束,是公司及管理者行为的宗旨和努力的方向。这是公司利益在公司治理机制上的价值所在。[①] 公司法的目标之一,即确保公司行为符合公司利益,并在发生争议时为对某一行为是否符合公司利益的判定提供规则。司法中常常涉及对公司行为合公司利益性的判断。在美

---

① 参见王文钦:《公司治理结构之研究》,中国人民大学出版社 2005 年版,第 94 页。

国,公司司法的责任之一就是确定公司管理者实施行为的标准——是最大化公司利益增长,还是遵从社会标准,以超出经济标准以外的标准去实施行为?① 显然,这涉及行为合公司利益性的判断。

然而,"公司利益"又是一个相当不确定的概念,诸多情境下,对某一行为是否合乎"公司利益"的判定存在相当大的不确定性。

"公司利益"作为公司法中的一个核心概念,其不确定性也必然会带来相应的法律风险。"所有法无规定的争议都缘自于语言和意图有意或无意的不明确。"② 当一个法律问题或者一个如何将法律适用于具体事实的问题没有任何一个正确解答的时候,那么法律就是不确定的。③ 不确定性可能导致风险。④ 法律不确定性已成为讨论法律风险问题的一个必备概念。⑤ 国际统一私法协会在探讨多层证券持有体系的风险问题时曾指出:"法律风险,通常是指适用的法律不能提供可预

---

① See David Sciulli, *Corporate Power in Civil Society: An Application of Societal Constitutionalism*, New York University Press, 2001, p.1.

② 〔英〕约瑟夫·拉兹:《法律的权威——法律与道德论文集》,朱峰译,法律出版社2005年版,第168页。

③ 参见〔美〕肯·克利斯:《法律的不确定性》,载《加利福尼亚法律评论》1989年第77期,第283页,转引自〔英〕蒂莫西·A.O.恩迪科特:《法律中的模糊性》,程朝阳译,北京大学出版社2010年版,第12—13页。

④ 在理论界对风险进行的各种界定中,不确定性是风险的基本特征。例如,大卫·丹尼指出,风险代表了世界的一种状态,这种状态中,后果的不确定性和人们对后果的关注之间存在着关联,参见〔英〕大卫·丹尼:《风险与社会》,马缨、王嵩、陆群峰译,北京出版集团公司、北京出版社2009年版,第10页。莫布瑞(A.H.Mowbray)认为,风险是指不确定性;马尔斯和沙皮拉(March and Shapira)则认为,风险是事务可能结果的不确定性;博蒂和默顿(Zvi Bodie and Robert C.Merton)在其2000年出版的《金融学》一书中,描述了风险与不确定性的区别,"当一个人不能确定将来会发生什么时,就存在不确定性。风险即不确定性,它之所以重要,是因为其关系到人们的福利。因此,不确定性是风险的必要条件而不是充分条件。任何一种存在的风险都是不确定的,但没有风险的情势也会存在不确定性。"前述对风险的定义,转引自潘勇辉:《外资并购的风险识别、测度及调控机制研究——基于"动机与风险对应论"的视角》,经济科学出版社2008年版,第20—21页。

⑤ 参见〔英〕Roger McCormick:《金融市场中的法律风险》,胡滨译,社会科学文献出版社2009年版,第7页。

测的有效解决方案的情形。"①

然而,不确定性也可能代表机会而非威胁。② 正如由 COSO 发布的《企业风险管理——整合框架》③所指出的那样:"所有主体都面临不确定性……不确定性潜藏着对价值的破坏或增进,既代表风险,也代表机会。"④不确定性是超额利润的重要来源之一。⑤ "许多不确定性是生产活动中不可避免的副产品。只有那种没有生产效率的或可以避免的不确定性才是应当受到反对的。"⑥

公司利益的不确定性给公司及其管理层同样也带来风险、挑战与机遇。由此,我们既不能回避或者试图完全消除公司利益的不确定性,又需对公司利益的不确定性进行必要控制。

---

① 〔英〕Roger McCormick:《金融市场中的法律风险》,胡滨译,社会科学文献出版社 2009 年版,第 110 页。
② 参见〔英〕托尼·莫纳、〔卡塔尔〕费萨尔·F. 阿勒萨尼:《公司风险管理:基于组织的视角》,姜英兵译,东北财经大学出版社 2011 年版,第 12 页。
③ COSO 是 Treadway 委员会〔Treadway Commission,即反欺诈财务报告全国委员会(National Commission on Fraudulent Financial Reporting),通常根据其首任主席的姓名被称为 Treadway 委员会〕发起的组织委员会(Commission of Sponsoring Organizations)的简称。Treadway 委员会由美国注册会计师协会(AICPA)、美国会计学会(AAA)、财务经理人协会(FEI)、内部审计师协会(IIA)和管理会计师协会(IMA)这 5 个组织于 1985 年发起成立。1987 年,Treadway 委员会发布了一份报告,建议其发起组织共同协作,整合各种内部控制的概念和定义。1992 年,COSO 发布了著名的《内部控制——整合框架》(1994 年作出局部修订),成为内部控制领域最为权威的文献之一,中译本见企业内部控制标准委员会秘书处(财政部会计司)组织编译,方红星主译,刘玉廷主审:《内部控制——整合框架》,东北财经大学出版社 2008 年版。2003 年 7 月,COSO 发布了《企业风险管理——整合框架》(征求意见稿),经过一年多的意见反馈、研究和修改,2004 年 9 月发布了最终的文本。参见〔美〕COSO 制定发布:《企业风险管理——整合框架》,方红星、王宏译,东北财经大学出版社 2005 年版,"制定发布机构简介"。
④ 〔美〕COSO 制定发布:《企业风险管理——整合框架》,方红星、王宏译,东北财经大学出版社 2005 年版,第 16 页。
⑤ 超额利润的其他来源,还有结构优势、卓越的运营、业务再发明等,详细的讨论,参见 Paul J. H. Schoemaker, "Strategy, Complexity, and Economic Rent," 36 *Management Science* 1178 – 1192(1990),转引自〔美〕保罗·舒梅科:《从不确定性中盈利》,北京天则经济研究所选译,云南人民出版社 2005 年版,第 10 页。
⑥ 〔美〕罗伯特·C. 克拉克:《公司法则》,胡平、林长远、徐庆恒、陈亮译,工商出版社 1999 年版,第 129 页,注 13。

一、不确定的公司利益

对于公司利益的概念,无论在国内还是国外,均无明确界定。不过,对其不确定性,各国倒似乎达成了共识。德国学者魏斯教授指出:"公司利益这个提法简直是模糊至极,以致很难在实践中指导监事会成员的活动。"① 根据德国法,保护股东利益不是唯一的甚至主要的目的,唯一和主要的目的是促进"公司利益",而这一概念明显是非常宽泛和模糊的。② 英国学者普林提斯也认为,"公司的利益"是一个变化多端的概念,在特定的场合,其也包括股东或债权人的利益。③ Nouse 大法官则称:"公司利益是一个经常被使用却很少被明确界定的词汇。这一概念可能经常被误解,在不同的情境中也可能有不同的含义。"④ 在美国,越来越多的有影响力的法官和法学教授也认为,试图以法律术语来界定公司目的是没有希望的时代错误。⑤ 特拉华州法院前大法官 William Allen 认为,就定义公司目标达成一致是不可能的。⑥ 国内学者也指出:"在中国的法律思维和司法实践中,公司利益概念并不突出,常常是股东利益替代了公司利益⋯⋯缺乏公司利益的概念,缺乏

---

① 刘俊海:《公司的社会责任》,法律出版社1999年版,第90页。
② 参见〔德〕西奥多·鲍姆、〔美〕肯·斯科特:《认真对待股东权利——公司治理在美国和德国》,李园园译,载赵旭东主编:《国际视野下公司法改革——中国与世界:公司法改革国际峰会论文集》,中国政法大学出版社2007年版,第301页。
③ 参见张开平:《英美公司董事法律制度研究》,法律出版社1998年版,第162页。
④ 〔马来西亚〕罗修章、王鸣峰:《公司法:权力与责任》,杨飞、林海全、张辉、钟秀勇等译,法律出版社2005年版,第205页。
⑤ 参见 David Sciulli, *Corporate Power in Civil Society: An Application of Societal Constitutionalism*, New York University Press, 2001, p.2. 此处,"公司目的"意指公司为谁的利益而运营。
⑥ See W. Allen, "Our Schizophrenic Conception of the Business Corporation," 14 *Cardozo Law Review* 280(1992), in Andrew Keay, *The Corporate Objective: Corporations, Globalisation and The Law*, Edward Elgar Publishing Limited, 2011, p.18.

两权分立,并且在股权结构上,多数公司存在着控制股东,常常导致本来属于委托——代理关系中的问题,转化成为控制股东和其他股东之间的争夺。"①

公司利益的不确定性表现在以下诸多方面:

(一)不同类型公司间利益构成之不确定性

公司具有不同类型。公司股东在某些类型的公司中可能承担有限责任,例如有限责任公司或股份有限公司。在某些类型的公司中,公司股东也可能承担无限责任,例如无限公司,或者两合公司中的无限责任股东。显然,在股东承担无限责任的公司类型中,既然该股东可能因公司经营失败而承担全部责任,与之相应,在公司经营中,自应更注重对此类股东利益之保护。由此,股东承担无限责任的公司较之股东承担有限责任的公司,股东利益在公司利益的构成中,理应占有更加重要的位置,此两类公司的公司利益的构成显然应是不同的。不同类型的公司利益构成存在不确定性。

鉴于股东承担有限责任的公司在当代商业活动中的重要地位,以及我国公司类型的实态。本书主要以股东承担有限责任的有限责任公司和股份有限公司(类似于英美法的闭锁性公司和开放性公司)为例,探讨相关的公司利益问题。

(二)同一类型公司在不同国家间公司利益构成之不确定性

即便是相当于同一类型的公司,在不同的国家,其公司利益构成可能也不相同。姑且不论公司在公司治理结构上的差异,在不同法系国家中,我们只能说一些大陆法系国家的股份有限公司相当于英美法系国家的公开公司。即便是公司治理结构类似的英、美两国,其同一

---

① 邓峰:《公司利益缺失下的利益冲突规则——基于法律文本和实践的反思》,载《法学家》2009年第4期,第85页。

类型的公司相关参与人的利益在公司中的受保护程度也是不同的,亦即,在公司利益的构成中,各利益构成因子在其中的权重也是不一致、不确定的。尽管二者均具有普通法传统,但是,就公共持股的商业公司而言,这两国赋予股东和管理层的权力是判然有别的。① 例如,美国法甚至特拉华州法按照国际标准来说,对股东利益的保护相对不太友好。根据美国法,股东大会制定公司政策的权力要比荷兰机制以外的其他任何国家的权力小。美国董事会在防御敌意收购方面所拥有的自由要比其他主要国家多得多。小股东及非股东权利的保护问题在美国公司的治理框架中不太受重视。而与美国法相反,英国法对股东则似乎要相对友好。英国公司的股东在构建公司治理机制时拥有的自由裁量权要比特拉华州的股东大,英国对股东权力没有任何限制,而特拉华州则以对股东权力的诸多限制为特色。在英国,股东大会可以在自己提议的情况下就公司资产的重大处分(如兼并)作出特别决议。大股东的集体行动并未受到严格规制。而且,调整英国公司控制权市场自律性的《城市守则》明确禁止经营者在敌意收购开始后实施防御战术(如毒丸)。②

(三)同一公司在不同阶段利益构成的不确定性

即使是同一公司,在不同的阶段,其利益构成可能也并不相同。例如,无论对公司利益的构成作如何理解,在公司正常经营阶段,股东利益在公司利益构成中占据首要位置应是不容置疑的。而到了公司

---

① See Luca Enriques, Henry Hansmann and Reinier Kraakman, *The Basic Governance Structure: The Interests of Shareholders as a Class*, in Reinier Kraakman, John Armour, Paul Davies, Luca Enriques, Henry Hansmann, Gerard Hertig, Klaus Hopt, Hideki Kanda and Edward Rock, *The Anatomy of Corporate Law: A Comparative and Functional Approach (Second Edition)*, Oxford University Press, 2009, p. 83.

② 参见〔美〕亨利·汉斯曼、〔美〕莱纳·克拉克曼:《公司治理基本结构》,载〔美〕莱纳·克拉克曼、〔英〕保罗·戴维斯、〔美〕亨利·汉斯曼等:《公司法剖析:比较与功能的视角》,刘俊海、徐海燕等译,北京大学出版社2007年版,第78—79页。

破产阶段,职工、债权人、政府等相关人的利益则在公司利益结构中占重要地位。而在正常经营与破产之间的公司资不抵债阶段,债权人利益在公司利益构成中则占有重要地位。可见,同一公司在不同阶段,其利益构成也具有不确定性。

(四)特定权益是否属公司利益的不确定性

一些特定的权益(例如某一缔约或交易机会)是否属于"公司机会",该公司机会是否属于"公司利益"?我国《公司法》第148条仅规定董事、高级管理人员不得未经股东会或者股东大会同意,利用职务便利为自己或他人谋取"属于公司的商业机会",并未规定"属于公司的商业机会"的判定标准。即便是在诸如美国这样的对于公司机会的判定及其使用规则具有长期司法实践经验的国家,对公司机会及是否允许使用的判定也是件相当棘手、相当不确定的事情。此外,公司是否可以追求特定权益,例如政治利益,立法也未规范,对于此类权益是否可属"公司利益"也不确定。

(五)特定情境下管理层是否"为公司利益"行事判定的不确定性

商业决策的作出,往往会受到决策时所掌握的信息、时间(正所谓机不可失、时不再来)等诸多因素的制约。一些貌似赔钱的买卖中,其实公司可以从其他地方获得补偿。在做不同的投资方案时,决策者必须预测可能出现的损益情况。即使这样,最终的结果可能还是相当不确定的。[①] 商业经营结果本身受到诸多因素影响,带有很大的风险性。不能仅凭经营结果来判断管理层决策时是否是出于"为公司利益"行事。很多时候,对特定行为或决策是否符合公司利益由公司机关以决议的方式作出,公司机关的决议行为是一种团体行动,"团体行动的方

---

① 参见〔美〕杰姆斯·布雷克利、〔美〕克雷佛·史密斯、〔美〕杰诺德·施泽曼:《管理经济学与组织架构》,张志强、王春香译,华夏出版社2001年版,第31页。

式具有不确定性"①,这使得作为决议结果的对合公司利益性的判断也变得不确定。犹如"孔多塞悖论"所指出的,在运用简单多数决规则进行集体决策时,投票结果会随投票次序的不同而发生变化,存在大部分甚至全部备选方案都有机会被选中的循环现象。② 这些因素为对是否"为公司利益"行事的判定带来了诸多不确定性。

尽管如此,公司商业决策的作出,实际上是决策机关对所涉利益进行衡量后对其相互作用形成的公司利益的一种判断。海克认为,法官在利益衡量的过程中,必须去界定生活中存在的相对立的利益,在此过程中,法官不可以自由放任而为,而是必须受到制定法所包含的价值判断的约束,这是一种"法律共同体的自治权"③。笔者认为,公司决策机关在行使公司这一商事组织体的自治权的时候,存在着类似的过程与约束,其对构成公司利益的各因子相互作用的结果进行判定的时候,也须受相关法律中实体与程序的制约,这些确定无疑的制约或许是对特定情境下管理层是否为"公司利益"行事进行判定的不确定性中的确定性。

二、公司利益不确定性探源

法律的不确定性是难以避免的。正如 Hart 的著名评论所言:"所

---

① Barry E. Adler,"Financial and Political Theories of American Corporate Bankruptcy,"45 *Stanford Law Review* 311 – 315(1993),转引自杨忠孝:《破产法上的利益平衡问题研究》,北京大学出版社 2008 年版,第 98 页。

② 参见王华峰、赵勇、李生校:《群体决策中的投票规则研究评述》,载《技术经济与管理研究》2005 年第 6 期,转引自贺丹:《破产重整控制权的法律配置》,中国检察出版社 2010 年版,第 55 页。

③ 吴从周:《概念法学、利益法学与价值法学:探索一部民法方法论的演变史》,中国法制出版社 2011 年版,第 259 页。

有规则都有不确定的阴影,法官必须在两者之间择一。"①"公司利益"因何不确定?这主要是因为语言本身的模糊性、法律漏洞的存在、利益自身种类的多样性等。

(一)语言的模糊性

文字具有不精确的特点。"任何一个词汇都不是透明的、一成不变的,词汇仅仅是一个活动的思维的外壳,根据不同的具体情形而具有不同的内在含义。"②一个概念的中心含义可能是清楚的、明确的,但离开了该中心,它就逐渐变得模糊不清了。几乎每个用来对人类生活和周围世界的各种特征进行分类的普通用语,都必然会存在引起争议的边际模糊的情况。③"语言具有模糊性,模糊性以及因模糊性而产生的不确定性是法律的基本特征。"④法律上所用之用语除少数例外,其内容通常或多或少是不确定的,从而,其外延有多广亦不明确。⑤法律经常利用的日常用语与数理逻辑及科学性语言不同,它并不是外延明确的概念,毋宁是多少具有弹性的表达方式,后者的可能意义在一定的波段宽度之间摇摆不定,端视该当的情况、指涉的事物、言说的脉络,在句中的位置以及用语的强调,可能会有不同的意涵。即使是较为明确的概念,仍然经常包含一些本身欠缺明确界限的要素。⑥ 一些时候,"立法者的表达工具有限:虽然立法者已经概观到生活中的案

---

① H. L. A. Hart, *The Concept of Law*(2nd edition), Oxford University Press,1994. p.12,转引自〔英〕Roger McCormick:《金融市场中的法律风险》,胡滨译,社会科学文献出版社2009年版,第19页。
② Lamar v. United States,245,U.S.60,65,转引自董涛:《专利权利要求》,法律出版社2006年版,第158—159页。
③ 参见〔英〕哈特:《法律的概念》,张文显、郑成良等译,中国大百科全书出版社1996年版,第4页。
④ 〔英〕蒂莫西·A.O.恩迪科特:《法律中的模糊性》,程朝阳译,北京大学出版社2010年版,第1页。
⑤ 参见黄茂荣:《法学方法与现代民法》(第五版),法律出版社2007年版,第380页。
⑥ 参见〔德〕卡尔·拉伦茨:《法学方法论》,陈爱娥译,商务印书馆2003年版,第193页。

件,但他就是无力将他的思想清晰而完整地还原出来。"①"模糊性是法律不确定性的典型来源,也是其十分重要的来源。"②虽然并非所有的法律都是模糊的,但是在不同的法律制度中必然包含模糊的法律。当法律模糊的时候,其结果是,人们的法律权利、义务和权力在某些案件中(并非在所有的案件中)变得不确定。③

就"公司利益"而言,"利益"一词即为一个具有丰富内涵的语词。④ 正如艾伯特·O.郝希曼所指出的,利益"是在社会科学和历史

---

① 吴从周:《概念法学、利益法学与价值法学:探索一部民法方法论的演变史》,中国法制出版社2011年版,第290页。
② 〔英〕蒂莫西·A.O.恩迪科特:《法律中的模糊性》,程朝阳译,北京大学出版社2010年版,第3页。
③ 参见〔英〕蒂莫西·A.O.恩迪科特:《法律中的模糊性》,程朝阳译,北京大学出版社2010年版,第1页。
④ 对利益的定义,存在着诸多观点:(1)认为利益是一种主观愿望。例如,庞德把利益规定为"人们个别地或通过集团、联合或者亲属关系,谋求满足的一种需求或者愿望,因而在安排各种人们关系和人们行为时必须将其估计进去"。参见〔美〕罗斯科·庞德:《通过法律的社会控制:法律的任务》,沈宗灵、董世忠译,商务印书馆1984年版,第22页。(2)认为利益应该是一个主客观相统一的概念,是人类需要的满足。人类需要的满足是需要主体在拥有一定量信息的前提下,在运用一定的对人和物的支配权的基础上,对自然和社会依赖关系的实现。参见余政:《综合经济利益论》,复旦大学出版社1999年版,第26—29页。(3)霍尔巴赫认为,利益就只是"我们每个人看作对自己的幸福不可缺少的东西"。参见〔法〕霍尔巴赫:《自然的体系》,管士滨译,商务印书馆1989年版,第259—260页。与之类似,《美国侵权法重述》把利益界定为"任何人所欲求的客体"。参见 Restatement (second) of Torts, § 1. 1965,转引自彭诚信:《主体性与私权制度研究——以财产、契约的历史考察为基础》,中国人民大学出版社2005年版,第123页。(4)德国学者耶律内克认为,利益是一种离不开主体与客体之间所存在的某种关系的价值形成,是被主体所获得或肯定的积极价值。参见胡建淼、邢益精:《公共利益概念透析》,载《法学》2004年第10期,第4页。(5)认为利益本质上是一种社会关系,是一定的客观需要对象在满足主体需要时,在需要主体之间进行分配时所形成的一定性质的社会关系的形式,参见王伟光:《利益论》,中国社会科学出版社2010年版,第80—81页。(6)认为利益是对主体与客体关系的一种价值判断。参见胡建淼、邢益精:《公共利益概念透析》,载《法学》2004年第10期,第4—5页。再如密尔认为,"毋庸置疑,人们的行为服从于他们的意志;他们的意志服从于他们的欲望;他们的欲望产生于其对善或恶的理解;换句话说,产生于他们的利益",即密尔认为,利益即人们对善或恶的理解。参见 James Mill, An Essay on Government, Cambridge University Press, 1937, p. 62,转引自彭诚信:《主体性与私权制度研究——以财产、契约的历史考察为基础》,中国人民大学出版社2005年版,第122页。

中,处于最中心和争论最多的概念之一。"①边沁认为:"利益是属于那些没有更高一级种类(superior genus)的词汇中的一个,无法以通常的方式来定义。"②在英美国家,这一语词的使用表明法院应当大概地、而不是严密地和墨守成规地检查行为对起诉者的影响。它不仅仅意指严格的法定权利。法院有权考虑更广泛的衡平法的因素。③ 一般而言,对"利益"的界定是宽泛的,其并不限于严格的法定权利。④ 而在德国利益法学派的创始人之一海克看来,"只有在最广的意义上,在关联到所有的利益与生活理想上,这个概念对法学才是有用的"⑤。"有关利益的主体与种类是非常广泛而无限制的。"⑥"利益"这一语词含义的宽泛性与模糊性,"利益概念的内容具有不确定性与多面性"⑦,这自然会带来公司利益的不确定性。

(二)价值的任意性与主观性

利益是一种价值判断。例如,密尔认为,"毋庸置疑,人们的行为服从于他们的意志;他们的意志服从于他们的欲望;他们的欲望产生于其对善或恶的理解;换句话说,产生于他们的利益,"即密尔认为,利

---

① 〔英〕约翰·米尔盖特、〔美〕彼得·纽曼:《新帕尔格雷夫经济学大辞典》第 2 卷,经济科学出版社 1992 年版,第 951 页,转引自余政:《综合经济利益论》,复旦大学出版社 1999 年版,第 207 页。

② Jeremy Benthan, "An Introduction to the Principle of Morals and Legislation," H. Burns & H. L. A. Hart leds. , Methuen London and New York, 1982, p. 12,转引自彭诚信:《主体性与私权制度研究——以财产、契约的历史考察为基础》,中国人民大学出版社 2005 年版,第 123 页。

③ 参见〔马来西亚〕罗修章、王鸣峰:《公司法:权力与责任》,杨飞、林海全、张辉、钟秀勇等译,法律出版社 2005 年版,第 303 页。

④ 同上注,第 346 页。

⑤ 吴从周:《概念法学、利益法学与价值法学:探索一部民法方法论的演变史》,中国法制出版社 2011 年版,第 242 页。

⑥ 同上注。

⑦ 胡建淼、邢益精:《公共利益概念透析》,载《法学》2004 年第 10 期,第 5 页。

益即人们对善或恶的理解。① 其他学者也认为,利益是一种价值判断,它是离不开主体对客体之间所存在的某种关系的一种价值形成,是被主体所获得或肯定的积极的价值。② 我国也有学者认为,利益是对主体与客体关系的一种价值判断。③ 公司对某一客体是否符合其利益的判断也是一种价值判断。

价值在本质上是任意的和主观的。价值判断的标准是完全主观化的。④ 价值的主观性意味着,我们不可能通过假设而直接证实另一人对其目标所作的表述。价值具有任意性,这个原则意味着几乎不存在讨论的基础,根据价值任意性原则,对于既存价值的理解,无法在理性的演绎推理或归纳推理过程中找到⑤,"对于价值判断问题,我们难以证明,也无法从事科学的研究,因为它们属于接近信仰的领域"⑥。布坎南指出,社会科学领域并不存在一个外在的、客观的、可供评价的绝对价值尺度,即客观意义上的集体利益与社会利益并不存在。集体利益只是一个虚构物,一个摆设在神龛上供人敬仰但并没太大实际意义的神灵。⑦ 价值的主观性与任意性决定了"价值判断"的过程也是主观与任意的,犹如内克在认为利益是主体对客体的一种价值的判断的同时所认为的,利益及价值兼是(主体之)喜好的问题,两者兼有

---

① 参见 James Mill, *An Essay on Government*, Cambridge University Press,1937,p. 62,转引自彭诚信:《主体性与私权制度研究——以财产、契约的历史考察为基础》,中国人民大学出版社 2005 年版,第 122 页。

② 参见 W. Jellinek, Verwaltungsrecht, 3. Aufl. 1948, S. 43; M. Layer, Prinzipien des Enteinungsrechts,1902, S. 207,转引自陈新民:《德国公法学基础理论》(上册),山东人民出版社 2001 年版,第 182 页。

③ 参见胡建淼、邢益精:《公共利益概念透析》,载《法学》2004 年第 10 期,第 4—5 页。

④ 参见〔美〕卡尔·N. 卢埃林:《现实主义法理学——引领未来》,朱文博译,载冯玉军选编:《美国法律思想经典》,法律出版社 2008 年版,第 88、91 页。

⑤ 参见〔美〕邓肯·肯尼迪:《私法性判决的形式与实质》,朱硕、杜红波译,载冯玉军选编:《美国法学最高引证率经典论文选》,法律出版社 2008 年版,第 148 页。

⑥ 陈瑞华:《论法学研究方法》,北京大学出版社 2009 年版,第 101 页。

⑦ 参见曾军平:《自由意志下的集团选择:集体利益及其实现的经济理论》,格致出版社、上海三联书店、上海人民出版社 2009 年版,第 45 页。

"不确定性"①,从而,仰赖于价值判断的某一客体是否符合公司利益的判断充满不确定性也就不足为奇了。

(三)法律漏洞

法律漏洞,是指法律体系上的违反计划的不圆满状态。其发生原因有三:(1)立法者思虑不周;(2)立法者自觉对拟予规范之案型的了解还不够,而不加以规范;(3)因法律上有意义的情况变更,例如演变式体系违反。②

法律漏洞发生的几种原因均可能产生公司利益的不确定性:

(1)立法者思虑不周,或者立法者自觉对拟予规范之案型的了解还不够,而不加以规范。"立法者关照的能力不足:他要针对未来作成规定,但未来无法被预见。现代生活的复杂多样性是无止境的。"③"事实上,我们对未来的知识是波动的、模糊和不确定的。"④各国公司法一般均列举了一些损害公司利益的行为,但是,由于立法者预见能力的有限性,或者其自觉对相关类型的问题尚缺乏深刻认识,故其可能对一些损害公司利益的行为未加规范。例如,我国 1993 年通过的《公司法》规范了若干董事损害公司利益的行为,但是,由于当时董事篡夺公司机会的现象在我国并不普遍,理论上也较少关注,因此,《公司法》并未对董事篡夺公司机会这一损害公司利益的行为作出规范。有时候,对于既定的法律规则应如何适用于特定的情形提供确定的意见是很困难的。对于任何涉及各种复杂经济行为的法律制度来说,这都是不可避免的。意图为各种可以想象到的情形制定行为规则的法

---

① 陈新民:《德国公法学基础理论》(上册),山东人民出版社 2001 年版,第 207 页,注 5。
② 参见黄茂荣:《法学方法与现代民法》(第五版),法律出版社 2007 年版,第 427 页。
③ 吴从周:《概念法学、利益法学与价值法学:探索一部民法方法论的演变史》,中国法制出版社 2011 年版,第 290 页。
④ 〔英〕大卫·雷斯曼:《保守资本主义》,吴敏译,社会科学文献出版社 2003 年版,第 38 页。

律是不灵活、不切实际的,可能也是不公正的。因此,不得不容忍一定程度的不确定性。①

(2)因法律上有意义的情况变更,例如演变式体系违反。除当初设计之欠缺外,后来情势发展或价值观的演进,也会产生新的规范需要;发达的知识对于旧问题能提供较进步的解决方法,现有规定却不能满足新的规范需要,这些都能产生演变式体系违反。演变式体系违反是指由社会的、经济的、科技的变迁,所产生的新事务(如企业组织等)或新的解决方案所引起之矛盾。因为这些新事务或新方案未为当时的立法者所预见,而未被规范,所以,在它们出现后,对之都有一段或长或短的未规范状态。该未规范状态有时与事务之性质或与法律伦理原则的要求不符,有时不能满足交易之规范上的需要。这时,该未被规范的状态,即构成规范上不被欢迎的不圆满性。② 例如,伴随着允许公司向其他企业进行投资的规定,企业集团产生了,由此便引出了企业集团能否拥有集团公司利益这一传统公司利益认定中并未涉及的问题及该认定的法律规范问题。

(四)利益种类的多样性

利益种类本身是多样的。例如,利益可分为近期利益和长远利益,由此,某些行为,例如公司实施的公益捐赠行为,从近期利益来看,可能会减少公司财产,损害公司近期的经济利益,然而,该行为也可能会增加公司的美誉度与知名度,可能会给公司带来长远利益。利益还可分为实际上已获得的利益和潜在利益,某些行为,例如公司承担费用为公司董事投保董事责任保险,虽然可能减少了公司的已获得的财产利益,但是,该行为可能有利于公司吸引有能力之公司管理层,从而

---

① 参见〔英〕Roger McCormick:《金融市场中的法律风险》,胡滨译,社会科学文献出版社2009年版,第142—143页。

② 参见黄茂荣:《法学方法与现代民法》(第五版),法律出版社2007年版,第419页。

给公司带来潜在利益。公司与董事签订关于高额离职赔偿金的"金色降落伞"的合同,虽可能导致公司在解雇相关董事时支付高额补偿,但可能会避免董事抵制对公司有益的公司并购,从而促进公司发展、带来潜在利益。再如,免除公司董事实施的某些给公司造成损失的行为的责任,虽从表面上看可能会减少公司的财产利益,但是这些行为可能会鼓励董事根据当时所掌握的信息实施必要的冒险行为,以免贻误商机、过于保守经营,正所谓"风险与利益并存",这从长远来看或许对公司也是有益的。类似的例子不胜枚举。前述例子中很多时候公司只是具有获得某种利益的可能性,即有关行为是否能实际地促进公司利益是不确定的。

(五)公司利益衡量标准的不确定性

首先,就公司利益究竟是股东利益还是利益相关者综合利益这一问题,学术界长期以来一直存在争议。

对于究竟何为利益相关者综合利益是极其不确定的,因为其涉及多种利益相关者利益的综合/平衡。正如有观点所指出的:"一个有社会责任感的企业是企业管理人员要平衡多方的利益,而不仅仅是为股东获取更多的利益。"[1]公司的目的和那些对它的行为拥有决策权的人的基本责任应是,实现受公司影响的所有集团"利益的合理调和"。[2] 不过,"进行平衡"这种想象恰恰预设了一种抽象的测量单位。[3] 正如詹森(Jensen)所指出的,利益相关者理论本身没有包含如何在各类相关利益者之间进行权衡的概念框架。因此,即使认可相关

---

[1] 〔美〕Archie B. Carroll:《企业社会责任:概念构建的演进》,载李伟阳、肖红军、郑若娟编译:《企业社会责任经典文献导读》,经济管理出版社 2011 年版,第 104 页。
[2] 参见〔美〕罗伯特·C. 克拉克:《公司法则》,胡平、林长远、徐庆恒、陈亮译,工商出版社 1999 年版,第 571 页。
[3] 参见〔美〕邓肯·肯尼迪:《私法性判决的形式与实质》,朱硕、杜红波译,载冯玉军选编:《美国法学最高引证率经典论文选》,法律出版社 2008 年版,第 153 页。

利益者的利益需求,也无从在多重相关利益者的利益(有时甚至是相互冲突的利益)之间进行选择。①

即使是众多学者所认为的由于"提供了单一的业绩标准从而易于观察和衡量的"股东价值优位标准②(或者至少在特定情境下股东利益优位),"股东利益优位"这一公司利益的衡量标准也是不确定的。学者指出,这一理论的目标实际上并不清晰。③ "股东优位"理论其实并不能给管理者行为提供明确的指导。④ 此种理论是弹性的,其含义也是多变的,通过操纵对利润最大化的检验或者检验所运用的因素,其可以支持或者挑战任何管理行为。⑤ 原因在于:(1)股东利益最大化的含义本身就存在争议。以新的金融产品的发展以及金融革新的发展进程为研究对象,亨利·胡在一份针对"股东优位"含义的调查报告中得出结论:股东价值从来就是不确定的。他指出,存在三种相冲突的关于股东福利最大化的认识:第一种是"经典的以实体为中心的模式",认为当公司的福利得以提高时,股东的利益也随之被推进了。第二种是"纯粹的股东财富最大化模式",认为股东福利是管理者的直

---

① 参见 D. Windsor, "Jensen's Approach to Stakeholder Theory," 16 *Unfolding Stakeholder Thinking* 74(2002),转引自沈洪涛、沈艺峰:《公司社会责任思想——起源与演变》,世纪出版集团、上海人民出版社 2007 年版,第 175 页。

② See A. Sundaram and A. Inkpen, "The Corporate Objective Revisited," 15 *Organization Science* 355(2004), in Andrew Keay, *The Corporate Objective: Corporations, Globalisation and The Law*, Edward Elgar Publishing Limited, 2011, p. 48.

③ See M. Miller, "The Informational Content of Dividends," in R. Dornbusch, S. Fischer and J. Bossons(eds.), *Macroeconomics and Finance: Essays in Honor of Franco Modigliani*, MIT Press, 1987. C. Loderer, L. Roth, U. Waelchli and P. Joerg, "Shareholds value: Principles, Declarations, and Actions," 22 April 2009, *European Corporate Governance Institute Finance Working Paper* No 95/2006 (revised), in Andrew Keay, *The Corporate Objective: Corporations, Globalisation and The Law*, Edward Elgar Publishing Limited, 2011, p. 48.

④ See Andrew Keay, *The Corporate Objective: Corporations, Globalisation and The Law*, Edward Elgar Publishing Limited, 2011, pp. 72 – 79. Henry Hu, "New Financial Products, the Modern Process of Financial Innovation and the Puzzle of Shareholder Welfare," 69 *Texas Law Review* 1312(1999).

⑤ See Gerald E. Frug, "The Ideology of Bureaucracy in American Law," 97 *Harvard Law Review* 1311(1984).

接目标而不是公司福利得以增加的派生物,该模式并不关注公司作为实体的独立福利。第三种是"幸福的股东财富最大化模式",其追求股票持有者财富在股票市场是无所不知的与理性的情形下的最大化,而不是最大化股东的实际财富。① (2)由于股东的构成与追求往往是复杂的,如同生活世界总是充满复杂性一样②,股东,尤其是资本市场的投资者也是多样化的群体组合。复杂世界的真理总是相对的,因此,永远不要把复杂的投资者仅想成单面或"线性"现象。人类世界的矛盾无处不在,投资者偏好也可区分为很多矛盾类型:例如,有偏好营利性回报的,也有偏好非营利性回报的;有偏好长期回报的,也有偏好短期回报的;③有偏好对公司管理控制利益的,也有仅关注投资回报的。因此,在面对着对股东之间的利益进行平衡这一"抽象的测量单位"④时,股东利益构成与追求的复杂性与冲突,导致了衡量何为"股东整体利益"的困难与不确定性。(3)即使股东利益之间的冲突能够依照一定规则得以解决,究竟以多长的时间段为实现公司利益的期限也是不明确的。(4)会计意义上的财务数据由于多种原因,对判定股东利益的意义也是非常有限的。正如美国众议院在《会计业的未来》中所陈述的,"现实表明,在日益复杂的全球化经济背景下,制作和审计一系列完整的财务报表更像是一种艺术而非科学,并且这显然需要丰富的经验和对公司业务及会计的深刻理解。然而,很多人并没有意识到这一点;反之,投资者和其他一些人继续依靠审计报告为他们提供确定

---

① See Henry Hu,"New Financial Products, the Modern Process of Financial Innovation and the Puzzle of Shareholder Welfare," 69 *Texas Law Review*,1273 – 1285(1999).

② 参见李恒威:《"生活世界"复杂性及其认知动力模式》,中国社会科学出版社2007年版,导论部分。

③ 参见蒋大兴、沈晖:《从私人选择走向公共选择——摧毁"保荐合谋"的利益墙》,载张育军、徐明主编:《证券法苑》(第五卷)(上),法律出版社2011年版,第246页。

④ 〔美〕邓肯·肯尼迪:《私法性判决的形式与实质》,朱硕、杜红波译,载冯玉军选编:《美国法学最高引证率经典论文选》,法律出版社2008年版,第153页。

性,这终让他们感到失望,继而寻找补救措施。"① 造成这一现象的原因在于:第一,会计意义上的收益数据,并没有将资本成本考虑进去。因此,即使一个企业的利润为正或是利润增幅为正,投资收益率也很有可能低于资本成本。第二,会计意义上的盈利数据没有考虑到运营资本及固定资产支出。第三,企业可以通过操作应收/应付科目的数额及发生时间来做高短期利润,会计方法的变更会对企业收益产生显著影响。第四,传统利润表通过估算未实现科目得到一个确切的利润值,以一个确定的数字概括了充满变数的未来,企业财务报表无法反映未来的不确定性,这使得其有用性大打折扣。第五,公司利润表中的应计项目的影响因素有很多,包括与客户、员工、供应商和政府等的合同。对于估计一家公司的未来前景而言,任何一个单期的财务指标都帮助不大。② 事实上,"通过不违规的方式来掩盖一些不良的财务信息一点也不难。"③

可见,无论是按照"利益相关者的综合利益",还是"股东利益"来衡量"公司利益",其衡量标准都是不确定的。正如有学者指出的,当"股东优位"理论者批评利益相关者理论未向管理者提供任何关于他们应当如何管理和设定目标的指引时,其又何尝不是如此呢?④

(六)公司的营利性特征要求不确定性

公司是营利性组织,其营利性目标要求公司在经营活动中不能回

---

① 〔英〕大卫·M.沃克:《问责制度失败后的信任重建》,载〔英〕贾斯汀·奥布莱恩编:《治理公司:全球化时代的规制和公司治理》,高明华、杜文翠等译,经济科学出版社 2011 年版,第 25 页。
② 参见〔美〕艾尔弗雷德·拉帕波特:《谁绑架了上市公司:创造股东长期价值》,汪建雄、何雪飞等译,机械工业出版社 2012 年版,第 39—42 页。
③ 〔英〕多林·麦克巴内特:《安然事件反思:公司治理、创造性合规与公司社会责任》,载〔英〕贾斯汀·奥布莱恩编:《治理公司:全球化时代的规制和公司治理》,高明华、杜文翠等译,经济科学出版社 2011 年版,第 154 页。
④ See Andrew Keay, *The Corporate Objective: Corporations, Globalisation and The Law*, Edward Elgar Publishing Limited,2011,p.75.

避不确定性。公司通过在市场竞争中追求实现营利目标。尽管芝加哥大学的奈特教授认为不确定性是利润的唯一的真正来源有些绝对①,他认为,利润只是那种不可能被量度的风险的结果②,导致利润的唯一"风险",是一种产生于履行终极责任的绝无仅有的不确定性,即一种本质上不能进行保险、不能资本化、也无法付给工资的绝无仅有的不确定性。利润产生于人类活动的结果无法预期,甚至对这些结果进行概率计算也是不可能,甚至是毫无意义的。③ 但不容否认的是,不确定性是利润的重要来源之一④,"在真实的世界里,由于充满了不定性,企业要通过找寻市场上刚刚出现的能满足需求的东西来提高利润……因为当需求变得众所周知、稳定而可控制时,不确定性就消失了,垄断就成为可能……"⑤而且,遭遇的模糊性越少,就越能够对问题加以结构化,并实施管理、计划和控制。但对于这些事,竞争者也同样能做得很好,获得优势的机会也会因此而趋于消失。⑥

---

① 奈特教授认为,风险是可以预期、并可以在竞争市场上确定价格的——例如寿险的风险,因此与之相关的利润会在竞争中流失。另一方面,不确定性涉及市场中的不可预测因素,就其定义而言,是无法充分定价或纳入公司决策的。在一个竞争性市场上,从长期来说所有的利润都会在竞争中烟消云散,除了这种无法预料的事件及其产生的利润——唯独它们会在充分竞争的洗礼之后留下来。参见〔美〕保罗·舒梅科:《从不确定性中盈利》,北京天则经济研究所选译,云南人民出版社 2005 年版,第 9 页。

② 参见〔美〕弗兰克·H. 奈特:《风险、不确定性与利润》,安佳译,商务印书馆 2010 年版,第 48 页。

③ 同上注,第 298 页。不过,对于奈特的理论,德姆塞茨指出,根据奈特的理论,不确定性是利润的直接来源,由于存在不可预期性,利润就无法合理地影响资源配置决策。在新古典理论和亚当·斯密的《国富论》中,使利润成为一种重要变量的正是它为资源流动所提供的指导。如果认为企业的存在是为了获得利润,那么,把不确定性作为利润的唯一来源就削弱了对企业存在的解释。参见〔美〕哈罗德·德姆塞茨:《企业经济学》,梁小民译,中国社会科学出版社 1999 年版,第 4 页。

④ 更详细的讨论,参见 Paul J. H. Schoemaker, "Strategy, Complexity, and Economic Rent," 36 *Management Science* 1178–1192(1990),转引自〔美〕保罗·舒梅科:《从不确定性中盈利》,北京天则经济研究所选译,云南人民出版社 2005 年版,第 10 页。

⑤ 〔英〕大卫·雷斯曼:《保守资本主义》,吴敏译,社会科学文献出版社 2003 年版,第 26 页。

⑥ 参见〔美〕保罗·舒梅科:《从不确定性中盈利》,北京天则经济研究所选译,云南人民出版社 2005 年版,第 9 页。

为实现公司的营利性,公司应具有因市场的变化而灵活决策的能力。如同美国前财政部部长鲁宾所言:"关于市场,唯一确定的就是其不确定性。"①对在这样的充满着不确定性的市场中,何种行为符合公司利益的判断结果自然也难以确定。曼尼指出:"管理问题是微妙而复杂的,而且,其正确的解决方法涉及的不只是一些专业能力,还包括大量与所涉及组织有关的个人经验。在'正确的'经营决策中可能涉及各种人际关系、组织形式、传统的经营方式还有其他同样微妙的因素。"②商业决策中的不确定性要求对适度的"公司利益"不确定性的容忍。正如学者所指出的,对"公司整体利益"这一短语的界定如果是精确的话,则将是不幸的。对这一概念进行界定并不能满足那些不可预见情形所需要的灵活性,这些情形也许产生于多种情况,也许是基于应付不断变化的商业运行模式。③ "如果知识是完全的,并且选择的逻辑是完善的、强制的,选择也就消失了;除了刺激和反映,什么也不会留下……如果选择是真实的,那么未来就是不确定的;如果未来是确定的,那就没有选择。"④正是适度的不确定性,赋予了公司管理层一定的自由度,使其得以享有一定的自由裁量权以回应变化的市场环境与社会环境,"正是罩在不确定性之上的帘幕使得决策者能够保持他们选择的自由"⑤。

---

① 秦合舫:《战略,超越不确定性》,机械工业出版社 2005 年版,第 36 页。
② 〔美〕Harry G. Manne:《对现代公司的"进一步批判"》,载李伟阳、肖红军、郑若娟编译:《企业社会责任经典文献导读》,经济管理出版社 2011 年版,第 54 页。
③ 参见〔马来西亚〕罗修章、王鸣峰:《公司法:权力与责任》,杨飞、林海全、张辉、钟秀勇等译,法律出版社 2005 年版,第 262 页。
④ 〔英〕大卫·雷斯曼:《保守资本主义》,吴敏译,社会科学文献出版社 2003 年版,第 31 页。
⑤ 同上注。

(七)公司利益的不确定性有利于司法机关根据现实变化调整司法态度

如同民法中的诚实信用原则赋予法官自由裁量权以实现法律的公平正义价值,司法在公司制度的发展中发挥了极大的推进作用,以至于有学者指出,"公司法的'血和肉'是法官造法"[1],公司司法实践中,法院在个案中,结合相关事实与社会、经济、政治的最新发展,对不确定的公司利益作出解释而使之具体化,根据现实变化调整司法态度,从而实现法律的公平价值。正如有学者在研究加拿大公司法的不确定性时所指出的:

> 加拿大公司法中语言的模糊性允许法庭持续更新与提炼"为公司最佳利益行事"的义务的含义,从而使该义务与公司以及公司运营所在社区的现实相联系……法庭有积极的义务认识到商业与社会的动态性,并利用提供给他们的法律工具(例如,《加拿大公司法》第122条的模糊语言)去适应当代现实[2]……法庭有积极的义务发展普通法以使其与社会、经济以及国家所确定的政治价值相一致。[3]

在公司制度发展演变的历史长河中,公司的利益追求不断发生变化,如霍华德·斯韦伯所指出的那样,企业及其特征随时间的变迁发生了许多变化——从"致力于服务公众的政治产物到肩负着重大社会责任的私人经营实体,到在更为广阔的范畴内追求私人利益的'自然'

---

[1] E. Norman Veasey and Christine T. Di Guglielmo, "What Happened in Delaware Corporate Law and Governance From 1992 – 2004? A Retrospective on Some Key Developments," 153 *University of Pennsylvania Law Review*, 1399 – 1512(2005), p.1411, 转引自邓峰:《业务判断规则的进化和理性》,载《法学》2008年第2期,第69页。

[2] See Tuvia Borok, "A modern Approach to Redefining 'In the Best Interest of the Corporation'," *Windsor Review of Legal and Society Issues* 133(2003).

[3] Ibid, p.134.

产物,再到出于对公众利益的保护、对私人利益的追逐受到严格监管的混合体,最后发展成为接受仅仅以提升效率和利润水平为宗旨的行政当局监管的私人商业机构"①。约翰·米克勒斯维特和阿德里安·伍尔德李奇在对公司的历史进行了详细的梳理后也指出:"公司的历史显示,公司也是有绝佳的演化能力的。19世纪时,公司从政府的工具变成属于自己的'小小共和国',身负经营业务与替股东赚钱的业务……未来,公司这只变形虫仍将继续大变其形。"②或许,公司的这种演化能力与变形能力的奥秘正在于"公司利益"的不确定性,正是这种不确定性赋予其变化的空间。"制度要足够灵活,从而在应对政治和经济反馈时能够被变更或取代。"③斯通(Stone)在论及与公司利益相关的公司社会责任的含义时指出:"公司社会责任的含义固然模糊不清,但恰恰由于模糊不清,该词获得了社会各界的广泛支持。"④这对公司利益的不确定性也是适用的,公司制度中,公司利益的不确定性有其存在的必然性与必要性,正是这一不确定性,赋予了其在公司领域中广阔的适用空间,并使公司具有强大的生命力和灵活性。与此同时,不容否认的是,我们仍需对不确定性进行控制,尽管我们并不想将之彻底排除。

三、公司利益不确定性之实体控制

尽管对"公司利益"难以作出精确的定义、也尽管存在着诸多争

---

① 〔美〕查尔斯·德伯:《公司帝国》,闫正茂译,中信出版社2004年版,第156页。
② 〔英〕约翰·米克勒斯维特、〔英〕阿德里安·伍尔德李奇:《公司的历史》,夏荷立译,时代出版传媒股份有限公司、安徽人民出版社2012年版,第183页。
③ 〔美〕道格拉斯·诺思:《理解经济变迁过程》,钟正生、邢华译,中国人民大学出版社2008年版,封面"内容简介"。
④ 罗培新:《试析我国公司社会责任的司法裁判困境及若干解决思路》,载楼建波、甘培忠主编:《企业社会责任专论》,北京大学出版社2009年版,第324页。

议,各国立法与司法实践对合乎"公司利益"仍存在着一些实体方面的要求,这便构成了对公司利益的实体控制。

(一)对公司利益构成的控制

公司作为一个独立实体,自然有其独立利益。不过,对于这一"独立利益"的构成,理论界与实践中却存在着股东利益说、利益相关人利益说、公共利益说等诸多争论。"由于受到各国公司法演进过程的影响,全球各国的公司法也反映了非效率的、影响公司法形成的文化与意识形态方面的思潮","立法机关和法庭有时对有影响力的利益相关者(例如控制股东、公司管理者,或者有组织的劳动者)会施加较之于社会总体利益更多的关注。"[1]这些因素的影响,形成了各国公司法中公司利益构成的差别。不论如何,立法与司法中对公司利益构成的要求形成了对公司利益构成的一种实体控制。

(二)对公司利益客体范围的控制

"利益"的范围非常广泛,甚至在利益法学派的领军人物海克看来,"对这个词,我们不要只想到保有物质的利益。在这个词上,我们在日常生活中早已谈到人类的最高利益,谈到道德与宗教的利益。只有在这个最广的意义上,在关联到所有的利益与生活理想上,这个概念对法学才是有用的"[2]。囿于公司的商事组织性质,一些利益为公司所不得追求,例如,各国一般会对公司追求政治利益予以限制,以免其破坏自由社会的基本秩序。此外,对于将商业机会认定为公司利益,也往往会附加一些限制条件。这些限制构成了对公司利益客体范

---

[1] Reinier Kraakman, John Armour, Paul Davies, Luca Enriques, Henry Hansmann, Gerard Hertig, Klaus Hopt, Hideki Kanda and Edward Rock, *The Anatomy of Corporate Law: A Comparative and Functional Approach*(Second Edition), Oxford University Press, 2009, p. 29.

[2] 吴从周:《概念法学、利益法学与价值法学:探索一部民法方法论的演变史》,中国法制出版社2011年版,第242页。

围的控制。

(三)对特定损害公司利益行为的控制

尽管某一行为是否符合公司利益存在不确定性,各国立法上往往禁止特定主体实施针对公司的特定行为,之所以作出这些"本身违法式"的规定,是因为这些行为损害了公司利益。这些"本身违法式"的规定在法律上十分明确,只要违反这些规定就构成违法行为,这有利于对侵犯公司利益的行为进行识别,同时也构成了对"衡量公司利益的标准具有不确定性"的控制。不论如何理解公司利益、股东利益抑或利益相关人利益,只要实施了这些行为,即构成损害"公司利益"的行为,这也成为"公司利益"不确定性中的确定部分。例如,《公司法》第35条规定,公司成立后,股东"不得抽逃出资",据此,股东"抽逃出资"的行为当然应为损害公司利益的行为。此外,《公司法》第148条规定了董事、高级管理人员禁止实施针对公司的"挪用公司资金""将公司资金以其个人名义或者以其他个人名义开立账户存储""接受他人与公司交易的佣金归为己有""擅自披露公司秘密""违反公司章程的规定,未经股东会、股东大会或者董事会同意,将公司资金借贷给他人或者以公司财产为他人提供担保""违反公司章程的规定或者未经股东会、股东大会同意,与本公司订立合同或者进行交易""未经股东会或者股东大会同意,利用职务便利为自己或者他人谋取属于公司的商业机会,自营或者为他人经营与所任职公司同类的业务"等行为,这些行为均属损害"公司利益"的行为。

"本身违法"规则以其较高的确定性为有关主体提供了指引。不过,作为商事组织的公司,其行为规则与经济发展是密切相关的。随着经济发展,在特定阶段认为属于绝对的损害公司利益的行为,可能到了另一发展阶段,则被认为并非如此,例如,公司法发展早期,认为"董事自我交易"是绝对的损害公司利益行为,不过,随着经济的发展与认识的深入,人们认识到特定的自我交易可能对公司也是有益的。因此,公司法允许通过公司章程或股东会、股东大会决议解除此种限制以满足公司经营的合理需求。采用此种"本身违法"规则控制公司利益的不确定性,应当加强对经济现实的关注,及时修改相关规定,以实现明确性与合理性的统一。

四、公司利益不确定性之自我控制

自由的企业把精心计算与不可计算结合起来,并且用"出乎意料的结果"酬劳利润的追逐者。① 面对着不可计算的"不确定性",公司制度与公司精心的设计会在利用这种不确定性的同时,对其引致的风险进行控制。

如果认为公司利益是多种利益相互作用产生的综合利益,这就意味着公司利益是对各种利益进行平衡与协调的产物。诚如马克斯·韦伯所指出的,团体是一种社会关系,这种社会关系是一个封闭性的对外限制或者对外封闭的社会关系,需要依靠特定的、以贯彻秩序为行动目标的人来保障秩序的遵守。② "如果社会行为取向的基础,是理性(价值理性或目的理性)驱动的利益平衡,或者理性驱动的利益联系,这时的社会关系,就应当称为'社会'"③,"社会常常只是相互冲突的利益之间的妥协"④,与不能通过妥协解决冲突的真理发现过程不同,公司利益的识别或发现过程,就是一个协调与平衡的过程,最终的

---

① 参见〔英〕大卫·雷斯曼:《保守资本主义》,吴敏译,社会科学文献出版社 2003 年版,第 38 页。
② 参见〔德〕马克斯·韦伯:《社会学的基本概念》,胡景北译,上海人民出版社 2000 年版,第 75 页。
③ 〔德〕马克斯·韦伯:《社会学的基本概念》,胡景北译,上海人民出版社 2000 年版,第 62 页。
④ 同上注,第 64 页。

结果一般会平衡与兼顾构成公司利益因子的各种利益。真理应当是确定的、唯一的。公司利益具有不确定性,不存在这样的作为真理的"公司利益"以衡量相互冲突的公司利益构成因子之间的取舍,公司利益的发现过程也是一种利益协调机制。

商业决策的作出,实际上是决策机关对所涉利益因子衡量后,对其相互作用形成的公司利益的一种识别/发现/平衡过程,正是由于公司利益的不确定性,决策机关在此过程中享有一定的自由裁量权。如同英国公司法审查指导小组在1999年所言,任何体系中都必须植入保护/控制措施。[1] 公司决策机关在行使公司这一商事组织体的自治权,在对公司利益的各构成因子相互作用的结果进行识别/发现/平衡的时候,也必须受到相关法律中实体与程序规则的制约。

公司通过特定的决策组织和决策程序,对行为是否符合公司利益进行识别,这是为了适当平衡相关利益,对公司利益的不确定性进行自我控制的组织保障与程序保障。正如有学者所言:"团体在协调团体成员的利益和行动以实现团体整体的利益和行动方面,正是通过程序性的制度设计来完成的。这种程序性设计既体现为团体内部机关的分化,即通过不同内部机关的分工协作实现团体机能的正常运转;也体现为通过特定程序将团体成员的意志转化为团体整体的意志。"[2]

(一)公司利益不确定性之组织控制

当代公司的内部治理结构可分为三角型结构(如我国)、双层型结构(如德国)和单层型结构(如英美)[3],其主要区别在于内部机构的设

---

[1] See Department of Trade and Industry,"Modern Company Law for a Competitive Economy: The Strategic Framework," 1999, p. 5. in Andrew Keay, *The Corporate Objective*: *Corporations, Globalisation and The Law*, Edward Elgar Publishing Limited, 2011, p. 268.

[2] 李志刚:《公司股东大会决议问题研究——团体法的视角》,中国法制出版社2012年版,第59页。

[3] 参见王文钦:《公司治理结构之研究》,中国人民大学出版社2005年版,第218—219页。

置不同。在三角型和双层型中设有监事会。而在单层型公司治理结构中,董事会为公司的业务执行机关,除非公司章程或章程细则另有规定,公司董事会可以设立一个或多个委员会,其中,监督委员会由独立董事组成,对执行业务的董事进行监督。然而,正如学者所指出的:"实际上,在单独设立监事会的国家,监事会的职能、作用在某些方面与英、美公司法中的外部非执行董事相似。二者实际上都是试图通过内部监控机制的设计来弥补公司外部监控机制的失灵,使公司董事、经理等经营管理人员能忠于公司,提高经营管理的效率,实现公司利益。"[1]公司治理结构的设置,从根本上讲是一种公司利益的识别与保护机制,一方面,将某一行为是否符合公司利益交由特定的公司机关进行识别;另一方面,通过其他公司机关对该识别机关所实施的涉公司利益行为的正当性进行审查或监督,以免这种识别权的滥用。

Walton 法官在 Northern Counties Securities Ltd v. Jackson & Steeple Ltd. 案中指出:

……确切地说,公司是唯一的法学上的想象物,不但缺少可以触摸到的身体,而且缺少可谴责的灵魂。从这一点来看,作为事实问题,必须有一个或者更多的自然人为公司的利益而行为,基于实践目的的考虑,他们的行为因此必定是公司本身的行为。[2]

上述公司中,为公司利益而管理或行为的自然人,主要存在于公司机关。公司作为组织体,其意思之形成应遵循公司法规定的各组织机构的权力分配规则,某一行为是否符合公司利益之意思形成也不例

---

[1] 王保树:《是采用集中理念,还是采用制衡理念——20 世纪留下的公司法人治理课题》,载中国政法大学民商法教研室编:《民商法纵论——江平教授 70 华诞祝贺文集》,中国法制出版社 2000 年版,第 582 页。
[2] 〔马来西亚〕罗修章、王鸣峰:《公司法:权力与责任》,杨飞、林海全、张辉、钟季勇等译,法律出版社 2005 年版,第 84 页。

外。"面对方方面面的不确定性,治理这个命题就应运而生了。"①公司利益的不确定性要求良好的公司治理予以控制。正因如此,国际标准化组织(ISO)才会在其于2010年11月1日发布的社会责任国际标准《社会责任指南:ISO26000(第一版)》②中将组织治理列为组织实践社会责任的首要核心主题,将其作为组织实践其他核心主题的基础和保障③,并指出,"组织治理是组织为实现其目标而制定和实施决策的系统"④,公司治理是"有关公司控制权和剩余索取权分配的一整套法文化和制度性安排,这些安排决定公司的目标,谁在什么状态下实施控制、如何控制、风险和收益如何在不同企业成员之间分配等这样一些问题"⑤,它是决定公司是否能真正将符合公司利益的相关者利益融入公司利益中予以保护的制度基础和制度保障。公司内部管理机构的组成,可使其代表了公司各参与方的利益,这可调和不同利益相关方的冲突⑥,正如2002年英国希格斯(Higgs Report)报告中所认为的那样,"公司治理提供了一个责任架构——确保公司的管理符合其所有者的利益结构和程序"⑦。

从组织结构安排视角考察,公司各组织对特定行为是否符合公司利益的识别往往涉及以下几种情形:

---

① 〔法〕让-皮埃尔·戈丹:《何谓治理》,钟震宇译,社会科学文献出版社2010年版,第11页。
② ISO26000是一个不适用于认证的指南性标准,可供包括政府(不含执行国家职能的政府)在内的各种不同类型的组织自愿选择使用。参见李伟阳、肖红军:《ISO26000的逻辑:社会责任国际标准的深层解读》,经济管理出版社2011年版,第22页。
③ 参见李伟阳、肖红军:《ISO26000的逻辑:社会责任国际标准的深层解读》,经济管理出版社2011年版,第55页。
④ 同上,第106页。
⑤ 张维迎:《企业理论与中国企业改革》,北京大学出版社1999年版,第85—86页。
⑥ See Lynn Stout, "The Shareholder as Ulysses: Some Empirical Evidence on Why Investors in Public Corporations Tolerate Board Governance," 152 *University of Pennsylvania Law Review* 667–712(2003).
⑦ 〔英〕阿德里安·戴维斯:《公司治理的最佳实践——树立声誉和可持续的成功》,李文溥、林涛、孙建国译校,经济科学出版社2011年版,第3页。

一种情形涉及一般经营决策,此种决策多数情形下由管理层作出。由专门的管理层管理公司事务是通过"专业化"控制不确定性的手段。根据奈特的分析,选择能"应付"不确定性的人即通过"专业化"减少不确定性①,通过专业化,可以增加管理人员对相关问题的知识存量,而有些不确定性是可以通过提高知识存量予以减少的②。自由企业制度是一种通过专业化对付不确定性的手段。③ 在这种制度下,一个特殊的社会阶层,即经理人阶层在管理着经济活动。针对不确定性,决定做什么和如何做的职能就获得对执行这种职能的支配权,生产群体的内部组织不再无关紧要。生产群体出现专业化趋势。企业的本质就是对经济生活进行有效管理的职能的专业化。④ 管理层为公司的受托人,为保证这些管理层维护公司利益,立法上往往以两种方式进行控制:一种方式是规定管理层为公司利益行事的义务,并通过事后的审查与责任追究促使公司管理层尽职;另一种方式涉及公司的组织机构安排,即规定这些行使公司利益识别权的管理层应由公司利益构成中所涉主体进行选任与解任。

对于重大决策合公司利益性的判定,尽管对所涉重大决策的范围的规定有所不同,各国均要求需经公司股东会批准,这无疑体现了对股东利益的关注。

此外,监督机构往往也会对某些行为是否符合公司利益进行判断。在德国式的治理体制下,作为监督机关的监事会由股东代表和职工代表组成,这无疑体现了对股东利益和职工利益的关注。即使是在英美国家履行监督职能的独立董事制度下,费弗(Pfeffer)的研究也表

---

① 参见〔美〕弗兰克·H.奈特:《风险、不确定性与利润》,安佳译,商务印书馆2010年版,第230页。
② 参见〔美〕道格拉斯·诺思:《理解经济变迁过程》,钟正生、邢华等译,中国人民大学出版社2008年版,第16页。
③ 参见〔美〕弗兰克·H.奈特:《风险、不确定性与利润》,安佳译,商务印书馆2010年版,第245页。
④ 同上注,第257—259页。

明,外部董事的价值之一,不在于他们如何影响经理,而在于他们如何影响企业的各个成分。他发现行业管制得越厉害,董事会就有更多的外部董事以确保管制者、银行家和其他利益集团的利益。[1]

最后,一个不容忽视的事实是,一些作出能约束公司的决策的其他机构却常常为我们所忽视,而这些机构的组成往往体现了对其他利益相关者利益的关注。例如,在公司经营过程中所涉及的职工利益问题,欧盟委员会即采取了一个强有力的立场,职工通过一个独立于董事会的公司决策机制表达其意见,在一起转让营业(合并是其典型形态之一)中,被收购方权利指令[2]要求,在转让前,转让方和受让方双方的雇主与雇员代表(无论是有工会组织的,还是无工会组织的)进行协商。协商的焦点在于该合并对于雇员的影响。[3] 在公司合并的正式程序(包括制定合并计划、公共备案,提供专家报告以及召开股东大会)中插入这样一个与雇员代表的协商程序并不算太过分。[4] 欧盟理事会于 2001 年 10 月 8 日就雇员参与对欧洲公司法令进行补充的"2001/86/EC 指令",也就合并设立 SE[5] 的情况下,参与公司[6]、相关子公司或机构[7]的雇员代表特定机构进行谈判及其谈判程序等作了规

---

[1] 参见曾小青:《公司治理、受托责任与审计委员会制度研究》,东北财经大学出版社 2005 年版,第 26 页。

[2] 2001/23/EC 指令。

[3] 例如,转让以及任何关于雇员的措施对雇员的法律的、经济的以及社会的影响(尽管雇主仍需陈述转让的理由)。在一些成员国(例如法国),雇员代表拥有更广泛的权利来评论转让的商业理由。

[4] See Edward Rock, Paul Davies, Hideki Kanda and Reinier Kraakman, "*Fundamental Changes,*" in Reinier Kraakman, John Armour, Paul Davies, Luca Enriques, Henry Hansmann, Gerard Hertig, Klaus Hopt, Hideki Kanda and Edward Rock, *The Anatomy of Corporate Law: A Comparative and Functional Approach*(*Second Edition*), Oxford University Press, 2009, p. 209.

[5] "SE"意为任何依照欧洲共同体 2157/2001 号条例设立的公司。

[6] 指直接设立 SE 公司的公司。

[7] 指拟定在 SE 成立时成为其子公司或机构的参与公司的子公司或机构。

定。① 对此,美国法则显得更加谨慎,根据其规定,转让或受让公司并没有前述协商义务。如果合并双方都有工会,那么合并的效果就成为谈判的强制主题。如果合并一方有工会组织而另一方没有,那么实现合并的唯一方法就是将拟合并公司并入独立的子公司中,因为工会成员具有谈判权将会阻碍任何理智的营业合并。② 无论是何种决策机构/主体,只要其决策能够约束公司,就应当认为通过这种主体的决策行为,可将其考量的利益融入公司利益。通过把独立的、代表非股东相关者利益的其他决策机构(主体)与股东会作为决策主体,共同将股东与其他主体的利益融入公司利益。甚至于,此种机制更体现了此种情形下对利益相关者利益作为公司利益构成因子的关注,因为,在此种机制下,对这些利益的更高关注赋予了对公司决策更大的影响力,而不似在由非股东利益相关者选任成员与股东共同组成特定决策机构的情形下,非股东利益相关者意思可能会经由多数决规则而被股东意思所掩盖或吸收。

(二)公司利益不确定性之程序控制

对公司利益不确定性的控制还需关注其程序控制。对此,当代各国均十分关注公司利益判断过程中的程序要求。诉讼法上,正当程序构成了对法官自由裁量权的限制。同样,公司法上的正当程序也构成了对公司管理层自由裁量权的限制。美国公司司法实践出于司法不对公司决策作事后批评的考虑,甚至认为,"法庭不会测量、权衡或者量化董事的判断。我们甚至不会去判断在所处环境下该判断是否合

---

① 参见李耀芳、李研编:《欧洲联盟公司法》,高等教育出版社 2010 年版,第 303—308 页。

② See Edward Rock, Paul Davies, Hideki Kanda and Reinier Kraakman, "*Fundamental Changes,*" in Reinier Kraakman, John Armour, Paul Davies, Luca Enriques, Henry Hansmann, Gerard Hertig, Klaus Hopt, Hideki Kanda and Edward Rock, *The Anatomy of Corporate Law: A Comparative and Functional Approach(Second Edition)*, Oxford University Press,2009, p. 210.

理。决策情形下应有的注意仅仅是一种程序上应有的注意"①。

公司利益的判断本质上是一种公司决策或公司意思形成。因此，对公司利益不确定性的程序控制也体现为对公司决策的程序控制，这种控制可从两个方面进行：(1)谁有权参与决策？这一方面的程序控制又可分为两个方面，一是保障利益受到影响的相关人能够参与决策，保障公司决策时能够听到其声音；二是在一些明显可能发生利益冲突而损害公司利益的特定场合，剥夺特定主体的表决权，即"表决权回避"②。(2)如何进行决策？这通过对公司决策的通知程序、表决程序、表决权设定足数要求等得以实现。

对公司利益不确定性程序控制的极大关注，乃在于此种控制的多种功能：

1. 保障决策效率

迟到的正义也是非正义，有效率的决策符合公司利益。罗纳德·海纳指出，个体能力与所决策问题的难度之间存在差距，人类在这种差距面前，将会构造一些规则去限制这种条件下选择的灵活性，我们将这些规则称为制度。通过把选择导向一个更小的行动集，制度可以改进人类控制环境的能力。③ 1978 年诺贝尔经济学奖得主郝伯特·西蒙(Herbert Simon)指出，这个世界非常复杂，超出了我们充分认识这个世界的限度，这意味着，我们在作出周全决策时通常所面临的问题不是我们缺少信息，而是我们处理信息的能力有限。换句话说，世界充满着不确定性。为应对此种不确定性，我们应该刻意地限制选择

---

① Brehm V. Eisner, 746 A. 2d 244, 264 (Del. 2000), in Christopher M. Bruner, *Good Faith, State of Mind, and the outer Boundaries of Director Liability in Corporate Law*, p. 1153.

② 例如，根据我国《公司法》第 16 条第 2 款的规定，公司为公司股东或者实际控制人提供担保的，必须经股东会或者股东大会决议。第 3 款即作出了表决权回避的规定，规定"前款规定的股东或者受前款规定的实际控制人支配的股东，不得参加前款规定事项的表决"。

③ 参见〔美〕道格拉斯·诺思：《理解经济变迁过程》，钟正生、邢华等译，中国人民大学出版社 2008 年版，第 15 页。

自由,以便缩小我们不得不应对的问题的范围,减少其复杂性。我们需要一些规则以便应对自身的有限理性。① 从而,公司需要有自己的决策程序与规则来限制它们所面对的问题的复杂性,尽管这可能会导致丧失一些有利可图的机会,公司仍需要这么做。不对公司利益的判断程序进行必要的程序限制,公司将因为淹入信息的海洋中而难以有效率地作出真正符合公司利益的决策。对于无效率决策,即使回头来看符合根据当时信息作出的最佳判断,但世易时移,基于彼时信息作出的决策可能已不符此时(决策执行时)的现实,或者,商业机会早已逝去。

2. 促进理性决策

良好的程序安排还有利于作出理性的、符合公司利益的决策。例如:(1)在对公司利益判定的程序安排中,通常要求决策机关通过召开会议以决议的方式形成关于利益判断的意思表示。为什么必须召开会议?乃是因为通过会议上的交流与沟通,有利于作出理性决策。② 通过集体决策,可以有效利用集体的智慧。哲学家西奥多·泽丁尔(Theodore Zeldin)指出:"谈话是具有不同记忆和习惯的两颗心的碰撞,当两颗心相遇时,它们不仅仅是分享事实,而且还改变事实,重塑事实,从事实上中推理出不同含义、介入新的思路。交谈不只是重新洗牌,也是制作新牌。"③研究集体和组织的社会学家的经验性成果指出,个人通常更擅长创造和构建一个内容协调、高度综合的计划或方案(有多少伟大的小说或交响曲是由委员会写成的?)。但是,在揭露与个人提出的建议有关的问题和错误上,小集体明显优于个人。小集

---

① 参见〔英〕张夏准:《资本主义的真相——自由市场经济学家的23个秘密》,孙建中译,新华出版社2011年版,第164—165页。

② See Stephen M. Bainbridge, "Why a Board? Group Decisionmaking in Corporate Governance,"55 *Vanderbilt Law Review* 1 – 55 (2002).

③ Theodore Zeldin, *Conversation*: *How Talk Can Change Your Lives*, p.14,转引自〔英〕琳达·格拉顿:《什么样的公司才叫好公司:民主化的公司是好公司》,李宪一、程朝勇译,中国人民大学出版社2005年版,第123页。

体经常让其他依不同权限范围行事的人去发现某人聪明主意中的明显缺陷。① 可见,在会议上进行表决应当被视为一种正式的程序要求,而非一种表面文章。(2)在对公司利益进行判定的程序安排中,还会涉及利益相关者的参与机制,这也是为了保证公司利益的判断符合所涉该主体的利益。因为,在承认个人主体性的社会,正义的制度必然是所有人参与决策的结果,没有谁能比当事人更关心切身的利益。② 如同斯密所言:"法律应该让人民自己照应各自的利益。人民是当事人,定然比立法者更能了解自己的利益。"③他还特别举例说,"关于可以把资本用在什么种类的国内产业方面,其生产物能有最大价值这一问题,每一个人处在他的地位,显然能判断得比政治家或立法家好得多。如果政治家企图指导私人如何运用他们的资本,那不仅是自寻烦恼地去注意最不需注意的问题,而且是僭取一种不能放心地委托给任何个人、也不能放心地委之于任何委员会或参议院的权力。把这种权力交给一个大言不惭地、荒唐地自认为有资格行使的人,是再危险不过了。"④将资本用于什么种类的产业,不也正是一种对是否符合公司利益的判断吗？亚当·斯密二百多年前的话语似乎对今天仍然适用。应当让利益受影响者参与决策,缩短其与决策者之间的距离,这也得到了社会心理学研究成果的证实。根据社会心理学家斯坦丽·米格拉姆的实证研究,在物理上,隔离行为与效果将使得主体难以理解其

---

① 参见〔美〕罗伯特·C. 克拉克:《公司法则》,胡平、林长远、徐庆恒、陈亮译,工商出版社1999年版,第81页。
② 参见彭诚信:《主体性与私权制度研究——以财产、契约的历史考察为基础》,中国人民大学出版社2005年版,第168页。
③ 〔英〕亚当·斯密:《国民财富的性质和原因的研究(下卷)》,郭大力、王亚南译,商务印书馆1974年版,第102页。该书英文版出版于1776年。
④ 〔英〕亚当·斯密:《国民财富的性质和原因的研究(下卷)》,郭大力、王亚南译,商务印书馆1974年版,第27—28页。

行为的后果。① 如果没有观察到其决策的后果,一个人就可能不太会理解其决策的严重性。② 因此,公司官员更有可能忽视在其视野以外的集团的利益。③ 公司管理者较小可能去考虑那些远离他们的集团的利益,而更可能考虑那些接近他们的集团的利益。④ (3)在进行公司决策程序的安排时,往往对不同公司机关有着不同的职能分工与角色定位,这种分工与定位一方面是根据该机关的组成与特长进行定位的,另一方面,这些机关对职权的行使,又会进一步强化其行使该项职权的能力与专业性,这种专业化的职能分工形成了奈特所称的通过"专业化"手段对不确定性风险的控制。⑤ 专业训练和经验积累使角色担当者的行为更合理化、规范化,有利于他们作出更加合乎理性的选择。⑥

3. 实现程序正义

不确定的公司利益必然要求授予公司管理层一定的自由裁量权。然而,"一切有权力的人都容易滥用权力,这是万古不易的一条经验。有权力的人们会使用权力一直到有界限的地方才休止。"⑦对公司利

---

① See Stanley Milgram, *Obedience to Authority*, Hapercollins, 1974, p. 39 in Kathleen Hale, "Corporate Law and Stakeholers: Moving Beyond Stakeholder Statutes," 45 *Arizona Law Review* 845–846(2003).

② See Stanley Milgram, *Obedience to Authority*, Hapercollins, 1974, p. 39 in Kathleen Hale, "Corporate Law and Stakeholers: Moving Beyond Stakeholder Statutes," 45 *Arizona Law Review* 846 (2003).

③ See Patricia H. Werhane, *Moral Imagination and Management Decision-Making* 11, R. Edward Freeman ed. 1999, p. 13, in Kathleen Hale, "Corporate Law and Stakeholers: Moving Beyond Stakeholder Statutes," 45 *Arizona Law Review* 846(2003).

④ See Stanley Milgram, *Obedience to Authority*, Hapercollins, 1974, p. 39 in Kathleen Hale, "Corporate Law and Stakeholers: Moving Beyond Stakeholder Statutes," 45 *Arizona Law Review* 847 (2003).

⑤ 参见〔美〕弗兰克·H. 奈特:《风险、不确定性与利润》,安佳译,商务印书馆2010年版,第230页,第245页。

⑥ 参见季卫东:《法律程序的意义》(增订版),中国法制出版社2012年版,第28页。

⑦ 〔法〕孟德斯鸠:《论法的精神(上册)》,张雁深译,商务印书馆1959年版,第184页。

益判断/识别程序的控制,正是为公司利益判断者自由裁量权划定的一条边界,防止其滥用自由裁量权而损害公司利益。良好的法律不是给出一个终极的价值判断标志,而是确定一个防止不良结果出现的程序。① "程序是一种角色分配的体系。程序参加者在角色就位之后,各司其职,互相之间既配合又牵制,恣意的余地自然受到压缩。"② 正如学者所言:"可以通过正义程序及其运行的过程来定义公平。"③ "理想化的程序是正义论的一部分。"④ 以决策机制为例,企业的表决机制的主要作用与多数民主政府的功能是类似的,即给予选民一定程度的保护,以使其利益免受当权者粗暴的侵害。⑤ 因此,良好的程序是实现正义的保证。例如,对因利益冲突而存在极大可能会损害公司利益者规定的表决权回避制度即体现了程序对公平正义的保障。

通过相关主体参与公司决策也有利于从程序上反映其利益要求,实现程序正义。公司利益从根本上而言是公司的一种价值判断,然而,这种价值判断存在着相当大的不确定性,并没有一个统一确定的绝对标准来衡量特定行为是否符合公司利益,犹如学术界的"代理成本"理论所认为的,在进行利益结合时,没有满足所有目标的最优配置——不存在相对于次优(Second-best)或者更次优(lower-best)的"最

---

① 参见彭诚信:《主体性与私权制度研究——以财产、契约的历史考察为基础》,中国人民大学出版社2005年版,第300页。
② 季卫东:《法律程序的意义》(增订版),中国法制出版社2012年版,第26页。
③ James M. Buchanan and Richard A. Musgrave, *Public Finance and Public Choice*: *Two Contrasting Visions of the State*, MIT Press,1999,转引自曾军平:《自由意志下的集团选择:集体利益及其实现的经济理论》,格致出版社、上海三联书店、上海人民出版社2009年版,第272页。
④ 〔美〕约翰·罗尔斯:《正义论》,何怀宏、何包钢、廖申白译,中国社会科学出版社1988年版,第359页。
⑤ See Henry Hansmann, *The Ownership of Enterprise*, Harvard University Press,1996, p.289.

优"(First-best)方案。① 为了实现实体的正义,必须不断地改善程序,但人类的认识和实践能力有限,且什么是实体的正义也并不总是明明白白的,于是妥协就成为必要。当从方法和过程上已尽了最大努力仍不能确定实体时,假定某个结果合乎正义是一种不得已的必要妥协。②这种妥协即表现为对将符合法定程序的公司利益判断行为推定为符合公司利益。当人的主体资格被法律普遍承认后,传统上的平等、自由、个人权利等价值不会再有统一的内涵,因为有着主体意识的人对此开始有了个性化的理解。这反映在制度设计上的原则即是,实现这些价值的制度不在于为人们提供一个有固定、唯一内涵的公式化价值模式,而在于保障人们参与创设能够实现这些价值的制度设计。③ 哈贝马斯强调"普遍化原则",他指出,只要利益相关人都能参加实践的商谈,则基于这样的商谈程序制定的规范就会得到参与者的赞成。他把对原则和规范的认可,看作参与者共同论证的过程。在这个过程中,每个参与者都提出了自己的意见,经过了所有参与者的讨论和争辩,形成了为所有参与者所共同认可的规范。正是商谈的过程,使得所形成的规范得到参与者的普遍接受和自愿遵循。哈贝马斯的程序正义和商谈民主讨论的虽然是政治民主问题,但对于团体法也有着重要的借鉴意义。④ "在公正的程序之中,当事人的主张或异议都可以得到充分表达,互相竞争的各种层次上的价值或利益都可得到综合考虑或权衡,其结果不满被过程吸收了。"⑤"规则的回应力可使受其调

---

① 参见〔美〕默顿·H. 米勒:《美国的公司治理有致命的缺陷吗?》,载〔美〕唐纳德·H. 邱:《公司财务和治理机制:美国、日本和欧洲的比较》,杨其静、林妍英、聂辉华、林毅英等译,中国人民大学出版社2005年版,第82页。

② 参见〔日〕谷口安平:《程序的正义与诉讼(增补本)》,王亚新、刘荣军译,中国政法大学出版社2002年版,第3页。

③ 参见彭诚信:《主体性与私权制度研究——以财产、契约的历史考察为基础》,中国人民大学出版社2005年版,第6页。

④ 参见李志刚:《公司股东大会决议问题研究——团体法的视角》,中国法制出版社2012年版,第123—124页。

⑤ 季卫东:《法律程序的意义》(增订版),中国法制出版社2012年版,第85页。

控的当事人产生尊严感,并籍此使被轻视、不满的情绪得到安抚,这种安抚在一定程度上可以缓和乃至化解紧张的社会关系,规则的回应性对社会利益的调和具有特别重要的意义。"①因此,"坚持规范的程序并不是律师们鸡蛋里挑骨头的发明创造,而是基于那些与会议有关的人的多年实践经验所得出的认识,即如果不遵守程序就会不可避免地产生混乱、怨恨和争议"②。"如果要剥夺某一或某一些人(或团体)的利益,则程序和程序正义将是不可或缺的。因为相对于不公正的程序,公正的程序更容易化解失去利益一方的不满,令其失去抵制不利决定的借口。"③规范的程序通过对公司利益形成过程的控制,实现程序正义④,确保所形成的利益判断对利益相关人而言具有更强的可接受性。

正是基于程序正义的考虑,诸多国家一方面基于"利益冲突"可能导致相关主体表决权的不当行使的担忧而普遍建立了利益相关股东与董事的表决权排除制度⑤,另一方面,程序正义又要求利益相关主体尽可能地普遍参与。表决权排除制度招致反对的理由在于"特别利害

---

① 易继明:《知识社会中法律的回应性特征》,载《法商研究》2001 年第 4 期,转引自蒋大兴、谢飘:《公司法规则的回应力——一个政策性的边缘理解》,载《法制与社会发展》2012 年第 3 期,第 7 页。

② Byng v. London Life Association Ltd [1990] 1 Ch 170,页 193(英上诉院),转引自何美欢:《公众公司及其股权证券》(中册),北京大学出版社 1999 年版,第 573 页。

③ 陈瑞华:《程序正义理论》,中国法制出版社 2010 年版,第 7 页。

④ 按照罗尔斯对程序正义的分类,他把程序的正义分为三种:第一种称为"纯粹的程序正义",意为关于什么才是合乎正义的结果并不存在任何标准,存在的只是一定程序规则的情况;第二种称为"完全的程序正义",指的是在程序之外存在着决定结果是否合乎正义的某种标准,且同时存在着使满足这个标准得以实现的程序;第三种称为"不完全的程序正义",指的是虽然程序之外存在着衡量什么是正义的客观标准,但是百分之百地使满足这个标准的结果得以实现的程序却不存在。参见〔日〕谷口安平:《程序的正义与诉讼(增补本)》,王亚新、刘荣军译,中国政法大学出版社 2002 年版,第 2 页。就公司利益的判断而言,尽管从逻辑上存在着公司的"最佳利益",但是,却不存在确保实现该利益的程序,就此意义而言,我们可以认为依照法定程序形成的对公司利益的判断所达到的是罗尔斯所谓的不完全的程序正义,这种情形下遵守程序即符合公司利益只是一种假定,这种假定应允许经实质审查而推翻。

⑤ 详见本书第五章"公司利益的识别"中的相关论述。

股东是大股东时,除去特别利害股东的少数派股东掌握了决定权,这样一来,就动摇了资本多数决的原理"①、"该制度触犯了多数派股东的利益"②。结果,诸多国家在对待表决权排除制度上便表现出一种折衷的态度,一方面,一些国家的法律及国际条约中规定了表决权回避制度,要求利益相关股东或董事就其利益冲突事项实行表决权排除制度。③ 另一方面,当此种要求未被遵守时,各国并不断然否定决议的有效性,有特别利害关系的股东参与决议的表决这一事实本身并不影响决议的效力,只有当决议的结果造成显著不公平或者损害公司利益时,才构成决议瑕疵的原因④,当然,当利益相关股东或董事未遵守此种表决权排除要求时,应由其对决议结果的公正性承担举证责任。对此,美国法律研究院1994年的《公司治理原则:分析与建议》第5.02条第(a)、(b)款即规定,要求就董事冲突交易进行表决的为无利害关系股东或董事,不过,即使未满足这一独立性要求,产生的后果也是举

---

① 〔日〕布井千博:《相互持股与关联交易》,载张穹主编:《新公司法修订研究报告》(上册),中国法制出版社2005年版,第359页。

② 梁上上:《论股东表决权——以公司控制权争夺为中心展开》,法律出版社2005年版,第148页。

③ 规定了表决权回避制度的国家和地区如德国,其《德国股份法》第136条第1项明确指明,"依决议解除其责任或者免除其义务"以及"对于有关对股东是否行使赔偿请求权作出决议"的情形为有自身利害关系,在此情况下,股东不得行使自身或他人的表决权。《韩国商法典》第368条第4项规定,"关于股东大会的决议,有特殊利害关系者,不得行使表决权。"我国台湾地区"公司法"第178条规定:"股东对于会议之事项,有自身利害关系致有害于公司利益之虞时,不得加入表决,并不得代理他股东行使其表决权。"参见钱玉林:《股东大会决议瑕疵研究》,法律出版社2005年版,第202页。

④ 如日本,1981年以前的日本《商法》第239条第5款即曾否认与决议有利害关系的股东的表决权。主要理由在于,股东为了个人利益行使表决权时,可能会损害其他股东的利益。与此相对,有观点认为表决权含有共益权的特征,行使共益权是为了实现股东自益权的价值,因此股东可以为了自己利益而行使表决权。所以,应当承认与表决权有利害关系的股东可以行使表决权。但是,如果决议的结果明显不公正时,应当事后否认其效力。1981年《商法》修改时,采纳了这种观点。现行日本《公司法》也秉承1981年《商法》的规定,承认利害关系股东有表决权,但特殊利害关系股东滥用多数决原则致使决议明显不当的,属于可撤销决议。参见〔日〕森田章:《公开公司法论》,黄晓林编译,中国政法大学出版社2012年版,第164页。英美也采取这样的做法,参见钱玉林:《股东大会决议瑕疵研究》,法律出版社2005年版,第204页。

证责任不同。即在满足上述独立性要求的情形下,举证责任由对董事和高级主管与公司之间的交易提出争议的一方当事人承担。而在未满足该独立性要求的情形下,则高级主管或董事需承担证明交易对公司公平的举证责任。①

五、公司利益不确定性之司法控制

(一)因语言模糊性产生的不确定性风险之控制

对于因语言模糊性产生的法律上的不确定性风险,理论上一般认为应当通过法律解释的方法予以解决。解释论认为,法律拥有消除语词适用中存在的不确定性的各种资源,借助这些资源,法律标准得以形成。② 例如,桑斯坦教授所提出的"实体性法律解释规则"。③ 不过,从原则上讲,这一规则只能在法律条文不明晰时才可以被使用。但是,关于相关法律条文是否明晰,在很大程度上也是存有争议的。④ 理论上存在着多种对法律的解释规则与技术,不同的解释规则可能会导出不同的解释结果。然而,无法达成哪种规则优先适用的规则。即使存在这样的规则,在具体审理案件时,该案的具体情形是否属于某解释规则得以优先适用的情境仍然可能存有争议。因此,正如恩迪科特教授所指出的:"不管解释性考量是否是法律的一部分,我们都没有理

---

① 参见许传玺主编:《公司治理原则:分析与建议》(上卷),楼建波、陈炜恒、朱征夫、李骐译,法律出版社2006年版,第248—249页。
② 参见〔英〕蒂莫西·A. O. 恩迪科特:《法律中的模糊性》,程朝阳译,北京大学出版社2010年版,第5页。
③ 参见〔美〕凯斯·R. 桑斯坦:《权利革命之后:重塑规制国》,钟瑞华译,中国人民大学出版社2008年版,第4、5、6章及附录A。
④ 参见〔美〕劳伦斯·M. 索兰:《法官语言》,张清、王芳译,法律出版社2007年版,第124页。

由认为它们常常会消除不确定性。"①"不能说解释会消除法律规则适用中的不确定性,甚或说它常常会减少不确定性。"②"语言不确定性不是解释的先决条件,解释不会解决所有的不确定性问题,它甚至都不是一个用于解决不确定性问题的技巧。"③并且,公司的营利性特征,要求赋予公司管理层一定的裁量权,对"公司利益"作过于刚性的规定将可能与公司的营利性特征相冲突。

因此,尽管法律解释能解决一些法律的不确定性问题,但是,过高的期待显然是不切实际的。不确定性风险的降低,仍有赖于当事人的谨慎与制度上的控制。

(二)法律漏洞产生的不确定性的司法控制

对于因法律漏洞产生的风险,可按照法律补充方法对之进行补充。例如:第一,类推适用。所谓类推适用,系指将法律的明文规定,适用到该法律所未直接加以规定、但其规范上之重要特征与该法律所明文规定者相同之案型。第二,目的性限缩。法律文义所涵盖之解释,有时衡诸该规定之立法意旨显然过广,以致将不同之案型同置于一个法律规定之下,造成规定应对"不同之案型,为相同之处理"的情形。为修补该漏洞,以贯彻该规定之立法意旨,应对为文义所涵盖之案型予以类型化,然后将其与该立法意旨不符的部分排除于规定的适用范围外,以符"不同之案型,应为不同之处理"的平等要求。这里涉及,基于立法意旨,将原为法律条文所涵盖之案型,排除于该法律之适用范围外,所以,其法律适用之性质属于法律补充。就这种法律补充,学说称之为"目的性限缩"。第三,目的性扩张。法律文义所涵盖之案

---

① 〔英〕蒂莫西·A. O. 恩迪科特:《法律中的模糊性》,程朝阳译,北京大学出版社2010年版,第5页。
② 同上注,第202页。
③ 同上注,第203页。

型,有时衡诸该规定的立法意旨显然过窄,以致不能贯彻该规范的意旨。是故,为贯彻该意旨,显有越过该规定之文义,将其适用范围扩张至该文义原不包括之类型的必要。由于这里涉及将原不为法律文义所涵盖之案型,包括于该法律之适用范围内的情形,所以,其适用之性质属于法律补充。就这种法律补充,学说称之为目的性扩张。① 最后,当拟处理之案型依据法理念斟酌其蕴含之事理,认为有加以规范的必要,而却在实证上纵使经由类推适用或目的性扩张,亦不能找到其规范依据时,便有根据法理念及事理试拟规范的必要。此种做法即为这里所称之"创制性的补充"。之所以称之为"创制",是因为:在这里所拟引用来补充法律漏洞之规定,在实证法上不能找到已具构成要件之形式的规范,以供攀附援引。② 此种情形下,无论司法机关在实践中如何引用法律进行判决,客观上也存在通过立法最终对相关问题予以处理之必要性。

因此,对于因法律漏洞而产生的"公司利益"的不确定性,国家在司法实践中应当要求法官利用法律解释方法进行法律适用,并要求立法机关及时总结经验,将有关问题予以立法规制。

(三) 公司利益不确定性司法控制的标准

1. 公司利益不确定性司法控制中的程序判断——对商业判断准则的考量

对于公司董事或管理层所实施的行为是否符合公司利益的审查,法院通过司法进行的控制与监督主要是一种程序性监督。

理论上一般认为,作为一项普遍的司法准则,法院的功能是司法裁判,而不是代替董事作商业判断,因为我们假定董事最了解公司事

---

① 参见黄茂荣:《法学方法与现代民法》(第五版),法律出版社 2007 年版,第 492—503 页。
② 同上注。

务,他们有更多的时间来评估公司的利益。[1] 董事被要求以他们认为的、而不是法庭可能认为的公司利益行事。[2] 法院的司法活动应当是一种程序性监督,法院在一般情况下不应像一个商人那样主动帮助公司考虑什么是其最佳商业利益[3],戴维·罗森伯格指出,"财富最大化在公司由董事运营的情况下实现,这些董事指导他们的决策并将接受投资者、分析员、股票持有人以及商业伙伴的审查,但不是由法庭审查"[4]。正如一个美国破产法庭所指出的,"商业判断应当在会议室而不是在法庭上作出"[5]。特拉华州的艾伦法官则认为:"认为法庭拥有权力去审查公正的董事善意地并履行适当注意义务地作出的商业决定的公平性、公道性与合理性,是让法庭成为超级董事。"[6] 之所以如此,通常认为其原因为:法院缺乏作出商业决策所必要的经验与信息。没有理由认为,司法审查在监督管理者方面就比各种市场力量更有效。例如,公司控制权市场、产品及服务市场的竞争,以及管理服务市场均为此类市场机制。因此,没有多大必要去为这些自动机制增加一

---

[1] See Darvall V. North Sydney Brick & Tile Co. Ltd. & Ors (1989) 15 ACLR 230, per kirby P, at p. 247,转引自〔马来西亚〕罗修章、王鸣峰:《公司法:权力与责任》,杨飞、林海全、张辉、钟秀勇等译,法律出版社 2005 年版,第 195 页。

[2] See Per Lord Greece M. R. in Re Smith & Fawcett Ltd. [1942] Ch. 304 C. A., at 306, in Paul L. Davies, *Principles of Modern Company Law* (6th edition), Sweet & Maxwell, 1997, p. 601.

[3] 参见蒋大兴:《公司法的观念与解释 I:法律哲学 & 碎片思想》,法律出版社 2009 年版,第 139 页。

[4] David Rosenberg, "Galactic Stupidity and the Business Judgement Rule," 32 *the Journal of Corporation Law* 303 (2007), in Andrew Keay, *The Corporate Objective: Corporations, Globalisation and The Law*, Edward Elgar Publishing Limited, 2011, p. 313.

[5] *In re Simasko Production Co.* 47 Banker 444 at 449 (Col)(1985), in Andrew Keay, *The Corporate Objective: Corporations, Globalisation and The Law*, Edward Elgar Publishing Limited, 2011, p. 267.

[6] *Re RJR Nabisco Inc* 1989 WL 7036 * 13 n. 13 (Del Ch 1989) and Quoted in S. Bainbridge, *The New Corporate Governance*, Oxford University Press, 2008, p. 113, in Andrew Keay, *The Corporate Objective: Corporations, Globalisation and The Law*, Edward Elgar Publishing Limited, 2011, p. 312.

个费用高昂又不能鉴别出或纠正商业判断真实错误的司法审查程序。① 据此,美国许多州形成了"商业判断规则"(business judgement rule),根据该规则,法院对决策实质利益的审查仅限于要求董事说明决策和公司最佳利益之间有一种合理关系。为了逃避责任,董事不必说明采取的决策是提高公司利益的最佳途径,更不用说法院自身也会作出相同的决策了。法院审查的主要焦点在于董事会在其作出涉案的决策之前是否采取了合理的措施获知信息,并不在于作出的实质决策是否正确。这种强调程序的合理性不仅仅能够适用于营业决策的作出,而且能够适用于它们随后的实施。② 商业判断规则使法庭审查的关注点从董事是否作出了正确决策转移到了董事在作出决策时是否坚持了充分的和适当的程序。③

目前,除美国外,诸多国家引入了商业判断规则,例如,(1)澳大利亚《公司法》第 180 条第 2 款即对商业判断规则作出了规定:公司的一名董事或其他管理人员作出商业判断时应当被认为符合第 1 款的要求并且履行他们在普通法和衡平法上的责任(这种责任是相等的),只要他们(a)善意而为合理的目的作出判断,且(b)没有个人利益存在,且(c)他们清楚判断的实质内容并且合理地认为判断是适当的。且(d)理智地认为该判断是为了公司的最大利益。2006 年,澳大利亚公司和市场咨询委员会更进一步建议将商业判断规则的立法保护范围扩展至董事之外的其他参与公司管理或与公司管理有关的人士。④

---

① 参见〔美〕弗兰克·胡佛·伊斯特尔布鲁克、〔美〕丹尼尔·R. 菲斯科尔:《目标公司管理层在要约收购中的适当角色》,郭晓慧译,载冯玉军选编:《美国法学最高引证率经典论文选》,法律出版社 2008 年版,第 324 页。
② 参见〔英〕保罗·戴维斯:《英国公司法精要》,樊云慧译,法律出版社 2007 年版,第 167 页。
③ See Andrew Keay, *The Corporate Objective: Corporations, Globalisation and The Law*, Edward Elgar Publishing Limited, 2011, p.152.
④ 参见 Phillip Lipton and Abe Herzberg, *Understanding Company Law* (14th edition), Lawbook Co., 2008, pp. 365 - 366,转引自张宪初:《全球改革浪潮中的中国公司法》,载王保树、王文宇主编:《公司法理论与实践:两岸三地观点》,法律出版社 2010 年版,第 44 页。

(2)在德国,《德国股份法》第93条第1款第2句表述了德国的"商业判断原则"。第93条第1款与第76条第1款一起确立了一个行为标准。在行使企业经营自由裁量权时,董事会必须适当收集信息,并且在没有不当影响和特别利益的情况下,善意地相信这是为了公司利益行为。如果这些条件都得到了满足,在事实构成上就已经不会违反谨慎义务了,即使事后发现该决定是不利的。① 2005年《企业诚实经营及撤销权现代化法》作出了更新,虽然该法既没有修改也没有补充与监事会有关的规定,但是它却为《股份法》第93条第1款增添了全新的第2句规定并借此将所谓"商业判断规则"以法律的形式确定下来。该规则之前已经在司法(判例)中被适用过。而通过《股份法》第116条对该法第93条的援引,该规则现在也适用于监事会。②

另一些国家,虽未明确引入商业判断规则,但在实际上接受了其思想,法院主要审查决策作出的程序,例如,在英国,尽管并不存在正式的商业判断规则。③ 不过,一个派生的规则却在适用。英国法庭一贯限制对董事的商业判断以司法上的事后眼光对其进行审查。④

商业判断规则使法庭审查的关注点从董事是否作出了正确决策

---

① 参见〔德〕格茨·怀克、〔德〕克里斯蒂娜·温德比西勒:《德国公司法(第21版)》,殷盛译,法律出版社2010年版,第487—488页。
② 参见〔德〕路德·克里格尔:《监事会的权利与义务(第5版)》,杨大可译,法律出版社2011年版,第18页。
③ See Andrew Keay, *The Corporate Objective: Corporations, Globalisation and The Law*, Edward Elgar Publishing Limited, 2011, p. 314. 1999年,法律委员会在其名为"公司董事:利益冲突与义务陈述"的报告中,认为这样一个规则是不必要的。公司法评论与指导小组(the Company Law Review Steering Group,简称 CLRSG)也认为,这一规则将会增加复杂性,并且,由于其在一些情形下过分严厉而又在其他地方留下了太多的余地而显得不公平,参见 The CLRSG, *Company Law Review, Modern Company Law for a Comparative Economy: Developing the Framework*, London, DTI, 2000, at paras. 3.69 – 3.70, in Andrew Keay, *The Corporate Objective: Corporations, Globalisation and The Law*, Edward Elgar Publishing Limited, 2011, p. 154.
④ See Andrew Keay, *The Corporate Objective: Corporations, Globalisation and The Law*, Edward Elgar Publishing Limited, 2011, p. 154, p. 314.

转移到了董事在作出决策时是否坚持了充分的和适当的程序。① 法院审查判断的是经营判断所作出的过程或其遵循的程序。② 正如学者指出的,由于商业判断准则旨在防止法院猜疑那些理性行动的董事们。法院已判定只要董事会的决策是在"无知"的基础上作出的,那么董事们就可能负有责任。这样的判决刺激董事们寻求第三方专家的意见,而且驱动产生了周密的决策程序并将之提升为一种保护。③ 不过,董事和治理专家查尔斯·埃尔森批评说,此种规制产生了"一个程序,它基本上是用来制造责任排除文件的路径,而不是作出精心的业务决定,文字游戏一无所获"④。正因如此,尽管公司利益的司法控制应以程序判断为主,但是,不应绝对排斥在特定情形下对董事或管理层行为是否符合公司利益的实体判断。

适用对公司利益判断的司法控制以程序性判断为主的原则,原因还在于,公司是一个有自我意识的组织体,法院只要维持公司运作程序的公平性,一般就能获得实体公平。程序性救济的原则体现了对公司团体人格的尊重。⑤

2. 公司利益不确定性司法控制中的实体判断

公司利益的司法控制在坚持商业判断规则下的以程序判断为主的同时,不应绝对排斥法院的实体判断。坚持程序性判断"只是表明法院通常只在例外情形下才直接参与公司内部权利义务的具体安排,

---

① See Andrew Keay, *The Corporate Objective: Corporations, Globalisation and The Law*, Edward Elgar Publishing Limited,2011,p.152.
② 参见〔美〕罗伯特·W.汉密尔顿:《美国公司法(第5版)》,齐东祥等译,法律出版社2008年版,第340页。
③ 参见〔美〕苏珊·F.舒尔茨:《董事会白皮书:使董事会成为公司成功的战略性力量》,李犁、朱思翀、刘宸宇译,中国人民大学出版社2003年版,第226页。
④ Charles M. Elson, *Courts and Boards: The Top 10 Cases*, Directors & Boards,1997,转引自〔美〕苏珊·F.舒尔茨:《董事会白皮书:使董事会成为公司成功的战略性力量》,李犁、朱思翀、刘宸宇译,中国人民大学出版社2003年版,第226页。
⑤ 参见蒋大兴:《公司法的观念与解释Ⅱ:裁判思维&解释伦理》,法律出版社2009年版,第104页。

进行实体性干预。这种例外情形通常是指公司内部自治失效,公司行为严重损害了实体公平。换言之,为确保公司自治,法院进行实体性干预应遵循'竭尽公司内部救济'原则"①。之所以采取这一立场的缘由在于:

其一,存在法院易于判断的领域。事实上,由于法院尤其擅长发现商业交易中的各类欺诈,而且对欺诈的调查并不需要检验商业决策人的智慧。因此,决定管理者注意义务的规则不同于决定管理者忠诚义务的规则,商业判断规则仅仅适用于对注意义务的审查。②

其二,法庭并不缺乏商事判断能力。认为司法不应对商事判断进行实质审查的理由主要在于,法庭缺乏商业判断的能力。然而,目前诸多国家与地区均设立了专业法庭审理公司法案件。例如,在英国和威尔士,公司法庭审理了所有的公司法诉讼以及诸如破产法诉讼等类型的案件,由此法官积累了大量的商业经验。美国特拉华州衡平法院也是如此。此外,在诉讼过程中,当事人可以向法庭提交专家证据以帮助审理案件的法官作出判断,在任何情况下,法官可评判这些书面与口头的证据并作出是否符合公司利益的判断,虽然他们不能对这些利益进行量化。③ 法庭多年以来一直都在审理各种涉及信义义务的案件,据称他们现在较之以往更加擅长于此。④ 据报道的案件显示,英国以及其他司法辖区(诸如加拿大、爱尔兰、澳大利亚、新西兰)的法庭已越来越胜任对董事行为的评判。⑤

---

① 蒋大兴:《公司法的观念与解释II:裁判思维 & 解释伦理》,法律出版社2009年版,第104页。
② 参见〔美〕弗兰克·胡佛·伊斯特尔布鲁克、〔美〕丹尼尔·R.菲斯科尔:《目标公司管理层在要约收购中的适当角色》,郭晓慧译,载冯玉军选编:《美国法学最高引证率经典论文选》,法律出版社2008年版,第325页。
③ See Andrew Keay, *The Corporate Objective: Corporations, Globalisation and The Law*, Edward Elgar Publishing Limited, 2011, p. 271.
④ Ibid, p. 272.
⑤ Ibid.

其三,在公司法以外存在行政机关与法庭作出商事判断的实践。当前,世界各国普遍颁布实施了反垄断法,且不排除法院对反垄断案件的司法审查。例如,在我国,不仅"经营者集中具有或者可能具有排除、限制竞争效果的,国务院反垄断执法机构应当作出禁止经营者集中的决定。但是,经营者能够证明该集中对竞争产生的有利影响明显大于不利影响,或者符合社会公共利益的,国务院反垄断执法机构可以作出对经营者集中不予禁止的决定"①。"对不予禁止的经营者集中,国务院反垄断执法机构可以决定附加减少集中对竞争产生不利影响的限制性条件。"②反垄断执法机构在决定经营者集中是否"具有排除、限制竞争效果",或者是否"该集中对竞争产生的有利影响明显大于不利影响",以及所附加的"减少集中对竞争产生不利影响的限制性条件"时,不可避免地要作出商事判断,这至少证明了进行商事判断并非商人独有的能力。此外,对反垄断执法机构作出的决定,当事人可依法提起行政复议或者行政诉讼。③ 经营者实施垄断行为,给他人造成损失的,依法应承担民事责任。④ 就此,我国最高人民法院特别颁布了《关于审理因垄断行为引发的民事纠纷案件应用法律若干问题的规定》。在上述涉及垄断的民事与行政诉讼中,也不可避免地涉及商事判断。

其四,从比较法上考察,在域外,也并非对董事决策完全不作实质性审查。例如:(1)在美国,董事的商业判断在特殊情形下也会被审查。⑤ 而且,法院在审查适用商业判断规则的要件之一的董事"合理地相信其所作出的经营判断符合公司的利益"时,其审查的"合理相

---

① 《中华人民共和国反垄断法》第34条。
② 《中华人民共和国反垄断法》第35条。
③ 参见《中华人民共和国反垄断法》第65条。
④ 参见《中华人民共和国反垄断法》第60条。
⑤ See David Rosenberg, "Galactic Stupidity and the Business Judgment Rule," 32 *the Journal of Corporation Law* 301–302(2007).

信"部分在一定程度上也可被看作是实体审查。① 公司法上,授权裁判者在事后对代理人遵守义务情况进行准确认定的规定,不可避免地要求法庭(或其他裁判者)事后对公司进行评估,甚至有时直接作出公司决策。② 正如学者指出的,认为"法院没有权就有关公司争端行使商业判断"的说法不符合事实。例如,法院在考察自我交易行为的实质公平性,或审查公司交易行为的公平性时,每一次都要作出商业判断。③ 美国法律协会大多数人认为,即使自我交易"经由非利害关系董事批准",也不能完全免除司法审查,迄至1993年,只有3个州(佐治亚州、密西西比州和华盛顿州)采纳了1989年版的《示范公司法》中关于赋予程序规则确定的法律效力的规定。④ 此外,在反收购背景下,法庭也常常需要评估,当面对多种选择时,董事会是否履行了勤勉义务,这也不可避免地涉及对公司董事会所作决策的实质性审查。(2)在英国,尽管并不存在正式的商业判断规则。⑤ 不过,一个派生的规则却在适用。英国法庭一贯限制对董事商业判断以司法上的事后眼光对其进行审查。⑥ 即使如此,法院也并非绝对地不对董事的判断进行审查。一般地讲,如果正在调查的行为与公司的利益毫不相干,那么,法院将

---

① 参见〔美〕罗伯特·W.汉密尔顿:《美国公司法(第5版)》,齐东祥等译,法律出版社2008年版,第340页。

② See John Armour, Henry Hansmann and Reinier Kraakman, *Agency Problems and Legal Strategies*, in Reinier Kraakman, John Armour, Paul Davies, Luca Enriques, Henry Hansmann, Gerard Hertig, Klaus Hopt, Hideki Kanda and Edward Rock, *The Anatomy of Corporate Law: A Comparative and Functional Approach*(Second Edition), Oxford University Press, 2009, pp. 39 – 40.

③ 参见〔美〕罗伯特·C.克拉克:《公司法则》,胡平、林长远、徐庆恒、陈亮译,工商出版社1999年版,第538页。

④ 该项规则排除司法审查或者把司法审查限制在非利害关系董事在批准该交易时的行为是否满足了"商业判断规则"的范围内。参见习龙生:《控制股东的义务和责任研究》,法律出版社2006年版,第132—133页。

⑤ See Andrew Keay, *The Corporate Objective: Corporations, Globalisation and The Law*, Edward Elgar Publishing Limited, 2011, p. 314.

⑥ Ibid, p. 154, p. 314.

会用它自身的判断代替董事的商业判断。① 例如,在 Re W & M Roith Ltd. 案中,Roith 是公司的控股股东和董事。Roith 因身体欠佳试图为其妻子预做准备。他修改了公司章程细则以授权董事向寡妇支付退休金和养老金。此后不久,他与公司签订了一个服务合同,服务合同约定,在其去世后向其妻子支付终身的退休金。法院认为,该行为并非是为了公司利益,而是为了其妻子的利益。② 过去 20 年的诸多例子显示,英国法庭愿意审查公司的运营方式以及在管理层面上的决策效果。③ 这在涉及因董事违反注意义务、考虑债权人利益的义务而提起的诉讼以及英国根据 1986 年《取消董事资格法案》的规定提起的取消董事资格的诉讼中尤为明显。④ 英国国会在 2006 年公司法中,也显示出了对法官可以巧妙地评价董事行为的承认。例如,法庭必须评价董事是否根据该法第 172(1) 条的规定按照促进公司成功的方式行事。国会看起来也愿意赋予法庭对管理人所作出的、有关 1986 年《破产法案》表 B1 的托管所采取的行为的决定进行审查的权力。这一权力包含对管理人必须作出的商业决策进行评估。⑤ (3) 在澳大利亚,尽管其《公司法》已正式引入"商业判断规则"来平衡更严格的问责,规定

---

① 参见[马来西亚]罗修章、王鸣峰:《公司法:权力与责任》,杨飞、林海全、张辉、钟秀勇等译,法律出版社 2005 年版,第 215 页。

② See[1967] 1 All ER 427,转引自[马来西亚]罗修章、王鸣峰:《公司法:权力与责任》,杨飞、林海全、张辉、钟秀勇等译,法律出版社 2005 年版,第 215—216 页。

③ 例如,*Re D'Jan of London* [1993] BCC 646; *AWA Ltd v Daniels* (1992) 10 ACLC 933 and on appeal *Daniels v Anderson* (1995) 13 ACLC 614; *Re Barings plc* [1998] BCC 836; *Re Westmid Service Ltd* [1998] 2 BCLC 646; [1998] BCC 836; *Re Barings plc* (*No 5*) [1999] 1 BCLC 433; *Re HIH Insurance Ltd* (*in prov liq*); *ASIC v Adler* [2002] NSWSC 171; (2002) 41 ACSR 72; (2002) 20 ACLC 576; *Re one: Tel Ltd* (*in liq*); *ASIC v Rich* [2003] NSWSC 85; (2003) 44 ACSR 682; *ASIC v Vines* (2003) 48 ACSR 322; *Re AG* (*Manchester*) *Ltd* [2008] EWHC 64 (Ch); [2008] 1 BCLC 321; *Lexi Holding Ltd* (*in administration*) *v Luqman* [2008] EWHC 1639 (Ch), in Andrew Keay, *The Corporate Objective: Corporations, Globalisation and The Law*, Edward Elgar Publishing Limited, 2011, p. 269.

④ See Andrew Keay, *The Corporate Objective: Corporations, Globalisation and The Law*, Edward Elgar Publishing Limited, 2011, pp. 269 - 270.

⑤ Ibid, p. 271.

公司董事和高管在进行商业决策时,因违反成文法、普通法和衡平法上的责任而给公司造成损失时不负责任,只要能证明其是依善意和正当目的作出决策,不涉及个人利害冲突,在充分了解相关事项时合理确信该决策具有正当性和符合公司最佳利益。① 其2001年《公司法》第447条A项中,国会仍授予了法庭非常广泛的权力以决定自愿托管计划如何运行,这涉及对董事和管理人行为的考量。同样,该法第447条E项也赋予了法庭决定其对自愿托管程序中的管理人的以下行为是否满意的权力:其是否以(或正在以)一种侵害了部分或全部公司债权人(或股东)的方式实施了管理公司事务的行为,或者实施了(或正打算实施、或未能实施)损害债权人或股东利益的行为。② (4)在日本,尽管学术界普遍认同商业判断规则③,然而,在实务界,尽管东京地方法院在一起案件中撤销了对董事损害赔偿责任的认定,法院也指出,在判断董事是否违反了注意义务时,应当注意以下几个事项:第一,是否具备该公司所属行业的通常经营者应该具有的知识和经验;第二,是否忽视了作为判断前提的事实;第三,经营决定是否被评价为明显不合理。④ 而在最高法院审理的银行董事融资540亿日元的案件中,法院认定:"银行仅仅依靠融资客户的关联企业的业绩及股价进行巨额融资,具有很高的风险性,需要特别谨慎地加以论证。在当时情况下,按照银行董事义务的一般标准,本案中的融资决定明显具有不

---

① The Corporation Act of Australia,S.180(2),转引自张宪初:《全球改革浪潮中的中国公司法》,载王保树、王文宇主编:《公司法理论与实践:两岸三地观点》,法律出版社2010年版,第44页。

② See Andrew Keay, *The Corporate Objective:Corporations, Globalisation and The Law*, Edward Elgar Publishing Limited,2011,p.272.

③ 参见〔日〕前田庸:《公司法入门(第12版)》,王作全译,北京大学出版社2012年版,第315页。〔日〕森田章:《公开公司法论》,黄晓林编译,中国政法大学出版社2012年版,第199—200页。

④ 参见东京地方裁判所2004年(平成16年9月28日)判决,载《判例时报》1886号,第111页,转引自〔日〕森田章:《公开公司法论》,黄晓林编译,中国政法大学出版社2012年版,第200页。

合理性……违反了忠实义务、善管义务。"①看来,在日本,无论是最高法院还是地方法院,都不排斥对董事决定的合理性进行审查。

其五,股东会决议是公司意思的体现之一,这一意思往往也涉及对特定行为是否符合公司利益的判断。因此,司法对决议的审查范围也意味着司法对公司利益判断审查的范围。对此,在日本以及英美等国,其对利害关系股东参与表决的情形采取事后救济方式,股东大会决议的事项即便与特定股东存在利害关系,但该股东仍有表决权,有特别利害关系的股东参与决议的表决这一事实本身并不影响决议的效力,只有当决议的结果造成显著不公平或者损害公司利益时,才构成决议瑕疵。② 例如,根据日本公司法,其承认利害关系股东有表决权,但特殊利害关系股东滥用多数决原则,致使决议明显不当的,该决议属于可撤销决议。③ 这里,法院对决议"不当"性的审查,显然是一种对公司利益判断的实体审查。

其六,就公司仍然存续的破产阶段而言,从国际上来看,债权人会议作为破产管理机构,是债权人表达意愿的法定机构,通过债权人会议所形成的决议不仅影响破产程序的进程,还直接决定破产程序的性质是破产清算还是破产预防。④ 我国企业破产法也规定了债权人会议有权决定继续或者停止债务人的营业。⑤ 不过,对债权人会议通过的决议,依一些国家规定,倘若违反了债权人的公共利益,法院仍有禁止执行债权人会议决议的权利。例如,德国《支付不能法》第78条第1

---

① 最高裁判所2008年(平成20年)1月28日判决,载《判例时报》1997号,第143页,转引自〔日〕森田章:《公开公司法论》,黄晓林编译,中国政法大学出版社2012年版,第200页。
② 参见钱玉林:《股东大会决议瑕疵研究》,法律出版社2005年版,第204页。
③ 《日本公司法》第831条第1款第3项,参见〔日〕前田庸:《公司法入门(第12版)》,王作全译,北京大学出版社2012年版,第300页。〔日〕森田章:《公开公司法论》,黄晓林编译,中国政法大学出版社2012年版,第164页。
④ 参见付翠英编著:《破产法比较研究》,中国人民公安大学出版社2004年版,第272页。
⑤ 参见《企业破产法》第61条第5项。

项规定,债权人会议的决议与支付不能债权人的共同利益发生抵触的,在一名有别除权的债权人、一名非后顺序的支付不能债权人或支付不能管理人在债权人会议上提出申请时,支付不能法院应当取消决议。① 日本破产法第 184 条第 1 款规定:"债权人会议的决议违反破产债权人的一般利益时,法院可以根据破产管理人、监查委员会或破产债权人的申请或者依职权,禁止该决议的执行。"② 我国《企业破产法》第 64 条第 2 款也规定,"债权人认为债权人会议的决议违反法律规定,损害其利益的,可以自债权人会议作出决议之日起十五日内,请求人民法院裁定撤销该决议,责令债权人会议依法重新作出决议",也允许法院对债权人会议决议是否损害债权人利益进行实体审查,而破产阶段,债权人利益也正是公司利益的重要组成部分。

其七,就我国立法而言,也并未排除司法机关作出商业决策的权力,甚至于在《企业破产法》中明确肯认了此项权利。《企业破产法》第 69 条规定了管理人的诸多对债务人财产进行管理和处分的权限③,其所涉行为均属涉及公司利益的商业决策行为。根据《企业破产法》第 68 条的规定,债权人委员会有权监督债务人财产的管理和处分行为;管理人、债务人的有关人员违反该法规定拒绝接受监督的,债权人委员会有权就监督事项请求人民法院作出决定;人民法院应当在五日内作出决定。④ 显然,立法在此明确肯定了法院有权就《企业破产法》第 69 条涉及的商业决策事项自己直接作出决定,同时也否定了法院

---

① 参见杜景林、卢谌译:《德国支付不能法》,法律出版社 2002 年版,第 41 页。
② 参见付翠英编著:《破产法比较研究》,中国人民公安大学出版社 2004 年版,第 279—280 页。
③ 《企业破产法》第 69 条规定:"管理人实施下列行为,应当及时报告债权人委员会:(一)涉及土地、房屋等不动产权益的转让;(二)探矿权、采矿权、知识产权等财产权的转让;(三)全部库存或者营业的转让;(四)借款;(五)设定财产担保;(六)债权和有价证券的转让;(七)履行债务人和对方当事人均未履行完毕的合同;(八)放弃权利;(九)担保物的取回;(十)对债权人利益有重大影响的其他财产处分行为。未设立债权人委员会的,管理人实施前款规定的行为应当及时报告人民法院。"
④ 参见《企业破产法》第 68 条。

不具备进行这样的商业决策能力的假设。就我国司法机关的设置而言，破产案件及其他公司纠纷案件均由同一法庭审理，既然该庭在破产案件中有能力也有权作出商业决策，贸然地否定其在正常经营期间的此项权限与能力显然是没有依据的。

诚如学者在谈及司法对公司决议的实体审查时所指出的，"如何判断……什么是不当决议，并不是简单的事。"①显然，我们很难确定一个统一的标准，只能将之委诸于司法自由裁量权，但至少，我们在对待法院对公司利益进行实体控制时应当持一种开放的态度。在确定法院应否对公司内部事务进行实体干涉时，我们应当考量：此种干涉所需保护的是何种利益？在什么情况下可以进行干涉？为何此种利益如此重要、以至于为了实现它而不用考虑法官干涉对于企业至关重要的问题可能引起的后果？最后，即使需要干涉，也应"竭尽公司内部救济"。

---

① 〔日〕森田章：《公开公司法论》，黄晓林编译，中国政法大学出版社2012年版，第164页。

第三章
公司利益的构造

虽然从理论上说,概念决定了制度选择,但是事实上,是制度选择决定了概念的构造。当对其应用进行分析时,这些概念似乎大致是以对制度特性和司法制度相对于市场或政治过程在决策能力上的比较优势的考虑为基础的。如果一个原理中的术语看起来有些模棱两可,应该知道从制度选择和制度比较的角度去寻求问题的解。

——尼尔·K.考默萨[1]

公司之所以存在,是因为我们允许它存在。我们为什么允许它们存在？必然是因为它们在某种程度上能给我们带来利益。

——达尔[2]

---

[1] 〔美〕尼尔·K.考默萨:《法律的限度——法治、权利的供给与需求》,申卫星、王琦译,商务印书馆2007年版,第191页。

[2] Dahl R. A. 1972. A prelude to corporate reform, *Business and Society Review*, Spring, 17-18, 1972, 转引自〔英〕利萨·怀特豪斯:《作为规则的公司社会责任:民主引发的争议》,载〔英〕贾斯汀·奥布莱恩编:《治理公司:全球化时代的规制和公司治理》,高明华、杜文翠等译,经济科学出版社2011年版,第112页。

一、公司利益的总体构造

(一)公司利益并非股东利益最大化:通过证伪的方法说明

理论不能被证实,只能不被证伪。① 因此,一个理论如能被证伪,则该理论或者不成立,或者至少在被证伪的领域内并不适用。至少,从破产立法和一人公司立法来看,公司利益显然并非股东利益最大化。

1. 破产程序中的公司利益总体构造

关于破产阶段的公司利益,理论上有债权人利益最大化说和实现利益相关人利益说②,立法上的考察更可发现,破产阶段的公司利益绝

---

① 参见林毅夫:《论经济学方法》,北京大学出版社2005年版,第27页。
② 债权人利益最大化说以杰克森(Thomas H. Jackson)、白耶德(Douglas G. baird)为代表,强调债权人利益的最大化目标,将债权人利得到满足的程度作为判断破产程序正当与否的唯一标准。他们主张破产法的正当目的应当归结为一个:那就是债权人利益的最大化。这一学说有影响的论文有:Thomas H. Jackson, the Logic and Limit of Bankruptcy; Douglas G. Baird, the Uneasy Case for Corporate Reorganizations; Thomas H. Jackson and Scott, on the Nature of Bankruptcy: An Essay on Bank Sharing and the Creditors' Bargain. 利益说则以沃伦(Elizabeth Warren)、维斯特布鲁克(Lawrence Westbrook)等学者为代表,强调破产的损失分担,认为凡是受到破产的消极影响的所有利害关系主体的利益均在破产制度设计的考虑之列。沃伦等人认为,现代经济的组成细胞是企业,而任何企业都很难说仅仅是债权人和企业所有者利益的集中点,它同时也是其他相关主体利益的集合体。企业破产之时,除债权人和企业所有者之外,雇员、供应商、顾客或者消费者以及政府等都可能不同程度地遭受消极的影响,虽然他们的利益很难现实地折算成金钱价值,但这种利益损失的客观存在是真实的,因而他们需要得到相应的保护。破产程序的功能就在于将所有可能受到破产影响的利益完整地予以考虑,并采取必要的措施使其能够慢慢地或者更容易地承受企业倒闭的后果,或者如果可能的话,达成一个挽救甚至支持企业复苏的计划。参见[美]大卫·G.爱泼斯坦、[美]史蒂夫·H.尼克勒斯、[美]詹姆斯·J.怀特:《美国破产法》,韩长印等译,中国政法大学出版社2003年版,"译者前言",第11—14页。沃伦教授推动了破产法关注更多主体利益(包括雇员、供应商、顾客、邻居和政府的利益)的观点。她认为:破产法旨在提供一个可以对所有利益进行权衡的平台,转引自[英]费奥娜·托米:《英国公司和个人破产法(第二版)》,汤维建、刘静译,北京大学出版社2010年版,第5页。

非股东利益最大化。① 总体而言,重整程序更加注重对利益相关人利益的保护,而破产清算程序则更加注重对债权人利益的维护。破产阶段的利益关注从有关立法中对适格的破产申请人的规定即可得以体现,例如,根据英国1986年《破产法》第124(A)条的规定,国家商业、革新和技术部部长可基于公共利益对公司提起清算申请②,这即体现了破产阶段对公共利益的关注。然而,无论如何,破产阶段利益关注的重点并不在于对股东利益的保护,因为公司一旦破产,也就意味着公司股东投入公司的财产与利益不再存在。这也揭示了,在破产阶段,尽管公司仍然存续,但"公司利益"并非"股东利益最大化"。

2. 一人公司的公司利益总体构造

如果将公司的利益完全等同于股东利益最大化,那么,就一人公司而言,公司利益就是该一人股东利益的最大化了,如此,公司当然可以实施一切有利于该一人股东利益最大化的行为。然而,对一人公司的经营行为,《公司法》第63条仍规定了因一人公司唯一股东的个人财产与公司财产混同而否定公司法人格。在德国,司法实践中认为,股东需对有限责任公司承担忠诚义务,即忠实地对待公司、积极促进公司目标的实现并避免给公司造成损失。③ 毫无疑问,一人有限责任公司的股东在其职权范围内强烈地影响着公司的自身利益。法院判决和大部分理论界主张,除无论如何要遵守的资本维持规则之外,一人有限责任公司的唯一股东还不可以危及公司的生存并以此规避有

---

① 详见本书关于公司重整阶段与破产清算阶段公司利益层次结构的论述。关于多元化立法目标在世界各国破产立法实践中的体现,另可参见〔美〕大卫·G. 爱泼斯坦、〔美〕史蒂夫·H. 尼克勒斯、〔美〕詹姆斯·J. 怀特:《美国破产法》,韩长印等译,中国政法大学出版社2003年版,"译者前言",第11—14页。

② See Andrew Keay, *The Corporate Objective: Corporations, Globalisation and The Law*, Edward Elgar Publishing Limited, 2011, p. 18, p. 249.

③ 参见 Hueck, Der Treuegedanke 18; Lutter Acp 180 (1980), 84, 102 ff. Vgl. auch die Darstellung bei der AG § 12 v,转引自〔德〕托马斯·莱赛尔、〔德〕吕迪格·法伊尔:《德国资合公司法(第3版)》,高旭军、单晓光、刘晓海、方晓敏等译,法律出版社2005年版,第471页。

关清算的规定。① 上述规则说明:即便就一人公司而言,其公司利益也不能与股东利益最大化相等同。

上述关于一人公司的规则并未限定其适用的阶段,因此,其理应在公司正常经营阶段适用。如果一人公司在正常经营阶段的利益并非股东利益最大化,似乎没有对非一人公司作出区别对待的正当性理由。

3. 正常经营阶段的公司利益总体构造

在公司正常经营阶段,对依法实行雇员参与制的公司而言,公司利益并非股东利益最大化自然毋庸赘言。即使是一般被认为作为推行股东优位/股东至上(shareholder primacy)主义代表的英美,似乎也并未彻底地认为公司利益就是股东利益最大化。例如,美国诸多州制定了利益相关者立法,其中,许多州都给予了公司管理者在任何情况下考虑利益相关者利益的许可②,康涅狄格州则要求董事和管理层应当考虑利益相关者利益。③ 而在公司法审判中具有举足轻重地位的特拉华州在1989年的一个案例中更明确指出,董事并未被施加最大化股东财富的义务。④ 与英美国家治理模式类似的加拿大,其最高法院于2008年审理的 BCE lnc. v. 1976 Debentureholders 案中指出,没有关于某类利益应当较之其他利益更为优先的法定原则,具体而言,哪种利益应当优先取决于董事所面对的形势,董事必须利用他们的商业

---

① 参见〔德〕格茨·怀克、〔德〕克里斯蒂娜·温德比西勒:《德国公司法(第21版)》,殷盛译,法律出版社2010年版,第354页。
② See Kathleen Hale, "Corporate Law and Stakeholders: Moving Beyond Stakeholder Statutes,"45 *Arizona Law Review* 836(2003).
③ Ibid, p.834.
④ See Paramount Commc'n Inc v. Time Inc. ,571 A. 2d 1140,1150(Del. 1989), in Andrew Keay, "Stakeholder Theory in Corporate Law: Has It Got What It Takes?" 9 *Richmond Journal of Global Law and Business* 250(2010).

判断。①

如此看来,在公司正常经营阶段,也并未当然地采纳公司利益就是股东利益最大化的主张。

(二)实践中的公司利益总体构造:利益相关者综合利益

犹如"最佳治理机构不可能从理论中产生,而一定是从实践中发展而来的"②,公司利益的构造也应是在公司规制与经营实践中生成的。尽管理论上对关于公司应当为谁的利益而运行的争论一直莫衷一是,各国在实践中并不反对公司追求利益相关人利益,其区别只是在于实现路径不同:或者通过董事决策时的自由裁量权行使而或然地将利益相关人利益融入公司利益(如美国、英国),或者通过利益相关人参与公司治理而使得利益相关人利益得以通过参与而融入公司利益(如德国的共同参与制以及破产清算时的清算组),或者两者兼而有之(例如,德国既有共同参与制的参与模式的利益相关者保护模式,又有实践中的董事决策时可为利益相关者考量的事实上的利益相关者保护的信托模式)。实践中的公司利益呈现出了"利益相关者综合利益"的总体构造。

尽管有不同的实现形式,既然实践中公司利益系"利益相关者综合利益"得到了普遍的采纳,我们不应仅凭价值观上的一己之好恶,武断地抛弃股东利益最大化理论或者利益相关者理论。一国的以某种公司利益模式为核心的公司治理模式总是会与该国的经济、政治与文化背景相契合,这种治理模式是否能有效运行,往往取决于一系列与之相配套的微观要素是否在制度上都能得到满足并在现实中得到有

---

① See BCE Inc v. 1976 Debentureholders, [2008] 3 S. C. R. 560 (Can.), in Andrew Keay, "Stakeholder Theory in Corporate Law: Has It Got What It Takes?" 9 *Richmond Journal of Global Law and Business* 280(2010).

② Frank H. Easterbrook and Daniel R. Fischel, *The Economic Structure of Corporate Law*, Harvard University Press, 1991, p. 5.

效运行。长期以来,一旦某种制度运作发生问题,我们的第一反应往往是此种制度有问题,进而引致改弦易辙。然而,基于制度变迁中的路径依赖的考量,或许我们不应采取这种粗暴的态度。面对利益相关者利益以各种路径融入公司利益而形成的"利益相关者综合利益",我们应有的态度是,反思"利益相关者"理论的缺陷,并完善之。

(三)反思利益相关者理论:质疑与回应

1. 对利益相关者理论的质疑

尽管在实践中,利益相关者理论得到了广泛的采纳,然而,仍然存在着对利益相关者理论的诸多质疑,总体而言,这些质疑主要体现在如下几个方面:

(1)减损效率

在法律上,公司管理者是股东的雇员,要求这些雇员承担社会责任无异于允许他们以背离股东最佳利益的方式行为。公司社会责任不仅无效率,而且是一种盗窃。① 当公司经理不得不将涉及范围更广的一揽子公司目标考虑在内,并将他们自己纳入到参加利益相关者活动的洪流中去时,成本的增加与公司绩效的降低便会随之而来。当其试图充当"全能专家"时,经理们往往会在实现任何目标上都变得缺乏效率。②

(2)妨害民主

如果企业的管理人在其决策中考虑公众或社会利益,支持有益的事业和社会福利,不仅被视为他们的权力而且被视为必须履行的义

---

① 参见 Milton Friedman,"The Social Responsibility of Business Is to Increase Its Profits",*The New York Times*,Sept. 13,1970(Magazine at 33),转引自施天涛:《公司法论》,法律出版社2005年版,第460页。
② 参见〔美〕肯尼斯·A. 金、〔美〕约翰·R. 诺夫辛格:《公司治理:中国视角(原书第2版)》,严若森译,中国人民大学出版社2008年版,第166页。

务,这就会产生无法控制的权力。① 授权董事于决策时得考虑公司的其他利益相关人利益,在性质上属于财富的重新分配,然而,这种平衡各种不同利益团体利益的工作,本质上属于政治问题,不应由私人公司之董事承担。② 如果一个企业承担过多的社会责任,就是在扮演经济角色外还承担了政治功能。这种混合的政治和经济力量由企业管理者来控制是非常危险的。这两种力量应当分开。③

(3)削弱公司股权融资能力

当公司不再仅仅是为股东的利益最大化而存在时,公司的新的投资者就会望而却步。④ "没有投资者愿意将财产交给共同决策的企业,其中也包括劳动者自己——尽管很多美国的工会组织都可以很容易地用他们的养老基金买下整个公司。"⑤当公司在国际资本市场上筹资时,如果外国投资者能在全球市场上找到不适用共同决策制度的可供选择的投资方式,他们可能就不愿意选择实行职工共同决策制度的公司。⑥ 公司不仅仅为股东利益行事势必会影响公司的股权融资能力。

(4)实施困境

此种理论存在实施上的困境,这体现在以下方面:第一,此种理论

---

① 参见 F. A. Hayek, Law, Lagislation and Liberty: *A New Statement of Liberal Principles of Justice and Political Economy*, Vol. III, Routledge and Kegan Paul, 1982, p. 82, 转引自段威:《公司治理模式论——以公司所有与公司经营为研究视角》,法律出版社 2007 年版,第 17 页。另可参见〔美〕罗伯特·孟克斯、〔美〕尼尔·米诺:《监督监督人:21 世纪的公司治理》,杨介棒译,中国人民大学出版社 2006 年版,第 41 页。

② See Christopher J. Smart, "Takeover Dangers and Non-Shareholders: Who Should Be Our Brothers' Keeper?" 301 *Columbia Business Law Review* 326 – 339(1988).

③ 参见〔美〕乔治·斯蒂纳、〔美〕约翰·斯蒂纳:《企业、政府与社会》,张志强、王春香译,华夏出版社 2002 年版,第 140 页。

④ 参见甘培忠:《公司控制权的正当行使》,法律出版社 2006 年版,第 123 页。

⑤ 〔美〕迈克尔·詹森:《企业理论——治理、剩余索取权和组织形式》,童英译,上海财经大学出版社 2008 年版,第 165 页。

⑥ 参见〔德〕克劳斯·J. 霍普特、〔德〕帕特里克·C. 莱因斯:《欧洲董事会模式——德国、英国、法国和意大利公司内部治理结构的新发展》,丁丁、蒋睿、刘睿杰译,载沈四宝、丁丁主编:《公司法与证券法论丛》(第 1 卷),对外经济贸易大学出版社 2005 年版,第 226 页。

缺乏一个清楚、合理的对其他利益相关者负责的治理机制。① 第二,程序上,非股东利益相关人缺乏追究董事责任的诉讼机制。对于侵犯利益相关者利益的行为,由于此种行为通常是由董事代表实施的,董事很可能不会提起针对自己的诉讼。现行立法上仅赋予股东提起派生诉讼的权利,而股东对侵害并非其所属利益相关人集团的其他利益相关人利益的行为,其提起诉讼并不能从中获益,从而可能并无倾向提起该派生诉讼。② 第三,实体上缺乏判断董事是否履行了考虑利益相关人利益的标准,难以追究董事责任。根据利益相关者理论,董事需要平衡各种利益相关者的利益,而该理论并没有指出董事如何在相互冲突的利益中进行权衡③,这意味着他们面对着一个不可能完成的工作;并且,在平衡的过程中,可能导致董事的机会行为,董事可能以其他人的利益为代价实施自利行为,或者实施偷懒行为,因为董事最终无须对任何人承担责任④;利害相关者理论规定董事对所有利益相关者负责,但那是不可能的。对拥有众多利益相关者的公司而言,结果是管理者变得不对任何人负责。⑤

(5) 不确定性

利益相关者理论缺乏坚实的规范的基础。它未能提供一个规范的基础以使人们得以确定谁能构成利益相关者,以及应赋予每一利益

---

① See A. Berle, "For Whom Corporate Managers Are Trustees: A Note," 45 *Harvard Law Review* 1367(1932), in Andrew Keay, *The Corporate Objective: Corporations, Globalisation and The Law*, Edward Elgar Publishing Limited, 2011, p. 18, p. 161.

② See Andrew Keay, *The Corporate Objective: Corporations, Globalisation and The Law*, Edward Elgar Publishing Limited, 2011, pp. 161 – 162.

③ Ibid, p. 33.

④ Ibid, p. 18, p. 144.

⑤ See E. Steinberg, "The Defects of Stakeholder Theory," 5 *Corporate Governance: An International Review* 3 – 4 (1997), in Andrew Keay, *The Corporate Objective: Corporations, Globalisation and The Law*, Edward Elgar Publishing Limited, 2011, p. 159.

相关者何等重要性①;其没有提供解决各方利益冲突的方法。② 由于存在着大量的潜在利益相关者,这些利益相关者集团并非必然会享有一个共同利益,董事会确定不同集团的利益是困难的③;其本身没有包含如何在各类相关利益者之间进行权衡的概念框架。因此,即使认可利益相关者的利益需求,也无从在多重利益相关者的利益(有时甚至是相互冲突的利益)之间进行选择。④

2. 对质疑的回应

(1)对减损效率质疑的回应

就对利益相关者模式减损企业经营效率的判断而言,在通过董事信托义务实践利益相关者模式的美国,有实证研究表明,从总体上看,企业具有良好的社会责任声望既没有什么大的好处,也没有什么大的坏处。⑤ 在英国,2003 年 4 月,伦敦商业伦理学院发表的一篇研究报告显示,在英国的公司里,明确将商业道德列为行为规范的公司所获得的利润回报率比没有这方面要求的公司高出 18% 之多。拥有道德伦理规范的公司同时也获得了令人惊叹的经济增值(EVA)和市场增值(MVA),其股票市盈率也相对稳定。⑥ 而在主要通过参与模式实践

---

① See Andrew Keay, *The Corporate Objective: Corporations, Globalisation and The Law*, Edward Elgar Publishing Limited,2011,p. 18,p. 137.
② 参见〔美〕迈克尔·詹森:《企业理论——治理、剩余索取权和组织形式》,童英译,上海财经大学出版社 2008 年版,第 2 页。
③ See W. Leung, "The Inadequacy of Shareholder Primacy: A Proposed Corporate Regime that Recognizes Non-Shareholder Interests," 30 *Columbia Journal of law and Social Problems* 621 (1997).
④ 参见 D. Windson, "Jensen's Approach to Stakeholder Theory," 16 *Unfolding Stakeholder Thinking* 74(2002),转引自沈洪涛、沈艺峰:《公司社会责任思想——起源与演变》,世纪出版集团、上海人民出版社 2007 年版,第 175 页。
⑤ 参见〔美〕乔治·斯蒂纳、〔美〕约翰·斯蒂纳:《企业、政府与社会》,张志强、王春香译,华夏出版社 2002 年版,第 143 页。
⑥ 参见〔英〕西蒙·韦伯利、〔英〕埃利斯·摩尔:《商业伦理有无回报?》,伦敦商业伦理学院 2003 年版,转引自〔美〕斯蒂芬·杨:《道德资本主义:协调私利与公益》,余彬译,上海三联书店 2010 年版,第 10 页。当然,从因果关系上看,也有可能是,这些企业本身就具有良好的业绩,因而更关注商业道德,正所谓"仓廪实而知礼节"。

利益相关者模式的德国,就其监事会中的法定的员工共同参与决定是否具有提高效率的作用,在实际经验上并没有被完全解释清楚,经验性的研究没有提供明确的结论。① 罗纳德·道尔这位英语世界中最著名的日本企业研究专家在较为关注职工利益的日本进行的一项实证研究也表明,"从经济成熟度与资本效率的一般关系来看,日本式准共同体企业并不必然导致资本效率低下"②。这些实证研究至少表明,对利益相关者模式减损效率的质疑并未获得实证上的支持。利益相关者模式可能导致公司过于关注长期利益,而股东优位主义也可能会导致公司过于关注短期利益,正如诺贝尔经济学奖获得者默顿·米勒(Merton Miller)所指出的,"近视"不是折磨着经理的唯一眼疾。经理们可能患上"散光"或"高度远视"。在最近的 20 年中,美国公司面临着股东强大的要求付息的压力,以至于投资过少的案例比比皆是。但是许多日本公司没有这样的压力,而是在同一时期面临非常明显的投资过度。③

因此,正如学者所指出的:"一种安排会战胜另一种安排的预测会随着展示这种或另一种安排的经济经过一段时间的相对成功而改变……每一种制度是更好地适应特定产业或产品运营的需要,两者都能够在快速变化的世界中存活下来。"④

(2)对妨害民主质疑的回应

就利益相关者模式可能会妨害民主的质疑,显然,公司考虑诸如股东、债权人之类的利益相关者利益并不会妨害民主。对妨害民主的担忧主要体现在公司追求政治利益,例如进行政治捐款方面,这涉及

---

① 参见〔德〕格茨·怀克、〔德〕克里斯蒂娜·温德比西勒:《德国公司法(第21版)》,殷盛译,法律出版社2010年版,第504页。
② 〔英〕罗纳德·道尔:《企业为谁而在:献给日本型资本主义的悼词》,宋磊译,北京大学出版社2009年版,第77页。
③ 参见〔美〕默顿·H. 米勒:《美国的公司治理有致命的缺陷吗?》,载〔美〕唐纳德·H. 邱:《公司财务和治理机制:美国、日本和欧洲的比较》,杨其静、林妍英、聂辉华、林毅英等译,中国人民大学出版社2005年版,第83页。
④ 〔英〕保罗·戴维斯:《英国公司法精要》,樊云慧译,法律出版社2007年版,第299页。

公司利益的客体范围问题。应对之策,既可以是绝对禁止公司实施政治捐款之类的追求政治利益行为,也可以是对此类行为进行规制以避免或缓解其不利影响。① 但如因此而全面否定利益相关者理论/模式,则是"将孩子连着洗澡水一起给倒了"。

(3)对削弱公司股权融资能力质疑的回应

首先,利益相关者模式并非不关注股东利益。事实上,在公司正常经营状况下,无论信托模式下的利益相关者保护模式,还是参与模式下的利益相关者保护模式,股东利益均仍是处于一种较为优先的位序的。而并非处于正常经营状态的公司一般不会从资本市场上进行融资,例如,根据我国《证券法》第12条的规定,公司首次公开发行新股,应当具有持续经营能力。因此,至少就在资本市场上进行股权融资的公司而言,其仍然优先关注股东利益,因对利益相关者利益关注而引致的对股权融资能力的削弱应当是有限的。公司正常经营阶段股东利益的优位表现在:其一,在美国的多数实行利益相关者立法的州,只是允许董事可以考虑利益相关者利益,与此同时,其对股东利益的考量则是必须的。即使是要求董事必须考虑利益相关者利益的州,其也并未将利益相关者利益置于股东利益之上。即使在需要考虑非股东利益相关者的典型场合——面临公司被收购的情形,以美国法律协会通过的《公司治理原则:分析与建立》为例,根据其第6.02条的规定,董事会可就收购要约采取合理的行动,阻止未经请求的收购要约;董事会判断其行为是否合理,可以考虑公司及公司股东最大利益的全部因素;于公司关心非股东利害关系人具有正当性的情形,亦可考虑非股东利害关系人的利益,如果这样做不会明显不利于股东的长期利益。② 显然,即使在此种情形下,考虑非股东利益也是以这样做不会"明显不利于股东的长期利益"为前提的,显然,股东利益仍被置于一

---

① 对这一问题,将在后文中讨论。
② 参见王文钦:《公司治理结构之研究》,中国人民大学出版社2005年版,第117页。

种优先考量的地位。其二,在实行利益相关者参与模式的国家,以德国为代表,尽管在一些企业的监事会中具有股东代表和雇员代表,很多情况下,股东代表的人数比例也要大于雇员代表。即便在按《参与决定法》监事会中股东代表和雇员代表各占一半人数的情形下,在表决票数相同的情况下,对于同一个表决对象可以再次进行表决。如果再次出现表决票数相等的情况,并且也只有在这样的时候,监事会主席有一个第二次表决机会(第二次表决权),即由监事会主席投出决定性的一票。① 而监事会主席和副主席由全体监事的 2/3 表决多数选举产生。假如选举不成功,则在第二轮选举中由股东代表选举监事会主席,由员工代表选举副主席,并且各自都以一个简单多数的方式选举产生(《员工共同参与决定法》第 27 条第 1 款和第 2 款)。因此,着眼于监事会主席在事实上对股东一方具有的重要意义,监事会主席的选举程序已经为股东设定了一个较大的影响力。监事会主席的第二次表决权更是在法律上将这个影响力进一步地固化了。② 其三,即便采取了利益相关者模式,认为公司利益包括利益相关者利益时,在多数国家,在认为董事未能履行其以公司最佳利益行事的义务时,除公司有权就此提起诉讼外,能够提起派生诉讼的只有股东,而其他利益相关者并无提起派生诉讼的权力,这也体现了公司正常经营情形下,股东利益在公司利益中处于优先考量的地位。

其次,投资者也是多样化的群体,并非所有投资者均要求营利性回报,例如,在美国,自 19 世纪起即出现了"道德投资",此种投资的投资者有一种道义上的责任以确保他们自愿投资并获益于与他们的价值观保持一致的公司,根据社会投资论坛的统计,截至 2005 年,整个

---

① 《员工共同参与决定法》第 29 条第 1 款和第 2 款。参见〔德〕格茨·怀克、〔德〕克里斯蒂娜·温德比西勒:《德国公司法(第 21 版)》,殷盛译,法律出版社 2010 年版,第 519 页。

② 参见〔德〕格茨·怀克、〔德〕克里斯蒂娜·温德比西勒:《德国公司法(第 21 版)》,殷盛译,法律出版社 2010 年版,第 519 页。

美国的社会投资资产达到了约 2.3 万亿美元。① 日本在 20 世纪 80 年代,在股东收益越来越低的情形下,有的公司股价水平却高达企业年收益的 80 倍②,显然,这些投资者并不重视股东收益,其投资的目的在于获得资本收益。我国股票市场的发展似乎也是"股东保护是股权融资能力的保证"的一个反证,尽管我国证券市场上证券欺诈横行几乎已成为共识,然而,这似乎并不影响我国证券市场的发展,这似乎也揭示了,股东保护程度并非决定股权融资能力的唯一、甚至在特定情形下不是关键性的因素。

最后,企业融资手段包括股权融资与债权融资,在一定程度上,供货商给予买方一定的延期支付的优惠,对买方公司而言也是一种债权融资。对公司而言,股权融资与债权融资各有优劣,应根据企业经营需要选择适用。对利益相关者的关注(例如,对债权人利益的关注)可能会对股权融资能力产生有限的影响,但也可能同时对公司债权融资能力产生积极的影响。

(4)对实施困境质疑的回应

首先,从当代各国公司的治理机制来看,存在着两种将非股东利益相关人融入公司利益的机制。一种是允许董事决策时考虑非股东利益相关人利益,甚至在特定情境下要求董事应当考虑非股东利益相关人利益,即通过信托模式实现非股东利益相关人利益;另一种方式是通过特定利益相关人参与其决策来约束公司的特定机关的方式,使利益相关人利益融入公司利益,即通过参与模式实现公司利益。当代公司法已经在实现利益相关人利益的方法上作出了有益的探索;即使

---

① See Christopher M. Bruner,"The Enduring Ambivalence of Corporate Law,"59 *Alabama Law Review* 1435(2008).

② 参见〔英〕罗纳德·道尔:《企业为谁而在:献给日本型资本主义的悼词》,宋磊译,北京大学出版社 2009 年版,第 78 页。

其尚有缺陷,股东优位方法下的治理机制又何尝不是如此呢?① 有何种方法是至善至美的呢？我们毋宁通过对相关制度的完善予以解决。

---

① 例如,对股东优位方法,学者们同样提出了诸多质疑,主要有:(1)"股东利益优位"的含义也是不明确的,该理论并未指出实现目标的期间;法庭难以评估董事是否真正最大化了股东利益;通过操纵测试标准或测试所应用的因素,该理论可以用来支持或者攻击董事的任何行为;不可能明确地说出什么样的行为有利于公司的最佳利益而什么行为不是;股东价值最大化意味着什么并不清楚,因为对不同的股东而言,其含义是不同的;参见 Andrew Keay, *The Corporate Objective*: *Corporations*, *Globalisation and The Law*, Edward Elgar Publishing Limited,2011,pp.72－79。(2)董事是公司的代理人而不是股东的代理人;参见 Andrew Keay, *The Corporate Objective*: *Corporations*, *Globalisation and The Law*, Edward Elgar Publishing Limited,2011,p.105. 而且,股东并不能有效地控制董事。参见 Andrew Keay, *The Corporate Objective*: *Corporations*, *Globalisation and The Law*, Edward Elgar Publishing Limited,2011,pp.90－93。(3)股东之间存在差异,参见 Andrew Keay, *The Corporate Objective*: *Corporations*, *Globalisation and The Law*, Edward Elgar Publishing Limited,2011,pp.83－86. 从而,其利益并不一致;在股东优位理论下,董事同样需要对不同种类股东之间的利益进行平衡,参见 Andrew Keay, *The Corporate Objective*: *Corporations*, *Globalisation and The Law*, Edward Elgar Publishing Limited,2011,pp.98－99。(4)股东优位理论不能提升社会福利,它可能只是以其他利益相关者的利益为代价,将价值从其他利益相关者处转移至股东处而已。参见 Andrew Keay, *The Corporate Objective*: *Corporations*, *Globalisation and The Law*, Edward Elgar Publishing Limited,2011,p.94. (5)许多公司中的其他利益相关者由于各种原因并不能获得合同保护,例如,缺乏谈判实力,忽视或缺乏资金支付必要的成本(例如,法律成本);现实世界中平等订立的合同并不常见;许多合同属于"要不接受,要不拒绝"式的合同,只有很少甚至没有协商的空间,参见 Andrew Keay, *The Corporate Objective*: *Corporations*, *Globalisation and The Law*, Edward Elgar Publishing Limited,2011,p.106. (6)股东并不是公司财产的所有者。一个公司股东(即使是唯一股东)并不拥有投入公司业务的资产,相反他或它只拥有公司资本的份额,而公司则拥有资产,参见〔美〕威廉·A. 克莱因、〔美〕约翰·C. 小科菲:《企业组织与财务:法律与经济原则(译自第8版)》,陈宝森、张静春、罗振兴、张帆译,岳麓书社2006年版,第67页。Andrew Keay, *The Corporate Objective*: *Corporations*, *Globalisation and The Law*, Edward Elgar Publishing Limited,2011,pp.100－101. (7)在管理者与股东之间不存在关于管理者将最大化股东利益的承诺,他们之间也不存在合同,参见 Andrew Keay, *The Corporate Objective*: *Corporations*, *Globalisation and The Law*, Edward Elgar Publishing Limited,2011,p.79. (8)认为股东优位可以作为合同的填充条款也是错误的,理性的投资者是不会接受股东优位作为适当的填充规则的,参见 Thomas A. Smith,"The Efficient Norm for Corporate Law: A Neotraditional Interpretation of Ficuciary Duty,"98 *Michigan Law Review*,1999, p.217. (9)当代公司所有权与控制权已发生了分离。而对私有财产的一个辩护是,资产的最优配置源自所有者(假设他们控制自己的财产)追求自己的利益,这导致公司仅以"股东利益为导向"运行的合理化。明显的,一旦大型公众公司的股东不再对他们的财产拥有任何真实的控制权或者责任的时候,这种辩护就无效了,参见〔英〕利萨·怀特豪斯:《作为规则的公司社会责任:民主引发的争议》,载〔英〕贾斯汀·奥布莱恩编:《治理公司:全球化时代的规制和公司治理》,高明华、杜文翠等译,经济科学出版社2011年版,第105页。

其次，非股东利益相关人的诉讼途径问题，是一个对程序法进行完善的问题，只要认同非股东利益相关人的利益属于企业利益的组成部分，此种程序上的缺失是完全可以弥补的，例如，当代一些国家即赋予了非股东利益相关者或者法庭认为适当的股东以外的其他主体提起代位诉讼的权利。① 以加拿大为例，其公司法不仅明确规定债权人是派生诉讼的主体，而且还允许法庭在这一问题上享有广泛的自由裁量权，即使公司成员、债权人之外的人，只要同公司利益攸关又被法院认可都可为公司利益提起派生诉讼。在 Re Danon Development Corporation 一案中，Wallace 法官认为，《加拿大公司法》第 231 条所规定的"适当的人"是指"那些对于公司如何进行管理享有直接的经济利益并且处于这样一种位置的人——有点类似于少数股东——他们无权去影响或变更他们所看到的滥用公司管理权的行为或与公司利益相反的人。"无论是公司债券持有人还是公司雇员，均是享有派生诉讼提起权的人。② 我国也有学者提出，除股东外，还应赋予债权人、雇员以提起派生诉讼的权利。③

---

① 例如，根据《澳大利亚 2001 年公司法》第 236 条的规定，除公司现股东外，前股东、甚至是关联公司的现有股东或前股东也可以提起派生诉讼。此外，公司官员也可以提起派生诉讼，理由是，现实中他们可能是最早知道存在派生诉讼的人。在加拿大，同样也允许公司官员提起派生诉讼。因此，严格来说，澳大利亚和加拿大的相关制度已经不能称为"股东派生诉讼"，而是"派生诉讼"。参见黄辉：《现代公司法比较研究——国际经验及对中国的启示》，清华大学出版社 2011 年版，第 265 页。另可参见 Andrew Keay, *The Corporate Objective*: *Corporations, Globalisation and The Law*, Edward Elgar Publishing Limited, 2011, p. 257. 新西兰也允许董事根据其公司法第 165 条提起派生诉讼，参见 Andrew Keay, *The Corporate Objective*: *Corporations, Globalisation and The Law*, Edward Elgar Publishing Limited, 2011, p. 257, note 120. 并且，《加拿大 1985 年商业公司法》第 238 条(d)项允许"任何根据法庭的自由裁量权认为有权提起派生诉讼的人"提起派生诉讼。而《新加坡公司法》第 216 条(1)(c)项也允许"任何其他根据法庭自由裁量权认为适当的人"提起派生诉讼，参见 Andrew Keay, *The Corporate Objective*: *Corporations, Globalisation and The Law*, Edward Elgar Publishing Limited, 2011, p. 258.

② 参见杨奕：《论公司利益结构下派生诉讼的原告扩张》，载王保树主编：《实践中的公司法》，社会科学文献出版社 2008 年版，第 490 页。

③ 同上注，第 492 页。

最后,对于因缺乏判断公司利益的实体标准、从而导致实际上难以追究董事责任的问题,这涉及对董事商事判断中的自由裁量权的司法审查问题,这一问题并非仅存在于利益相关者方法中,在股东优位方法中也同样存在,对这一问题的解决,涉及对经营者商事判断进行司法审查的标准问题,将在后文中讨论。

因此,实施困境的问题,是一个并非仅存于利益相关者方法中的问题,也是一个通过制度改进予以逐步解决的问题。

(5)对不确定性质疑的回应

公司利益具有不确定性,这种不确定性的产生系由语言的模糊性、价值判断的任意性与主观性、法律漏洞的存在等多种原因导致的。公司利益的不确定性既是立法技术的必然,同时也是公司营利性要求之必须,公司利益的不确定性还有利于司法机关根据现实的变化调整司法态度,正是公司利益的不确定性,赋予了公司顺应时代发展的绝佳的演化能力。因此,一方面,我们在事实上不可能消灭公司利益的不确定性,另一方面,我们也不应该消灭公司利益的不确定性。因此,即使是众多学者所认为的由于"提供了单一的业绩标准从而易于观察和衡量的"股东优位标准[1],其衡量标准同样是不确定的,由于对于股东利益最大化的含义本身就存在争议、股东构成与追求的复杂性、实现公司利益期限标准的不确定性以及会计意义上的财务数据对判定股东利益意义的有限性等[2],该种理论的目标实际上并不清晰[3],其实

---

[1] See A. Sundaram and A. Inkpen, "The Corporate Objective Revisited," 15 *Organization Science* 355(2004), in Andrew Keay, *The Corporate Objective: Corporations, Globalisation and The Law*, Edward Elgar Publishing Limited, 2011, p. 48.

[2] 详见第二章相关论述。

[3] See M. Miller, "The Informational Content of Dividends," in R. Dornbusch, S. Fischer and J. Bossons(eds.), *Macroeconomics and Finance: Essays in Honor of Franco Modigliani*, MIT Press, 1987. C. Loderer, L. Roth, U. Waelchli and P. Joerg, "Shareholder Value: Principles, Declarations, and Actions," 22 April 2009, *European Corporate Governance Institute Finance Working Paper* No 95/2006 (revised), in Andrew Keay, *The Corporate Objective: Corporations, Globalisation and The Law*, Edward Elgar Publishing Limited, 2011, p. 48.

并不能给管理者行为提供明确的指导①,此种理论是弹性的,其含义也是多变的,通过操纵对利润最大化的检验或者检验所运用的因素,其可以支持或者挑战任何管理行为②。可见,无论是在利益相关者方法下,还是在股东优位方法下,公司利益都是不确定的。

对利益相关者方法下公司利益不确定性的质疑,忽视了公司利益不确定性存在的必然性与必要性。

既然我们无法回避公司利益的不确定性,我们只有积极地面对它,对其不确定性在必要的范围内予以控制。在进行这样的控制时,必须面对质疑者所提出的"它未能提供一个规范的基础以使人们得以确定谁能构成利益相关者以及应赋予每一利益相关者何等重要性"③的问题,其中,"谁构成利益相关者"涉及公司利益的构成因子问题,而赋予每一利益相关者何等重要性则涉及公司利益的层次结构问题。

二、公司利益的构成因子

公司利益是作为法律实体的公司组织本身的利益而不是指公司独立主体以外其他人的利益。④ 因为公司是一个有着自身权利的机构,这个实体独立于其投资者而存在,并且,其独立存在不因其投资者

---

① See Andrew Keay, *The Corporate Objective: Corporations, Globalisation and The Law*, Edward Elgar Publishing Limited, 2011, pp. 72 – 79. Henry Hu, "New Financial Products, the Modern Process of Financial Innovation and the Puzzle of Shareholder Welfare," 69 *Texas Law Review* 1312(1999).

② See Gerald E. Frug, "The Ideology of Bureaucracy in American Law," 97 *Harvard Law Review* 1311(1984).

③ Andrew Keay, *The Corporate Objective: Corporations, Globalisation and The Law*, Edward Elgar Publishing Limited, 2011, p. 18, p. 137.

④ 参见张民安:《公司法上的利益平衡》,北京大学出版社2003年版,第379—380页。

身份的变化而受影响①,公司具有独立于其股东的利益、地位与权力②。公司具有的独立利益得到了各国立法、判例与学说的广泛支持。

尽管如此,公司作为一个商事组织,其不过是据以实现特定主体利益的工具罢了。"从现实角度来看,公司只不过是一些个人联合起来从事某项生产经营的工具,并且由这些相同或不同的个人分享利润和分担损失。"③"当我们说起公司的时候……我们只是运用一种简便的方式来描述公司成员的利益和负担是如何计算出来的这样一种独特和复杂的过程。"④尽管公司名义上享有公司利益,但是,从终极意义上而言,公司利益仍由一些特定主体享有,这些主体的利益通过特定机制构造了公司利益,这些主体的利益即为公司利益的构成因子。

公司利益的构成因子,解决的是"谁构成利益相关者"从而使其利益得以融入公司利益的问题。在公司运营中,或者通过信托模式下董事自由裁量权的行使而将这些利益或然地融入公司利益之中,或者通过参与模式下相关利益主体参与特定决策机关的方式而使其利益得以融入公司利益。

(一)信托模式下的公司利益构成因子

1. 信托模式下的公司利益构成因子:开放的结构

信托模式下,几乎没有国家在立法与司法中,将公司利益简单地等同于股东利益,相反,其普遍地许可董事在决策时考虑非股东利益相关者的利益,甚至公共利益。

---

① See Andrew Keay, *The Corporate Objective: Corporations, Globalisation and The Law*, Edward Elgar Publishing Limited,2011,p.18,pp.175-177.
② 参见邓峰:《普通公司法》,中国人民大学出版社2009年版,第110页。
③ 〔美〕罗伯特·W.汉密尔顿:《美国公司法(第5版)》,齐东祥等译,法律出版社2008年版,第37页。
④ Holfeld, *Fundamental Legal Conceptions* 197(1923),转引自〔美〕罗伯特·W.汉密尔顿:《美国公司法(第5版)》,齐东祥等译,法律出版社2008年版,第37页。

在美国,20世纪80年代起,为应对公司收购风潮,诸多州出台了利害关系人立法,这些立法对股东利益至上的公司法原则提出了挑战,明确授权公司董事会考虑非股东利害关系人的利益。自1986年宾夕法尼亚州率先修订公司法、通过利害关系人法案以来[1],全美已有将近40个州通过了利害关系人立法。除了康涅狄格州,大多数州将是否考虑利益相关者利益留给董事和管理者的自由裁量权来解决。[2] 典型的利害关系人法案允许,但并不要求董事必须考虑非股东利害关系人利益。如《印第安纳州公司法》规定:"董事可以,在考虑公司的最大利益时,考虑任何对公司股东、雇员、供货商、顾客和公司办公室或者其他设施所在社区的影响,或者董事认为适当的因素。"《康涅狄格州公司法》则明确规定必须考虑非股东利益。[3] 在所有的利害关系人立法中,大约有1/4的州只允许在特定情形——通常是公司面临收购的情况下,公司董事可以考虑非股东利害关系人的利益,其他州则不作限定,公司董事可以在任何公司决策中考虑非股东利害关系人的利益。[4] 对此类条款,公司法委员会得出如下结论:本委员会认为对这些成文法律较好的解释……是他们肯定了普通法是什么:董事应该考虑相关者的利益,但仅限于该董事正在为股东和公司的长期或短期的最佳利益而行事。通过声明"与股东利润理性地相关",特拉华州的法院将董事对利

---

[1] 有学者近年来对宾夕法尼亚州利害关系人立法进行分析认为,"宾夕法尼亚州的利害关系人立法名义上保护非股东利害关系人利益,但同时却有效地维护了股东利益最大化的实现",See Robert Goodyear Murray, "Money Talks, Constituents Walk: Pennsylvania's Corporate Constituency Statute Can Maximize Shareholder's Wealth," 48 *Buffalo Law Review* 629,659(2000),转引自王文钦:《公司治理结构之研究》,中国人民大学出版社2005年版,第115—116页。

[2] See Kathleen Hale, "Corporate Law and Stakeholders: Moving Beyond Stakeholder Statutes," 45 *Arizona Law Review* 834(2003).

[3] See Edward D. Rogers, "Striking the Wrong Balance: Constituency Statutes and Corporate Governance," 21 *Pepperdine Law Review* 777(1994),转引自王文钦:《公司治理结构之研究》,中国人民大学出版社2005年版,第115—116页。

[4] See Lynda J. Oswald, "Shareholders v. Stakeholders: Evaluating Corporate Constituency Statutes Under the Takings Clause," 24 *Journal of Corporation Law* 3(1998),转引自王文钦:《公司治理结构之研究》,中国人民大学出版社2005年版,第116页。

益相关者的考虑和股东利益联系了起来;因而,其他法院也可以选择类似字眼来表达这种关联。① 美国法律研究院(American Law Institute,简称 ALI)在 1984 年通过的《公司治理原则:分析与建议》第 2.01 条规定:"商业公司从事商业行为,应以提升公司利润与股东利得为目标。唯有下述情形之一者,则不问公司利润与股东利得是否因此提升:(a)应以自然人在同一程度内,受法律之约束而为行为;(b)得考虑一般认为系适当之伦理因素,以从事负责任之营业行为;(c)得为公共福祉、人道主义、教育与慈善之目的,捐献合理数目之公司资源。"1985 年,在 Unocal Corp. v. Mesa Petroleum Co. 案中,特拉华州最高法院指出,在确定为防御威胁而采取的行动的合理性时,董事会可以考虑对股东之外的利益相关者,如债权人、顾客、雇员、或许还有整个社会的影响。②

在英国,1972 年 2 月《英国劳资关系法实施规则》的序言中即指出:"劳资双方对企业的成功有着共同的利益。"③2006 年《英国公司法》修订时,其第 172 条就董事促进公司成功的义务规定道:"(1)公司董事必须以他善意地认为为了公司成员的整体权益而将最大可能地促进公司成功的方式行事,并在这样做时考虑(与其他事项一起)——(a)任何决定最终可能的后果,(b)公司雇员的利益,(c)培养公司与供应商、消费者和其他人商业关系的需要,(d)公司运作对社会和环境的冲突,(e)公司维护高标准商业行为之声誉的愿望,以及(f)在公司成员之间公平行事的需要……"④不但其公司法中上述关于

---

① 参见许传玺主编:《公司治理原则:分析与建议》(上卷),楼建波、陈炜恒、朱征夫、李骐译,法律出版社 2006 年版,第 88 页。
② 参见 Unocal Corp. v. Mesa Petroleum Co.,493A.2d 946(1985),转引自李建伟:《公司制度、公司治理与公司管理——法律在公司管理中的地位与作用》,人民法院出版社 2005 年版,第 107 页。
③ 杨云霞:《我国企业职工参与法律制度的系统分析》,西北工业大学出版社 2009 年版,第 173 页。
④ 葛伟军译:《英国 2006 年公司法》,法律出版社 2008 年版,第 105 页。

开明股东价值的条款授权董事考量非股东利益相关者利益,而且,根据英国1986年《破产法》第124(A)条的规定,国家商业、革新和技术部大臣可基于公共利益对公司提起清算申请。① 根据1985年《公司法》第438条的规定,国家商业、革新和技术部大臣被授权为了公共利益以公司名义提起诉讼。不过,这只能在通过根据该法第431条指定的稽查员进行调查而取得的报告或基础上进行。② 上述基于公共利益对公司提起清算申请或诉讼的权利,使得董事决策时将公共利益纳入考量范围。

德国1965年《公司法》规定:"公司的董事会,应自行负责管理公司。"该法草案中曾规定,董事会应当"为公司雇员、股东以及一般公众的利益"管理公司,但议会辩论后删除了这一条款并且放弃了以其他表述形式重新加入这一规定。然而,议会当时并没有打算由此从原则上改变原有的法律状态。确切地说,人们在立法讨论时对此的看法是一致的,即董事会今后在领导企业时也须顾及公共利益、股东利益以及股份有限公司员工利益这三个因素,但立法规定这一点则是多余的,因为它是不言而喻的。顾及公共利益的义务可以从第396条以及其他条款中推导得出。而顾及员工利益的义务则在一个社会福利的法治国家中无须特别强调,并且可以从在众多的也适用于股份有限公司的劳动法律中推导得出。③ 此外,根据德国1965年《公司法》,在公司因违反公共利益却不解雇公司管理者的情形中,国家可以勒令公司解散。就共同决策制度,20世纪70年代,曾有案件诉称德国公司法侵害股东财产权,有违宪法规定。但德国最高法院裁决支持公司法的规

---

① See Andrew Keay, *The Corporate Objective: Corporations, Globalisation and The Law*, Edward Elgar Publishing Limited, 2011, p.18, p.249.
② Ibid, p.251.
③ 参见法律委员会报告和政府法案,见Kropff(Hrsg), Aktg, 1965, S.97 f,转引自〔德〕格茨·怀克、〔德〕克里斯蒂娜·温德比西勒:《德国公司法(第21版)》,殷盛译,法律出版社2010年版,第480页。

定,并引用宪法中"财产的使用亦应维护公共利益"条款,认定股东财产权可以受到限制。① 相关立法与判例使德国公司管理层在履行其信托义务时得以考量包括公共利益在内的广泛利益。

奥地利《股份公司法》第 70 条规定董事会须为"企业利益"行事,考虑股东、职工和公共福祉。②

总体而言,信托模式下的公司利益构成因子呈现出开放的结构。

2. 信托模式下公司利益构成因子开放性中的限定性

在信托模式下,公司在行使其自由裁量权识别公司利益时,可将包括公共利益在内的广泛利益纳入考量。显然,"权力会腐蚀人心,绝对权力会完全腐蚀人心"③,"一切有权力的人都容易滥用权力,这是万古不易的一条经验。有权力的人们使用权力一直到有界限的地方才休止"④。

犹如学者在谈及美国管理实践中形成的股东利益优位时所指出的:

从理论上讲,在美国,在管理者的决策过程中,他们也可以考虑雇员、社区等其他利益的存在。通过商业判断规则,美国的法律可能从来都没有把管理者与股东的利益紧紧地捆绑在一起过。但是,其他强大的措施——薪酬、股东财富准则、收购、透明的证券市场等——使得管理者可以对股东保持足够的忠诚,从而使得代理成本始终保持在足够低的水平上。⑤

事实上,通过信托模式形成的公司利益构成因子的开放性在现实

---

① 参见 Alfred F. Conrad,"Corporate Constituencies in Western Europe," 21 *Stetson Law Review* 79-80(1991),转引自王文钦:《公司治理结构之研究》,中国人民大学出版社 2005 年版,第 119 页。

② 参见朱羿锟:《公司控制权配置论——制度与效率分析》,经济管理出版社 2001 年版,第 329 页。

③ 〔美〕郝伯特·A. 西蒙:《管理行为》,詹正茂译,机械工业出版社 2004 年版,第 178 页。

④ 〔法〕孟德斯鸠:《论法的精神(上册)》,张雁深译,商务印书馆 1959 年版,第 154 页。

⑤ 参见〔美〕马克·罗伊:《公司治理的政治维度:政治环境与公司影响》,陈宇峰、张蕾、陈国营、陈业玮译,中国人民大学出版社 2008 年版,第 61 页。

世界中则受到种种制约。

（1）任免权的制约。鉴于经营管理权在公司中的核心作用，对董事和其他管理人员的任免权毫无疑问地成为公司控制董事的核心策略。① 诚如汉密尔顿所言，"就人的天性而言，对一个人的生存有控制权，就是对这个人的意志有控制权"②，因此，谁有权任免董事，当然会对董事的利益偏好产生一定的影响。对董事的任免权，在英美国家，一般由股东通过股东大会行使③，股东有权利选择公司的董事会。因此，董事会凭借其撤销管理层的权力，甚至是设计管理者报酬计划的权力，拥有了将管理层的目标和股东的目标结合在一起的重要工具。④ 显然，此种模式下的董事会及管理层对股东利益会产生更大的偏好。而在诸如德国这样的职工参与制国家，董事由监事会产生，而监事会在很多情况下由股东和职工分别选举的监事组成。根据德国《员工参与决定法》的规定，雇员人数为 2000 人或者 2000 人以上的公司，监事会应有 1/2 的雇员代表，另一半是股东代表。雇员人数为 500 人或者 500 人以上的，监事会应有 1/3 以上的雇员代表；雇员人数为 500 人以

---

① See Reinier Kraakman, John Armour、Paul Davies, Luca Enriques, Henry Hansmann, Gerard Hertig, Klaus Hopt, Hideki Kanda and Edward Rock, *The Anatomy of Corporate Law: A Comparative and Functional Approach*(Second Edition), Oxford University Press, 2009, p.42.

② 刘燕：《会计法》，北京大学出版社 2001 年版，第 67 页。

③ 在英美，任命公司董事的权力往往被公司章程授予公司普通股东大会，但是，公司董事会本身甚至外部人员在一定的情况下也享有任命董事的权力。如果公司章程对董事的任命没有规定，也没有规定适用公司法中的有关规定，则任命公司董事的权力即由公司成员以普通决议的方式加以行使，参见 Robert R. Pennington, *Company Law*, London Butterworth (4th),1979, p.494，转引自张民安：《现代英美董事法律地位研究》（第二版），法律出版社 2007 年版，第 8 页。英美公司法中，董事会往往享有增加公司董事的数量的权力，如果此种增加没有超出公司章程所规定的最大限额的话，董事会往往享有任命公司董事以填充董事临时空缺的权力，参见张民安：《现代英美董事法律地位研究》（第二版），法律出版社 2007 年版，第 12 页。

④ 参见〔美〕默顿·H.米勒：《美国的公司治理有致命的缺陷吗？》载〔美〕唐纳德·H.邱：《公司财务和治理机制：美国、日本和欧洲的比较》，杨其静、林妍英、聂辉华、林毅英等译，中国人民大学出版社 2005 年版，第 82 页。

下的,不要求监事会中必须有雇员代表。[1] 这样,很多公司中监事会成员的职工代表比例有 1/3 以上甚至达到 1/2,由于监事会委任各个董事时至少需要其当时成员的 2/3 多数同意[2],监事会中的雇员代表因而通过法定权力而享有对董事会成员候选人的否决权[3],显然,此种程序下产生的董事,其利益偏好会相对偏好于股东和雇员,并且,由于股东相较于雇员处于更加优越的地位[4],董事可能会对股东利益更为偏好而兼顾雇员利益。

（2）资本市场的制约。资本市场通过多方面对公司管理中的利益偏好形成制约:其一,由于资本市场的存在,公司控制权市场形成了。"来自市场上外部管理团队对公司控制权的竞争是对公司内部控制体系的外部制约"[5],如果公司经营不善,公司股票价格下跌,公司更有可能被收购[6]。一旦公司被收购,管理者就可能被替换。因此,管理者

---

[1] See Alfred F. Conrad,"Corporate Constituencies in Western Europe," 21 Stetson Law Review 78(1991),转引自王文钦:《公司治理结构之研究》,中国人民大学出版社 2005 年版,第 119 页。

[2] 参见〔德〕格茨·怀克、〔德〕克里斯蒂娜·温德比西勒:《德国公司法(第 21 版)》,殷盛译,法律出版社 2010 年版,第 519 页。对于不能满足 2/3 以上多数同意要求的情形,法律规定了一个详细的程序,即只有在介入一个法律强制性规定要求的特别委员会(《员工共同参与决定法》第 27 条第 3 款)并且为获得多数同意采取了进一步措施之后,监事会主席才享有第二次表决权,参见〔德〕格茨·怀克、〔德〕克里斯蒂娜·温德比西勒:《德国公司法(第 21 版)》,殷盛译,法律出版社 2010 年版,第 519—520 页。

[3] See Reinier Kraakman, John Armour, Paul Davies, Luca Enriques, Henry Hansmann, Gerard Hertig, Klaus Hopt, Hideki Kanda and Edward Rock, The Anatomy of Corporate Law: A Comparative and Functional Approach(Second Edition), Oxford University Press, 2009, p.101.

[4] 例如,在德国,一些公司监事会中没有雇员代表,或者只有 1/3 雇员代表,至多是 1/2 雇员代表,然而,即使在监事会中有 1/2 雇员代表的情形下,如果发生投票僵局,则由股东代表中选举产生的监事会主席享有法定权力在第二轮投票中投出决定性的一票,参见 Reinier Kraakman, John Armour、Paul Davies, Luca Enriques, Henry Hansmann, Gerard Hertig, Klaus Hopt、Hideki Kanda and Edward Rock, The Anatomy of Corporate Law: A Comparative and Functional Approach(Second Edition), Oxford University Press, 2009, p.101.

[5] 〔美〕迈克尔·詹森:《企业理论——治理、剩余索取权和组织形式》,童英译,上海财经大学出版社 2008 年版,第 143 页。

[6] 当然,公司收购的动机是多种的,例如扩大协同效应、取得被收购方的市场与技术等,甚至于收购方构建公司帝国以降低自身被收购的可能性都可能成为公司收购的动机,被收购方并非一定都是经营不善的公司。

就会尽可能地改善公司经营。其二,为在资本市场上筹集资金,管理层在经营中也关注股东利益,否则,一个不关心股东利益的公司总体上而言,是很难在资本市场筹集到新的资本,或者其筹集资本的成本会更高;其三,目前各国资本市场上的机构投资者均较以往有了较大增长。例如,在美国,1986—2006年,个人投资者的持股比例由56%降到了27%,而机构投资者的持股比例则出现了大幅的上扬。在这个过程中,权益型共同基金的兴起起到了重要作用,而这在很大程度上又是401(k)养老金账户及其他个人直接控制的退休金账户骤增的结果。[1] 在英国,国家统计局于2005年指出,机构投资者和保险公司持有英国大部分的股票,如标准人寿公司在2004年年末拥有英国股票的17%。[2] "在OECD区域,机构投资者已经成为主要股东。"[3]这些机构投资者较之以往的分散的投资者对公司具有更大的影响力。[4] 在美国和英国,所有权集中和所有权从个人到机构的转移对公司治理产生了重要的影响。实际上,当今的机构管理者已更多地参与所有领域的公司决策,并且受公司治理行为准则和政策文件方面建议的鼓励而发挥更积极的作用。[5]

---

[1] 参见〔美〕艾尔弗雷德·拉帕波特:《谁绑架了上市公司:创造股东长期价值》,汪建雄、何雪飞等译,机械工业出版社2012年版,第14页。

[2] 参见〔英〕Bernald Taylor:《壳牌公司:超额登记储备》,载〔英〕Christine A. Mallin 编:《公司治理国际案例精选》,宋增基、李春红译,北京大学出版社2011年版,第48页。

[3] 经济合作与发展组织:《公司治理:对OECD各国的调查》,张政军、付畅译,中国财政经济出版社2006年版,第72页。

[4] 例如,2004年1月9日,壳牌石油公司因为被披露严重夸大其拥有的已探明的石油和天然气矿藏量,而被卷入到自1986年健力士事件(Guinness Affair)以来最大的商业丑闻中。其实际储量"比2002年底的报告中所显示的195亿桶少了44.7亿桶(23%)",起初,壳牌公司的执行官们声称储备问题只是由于少数个人行为导致的偶然性事件,他们拒绝了股东们关于公司结构陈旧和需要改革的意见。英国保险协会(ABI)和英国金融投资机构的领头羊威胁壳牌公司它们将在其年度全体会议上对某些关键问题投否决票,作为回应,壳牌公司的管理层承诺对公司结构进行修正,参见〔英〕Bernald Taylor:《壳牌公司:超额登记储备》,载〔英〕Christine A. Mallin 编:《公司治理国际案例精选》,宋增基、李春红译,北京大学出版社2011年版,第5页、第35页。

[5] 参见〔英〕吉尔·所罗门、〔英〕阿瑞斯·所罗门:《公司治理与问责制》,李维安、周建译,东北财经大学出版社2006年版,第85页。

研究成果显示,机构性股东支持的提案往往比个人股东支持的提案更容易获得通过。[1] 这些机构投资者并非总是偏好营利性回报的。例如,截至 2006 年 3 月,美国大学退休股权基金(CREF, College Retirement Equities Account)"社会选择账户"的资产额已超过 80 亿美元,该账户的投资目标即是,"支持反应金融市场投资业绩的长期回报率的同时予以特定的社会标准考量。"[2]同时,毫不奇怪的是,在美国,公共退休基金积极主义也总是与政府官员幕后操纵的一些政治目标相联系。[3] 在英国,至 2004 年,养老基金拥有的股票增加到了 16%,而且,从 2000 年 7 月起,养老基金保管人必须将社会责任投资(SRI)纳入他们的投资原则声明中,这种改变意味着养老保险基金保管人必须声明"在投资的选择、维持和实现上必须考虑(所有的)社会、环境和民族因素"(语出 1995 年《基金法案》修正案)[4]。因此,资本市场的力量在总体上使管理者产生对股东利益偏好的同时也会产生对其他利益相关者利益的关注。

(3)公司治理结构的内部控制。公司治理结构的安排也对公司管理中的利益偏好形成限制。试举数例:其一,如前所述,对公司董事和其他管理人员任免权的配置,无疑将对公司管理中的利益偏好产生影响,公司治理结构中的此种公司机关之间的权限配置无疑也是任免权控制机制及公司控制权市场机制发挥作用的基础;其二,公司内部监督权的配置及公司监督机关的组成。公司监督机关有权对公司管理

---

[1] 参见〔美〕肯尼思·A. 金、〔美〕约翰·R. 诺夫辛格:《公司治理:中国视角(原书第 2 版)》,严若森译,中国人民大学出版社 2008 年版,第 104 页。

[2] Christopher M. Bruner, "The Enduring Ambivalence of Corporate Law," 59 *Alabama Law Review* 1436(2008).

[3] See Iman Anabtawi, "Some Skepticism About Increasing Shareholder Power," 53 *UCLA Law Review* 568 – 569 (2006), in Christopher M. Bruner, "The Enduring Ambivalence of Corporate Law," 59 *Alabama Law Review* 1439(2008).

[4] 参见〔英〕Christine A. Mallin:《对标准人寿——英国最古老的机构投资者之一的研究》,载〔英〕Christine A. Mallin 编:《公司治理国际案例精选》,宋增基、李春红译,北京大学出版社 2011 年版,第 49—50 页。

层实施的损害公司利益的管理行为进行监督,其实施此种监督必然涉及对管理层行为是否符合"公司利益"的判断,监督机关的此种监督行为也必然对管理者的行为偏好产生影响。在英美,内部监督职能主要由独立董事组成的专门委员会进行,然而,"独立董事可能并不是法律预想的那样毫无利害关系的受托人。大部分的独立董事当选获得了首席执行官、主要股东或者他们共同的同意"①。因此,独立董事的此种监督很可能会对股东利益或管理层的利益有所偏好。而在德国这样的双层董事会的国家,禁止监事会作出管理决策,并且,作为法定的默示条款,要求管理董事会以多数决作出决策②,诸多公司由职工代表与股东代表共同组成监事会行使公司内部的监督权,在这样的权限分配与监督机构的组成下,也必然会使管理者对股东利益和雇员利益有所偏好。其三,通过对董事行为的追认或董事责任的免除机制安排,同样也会对管理者行为的利益偏好产生制约。一般而言,追认董事行为或免除董事责任均由股东会进行③,这一制度安排将使董事行为产生对股东的利益偏好。

---

① 〔瑞士〕杰拉德·赫蒂格、〔日〕神田秀树:《关联交易》,载〔美〕莱纳·克拉克曼、〔英〕保罗·戴维斯、〔美〕亨利·汉斯曼等:《公司法剖析:比较与功能的视角》,刘俊海、徐海燕等译,北京大学出版社2007年版,第131页。

② See Luca Enriques, Henry Hansmann and Reinier Kraakman, *The Basic Governance Structure: The Interests of Shareholders as a Class*, in Reinier Kraakman, John Armour, Paul Davies, Luca Enriques, Henry Hansmann, Gerard Hertig, Klaus Hopt, Hideki Kanda and Edward Rock, *The Anatomy of Corporate Law: A Comparative and Functional Approach* (Second Edition), Oxford University Press, 2009, p. 57.

③ 例如,根据英美公司判例法和制定法,公司股东会可以通过追认董事的某些义务违反行为而使董事免于承担法律责任,参见张民安:《现代英美董事法律地位研究》(第二版),法律出版社2007年版,第230页。《英国2006年公司法》第239条规定了公司对董事构成与公司相关的过失、失责、违反义务或者违反信托行为之追认,其规定,公司追认该行为的决定,必须经公司成员的决议作出,参见葛伟军译:《英国2006年公司法》,法律出版社2008年版,第147—148页。根据《德国股份法》第120条,股东会有权就董事和监事的免责进行表决,参见杜景林、卢谌译:《德国股份法·德国有限责任公司法·德国公司改组法·德国参与决定法》,中国政法大学出版社2000年版,第58页。此外,根据《韩国商法》第400条规定,免除董事的赔偿责任必须经全体股东同意,参见吴日焕译:《韩国商法》,中国政法大学出版社1999年版,第89页。

(4)经理人市场的制约。公司管理层还受到经理人市场的约束。一般而言,如果经理人期望将来在其他公司仍能获得管理工作,他们就必须保持良好的声誉。① 显然,良好的声誉,来源于其遵守了公司所在国家或地区公认的经理人的行为准则。

(5)产品市场的制约。产品市场上的竞争越激烈,管理者为自己牟求私利的机会就越小。如果经营管理者牟求了自己的私利,那么他的公司的产品的单位成本就会比他的竞争者的高。最终他管理的这间公司就会失去市场份额并不再存在。② 产品市场的竞争制约了管理者在通过信托模式对各种利益因子进行权衡时谋取私利。"为了在环境经常变化的竞争性市场上存活下去,企业必须要有一个企业家式的管理团队。这一管理团队做的事情远不只是最小化成本。他们必须作出企业应该执行的战略决策。"③产品市场的制约,也使管理者在决策时必须将消费者利益的纳入考量,只有以更优的价格、更好的质量向消费者提供产品与服务,方能在产品市场的竞争中获胜。

(6)司法制约。司法对管理者行为偏好的影响主要通过以下途径实现:第一,对诉由的规定。例如,根据英国1986年《破产法》第214条的规定,公司破产清算时,法院可以判决董事对公司债务承担

---

① See Andrew Keay, *The Corporate Objective: Corporations, Globalisation and The Law*, Edward Elgar Publishing Limited,2011,p. 18,p. 305.
② 参见〔荷〕塞特斯·杜玛、〔荷〕海因·斯赖德:《组织经济学——经济学分析方法在组织管理上的应用(第3版)》,原磊、王磊译,华夏出版社2006年版,第116页。
③ 〔美〕富兰克林·艾伦、〔美〕道格拉斯·盖尔:《公司治理与竞争》,载〔西〕泽维尔·维夫斯编:《公司治理:理论与经验研究》,郑江淮、李鹏飞等译,中国人民大学出版社2006年版,第79页。

个人责任。① 与之类似,在澳大利亚,如果公司处于破产状态,董事在行使权力时就必须也考虑债权人利益,不论债权人具有担保与否。② 1986年,澳大利亚的"金西拉诉罗素金西拉公司案"③也表明,当公司破产或濒临破产时,董事对第三人负有义务,且即使在公司破产的情况下,董事对第三人的义务也是以公司为中介产生的而不是独立的对第三人的义务,如果公司已经不存在,或公司清算人不对董事提起诉讼,第三人就无法得到赔偿。④ 对公司董事违反该项义务的诉因的规定,显然有助于董事在此种情形下对债权人利益进行考量。第二,对提诉权主体的规定。根据多数国家对损害公司利益行为的提诉权主体的规定,除公司外,仅股东有权提起代位诉讼,这种制度安排下,将使管理者的管理行为产生对股东利益的偏好。也有一些国家,不仅股

---

① 不过,就1986年《英国破产法》第214条而言,债权人不能以自己的名义起诉董事,相反,诉讼必须通过清算人进行,对清算人对某一事项的决定不满意的债权人可能可以获得法庭的救济,参见1986年《英国破产法》第112,167(3)条,参见〔加拿大〕布莱恩·R.柴芬斯:《公司法:理论、结构和运作》,林华伟、魏旻译,法律出版社2001年版,第587页。但是,清算人有很好的理由对第214条保持谨慎。所有他在履行其职责中正当产生的花费都是从公司的资产中支付的。但是,法院已经判定如果清算人的错误交易诉讼没有成功且被判定承担诉讼费用,他不能从已设置了抵押或其他担保权益的资产中支付。参见 Re MC Bacon Ltd.(第2号)(1990)《巴特沃斯公司法案件汇编》第607页(大法官法庭),S.威勒:《为在公司破产中的分配而夸大资产》,(1993)《商业法律杂志》第257页开始,第266—268页和J.米德顿:《错误交易和可无效的偏好》,(1992)《新法律杂志》第142期第1582页,转引自〔加拿大〕布莱恩柴芬斯:《公司法:理论、结构和运作》,林华伟、魏旻译,法律出版社2001年版,第587页。结果,如果在有担保的债权人被偿付后没剩多少资产,由于在1995年允许清算者在大致相当于在"不赢"就"不付费"的基础上雇用律师的改革,不愿行动的现象有所缓和。请见《1995年有条件付费协议命令》,SI1995/1674,第2(d)条,依照《1990年法院和法律服务法》第58(4)条,第41章颁布。但是,这一选择的存在是否在实践中会产生不同效果是有很大争议的。清算人不会提出错误交易的要求,除非他得到由希望他起诉的无担保债权人承担他的个人损失的保证,转引自〔加拿大〕布莱恩·R.柴芬斯:《公司法:理论、结构和运作》,林华伟、魏旻译,法律出版社2001年版,第587页。

② 参见黄辉:《现代公司法比较研究——国际经验及对中国的启示》,清华大学出版社2011年版,第211页。

③ See *Kinsela v. Russell Kinsela Pty Ltd.*,1985 - 1986,10 ACLR 395。

④ 参见张开平:《英美公司董事法律制度研究》,法律出版社1998年版,第163—164页。

东,管理层或者任何法庭认为适当的人也可提起派生诉讼①,非股东利益相关者享有对损害公司利益行为的起诉权,将强化公司管理层对其利益的关注。第三,司法中对公司行为的实体审查。法院是否进行实体审查以及进行实体审查时对"公司利益"构成判断的司法倾向,将对管理者的行为选择产生影响,正如霍奇森所指出的,单是利用法庭的可能性,就足够使法律制度产生影响了,这种影响不一定表现在人们会真正告上法庭要求国家行使这种职能上。② 而法院也正可利用这种影响力,根据现实变化调整司法态度,实现法律的公平价值。正如学者所指出的,法庭有积极的义务认识到商业与社会的动态性,并利用提供给他们的法律工具去适应当代现实。③

显然,期待其中任何一种制约机制就能实现对公司信托模式下开放的构成因子的合理限定,从而避免管理者的机会主义行为与偷懒行为是不现实的。商业实践中一再发生的公司丑闻也证明了这一点。然而,动态的、灵活的商业实践需要与之配套的灵动的制约机制,上述机制共同地、动态地作用于管理者行为,将有利于引导公司管理层在履行信托责任时善意地、合理地确定和权衡公司利益构成因子及其权重,以有利于公司整体利益的方式行事。

---

① 例如,澳大利亚 2001 年《公司法案》第 236 条除允许股东提起派生诉讼外,前股东及公司官员也可提起该诉讼。加拿大 1985 年《商业公司法》第 238 条(d)也规定,根据法庭的自由裁量认定的任何其他适当的人也可提出提起代表诉讼的申请。新加坡《公司法》第 216A 条(1)(C)也规定了能够申请提起派生诉讼的人的范围包括任何根据法庭的自由裁量权认为是适当的人。参见 Andrew Keay, *The Corporate Objective: Corporations, Globalisation and The Law*, Edward Elgar Publishing Limited, 2011, pp. 257 – 258。

② See G. M. Hodgson, *Economics and Institutions: A Manifesto for a Modern Institutional Economics*, Polity Press, 1988, pp. 154 – 155, 转引自〔美〕迈克尔·迪屈奇:《交易成本经济学——关于公司的新的经济意义》,王铁生、葛立成译,经济科学出版社 1999 年版,第 213 页。

③ See Tuvia Borok, "A modern Approach to Redefining 'In the Best Interest of the Corporation,'" *Windsor Review of Legal and Society Issues* 133(2003).

(二)参与模式下的公司利益构成因子

参与模式下,作为公司利益构成因子的团体各自选举出其代表,共同组成决策机关,通过该机关的决策行为,而将其利益融入公司利益,从当代各国的公司立法与治理实践来看,总体而言,此种模式下的公司利益构成因子主要包括股东利益、雇员利益、债权人利益。尽管存在着公共利益通过参与模式融入公司利益的建议,但总体来看,这方面的尝试是失败的。

无论哪些主体通过参与模式而使其利益融入公司利益之中,显然,不同类型的主体之间(例如,股东和雇员之间)、甚至同一类型的主体(例如,股东中的大股东和小股东之间)之间的利益和目标也并不一致。"当需要作出决策的利益所有者之间的利益不一致时,他们必须使用某种形式的集体选择机制。目前最为通行的方法就是采用表决制。"[1]通过对特定表决程序的安排,将表决形成的结果视为公司意思,将该结果推定为符合公司利益。

1. 股东利益

尽管在不同法域下,公司股东的权利有所不同。例如,一些法域中,对股东权利的界定非常严格,很少为公司之间的差异化留下空间。其他一些法域,法律法规则仅对股东权利作出一般性规定,股东权利主要由公司的章程和细则决定。[2] 然而,如同《OECD 公司治理原则》第 II.A 条所指出的,参加股东大会并投票是股东的一项基本权利。[3]

在公司正常经营阶段,股东会是公司的最高意思形成机关,董事会和监事会分别在各自的权限范围内形成公司意思、执行公司业务或

---

[1] Henry Hansmann, *The Ownership of Enterprise*, Harvard University Press, 1996, p.39.
[2] 参见经济合作与发展组织:《〈OECD 公司治理原则〉实施评价方法》,周清杰译,中国财政经济出版社 2008 年版,第 36 页。
[3] 同上注,第 37 页。

履行监督职责。① 在英美,决策机关通常为股东大会,有时候,董事会也可进行决策。② 股东会是由全体股东所组成之会议体,依股东之总意在公司内部决定公司意思之股份公司必备之最高机关。③

公司利益中所融合的股东利益,是指股东整体的利益,其中既包含大股东利益,也包含小股东利益。股东通过参与股东大会并投票表决,使股东利益得以融入公司利益而成为其构成因子。因此,为防止由于资本多数决可能造成的大股东利益和意志即被推定为符合公司整体利益与意志而可能给小股东造成的损害,公司法上便需确立对小股东的特殊保护机制,这正是公司利益乃股东利益之体现。

2. 雇员利益

在一些法域中,员工参与机制是强制性要求,具体包括董事会中的员工代表,以及在某些重要决定方面需要考虑员工意见的工作委员会等其他管理程序。④

在当代各国的法律框架下,雇员主要通过参与如下能对公司产生拘束力的组织或机关的决策而使其利益融入公司利益:(1)典型的雇员参与方式,即雇员加入公司监事会,例如德国。(2)也有国家,雇员代表直接加入董事会,例如,在丹麦、瑞典以及卢森堡的单层董事会中,也存在着职工代表。⑤ (3)在挪威,公司职工可选举部分公司大会成员,公司大会拥有选举董事和董事长、监督董事和总经理的经营活动、向股东大会陈述意见、就某些重要事项作出决策、向董事会提出建议等权

---

① 参见蒋大兴:《公司法的观念与解释 III:裁判逻辑 & 规则再造》,法律出版社 2009 年版,第 13 页。
② 参见〔美〕阿瑟·库恩:《英美法原理》,陈朝璧译注,法律出版社 2002 年版,第 253 页。
③ 参见柯芳枝:《公司法论》,中国政法大学出版社 2004 年版,第 205 页。
④ 参见经济合作与发展组织:《〈OECD 公司治理原则〉实施评价方法》,周清杰译,中国财政经济出版社 2008 年版,第 79 页。
⑤ See F. Allen, E. Carletti and R. Marquez, "Stakeholder Captalism, Corporate Governance and Firm Value," 4 August 2007, Working paper, Universtiy of Pennsylvania, p. 6, in Andrew Keay, The Corporate Objective: Corporations, Globalisation and The Law, Edward Elgar Publishing Limited, 2011, p. 129.

限。① 职工可通过上述机关中的职工代表参与决策而将其利益融入公司。

上述职工参与董事会、监事会的国家中，其适用范围、代表层次、选举及适任要求如下表：

表3.1 职工参与董、监事会的比较②

国家	适用范围	代表层次	选举及适任
丹麦	• 50 人以上的企业 • 单轨制	• 董事会中劳方代表占 1/3	• 由受雇者选出 • 候选人需服务 1 年以上
法国	• 50 人以上的企业 • 单轨制或双轨制	• 董事会中劳方至少 2 席，如管理、技术人员超过 25 人，则增到 4 席 • 国营企业受雇者、管理人员及政府各占 1/3	• 由工厂会议选出 • 若有 2 席劳工代表，1 席为行政管理阶层，另 1 席为非技术工；若有 4 席，则 2 席是非技术工，1 席行政人员，1 席技术人员 • 服务 2 年以上
德国	• 500 以上的企业 • 1000 人以上的煤、钢、铁业 • 双轨制	• 501—2000 人者，监事会中有 1/3 劳工席次 • 2000 人以上者，劳方代表、股东代表各占 1/2，主席拥有双重投票权 • 1000 人以上的煤钢铁企业，劳动代表、股东代表各占 1/2，双方另指派 1 名中立人士	• 501—2000 人的企业中，劳工代表从受雇者中直接选出或由工会会议推荐，至少有 1 名技术工人及 1 名非技术工人；若女性受雇者占 50% 以上，则至少有 1 名女性代表 • 2000 人以上者，从受雇者及工会选出。技术工和非技术工分开选出，并保障有 1 席行政人员

---

① 参见刘俊海：《公司的社会责任》，法律出版社 1999 年版，第 216—220 页。
② 此处双轨制是指监事会与董事会分立，监事会拥有指派、监督及解任董事会的权限。董事会则负责公司的日常业务的处理。单轨制则是指有些国家以上两种功能合一于董事会，该表格参见杨明峰：《国营事业劳工董事制度之研究》，转引自杨云霞：《我国企业职工参与法律制度的系统分析》，西北工业大学出版社 2009 年版，第 179—181 页。

续表

国家	适用范围	代表层次	选举及适任
爱尔兰	• 7家州营事业及电力、航空公司 • 单轨制	• 董事会中有1/3的劳工代表	• 从受雇者中选出 • 服务3年以上 • 18—65岁
卢森堡	• 1000人以上的企业 • 公股25%以上的企业 • 钢铁部门 • 单轨制	• 1000人以上的企业,劳工代表占1/3 • 国营企业每1000人1名代表 • 公营煤钢企业劳工代表3名	• 钢铁部门以外的企业,由现场技术工及非技术工分开选出 • 钢铁部门由全国性工会指派 • 服务2年以上
荷兰	• 1000人以上的企业 • 双轨制	• 监事会中无劳工代表,但受雇者对监事会人选有否决权	• 监事会由管理部门、工厂会议及股东大会推选
挪威	• 51—200人的企业及200人以上的建筑制造业、单轨制 • 200人以上的企业,双轨制 • 大众传播、航海、银行、金融、保险业不适用	• 单轨制中,董事会有1/3劳工席次,至少两席 • 双轨制中,监事会有1/3劳工席次,执行董事会由监事会指派	• 从受雇者及工会选出 • 若女性受雇者超过1/3,则至少有1名女性代表 • 服务1年以上
瑞典	• 25人以上的企业 • 银行、保险业由其他法律规范 • 单轨制	• 劳工代表至少2席,只有1股东代表时,则劳工代表1席	• 由工会指派 • 企业有2个以上工会者,由拥有80%会员的工会指派2名代表,否则由最大2工会各推派1名

职工利益也可通过参与模式得以融入破产阶段的公司利益。例如,在德国,其《破产法》第67条第(2)项规定,雇员作为破产债权人拥有并非小额的债权的,应当在债权人委员会中有一名代表。[①] 尽管

---

① 参见《德国破产法》(1994年10月5日新颁文本,2004年12月9日最近一次修订),载李飞主编:《当代外国破产法》,中国法制出版社2006年版,第34页。

其仍同时具有债权人身份,但这也体现了对职工利益的关注。根据我国《企业破产法》第 67 条的规定,破产阶段的债权人委员会由债权人会议选任的债权人代表和一名债务人的职工代表或者工会代表组成。债权人委员会成员不得超过 9 人。

3. 债权人利益

通过参与模式而融入公司利益的债权人利益,是指债权人以债权人的身份通过参与模式,将其利益与意志融入公司利益。在此,首先需要说明的是,有学者认为,在德国与日本,企业融资主要是依赖银行贷款,在与银行的长期交往中,企业形成了对银行的依赖性。银行是企业最大、最重要的债权人,银行不但通过契约对公司进行监督,而且还对公司进行参股,利用股东的身份,直接加入公司的内部组织,获得公司的经营信息,直接对经营管理层进行监督,银行一方面维护作为股东的权益,另一方面保护作为债权人的权益。基于银行的债权人和股东的双重身份,银行参与公司管理。这是一种"债权人直接参与公司治理的方式"。① 笔者认为,此情形下的个别债权人参与公司治理并非"债权人通过参与模式而将其利益融入公司利益",一则,其得以参与公司治理并非基于其债权人的身份,而是基于其股东的身份,试想,如果这些债权人不同时兼具股东身份的话,其能够当然地参与公司管理吗?正如奥村宏教授所指出的:"职工出身的人成为经营者与职工的代表成为经营者是两个完全不同的概念。如果是职工的代表成为经营者的话,那么,就应该通过职工的选举来选出董事。"②同样,具有债权人身份者得以参与公司管理并不意味着债权人参与了公司管理;再则,即便个别纯粹债权人参与公司治理,如果其并非是由其所

---

① 参见王艳华:《反思公司债权人保护制度》,法律出版社 2008 年版,第 273—274 页。刘迎霜也认为,德国和日本采取的是银行以债权人和大股东的双重身份直接、积极地参与公司治理的方式,参见刘迎霜:《公司债:法理与制度》,法律出版社 2008 年版,第 210 页。

② 〔日〕奥村宏:《股份制向何处去——法人资本主义的命运》,张承耀译,中国计划出版社 1996 年版,第 48 页。

属债权人群体通过特定程序推选的,那么,个别债权人所代表的就只是其个别利益,而不是代表债权人群体的利益,这样的"个别债权人参与公司治理"并非制度意义上的、一般意义的"债权人参与公司治理"。

尽管经济学与管理学界提出了公司相机治理理论并进行了广泛的分析与论证。该理论依据公司经营过程中财务经营状况的变化,提出了公司控制权在经营者、股东、职工和债权人之间动态配置的分析模型,对公司运行过程中控制权的实态配置作出了较为贴切的解释和描述。然而,作为其理论基础的状态依存所有权并不是法律中已经确认的所有权,尤其与大陆法系国家物权法中的所有权大相径庭。[①] 经济学者也指出,即便是在其"状态依存所有权"意义上的所有权,其转移也并非当然发生。所有权和控制权转移的前提是债务对公司进而对经理的约束必须是硬性和有效的,同时当公司资不抵债时,面临的必须是一种较适当的破产程序。否则,如果法律不支持债权人的诉讼,或者存在行政干预,阻碍债权人行使权力或阻止企业进入破产程序,那么这种分析模型便不具有意义。[②] 因此,"引起公司所有权及控制权改变的直接原因不是所有权的依存状态,而是一定的法律行为和事件。"[③]

从目前的法律规定来看,明确规定有关利益相关人取得对公司的参与权的情形主要是在破产程序中。而在破产程序之外,诚如方流芳教授所言:"除破产之外,债权人为了维护自身利益而参与公司治理既不合理,也不经济,简便而经济的担保法,在一定情形下否定公司人格恐怕能更有效地防止股东机会主义侵害债权人利益。"[④]

根据《〈OECD 公司治理原则〉实施评价方法》,在破产体系中,应

---

① 参见郭富青:《公司权利与权力二元配置论》,法律出版社 2010 年版,第 296 页。
② 参见孙永祥:《公司治理结构:理论与实证研究》,上海三联书店、上海人民出版社 2002 年版,第 151 页。
③ 郭富青:《公司权利与权力二元配置论》,法律出版社 2010 年版,第 88 页。
④ 参见刘连煜:《公司治理与公司社会责任》,中国政法大学出版社 2001 年版,方流芳所作"序言",第 4 页。

当明确规定不同类别的债权人权利,并允许他们在破产公司的重组决策中扮演重要角色。① 债权人正是通过在破产公司的重组决策中扮演重要角色,以参与决策的方式将其利益融入公司利益。

债权人在破产程序中参与能对债务人公司产生约束力的决策主要通过如下途径进行:其一,参加债权人会议的决策。例如,根据我国《企业破产法》的规定,依法申报债权的债权人为债权人会议的成员,有权参加债权人会议,享有表决权。② 债权人会议有权行使决定继续或停止债务人营业、通过重整计划、通过债务人财产的管理方案等诸多职权。③ 其二,参加债权人委员会。债务人公司的管理人实施有关的重要行为,应当及时报告债权人委员会。④ 债权人委员会有权监督债务人的财产的管理和处分行为等。⑤

当然,强制性的债权人参与公司治理通常存在于破产体系中并不排除公司通过章程确定公司债权人参与正常经营时的治理。例如,美国纽约州即以成文法的形式明确规定,公司可以在章程中作出规定,对于有关公司董事的选举及公司股东拥有表决权的任何其他事项,债权人同样享有投票表决权。⑥《特拉华州公司法》第 221 条规定,"公司章程可以规定,该公司之前发行的、将要发行的任何债券、无担保债券或其他债务的所有人,在公司章程规定的范围内及以公司章程规定的方式,有权行使下列权利:就该公司的商业经营和事务管理进行投

---

① 参见经济合作与发展组织:《〈OECD 公司治理原则〉实施评价方法》,周清杰译,中国财政经济出版社 2008 年版,第 83 页。
② 参见《企业破产法》第 59 条第 1 款。
③ 参见《企业破产法》第 61 条。需要说明的是,并非各国在破产阶段均设立债权人委员会,例如,在法国,其破产法没有设立由债权人组成的任何机构,而是由律师、会计师等社会专业性组织中选定所谓的债权人代表,由其代表债权人参与破产程序,参见付翠英编著:《破产法比较研究》,中国人民公安大学出版社 2004 年版,第 274 页。
④ 参见《企业破产法》第 69 条。
⑤ 参见《企业破产法》第 68 条。
⑥ See New York Corporation Law 518(c),转引自刘迎霜:《公司债:法理与制度》,法律出版社 2008 年版,第 212 页。

票的权利……该公司股东基于本法之规定所可能享有的,或基于公司章程之规定可能享有的任何其他权利……"①

4. 公共利益

如果行政管理机构作为股东,当然其可作为所有人/股东参与公司治理,并且,基于其股东身份,其可依股东权选任董/监事参与公司治理。② 然而,对于行政管理部门非参股于企业,行政管理机构是否可基于维护公共利益而通过参与模式将公共利益融入公司利益?

在立法例中,行政管理机构作为公共利益的代表而非股东,参与公司治理,进而将公共利益融入公司利益的立法例并不多见。我国台湾地区"证券交易法"第126条第2项即将行政管理机构指派代表参与公司董事会付诸实施,该条项规定:"公司制证券交易所之董事、监察人至少应有1/3,由主管机关指派非股东之有关专家任之;不适用

---

① 虞政平编译:《美国公司法规精选》,商务印书馆2004年版,第237页,转引自刘迎霜:《公司债:法理与制度》,法律出版社2008年版,第215页。

② 例如,在德国,长时间以来,为了运营公共设施,公共部门除了采用公法形式外还采用私法法律形式——特别是股份有限公司和有限责任公司。尤其是在地方一级,以有限责任公司或股份有限公司组织形式运营城市公用事业、交通公司、港口、机场、展会、运动场所、文化设施等等,是很常见的。在许多情况下,公共部门是唯一股东,但现在已有越来越多的私人投资者加入进来。特别是20世纪90年代后出现了一种所谓的"公共部门与私人企业合作模式",通过这种模式,联邦、州、市政与私人投资者共同实施大型投资项目。这些企业被称为公共企业。公共预算法方面的法律规范通常规定,只有当公共部门能够对有关的私法企业,尤其是监事会,施加适当影响时,公共部门才能对该企业进行参股。此外,许多市镇法规要求在一家资合公司签订公司合同时必须使自己获得监事派遣权;公共部门代表(在监事会中)的比重通常必须根据参股份额加以确定。市镇代表由市镇参议会(通过决议)选出。然而,即使一家股份有限公司的监事是经公共部门建议或派遣而得到选聘的,他们也仅有义务在履行其职责时为公司利益(而非设法使其获得聘任的政府机关或市镇议会中某党团的利益)进行行为。虽然许多市场法规均规定监事会中的市镇代表有义务在履行其职务时为本市镇利益进行行为,但这些规定有时同样附有明确的法定保留条件,也就是说只有当法律未作出不同规定时,这些规定才适用。股份法上的"监事仅有义务为公司利益进行行为"这一原则也属于此种"法律上的不同规定"。另外,作为州法的市镇法规中的,与《股份法》相违背的规定同样不能优先于作为联邦法的《股份法》而得到适用。被派遣监事所负的公法义务既不限制也不"优先于""监事为公司利益进行行为"的义务。参见〔德〕路德·克里格尔:《监事会的权利与义务(第5版)》,杨大可译,法律出版社2011年版,第425—428页。在这样的公共企业中,政府选任董/监事显然是基于其股东身份而行使职权的结果。

'公司法'第 192 条第 1 项及第 216 条第 1 项之规定。"根据我国台湾地区行政管理机构对该条之修正理由的解释,该条规定设定之目的,系增加证券交易所之公益性并提升其实际功能。①

一些学者也主张在公司中设立其他公共董事。例如,斯通(Christopher D. Stone)在 1975 年出版的一本书中提议建立公共董事职位,要求公司对每 10 亿元资产或者销售额设立 10% 的公共董事职位。该公共董事的职能最重要的就是作为一个"大我",通过他的存在激励董事对行为负责。对行为负责是指:"在某些领域行为前考虑一下;充分考虑其行为将要带来的后果,考虑其他方案,扩展时间限制,将其分析与各类社会判断相联系;只做那些他可以在公众面前宣称是社会所认可的负责任的行为的事;考虑有关环境是部分由它所做成的这个事实。"②

5. 特定利益成为参与模式下公司利益构成因子要件

考察各国和地区得以通过参与模式参与公司利益形成的利益群体,笔者认为,特定利益群体的利益成为参与模式下的公司利益构成因子应具备如下条件:

(1)必要性。特定利益易受损害,通过参与模式以外的模式难以有效地保护其利益,或者通过参与模式以外的保护模式以及参与模式的结合方更有利于保护其利益。以债权人利益为例,当公司资产足以清偿债务时,合同制度或担保制度即足以保护债权人利益,因此就无使债权人通过参与公司治理进而通过维护公司利益而维护自身利益的必要性,因此,各国几乎没有在公司正常经营时债权人参与公司治

---

① 参见我国台湾地区 1988 年"证券交易法"修正条文及我国台湾地区行政管理机构为其提供的修正理由,转引自刘连煜:《公司治理与公司社会责任》,中国政法大学出版社 2001 年版,第 44—45 页。
② Christopher D. Stone, *Where the Law Ends: The Social Control of Corporate Behavior*, Harper—Row,1975,p.161,转引自何美欢:《公众公司及其股权证券》(上册),北京大学出版社 1999 年版,第 521 页。

理的强制制度安排。而当公司资产不足以清偿其债务时,公司的利益与经营状况与债权人利益攸关,此种情形下,则产生了公司债权人参与公司治理的必要性。

(2)可行性。即使对某类主体的利益存在通过参与模式保护的必要,也要考虑其可行性。例如,如何确定该利益群体的成员?该利益群体通过何种程序选定其代表?如果该利益群体的利益得以成为参与模式下的公司利益构成因子,其在其中具有多大权重?在考察某一群体利益是否得以成为参与模式下公司利益的构成因子时,必须对上述问题的可行性予以确定。举例而言,以顾客为例,是只包括与公司直接发生交易关系的顾客——例如经销商,还是亦包括最终消费者?在当今公司普遍实行全球化经营的时代,是否包括海外顾客?即便如同股份公司确定股东资格一般,确定某一特定日期为确定该利益群体成员身份的截止日,对海外顾客是否需履行特别的认证手续?即使确定了顾客范围,显然其选任代表的过程也是极度复杂的,由此产生的成本也是极其高昂的。而付出如此高昂的成本,该类群体利益在公司利益中处于何种权重尚不确定。因此,笔者武断地揣测,诸如消费者/顾客此类的群体,其通过参与机制加入公司利益的形成过程进而间接维护自身利益的可行性应是极低的,这或许也是各国立法例上从未见顾客代表参与公司治理的强制制度安排的原因。

(3)成本考量。在考虑是否将某一群体利益纳入参与模式下进行考量,还需考虑此种群体进行参与的成本与收益。唯有成本大于收益的情形下方才予以考虑。以前述顾客利益群体参与公司治理安排为例,显然其成本巨大而收益未知。"成本与利益分析"应是立法者立法或者制定法规时考量的标准。[①] 尤其是,如果试图推行一种强制性制度变迁,更不能忽视此种制度变迁的成本。通常而言,"现有法律规则可能是具

[①] 参见刘连煜:《公司治理与公司社会责任》,中国政法大学出版社2001年版,第74页。

有效率优势的,因为制度和结构已经适应了这种规则下的需求和问题。在这种情况下,如果替换现有规则,就会使现有制度和专门的基础结构变得没有用途或者不再适合,而且还需要新的投入(投资)。各类参与者——经理人、所有者、律师、会计师等——都对人力资本,以及对适合现有公司规则的运作模式进行了投资。如果替换这些规则,参与者就不得不进行新投资,并适应新规则。"① 基于多种原因,法律规则/公司规则的变迁是路径依赖的,而成本考量无疑是其中的重要原因之一。因此,当我们考量是否通过参与模式将某类群体利益融入公司利益时,由于"经验研究并没有发现公司治理体制与经济绩效之间有明确的关系。各种公司治理工具在理论上有不同的效果。但没有有力的证据可以表明,(无论是以内部监督还是以外部市场为基础的)公司治理机制是有效的。"② 在"另起炉灶"式的制度收益并不确定的情况下,尊重历史,进行改良型的变迁较之"另起炉灶"通常是一种成本更低的选择。

(三)被忽略的话题:董事利益是否是公司利益的构成因子?

20世纪30年代至60年代,美国存在着一种重要的观念,这种观念赞同授予大型商业公司的管理者以实质性的自由裁量权,此种观念的核心在于,相信职业的公司管理层能够作为无私的受托人,将领导公司以服务于公众的方式行事。③ 美国学者奇亚斯更指出,"所谓的股东民主是一个误解,因为,股东并非被公司所统治,公司也不必征得股东的同意。即使是,也只是在非常有限的意义上如此。如果股东能获得公司财务信息,欺诈行为能得以阻止,股东转让股份的市场又能

---

① 〔美〕卢西恩·阿依·拜伯切克、〔美〕马克·J.罗:《公司所有权和公司治理中的路径依赖理论》,载〔美〕杰弗里·N.戈登、〔美〕马克·J.罗编:《公司治理:趋同与存续》,赵玲、刘凯译,北京大学出版社2006年版,第104页。

② 〔西〕泽维尔·维夫斯编:《公司治理:理论与经验研究》,郑江淮、李鹏飞等译,中国人民大学出版社2006年版,第9页。

③ See Henry Hansmann and Reinier Kraakman, "The End of History for Corporate Law," 89 *Georgetown Law Journal* 444(2001).

得以维护,那么,股东利益就得到了保护。没有理由让股东们直接或通过代表参与产品价格、工资与投资等事宜的决策。股东并不会比非股东的邻居受到公司决策的更大影响。事实上,现代公司的发展把股东们置于没有发言权的境地,没有什么不妥之处"。① 于是,出现了"经理部门的控制权",即根本不存在什么与经理部门保持密切的实际联系或能够与之抗衡的集中起来的大股权,因而董事会经常可以期望由分散的小股权组成大多数来按照董事会的意图行事。这样,他们在编制董事候选人名单时就不必同任何人商量,可以简单地要求他们的股东签署和送还仪式上的代理选举票。他们自己选任自己的继任人。从理论上说,经理部门以外的人能动员大批的小股东,集中他们的投票权,撤换现任的董事。但是这一工作非常繁巨、开支浩大,而且结果是没有把握的。这种事几乎从来没有发生过,因而就可以不考虑它的可能性了。名义上的权力属于股东,实际的权力则属于董事会。② 立法上,也出现了"董事会中心主义"。学者指出,就控制权而言,美国公司法被描述为"董事优位"③要比描述为"股东优位"准确得多。④ 与董事权力扩张的现象相对应的是,人们愈来愈关注董事与公司的利益冲突问题⑤,与此同时,另一个问题却被忽视了:董事在考量公司利益时,

---

① Abram Chayes, "The Modern Corporation and the Rule of Law," in Edward S. Mason (ed.), *The Corporation in Modern Society*, Harvard University Press, 1959, pp. 40 – 41.

② 参见[美]阿道夫·贝利:《没有财产权的权力:美国政治经济学的新发展》,江清译,商务印书馆1962年版,第75—76页。

③ "董事优位"理论接受将股东财富最大化作为正确的公司决策标准,但拒绝股东被授权拥有对决策的直接或间接控制权的见解,参见 Stephen M. Bainbridge, "Director Primacy: The Means and Ends of Corporate Governance," 97 *Northwestern University Law Review* 547 (2003)。

④ See Stephen M. Bainbridge, "Director Primacy: The Means and Ends of Corporate Governance," 97 *Northwestern University Law Review* 547 (2003).

⑤ 这一现象表现在学术研究上,就是普遍关注董事/管理层与公司利益之间的利益冲突,涉及董事义务与责任的学术研究与立法也莫不关注"利益冲突交易",却较少关注"董事利益"问题,鉴于这一问题的开创性,笔者拟对此另行撰文进行专题研究,此处仅对"董事利益"是否可称为公司利益构成因子作一初步的探讨,并希望引起对这一问题的关注。

是否可考虑自己的利益？易言之，董事利益是否为公司利益的构成因子？①

笔者认为，董事利益可成为信托模式下的公司利益构成因子，但不能成为参与模式下的公司利益构成因子。

一方面，董事利益应当成为信托模式下的公司利益构成因子。其原因在于：第一，如前所述，信托模式下的公司利益构成因子呈现出开放的结构，各类群体的利益均可通过此模式而融入公司利益，除非有特别原因需要排除董事在管理公司过程中对自身利益的考量，否则即应被允许。第二，董事不同于雇员。尽管很多时候，董事同时也是雇员，但这主要是针对经营董事或者内部董事而言的。当代各国公司法或公司治理实践中，普遍引入了独立董事制度，显然，独立董事并不是公司雇员。因此，董事群体不同于雇员群体，犹如部分股东同时兼具雇员身份但并不会抹杀股东利益与雇员利益各自的独立性一样，部分董事兼具雇员身份的事实也不能抹杀董事利益与雇员利益的相对独立性。对此，蒋大兴在《公司法规则的回应力——一个政策性的边缘理解》一文中，也分别将"董事、监事、高管"与"职工"并列为公司法回应的利益主体。② 第三，董事群体的利益具有保护必要性。董事对公司负有忠实义务与注意义务，根据权责一致的原则，其自然也应对公司享有权利与利益。公司应尊重董事的权利与利益，这一尊重应体现在公司的经营中，而公司的经营决策往往正是由董事会作出的，自然应当允许董事在履行其信托责任时考量其自身利益。第四，当代各国公司法与公司治理实践中，已普遍建立了诸多有利于董事利益的制

---

① 对这一问题的忽视，也表现在笔者自己身上，在博士论文开题时，笔者即曾认为董事为公司雇员，其利益应被涵摄于"雇员利益"这一群体利益之中。感谢开题过程中北京大学法学院刘剑文教授以敏锐的学术洞察力，提出了对这一问题的关注，也引发了笔者对这一问题的进一步思考。

② 参见蒋大兴、谢飘：《公司法规则的回应力——一个政策性的边缘理解》，载《法制与社会发展》2012年第3期，第13页。

度,例如"金手铐(股票期权)""金色降落伞"、董事责任保险制度、商业判断规则等等,对这些制度的正当性基础,理论上莫不从其最终有促进公司利益的可能性进行解释,而其促进公司利益的可能性正是通过保护或促进董事利益得以实现的,这也说明了公司利益中蕴含了董事利益。第五,当代各国已普遍认可了董事自我交易的合法性,只要其符合一定条件,即不否定董事自我交易的效力。例如,在美国,对各州公司立法产生重大影响的《美国示范公司法》(1984年文本)第8.31条"董事的利益冲突交易"中规定:一项利益冲突交易是指本公司的这样一项交易,本公司的一名董事在该交易中享有一种直接或间接的利益。一项利益冲突交易不得仅仅因为在该交易中存在董事的利益而由本公司主张撤销,如果它满足以下条件之一:(1)有关该交易和该董事利益的重要事实,已经向本公司的董事会或董事会的一个下属委员会披露或他们已经知道,并且该董事会或委员会已经授权、批准或追认了此项交易;或(2)有关该交易和该董事利益的重要事实,已经向本公司有投票权的股东披露或他们已经知道,并且他们已经授权、批准或追认了此项交易;或(3)该交易对本公司是公正的。该条对董事的自我交易行为的规制代表了美国大多数州公司法的立场,《特拉华州公司法》第144条的规定与此大同小异。① 可见,在董事自我交易中,即便事先未经相关机关的批准程序,只要这一交易是公正的,即允许实施,这也说明了只要符合一定条件(对公司而言是公平的),立法上是允许董事在权衡公司利益时考虑自身利益的,董事利益是可以成为信托模式下公司利益的构成因子的。第六,至于允许董事决策时考虑自身利益可能导致董事滥用其自由裁量权的问题,则可以通过责任机制予以解决,例如,否定相关决策或合同的效力,追究董事的法律责任。另外,前文"信托模式下公司利益构成因子的开放性中的限定性"

---

① 参见张开平:《英美公司董事法律制度研究》,法律出版社1998年版,第242—244页。

中所述的信托模式下公司利益构成因子的开放性在现实世界中受到的种种制约也会抑制董事自由裁量权的滥用。况且,正如前述,董事在行使裁量权考量自身利益时,本就是受到一定限制的,而并非绝对"自由"的。

另一方面,董事利益不能成为参与模式下公司利益的构成因子。原因在于:第一,虽然各国普遍设立了董事会这一公司机关,但董事在董事会中行使职权时,其并非代表自身或董事群体,而是代表公司,是为"公司利益"行事的,而公司利益是独立并区别于作为其构成因子的任何群体利益(包括董事利益)的。因此,董事会并非董事群体通过参与模式将其利益融入公司利益的机关;第二,董事利益如果要通过参与模式融入公司利益,就必须有特定机制使代表董事群体利益者得以参加能够以其决定约束公司的机关,而以笔者目力所及,当代各国立法上均无这样的机制与机关。第三,各国公司法中均存在全部由董事组成的董事会这一公司机关,允许董事履行信托义务时考量自身利益而将其利益融入公司利益(但董事考虑自身利益不得损害公司利益),这样的董事会已足以起到平衡董事与公司利益的作用,从而在不损害公司利益的前提下保护董事利益,再另行通过其他机制使董事参与公司治理显然只是叠床架屋,徒增公司运营成本而已,并无必要。

三、动态的公司利益层次结构

(一)公司利益的动态结构

姑且不论在公司制度演变的历史中,"公司利益"的内涵的动态变化,公司是从"致力于服务公众的政治产物到肩负着重大社会责任的私人经营实体,到在更为广阔的范畴内追求私人利益的'自然'产物,再到出于对公众利益的保护,对私人利益的追逐受到严格监管的混合体,最后发展成为接受仅仅以提升效率和利润水平为宗旨的行政当局监管的私人商业机构。"①即使对同一公司,"在董事行使职权时,'公司利益'的意义可能因不同场合而有所变化;它可能指全体股东的利益、作为单独实体的法人团体的利益,甚至在破产情况下意味着债权人的利益。"②公司的利益结构,在不同情境下也呈现出动态的变化。

罗修章与王鸣峰在《公司法:权力与责任》一书中,对不同情境下"公司整体利益"的含义进行的解释,也体现了公司利益结构的动态性,他们指出:

> 在不存在股东竞争性权力冲突的情况下,其最基本的含义是指公司作为一个商业实体,不同于其创立者的利益;或者当大股东与少数股东存在利益冲突时,或者在某一决策影响股东整体利益时,其基本含义是公司创立者作为一个整体的利益;或者当公司已经或预计将要破产时,其基本含义是公司债权人的利益。其并不意味着每一个案件都要在一个确定的利益分类中来判决。在特定的案件中,必定会有不同的利益重叠。一般来讲,当不同利益存在时,每一种利益都将给予不同程度的强调,也正是在此种情况下,这一短语的使用才会有不同含义。正如 Oliver 法官在 Re Halt Garage(1964) Ltd. 案中所指出的,"我不确信公司利益这一短语在每一个案件中都被用作相同的含义。"最终,公司利益是一个事实问题,法律对董事的要求是在对"公司利益"进行主观分析时要怀有善意。关于独立判断、自由裁量权和对有关问题的考虑的证据不需具备,这些问题在作为整体考虑时也许与公司利益有关。③

---

① 〔美〕查尔斯·德伯:《公司帝国》,闫正茂译,中信出版社 2004 年版,第 156 页。
② 〔英〕菲利普·劳顿:《英国公司治理的董事责任》,载李凯主编:《公司治理方略——欧盟中小企业公司治理研究》,知识产权出版社 2006 年版,第 47 页。
③ 参见〔马来西亚〕罗修章、王鸣峰:《公司法:权力与责任》,杨飞、林海全、张辉、钟秀勇等译,法律出版社 2005 年版,第 205—212 页。

公司利益的结构为何为动态的？其原由或许在于：

其一，就信托模式下的公司利益形成而言，其主要取决于管理者商事自由裁量权的行使，当然，管理者此种自由裁量权的行使应受到必要的限制。管理者在行使自由裁量权时，应根据决策时的具体情境决定何种情况符合"公司整体的最佳利益"。公司所处的商事环境总是不断变化、动态发展的，这决定了信托模式下所形成的公司利益自然也是动态的。

其二，就参与模式下形成的公司利益而言，其也是动态的：(1)如同经济合作与发展组织在《公司治理：对 OECD 各国的调查》"总概要"中所指出的，"不断变化的金融市场，包括银行业的相对衰落与机构投资者的快速崛起，以及养老金储蓄的增长，都如不断变化的商业环境一样，对公司治理框架造成影响。公司治理安排应该能够自动调整，同时还经常需要政策来推动其调整。"[1]这样的动态的、灵活的公司治理安排下通过参与而形成的公司利益自然也是动态的，而非一成不变的。(2)就某一特定公司而言，不论一国对参与公司治理的利益相关人的范围及参与方式作出何种安排，由于各利益全体(例如股东、雇员)的具体组成往往是动态变化的，自然这些利益群体的共同利益也是变化的；即使是同一主体，其在不同时期的利益需求往往也并不一致，变化的公司利益构成因子通过参与模式融合而形成的公司利益自然也是动态的。

其三，公司相机治理理论根据公司经营过程中财务经营状况的变化情况，提出了公司控制权在经营者、股东、职工与债权人之间进行动态配置的模型。公司相机治理是指公司控制权随公司绩效或经营状

---

[1] 经济合作与发展组织：《公司治理：对 OECD 各国的调查》，张政军、付畅译，中国财政经济出版社 2006 年版，"总概要"第 2 页。

态的变化而发生变动,其实质是动态的公司治理。① Aghion 和 Bolton 认为,企业所有权形式安排的多样化从动态角度看就是它的状态依存性,不同的企业经营状态对应于不同的企业所有权安排。② 企业所有权状态依存理论认为,传统上所谓"股东是企业所有者"的说法过于简化,企业所有权只是一种状态依存所有权(state-contingent ownership),在不同的企业状态下,拥有企业所有权的所有者不一样。并且,这里所讲的状态依存所有权是从剩余索取权和最终控制权意义上来认识的,其所讲的不是法律意义上的所有权,而是经济学意义上的所有权,是以效率为标准,从交易的角度讨论所有权的归属问题。③ 尽管作为公司相机治理理论基础的状态依存所有权并不是法律中已经确认的所有权,尤其与大陆法系国家物权法中的所有权大相径庭。④ 但是,该理论确实指出了公司运行中不同状态下公司不同利益相关人承担风险状况的动态变化,"风险与利益相当"应是法律公平原则的基本体现,当某一特定群体面临更大的风险,其利益更易受到损害时,应赋予其更大的权利与利益。"从决策的角度来说,如果要授予某一或某些人(或团体)的利益,那么,程序以及程序正义都是可有可无的;相反,假如要剥夺某一或某些人(或团体)的利益,则程序和程序正义都将是不可或缺的。因为相对于不正当的程序,公正的程序更容易化解失去利益的一方的不满,令其失去抵制不利决定的借口。"⑤公司治理提供了一个责任架构——确保公司的管理符合其所有者的利益结构和程

---

① 参见林浚清、黄祖辉:《公司相机治理中的控制权转移与演进》,载《财经论丛(浙江财经学院学报)》2003 年第 1 期,第 80 页。
② See P. Aghion and P. Bolton, "An Incomplete Contract Approach to Financial Contracting," 59 *Review of Economics Studies* 473 – 479 (1992),转引自郭富青:《公司权利与权力二元配置论》,法律出版社 2010 年版,第 86 页。
③ 参见张维迎:《企业理论与中国企业改革》,北京大学出版社 1999 年版,第 375—376 页。
④ 参见郭富青:《公司权利与权力二元配置论》,法律出版社 2010 年版,第 296 页。
⑤ 陈瑞华:《程序正义理论》,中国法制出版社 2010 年版,第 7 页。

序。① 其中,企业的表决机制的主要作用在于给选民一定的保护,防止当权者明目张胆地以机会主义行为侵害他们的利益。② 因此,当某类主体的利益承受更大的受损风险时,便应在信托模式下赋予对其利益考量的更大的优先性,或者在参与模式下赋予此类利益群体参与的程序性权利,以维护其利益。从而,后文所论及的公司利益的层次结构也体现出动态性。

(二)公司利益的层次结构

1. 利益的层次性理论

"法律的主要作用之一就是调和一个社会中相互冲突的利益,无论是个人利益还是社会利益。这在某种程度上必须通过颁布一些评价各种利益重要性和提供调整种种利益冲突标准的一般性规则方能实现。如果没有某些具有规范性质的一般性标准,那么有组织的社会就会在作出下述决定时因把握不住标准而出错,如什么样的利益应当被视为值得保护的利益,对利益予以保障的范围和限度应当是什么以及对于各种主张和要求又应当赋予何种相应的等级和位序。如果没有这种衡量尺度,那么这种利益的调整就会取决于或然性或偶然性(而这会给社会团结与和谐带来破坏性后果),或者取决于某个有权强制执行它自己的决定的群体的武断命令。"③博登海默的上述话语,说明了确定一定准则对各种相互冲突的利益进行调和的必要性。

哈里·韦斯特曼认为,至少在私人的领域中,法律的目的只在于:以赋予特定利益优先地位、他种利益相对必须作一定程度退让的方

---

① 参见〔英〕阿德里安·戴维斯:《公司治理的最佳实践——树立声誉和可持续的成功》,李文溥、林涛、孙建国校译,经济科学出版社2011年版,第3页。

② 参见〔美〕亨利·汉斯曼:《企业所有权论》,于静译,中国政法大学出版社2001年版,第421页。

③ 〔美〕E.博登海默:《法理学:法律哲学与法律方法》,邓正来译,中国政法大学出版社1998年版,第398页。

式,来规整个人或社会团体之间可能发生、并且已经被类型化的利益冲突。①

显然,当不同的利益存在冲突时,便需要一定的、确定特定利益优先顺序的规则,一旦此种规则予以确立,按照优先性的不同排列,不同的利益之间便呈现出层次性的结构。

2. 公司利益结构具有层次性

在公司利益的形成过程中,无论在信托模式还是在参与模式下,公司利益均存在多种构成因子。在信托模式中,当作为公司利益构成因子的不同群体利益不完全一致甚至有所冲突时,董事应将何种利益置于优先考量的地位? 而在参与模式下,在确定不同利益群体在参与公司管理过程中的参与程度及权利大小时,同样也涉及不同利益群体的优先位序问题。显然,这涉及公司利益结构中各构成因子的优先顺序问题,本书称之为公司利益结构的层次性问题。

Harold Johnson 1971 年在《现代社会中的企业:框架与议题》(Business in Contemporary Society: Framework and Issues)一书中即已认识到了公司目标的层次性问题,在指出"一个有社会责任感的企业是企业管理人员要平衡多方的利益,而不仅仅只是为股东获取更多的利益。一个负责任的企业同时也要考虑雇员、供应商、交易商、当地社区以及国家的利益"后,其进一步指出,"和消费者一样,企业的目标是根据其重要性进行排序的,并且这些目标是为各自的目的来评估的。这些目标的层次由各种因素决定,但最重要的是企业在这些目标的已有经验以及相似企业的以往表现;在相同的条件下,个人和组织通常都要求自己至少和别人一样好。"②

由于资源、时间和精力有限,企业在决策时,并不总能做到同时同

---

① 参见〔德〕卡尔·拉伦茨:《法学方法论》,陈爱娥译,商务印书馆 2003 年版,第 1 页。
② 〔美〕Archie B. Carroll:《企业社会责任:概念构建的演进》,载李伟阳、肖红军、郑若娟编译:《企业社会责任经典文献导读》,经济管理出版社 2011 年版,第 104 页。

等地对待其所面临的所有权益主张。因此,需要对所有利益相关者的所有权益主张进行优先度排列。[1] 把一方的利益确定为优先的考虑对象,并不意味着公司将对其他几方的利益漠然置之。公司需要努力实现的目标是复杂的、多样的,而非简单地把任何一方的利益最大化。公司需要确定优先考虑的对象,因为,当各方的利益发生冲突时,必须有人决定如何去解决这些冲突。公司追求的目的以及它蕴含的先后考虑顺序,可以在这些至关重要的境况中提供指导,推动管理者最终解决冲突,即便这种先后考虑顺序比较含蓄,它照样影响着管理者的决策。[2]

(三)公司利益层次结构在不同情境下的动态表现

独立的"公司利益"应以独立的公司法律人格为前提,因此,公司利益只能存在于公司存续期间。在公司存续过程中,可能会经历资产大于负债、资产小于负债、重整乃至破产清算阶段等诸多阶段,在各不同状态下公司不同利益相关人承担风险的状况呈现出动态变化,为平衡风险承担与利益保护,在各不同阶段,在公司利益的形成过程中,对其构成因子在公司利益中所处的位序考量也有所不同,公司利益的层次结构在不同情境下也表现出动态性。

1. 资产 > 负债状态下公司经营中的公司利益层次结构:股东利益优先

考察各国立法与司法实践,在公司正常经营过程中,当公司资产 > 负债时,由于诸如职工、债权人利益此类的利益均可从公司财产中获得清偿,由于公司股东在利润分享上劣后于债权人及雇员,因此,

---

[1] 参见江若玫、靳云汇:《企业利益相关者:理论与应用研究》,北京大学出版社2009年版,第61页。
[2] 参见〔美〕理查德·埃尔斯沃斯:《公司为谁而生存》,李旭大译,中国发展出版社2005年版,第21页。

无论是在公司利益形成的信托模式下,还是在参与模式下,股东利益均处于受到优先考量的地位。

(1)资产>负债状态下公司经营中信托模式下公司利益形成的股东利益优先

在信托模式下,通过规定董事的信托义务对利益相关人的利益进行保护。在公司正常经营状态下,美国与英国主要通过此种方式对利益相关人利益进行保护,其一般规定董事在履行其"为公司最佳利益"行事义务时,可/应考虑利益相关人的利益。在美国,这一模式主要通过各州的"利益相关人立法"予以实现,而在英国现行公司法中,则通过《公司法》第172条关于"开明股东价值"的规定予以实现。在上述规则下,均体现了公司正常经营状态下股东利益在公司利益中的优先地位。观念上认为,公司作为一个独立的法律实体,拥有它自己的财产,股东"承担着由于公司资本而带来的剩余风险。"①因此,"股东享有优先权是这种假设的自然推论,即便不是完全优先,如果在不存在排他性的情况下,股东在运营公司的时候也应该拥有某种实质性的权利。"②正如英国Nourse法官所言,"作为公司拟制人的公司的利益,是不可能区别于那些对公司享有利害关系的人的利益。……当公司正在从事经营活动并且有偿付能力时,公司股东无论是现在还是将来,均是第一个也是最重要的一个对公司享有利害关系的人。"③

在美国,自宾夕法尼亚州于1989年修订其公司法、率先实行利益相关人立法、授权公司董事会考虑利益相关者利益以来④,至2003年,

---

① 〔英〕利萨·怀特豪斯:《作为规则的公司社会责任:民主引发的争议》,载〔英〕贾斯汀·奥布莱恩编:《治理公司:全球化时代的规制和公司治理》,高明华、杜文翠等译,经济科学出版社2011年版,第104页。
② 同上注。
③ 张民安:《公司法上的利益平衡》,北京大学出版社2003年版,第103页。
④ See Razeen Sappideen, "Fiduciary Obligations to Corporate Creditors," *The Journal of Business Law* 367(1991),转引自刘迎霜:《公司债:法理与制度》,法律出版社2008年版,第210页。

已有将近 40 个州通过了利害关系人立法。除了康涅狄格州,大多数州将是否考虑利益相关者利益留给董事和管理者的自由裁量权来解决。① 典型的利害关系人法案允许,但并不要求董事必须考虑非股东利害关系人利益。如《印第安纳州公司法》规定:"董事可以,在考虑公司的最大利益时,考虑任何对公司股东、雇员、供货商、顾客和公司办公室或者其他设施所在社区的影响,或者董事认为适当的因素。"《康涅狄格州公司法》则明确规定必须考虑非股东利益。② 在所有的利害关系人立法中,大约有 1/4 的州只允许在特定情形——通常是公司面临收购情况下,公司董事才可以考虑非股东利害关系人的利益,其他州则不作限定,公司董事可以在任何公司决策中考虑非股东利害关系人的利益。③ "初看起来,这些法律似乎对假定将股东的利益最大化是公司的终极目标的公司法进行了彻底的改革。这些法律(在大多数州)被仓促地颁布,是为了给公司管理层提供一个击败那些由外人提出的兼并要约的正当理由,哪怕他们的要约给股东提供的利润比该要约被击败的情况下股东会得到的利润更大。它们可以被……解释为只允许在非股东利益与股东利益并不直接或严重地冲突的情况下考虑前者的利益。"④对此类条款,公司法委员会得出如下结论:本委员会认为对这些成文法律较好的解释……是他们肯定了普通法是什么:董事应该考虑相关者的利益,但仅限于该董事正在践行股东和公司的长期或短期的最佳利益。通过声明"与股东利润理性地相关",

---

① See Kathleen Hale, "Corporate Law and Stakeholders: Moving Beyond Stakeholder Statutes," 45 *Arizona Law Review* 834(2003).

② See Edward D. Rogers, "Striking the Wrong Balance: Constituency Statutes and Corporate Governance," 21 *Pepperdine Law Review* 777(1994), 转引自王文钦:《公司治理结构之研究》,中国人民大学出版社 2005 年版,第 115—116 页。

③ See Lynda J. Oswald, "Shareholders v. Stakeholders: Evaluating Corporate Constituency Statutes Under the Takings Clause," 24 *Journal of Corporation Law* 3(1998), 转引自王文钦:《公司治理结构之研究》,中国人民大学出版社 2005 年版,第 116 页。

④ 〔美〕罗伯特·W.汉密尔顿:《公司法概要》,李存捧译,中国社会科学出版社 1999 年版,第 9 页。

特拉华州的法院将董事对利益相关者的考虑和股东利益联系了起来；因而，其他法院也可以选择字眼来表达这种关联。① 即便是开利益相关者立法之先河的宾夕法尼亚州，也有学者研究后指出，"宾夕法尼亚州的利害关系人立法名义上保护非股东利害关系人利益，但同时却有效地维护了股东利益最大化的实现，"②体现了利益相关者立法精神的美国法律研究院1992年最终通过的《公司治理原则：分析与建议》第6.02条第（b）（2）项规定，在考虑董事会的行为是否构成对一项非经邀请的收购要约的合理反应时，"董事会亦可考虑除股东以外的公司存有正当考虑的其他团体利益，如果这样做不会对股东的长期利益带来实质性的负面影响。"③从美国利益相关者立法及体现此类立法精神的治理原则中可见，在美国的利益相关者立法模式下，在资产＞负债状态下的公司正常情形中，在董事通过履行对公司的信托义务确定特定行为是否符合公司利益时，股东利益作为公司利益的构成因子处于被优先考虑的地位。

就《英国公司法》第172条"开明股东价值"的规定，学者指出，该条与之前的对公司法修改的建议基本相似，根据之前的公司法检讨，其实际上建议仍然坚持以股东为中心，但以一种现代化的、开明的方式来表述这一理念，该建议通常被称为开明的股东价值（ESV）观点下的董事义务。④ 2006年《英国公司法》第172条之（1）的关于开明股东

---

① 参见许传玺主编：《公司治理原则：分析与建议》（上卷），楼建波、陈炜恒、朱征夫、李骐译，法律出版社2006年版，第88页。

② Robert Goodyear Murray, "Money Talks, Constituents Walk: Pennsylvania's Corporate Constituency Statute Can Maximize Shareholders' Wealth," 48 *Buffalo Law Review* 659 (2000), 转引自王文钦：《公司治理结构之研究》，中国人民大学出版社2005年版，第115—116页。

③ 许传玺主编：《公司治理原则：分析与建议》（上卷），楼建波、陈炜恒、朱征夫、李骐译，法律出版社2006年版，第471页。

④ 参见〔英〕保罗·戴维斯：《英国公司法改革》，代小希译，载赵旭东主编：《国际视野下公司法改革——中国与世界：公司法改革国际峰会论文集》，中国政法大学出版社2007年版，第115页。

价值的规定,实际上与股东价值方法只是存在着极其细微的差别。①该规定的总体效果可被归纳为"股东首位解释"。对这种解释说明如下:基本的法律立场是非常简单的,即董事的善意及为公司最佳利益行为的义务要求董事将股东利益置于首位,雇员和其他利益相关人的利益在董事履行该项义务时可被考虑,但只有在这种考虑有利于公司(例如,股东)利益时方可如此。② 保罗·戴维斯指出,"因此,董事需要考虑非股东利益集团的利益,但是,在这种以股东为中心的方法中,当然只是在保护其他利益能够促进股东利益的限度内如此行为。"③在正常经营阶段,英国公司董事在"开明股东价值"规定下权衡公司利益时,也是将股东利益置于优先考量的位置。

英、美两国被公认为在公司目标理论上奉行"shareholder primacy"原则,该理论也以"shareholder value"以及"shareholder wealth maximisation"为人们所知。④ 有学者将此种观点译作"股东利益至上"⑤。然而,根据《牛津现代高级英汉双解词典》的解释,Primacy 应

---

① See Andrew Keay, "Tackling the Issue of the Corporate Objective: An Analysis of the United Kingdom's Enlightened Shareholder Value Approach," 29 *the Sydney Law Review* 579 (2007).

② See Parliamentary Joint Committee on Corporations and Financial Services, above n15 at 51. The submission came from Dr. Anthony Forsyth, Department of Business Law and Taxation, Monash University, in Andrew Keay, "Tackling the Issue of the Corporate Objective: An Analysis of the United Kingdom's Enlightened Shareholder Value Approach," 29 *the Sydney Law Review* 592 (2007).

③ Paul L. Davies, "Enlightened Shareholder Value and the New Responsibilities of Directors," Lecture at University of Melbourne Law School, 4 October 2005, in Andrew Keay, "Tackling the Issue of the Corporate Objective: An Analysis of the United Kingdom's Enlightened Shareholder Value Approach," 29 *the Sydney Law Review* 597 (2007).

④ See Andrew Keay, *The Corporate Objective: Corporations, Globalisation and The Law*, Edward Elgar Publishing Limited, 2011, p. 40.

⑤ 〔美〕亨利·汉斯曼、〔美〕莱尼尔·克拉克曼:《公司法历史的终结》,载〔美〕杰弗里·N. 戈登、〔美〕马克·J. 罗编:《公司治理:趋同与存续》,赵玲、刘凯译,北京大学出版社2006年版,第47页。

当译作"第一""首要"①,有"第一""首要",自然就有"次要""第二""第三"……。这正说明了此种理论并不仅仅关注股东利益,其并不否认对其他利益相关者的保护。"shareholder primacy"的表达指出了股东相较于公司中的其他主体预先处于一种优先地位。② 这意味着管理者活动的首要义务被确定为对股东的义务,所有的其他义务都是非常次要的或派生的。③ 鉴于此,"shareholder primacy"译作"股东利益优位"更为妥当。④ 对作为英美两国董事义务基础的公司目标理论的"shareholder primacy"的解读也说明了在典型的在公司法中以信托模式保护利益相关人利益的英美,股东利益在公司利益构成中既非唯一的、更非至高无上的构成因子,其只是处于一种被优先考量的位序。

在公司资产 > 负债状态下,即使赋予股东利益以被优先考量的地位,即使公司经营获利,也要在满足雇员、债权人利益后仍有剩余情形下公司股东方可得以分配股息,在一定程度上,赋予在资产 > 负债状态下董事履行信托责任时对股东利益的优先考量,乃是基于在此种财务状况下公司股东在利润分配上劣后于雇员与债权人的法定规则的一定补偿。

最后,在当代各国公司法中,即便是在利益相关者立法模式下,选

---

① 参见张芳杰主编:《牛津现代高级英汉双解词典》,商务印书馆、牛津大学出版社1988年版,第886页。

② See L. Johnson and D. Millon,"Missing the Point About State Takeover Statutes,"87 *Michigan Law Review* 848(1989).

③ See J. Brummer, *Corporate Responsibility and Legitimacy*, Greenwood Press,1991,p. 103,in Andrew Keay, *The Corporate Objective*: *Corporations*, *Globalisation and The Law*, Edward Elgar Publishing Limited,2011,p. 44.

④ 日本学者落合诚一也认为,"公司为谁的利益而存在"的问题在公司法层面就是关于经营者在作出经营决定时应该优先考虑哪个公司利害相关方利益的法律规范问题。而通常所称的股东利益最大化原则,认为在经营者经营决定中原则上只有最优先考虑盈余权人股东的长期利益,才符合使公司法调整对象即公司遵守法律法规和社会规范的同时,通过财富的最大化实现对公司成员的分配的目的,参见〔日〕落合诚一:《公司法概论》,吴婷译,法律出版社2011年版,第55—56页。笔者以为,这实际上也是主张所谓的"股东利益最大化"不过是"股东利益优位"。

任或罢免董事的权利通常也仍由股东行使。① 正如有学者所指出,即使采用利益相关者理论来确定公司最佳利益,股东也总是被保持在优先的地位。只要股东有权更换董事,他们就会受到关注以使他们满意。② 股东是关键的与首要的利益相关者。③

(2)资产>负债状态下公司经营中参与模式下公司利益形成的股东利益优先

在参与模式下,公司利益相关者通过参与公司经营而使其利益得以融入公司利益。在公司正常经营状态下,从各个国家和地区立法例来看,参与公司经营的利益相关者主要是雇员,在我国台湾地区"证券交易法"第126条第2项中,也有行政管理机构指派代表作为公司制证券交易所董事、监事之立法例,以维护证券交易所之公益性。

在参与模式的利益相关者保护方法下,股东利益在公司利益形成中的优先性主要通过股东代表加入机关的全面性相对于非股东利益相关者加入机关的限定性、股东代表在机关构成中成员比例安排上的优先性,以及在股东代表与非股东利益相关者代表比例相当时股东代表在决策地位上的优先性上得以实现。

首先,在公司各决策机关中,股东可以参与的机关表现出全面性的特征,立法对股东可参与的机关并无限制。而对于非股东利益相关者参与公司治理,强制制度安排下其得以参与的机关则往往仅是特定机关,呈现出限定性特征。至少,就股东会而言,显然只有股东能够加入,而股东会保留了关诸公司命运的公司中的诸多重要权利(例如,修改公司章程、决定公司解散等),是公司中的重要机关。④

---

① 也有少数国家,如利益相关者参与董事会的国家,可能会有部分董事由特定利益相关者选任或者指派。
② See Tuvia Borok,"A modern Approach to Redefining 'In the Best Interest of The Corporation'," *Windsor Review of Legal and Society Issues*,132,135(2003).
③ Ibid,p.134.
④ 我国《公司法》则明定股东会为公司的权力机关。

在股东与非股东利益相关人加入的机关及其重要性上,股东已然处于一种优先地位,而不同公司机关之间的制衡显然会对公司利益的形成构成约束,这使得股东利益在公司利益形成中处于一种优先地位。

其次,股东利益在公司利益形成中的优先性还体现在股东代表在非股东利益相关人所加入的机关中所占比例的优先性上。即便是非股东利益相关人得以加入的机关,综观当代各国关于利益相关者参与公司治理的立法中,除德国1976年颁布的适用于雇员超过2000人的资合公司的《参与决定法》外①,鲜见有非股东利益相关人代表达到或超过1/2者。而在行政管理机构指派代表作为公司制证券交易所董事、监察人的我国台湾地区"证券交易法"第126条第2项中,其强制性的比例要求也只是"至少应有1/3"。具体情形下是否符合公司利益的判断往往是通过公司机关成员通过表决方式具体形成的,股东在非股东利益相关人得以加入的机关中所占的人员比例上的优先安排,也使股东利益在公司利益形成上处于优先地位。

最后,即便特定情形下,股东代表与非股东利益相关者代表比例相当,股东利益在公司利益形成中也处于优先地位。根据德国《员工参与决定法》,雇员人数2000或者2000以上的公司,监事会应有1/2的雇员代表,另一半是股东代表。在表决票数相同的情况下,对于同一个表决对象可以再次进行表决。如果再次出现表决票数相等的情况,并且也只有在这样的时候,监事会主席有一个第二次表决机会(第二次表决权),即由监事会主席投出决定性的一票。② 而监事会主席和副主席由全体监事的2/3表决多数选举产生。假如选举不成功,则

---

① 该法要求监事会成员一半为雇员代表,另一半为股东代表。
② 参见《员工共同参与决定法》第29条第1款和第2款,参见〔德〕格茨·怀克、〔德〕克里斯蒂娜·温德比西勒:《德国公司法(第21版)》,殷盛译,法律出版社2010年版,第519页。

在第二轮选举中由股东代表选举监事会主席,由员工代表选举副主席,并且各自都以一个简单多数的方式选举产生(《员工共同参与决定法》第27条第1款和第2款)。因此,着眼于监事会主席在事实上对股东一方具有的重要意义,监事会主席的选举程序已经为股东设定了一个较大的影响力。监事会主席的第二次表决权更是在法律上将这个影响力进一步地固化了。[1] 在股东代表与非股东利益相关者代表比例相当的监事会中,监事会主席的选举程序及其第二次表决权也使股东利益在公司利益形成中处于一种优先地位。

2. 资产＜负债状态下公司经营中的公司利益层次结构:债权人利益优先

当公司资产＜负债时,如果公司仍继续经营,"尽管公司已经事实上不具有清偿能力,但是仍然继续经营。如果破产程序对经营者处理不够宽大,这种拖延效应愈加明显。"[2]此种情形下,由于股东有限责任制度的保护,公司经营失败的风险实质上是由债权人承担,"一旦公司支付不能,公司的利益就包含了债权人的利益。"[3]根据风险与利益相一致的原则,自然,公司债权人利益较之公司资产＞负债的情形在公司利益形成中应处于更为优先地位。

尽管公司相机治理理论对公司运行过程中的风险负担问题作出了较为贴切的解释和描述。然而,作为其理论基础的状态依存所有权在公司资不抵债时也并不当然发生转移。"引起公司所有权及控制权改变的直接原因不是所有权的依存状态,而是一定的法律行为和事件。"[4]实际上,或许由于公司经营与公司资产状况变化乃一动态过

---

[1] 参见〔德〕格茨·怀克、〔德〕克里斯蒂娜·温德比西勒:《德国公司法(第21版)》,殷盛译,法律出版社2010年版,第519页。
[2] 朱羿锟:《公司控制权配置论——制度与效率分析》,经济管理出版社2001年版,第245—246页。
[3] 〔英〕费奥娜·托米:《英国公司和个人破产法(第二版)》,汤维建、刘静译,北京大学出版社2010年版,第367页。
[4] 郭富青:《公司权利与权力二元配置论》,法律出版社2010年版,第88页。

程,究竟何时发生资产>负债与资产<负债之间的转换殊难判断①,且这种转换可能反复进行,显然,适应这样状态的债权人参与公司治理机制的实施会存在实施成本过高的问题,因此,尽管公司状态依存所有权理论及公司相机治理理论得到了经济学界和管理学界的广泛推崇,在公司治理实践中,以笔者目力所及,未见有一旦公司资产<负债即实行债权人参与公司治理的强制制度安排。

考察各个国家和地区公司立法例与司法实践,一般而言,当公司亏损达到一定程度,诸多立法例会要求其及时停止经营并进行清算。②

---

① 学者指出,准确地确定公司何时破产是一个棘手的任务。比如,破产可以以诸如资产负债表和现金流量标准等各种方式定义。解释被用于这些测试的会计数据不是一门精确的学科。参见 C. 瑞雷:《董事的责任和债权人的利益》,载《公司律师》1989 年第 10 期,第 88—89 页;S. R. 麦克唐纳:《Geyer v. Ingersoll Publications Co.:破产将董事的负担从股东转移到债权人》,载《特拉华公司法杂志》1994 年第 19 期,第 195—196 页;P. D. 格吉尼和 J. L. 瑞恩:《公司董事的责任范围》,载《新西兰法律杂志》1998 年,第 442—443 页,转引自〔加拿大〕布莱恩. R. 柴芬斯:《公司法:理论、结构和运作》,林华伟、魏旻译,法律出版社 2001 年版,第 582—583 页。大卫·G. 爱泼斯坦等指出,了解一家公司是否具有清偿能力的问题就像想知道一个火柴在划过火柴盒时是否能被划着一样,只有用过了这个火柴我们才能知道它是否能被划着。同样,只有解散公司、出售其全部资产并清偿所有债务后,我们才能知道它是否是真的没有清偿能力。载〔美〕大卫·G. 爱泼斯坦、〔美〕史蒂夫·H. 尼克勒斯、〔美〕詹姆斯·J. 怀特:《美国破产法》,韩长印等译,中国政法大学出版社 2003 年版,第 740 页。

② 例如,根据 1985 年《英国公司法》第 142 条的规定,如果公开公司的资产净值低于其已发行和支付的价值的一半,其董事要召开股东大会。参见〔英〕保罗·戴维斯:《英国公司法精要》,樊云慧译,法律出版社 2007 年版,第 93 页注 2。1855 年《英国有限责任法》第 13 条规定:经年度账目或任何审计之报告,公司 3/4 以上的认购资本已经亏损,或者由于股东破产以及其他任何原因不能提供以为经营所需时,则此类公司应即刻终止,或者基于清算之唯一目的而存续,此时董事应即刻采取妥当步骤解散公司,或者未清算之事由通过破产法庭、自愿协议以及其他合法之方式处理之。参见虞政平:《股东有限责任:现代公司法律之基石》,法律出版社 2001 年版,第 126—127 页。在英国破产立法中发挥重要作用的英国科克破产评价委员会(Cork Committee)(1986 年《英国破产法》正是在其报告基础上形成的)也建议,当公司承担了"其没有履行合理可能之债务时",公司董事应对这笔债务承担责任。其目的是:"当董事在任何时候认为公司即将陷于破产时,其会立即采取措施使公司进入被接管、被监督或清算的状态。"(Cork report, atpara 1786),这一建议就成为 1986 年《英国破产法》第 214 条关于董事和官员对"不当交易"应承担个人义务和责任的规定。参见张艳丽:《破产欺诈法律规制研究》,北京大学出版社 2008 年版,第 133 页。我国台湾地区"民法典"第 35 条第 1 款规定:"法人之财产不能清偿债务时,董事应即向法院申请破产。"第 2 款规定:"不为前款申请,致法人之债权受损害时,其有过失之董事应负赔偿责任。"参见张艳丽:《破产欺诈法律规制研究》,北京大学出版社 2008 年版,第 140 页。

不过,当最低资本要求与公司在其资产净值低于资本价值或其一部分的时候便停止营业的要求结合时,可能导致尚能生存的公司被要求停止营业,损害股东和雇工的利益,也可能损害一些债权人的利益。①"立法机关不希望精确地规定公司什么时候应当停止营业。有时继续营业对债权人的利益有好处,有时不是。决策仍然不得不由董事作出。"②因此,一些公司即便在亏损以至于资产＜负债的状态仍可能继续经营③,此种情形下,对债权人等利益相关人利益的保护主要通过信托模式进行。考察各个国家和地区立法与判例,诸多国家和地区规定了公司资产＜负债(或称"资不抵债""濒临破产")状态下董事履行其信托责任考量公司利益时,不仅应考虑债权人利益,而且债权人利益应被置于优先考量的地位。

根据1986年《英国破产法》第214条的规定,公司破产清算时,法院可以判决董事对公司债务承担个人责任。④ 从字面意思来讲,该条没有提到停止营业,其目的在于当公司濒临破产时在董事作出决策的程序方面,通过内化盈利的机会和损失的风险,将倾向于股东的结构性偏见扭转过来。⑤ 1987年,Nourse法官在Brady v. Brady案中指出,在公司资不抵债之际,甚至在公司是否有清偿能力产生疑问时,公司

---

① 参见〔英〕保罗·戴维斯:《英国公司法精要》,樊云慧译,法律出版社2007年版,第93页。
② 同上注,第103页。
③ 公司重整阶段是公司资产小于负债而继续经营的一种形态,是受到法院的监督与控制下进行的司法程序,受破产法的特殊规制,具有与非重整经营阶段继续经营不同的特点,对此,本书将专门予以讨论。
④ 不过,就1986年《英国破产法》第214条而言,债权人不能以自己的名义起诉董事,相反,诉讼必须通过清算人进行,对清算人对某一事项的决定不满意的债权人可能可以获得法庭的救济:1986年《英国破产法》,第112、167(3)条,参见〔加拿大〕布莱恩·R. 柴芬斯:《公司法:理论、结构和运作》,林华伟、魏旻译,法律出版社2001年版,第587页。
⑤ 参见〔英〕保罗·戴维斯:《英国公司法精要》,樊云慧译,法律出版社2007年版,第103页。

的利益实际上是既存的债权人的利益。① 1988 年,英国上诉法院在 Liquidator of West Merica Safetywear Ltd. v. Dodd and Aother 一案指出,公司的利益包含了债权人的利益,因为该公司当时处于资不抵债的情形。② 与这一状态下债权人利益的地位上升相映成趣的时,股东(利益)的地位则出现了下降,在英国,通常而言,董事可以通过股东会批准自己的行为而免受问责,但当公司的清偿能力存疑时,股东会的批准将失去效力。③

在澳大利亚,早在 1986 年,在"金塞拉诉罗素·金塞拉公司案"(the Australian Case of Kinsela v. Russell Kinsela Pty Ltd.)中,斯特里特大法官(Street CJ)即指出,"从现实意义上讲,在公司资不抵债时,公司的财产是公司债权人的财产,而不是公司股东的财产"。④ 该案表明,当公司破产或濒临破产时,董事对第三人负有义务。不过,即使

---

① See(1987)3 BCLC535(C. A.),转引自张民安:《公司法上的利益平衡》,北京大学出版社 2003 年版,第 103 页。Nourse 还认为,董事对公司债权人民事义务的承担不以公司陷入破产为条件,并且事实上,在 Nourse 适用有关董事对公司债权人承担民事义务的 Brady 一案时,该公司并没有陷入破产。参见张民安:《公司法上的利益平衡》,北京大学出版社 2003 年版,第 103 页。另可参见〔英〕菲利普·劳顿:《英国公司治理的董事责任》,载李凯主编:《公司治理方略——欧盟中小企业公司治理研究》,知识产权出版社 2006 年版,第 64—65 页。

② See〔1988〕BCLC 250,转引自〔英〕珍妮特·丹恩:《公司集团的治理》,北京大学出版社 2008 年版,第 44 页。

③ See Re New World Pty Ltd.; Sycotex Pty Ltd. v Baseler (1994) 122 ALR 531, 550; T. Ciro, "The Twilight Zone Revisited: Assessing the Enforceability of Pre Liquidation Transactions in a Corporation Insolvency," the Journal of International Banking Law and Regulation 590 (2005); Andrew keay, "Directors' Taking Into Account Creditor's Interest," 24 Company Lawer 300 (2003); Andrew Keay, "Directors' Duties To Creditors: Contractarian Concerns Relating to Efficiency and Over-Protection of Creditors," 66 MLR 665 (2003); Andrew Keay, Company Directors' Responsibilities to Creditors,转引自〔英〕艾利斯·费伦:《公司金融法律原理》,罗培新译,北京大学出版社 2012 年版,第 31 页。

④ See Kinsela v. russel Kinsela Pty Ltd. 〔1986〕4 N. S. W. L. R722. 730,转引自张艳丽:《破产欺诈法律规制研究》,北京大学出版社 2008 年版,第 132 页。其他作出响应、采取类似观点的案件有:Walker v. Wimborne(1976)50 ALJR 446 和 Nicholson v. Permacraft(NZ)Ltd. 〔1985〕1 NALR 242,参见〔英〕费奥娜·托米:《英国公司和个人破产法(第二版)》,汤维建、刘静译,北京大学出版社 2010 年版,第 367 页。

在公司破产的情况下,董事对第三人的义务也是以公司为中介产生的而不是独立的对第三人的义务,如果公司已经不存在,或公司清算人不对董事提起诉讼,第三人就无法得到赔偿。①

1985 年,新西兰上诉法庭在 Nicholson v. Permakraft(NZ) Ltd. 案中认为,公司董事对债权人的义务,以公司已资不抵债为必要条件。②

在德国,根据 1999 年 1 月 1 日起实施的《股份公司法》第 92 条的规定,如果遇公司亏损超过资本 1/2 或过度负债,董事会需承担特殊责任。③

在法国,不问是法律上的或事实上的经理(一切干预经营管理的人,是事实上的经理)凡是他们在经营管理中的过失有助于公司资产的不足,法院能命令他填补负债。④

《日本商法典》第 266 条之 3 曾规定:公司董事怠于宣告破产,如其有恶意或重大过失时,其应对公司债权人负赔偿之责。日本最高法院于 1966 年 11 月 26 日,根据旧《商法典》第 266 条之 3 的立法目的,对一起有关董事对第三人责任的案件进行了判决。董事执行职务主观懈怠,除直接给第三人造成损失外,使公司经营失败而给第三人造

---

① 参见张开平:《英美公司董事法律制度研究》,法律出版社 1998 年版,第 163—164 页。

② See(1985)N.2L.R.242,转引自张民安:《公司法上的利益平衡》,北京大学出版社 2003 年版,第 103 页。在该案中,公司原有的股东成立了一家新公司,新公司购买了原公司的主要资产,原公司以出卖资产所得的利润,向股东分派股息。结果,造成原公司的责任财产大大减少。后来,原公司破产,原公司的清算人,起诉公司董事,认为董事违反了义务。上诉法院认为,公司重整在董事权力范围之内,且重整行为符合公司利益。在原公司处理资产结束时,并没有陷入不能清偿的状态。因而,上诉法院驳回了清算人的诉讼请求。在此案中,虽然原告没有胜诉,但是,该案的重大法律意义在于:明确了董事对公司债权人承担责任的时间——只有在公司不能清偿之际,董事才对债权人负有义务。参见[1985] 1N.Z.L.R. 242,249,转引自王艳华:《反思公司债权人保护制度》,法律出版社 2008 年版,第 186 页。

③ 参见朱羿锟:《公司控制权配置论——制度与效率分析》,经济管理出版社 2001 年版,第 289 页。

④ 参见沈达明编著:《法国商法引论》,对外经济贸易大学出版社 2001 年版,第 143—144 页。

成间接损失,董事和公司都要对第三人承担赔偿责任。① 该条对应于2005年修订后的《日本公司法》的第429条。②

可见,无论是在英美法系的英国、澳大利亚、新西兰等国,还是大陆法系的德国、法国、日本等国,当公司濒临破产时,均对董事施加了特别的义务,对债权人利益予以了特别关注。公司董事可能因其未能关注债权人利益而承担责任。与之形成对照的是,立法与判例并未就公司濒临破产时董事履行其责任时对股东利益的考量予以特别要求。在此背景下,董事在履行其信托责任时自会将债权人利益置于优先地位,以免因损害债权人利益而承担个人责任。立法与判例形成了这一结果,即在公司濒临破产时董事考量公司利益时债权人利益会被置于优先地位,也是鉴于公司资产小于负债时债权人实际上承担了较股东更大的风险这一现实,该结果与"风险与利益相一致"这一公平原则的基本要求相一致。

然而,美国法院认为若以法律强制规范债权人之保护手段,很可能造成公司动弹不得,产生投资不足之问题,法律实不宜介入。是以,公司债权人为了保障自身权益,势必得自立自强。从而美国法院对公司濒于破产时债权人之保护之态度趋于保守。③ 在美国,如果公司资不抵债,公司债权人一般可通过清算人或破产受托管理人进行追偿;一般认为,如果允许某一债权人可以直接对董事或高级职员提起诉讼,实际上会使该债权人获得其他债权人所没有的优先权或其他好处。当然,破产受托管理人、清算人和为债权人利益而指定的人负有

---

① 参见最高裁判所1966(昭和41年)11月26日判决,载《最高裁判所民事判例集》23卷11号,第2150号,转引自〔日〕森田章:《公开公司法论》,黄晓林译,中国政法大学出版社2012年版,第211页。

② 该条是从侵权责任的角度要求董事承担责任的,从而必须要求承担责任的董事在主观上具有故意或重大过失,方才承担责任,实践中因此产生了挂名董事在此种情形下对第三人是否承担责任的争议。参见〔日〕森田章:《公开公司法论》,黄晓林译,中国政法大学出版社2012年版,第211—212页。

③ 参见王文宇:《公司法论》,中国政法大学出版社2004年版,第44页。

收取公司的资产并将这些资产在债权人之间公平分配的责任;在这些资产当中,可能就包括了对董事或者高级职员的诉求。① 因此,美国也通过欺诈性产权转让的法律——《统一欺诈性产权转让法》(UFCA,以下简称《欺诈性产权转让法》)是其主要但非唯一法律——允许债权人不接受债务人的某些财产转让。而且,不管其名称如何,欺诈性产权转让法有着非常广泛的适用性。它不仅适用于产权转让,因为它实际上覆盖了所有的财产转让和在《欺诈性产权转让法》与《破产法典》下规定的义务。它也不仅适用于欺诈性交易,因为没有欺诈意图的不公平财产转让也被包括在内。② 根据《欺诈性产权转让法》第4条的规定,当债务人无清偿能力或将因此变得无清偿能力并且对进行的转让或招致的义务债务人没有接受公平对价作为回报时,债务人任何财产利益的转让或者任何义务的引起都是欺诈性产权转让。③ 法院把那些它们认为可以证明债务人具有实际欺诈意图的事实标记为"欺诈征象"(badges of fraud),这些为法院所广泛接受和认可的欺诈征象,已经集中反映在《欺诈性产权转让法》中,有关这些事实的规定不仅能够调整人们耳熟能详的一些欺诈行为,而且已经被写进了州法当中,包括"债务人处于无力清偿状态或者转让后不久债务人进入无力清偿状态这一条件"。④ 美国判例法上所形成的规制欺诈性产权转让的原则之一即为"首位原则",其要求债务人道德上有责任在其财产转让中首先考虑所谓的法律义务(它们通常是标准合同和侵权债务人的合法、

---

① 参见〔美〕罗伯特·W.汉密尔顿:《公司法概要》,李存捧译,中国社会科学出版社1999年版,第307页。
② 参见〔美〕罗伯特·C.克拉克:《公司法则》,胡平、林长远、徐庆恒、陈亮译,工商出版社1999年版,第34页。
③ 同上注,第36页。
④ 参见〔美〕大卫·G.爱泼斯坦、〔美〕史蒂夫·H.尼克勒斯、〔美〕詹姆斯·J.怀特:《美国破产法》,韩长印等译,中国政法大学出版社2003年版,第371—372页。

约定债权)。① 可见,在美国,当公司无清偿能力/资产小于负债/濒临破产时,立法也是对债权人利益予以特别关注的,特定的利益可能因损害债权人利益或因可能损害债权人利益而被界定为欺诈性产权转让而被禁止,债权人利益其实在此种情形下也被置于一种优先考量的地位。②

3. 公司重整阶段公司利益的层次结构

当公司经营失败而进入破产程序后,传统破产法通过破产清算程序,将债务人公司的剩余财产依照法定程序与顺序予以清偿,最终消灭债务人公司。然而,公司运营过程会涉及社会上诸多利益主体、发生诸多法律关系,公司的终止,使这些法律关系终止,可能给相关利益主体利益造成损失。而且,多数情形下,企业的营运价值要高于其清算价值,即高于通过清算变价而对企业价值进行的价值回收。公司破产也会使公司经营过程中长期形成的诸如商誉权的无形财产权消灭,而这些无形资产权或许可为债务人公司带来更多收益。为避免公司破产终止而给利益相关人带来的损失及社会财富的浪费,当代破产法普遍建立了企业拯救制度,其中,破产重整制度是一种重要的企业拯救制度。20世纪70年代以来,世界范围内破产制度出现了新的改革趋势,美、英、法、德等许多发达国家以及一些发展中国家纷纷颁布新破产法,将重整制度置于显著地位。③ 我国于2006年8月27日通过的《企业破产法》也设专章(第八章)对重整制度作了规定。

---

① 参见〔美〕罗伯特·C.克拉克:《公司法则》,胡平、林长远、徐庆恒、陈亮译,工商出版社1999年版,第36页。

② 甚至于,美国的《欺诈性产权转让法》其关注的范围要广于公司无力清偿债务时的公司交易,该法第五条规定,当债务人——财产转让人事后拥有"过少的资本"并且未得到公平的对价作为回报时,任何财产利益的转让都是欺诈性产权转让。该法第六条规定,当债务人打算使或者相信他所承担的债务在其到期时超出他的偿还能力时,债务人进行财产转让或招致义务都是欺诈性产权转让。参见〔美〕罗伯特·C.克拉克:《公司法则》,胡平、林长远、徐庆恒、陈亮译,工商出版社1999年版,第36页。

③ 参见胡利玲:《困境企业拯救的法律机制研究——制度进的视角》,中国政法大学出版社2009年版,第1页。

公司重整,是对虽处于困境但却有希望复兴的企业公司实施的旨在挽救其营业的再建型特殊法律程序与制度。①

在公司重整阶段,公司仍保持其独立人格并继续从事经营,经营中自会涉及对"公司利益"的判断。尽管由于重整阶段公司资产小于负债的现实,债权人承担了较股东更大的风险,债权人利益在此阶段得到了广泛的关注,各国基于不同的立法价值取向,对重整阶段的公司经营控制权采取了不同的配置方式,体现了对不同群体利益关注的优先性的差异。

(1)债务人公司股东利益优位的经营控制模式

此种模式以美国为代表。在美国,通常认为,只要参加竞争,就会有失败,对失败者再给予一次竞争机会,才能更好地促进竞争的进行。因此,美国非常重视企业重整。②

美国破产法对重整方案通过的"一致同意原则"要求破产重组计划须取得大多数人的同意:对于债权人来说,每一类的债权人表决的赞成票最低要求占索取权数量的 2/3 和索取者人数的一半;对股东而言,所要求的赞成票至少要达到股权的 2/3。企业重组计划在得到足够的债权人和股东同意后,其他的债权人和股东都必须同意,而无需考虑他们的意见。③ 并且,《美国破产法典》第 1129 条第(a)(7)规定的最大利益标准为个别对重整方案持反对意见的债权人提供了保护,它要求每个债权人从方案中获得分配的数额,不得少于其在适用了第 7 章清算程序时能获得分配的数额。④ 对重整方案通过的投票规则要求股东与债权人分别表决通过体现了该程序对股东利益与债权人利

---

① 参见张世君:《公司重整的法律构造——基于利益平衡的解析》,人民法院出版社 2006 年版,第 19 页。
② 原文中为"企业重组",为与上下文表达一致,本书表述为"企业重整",特此说明。
③ 参见李云峰:《公司控制权依存状态及其治理机制研究》,上海财经大学出版社 2006 年版,第 157 页。
④ 参见〔美〕大卫·G.爱泼斯坦、〔美〕史蒂夫·H.尼克勒斯、〔美〕詹姆斯·J.怀特:《美国破产法》,韩长印等译,中国政法大学出版社 2003 年版,第 759 页。

益的关注。①

尽管美国破产重整程序对股东利益与债权人利益均予以了关注，然而，该程序中债务人掌控着大量的程序性权利和实体权利，这使得美国破产法呈现出较强的有利于债务人的倾向。② 债权人的利益则受到了诸多限制，例如：债权人难以提出并实施自己的重组方案；为了及时得到补偿，债权人往往会做出让步而同意有关重组计划。③ 采用分组表决方式通过重整计划的规则，削弱了债权人对于公司前途的发言权。根据《美国破产法典》第1126条的规定，在债权人的利益不受重整计划损害的场合，即使该债权人反对重整计划，该反对意见也不发生实际的效力。在相关表决组作出不同的表决意见的情形下，法院有权自主决定是否批准。④《美国破产法典》第1103条第(c)(1)项授权债权人委员会作为债务人的"顾问"，但是并没有授权委员会运营债务人的企业。⑤

与债权人利益受到限制形成对照的是，尽管在提出破产申请后，

---

① 对于股东是否有权对重整计划进行表决有两种立法例：一是不考虑债务人的清偿能力的状态，一般性地给予股东进行投票的权利，但可根据强制批准制度排除股东的反对意见；当然，股东在其权利没有受到侵害时，没有投票权。美国破产法采取这种模式。二是根据债务人的清偿能力的状态，决定股东的投票权的有无，如日本，其《公司更生法》规定，股东可以其持有的股份，参加更生程序，股东按其股份数有表决权，但在公司更生程序开始时，公司资产不足以全部清偿债务时，股东无表决权。并且，法院可以在投票前根据债务人资不抵债的情况剥夺股东的投票权。参见李志强：《企业重整程序的正当性基础与规范建构》，中国政法大学出版社2011年版，第207—208页。

② 参见贺丹：《破产重整控制权的法律配置》，中国检察出版社2010年版，第74页。

③ 参见李云峰：《公司控制权依存状态及其治理机制研究》，上海财经大学出版社2006年版，第156—157页。

④ 参见杨忠孝：《破产法上的利益平衡问题研究》，北京大学出版社2008年版，第102页。

⑤ See Powers and Duties of Creditors' Committees, Recent Developments Commercial Law and Practices Courses Handbook Series Number A-877, 27th Annual Current Developments in Bankruptcy & Reorganization, Chair Arnold M. Quittner, Practising Law Institute, p.331, 转引自贺丹：《破产重整控制权的法律配置》，中国检察出版社2010年版，第66页。

股东控制管理层的能力被削弱了。经管债务人①与所有者之间不再是信托关系,他的信托义务被转移到"破产财团"之上,他所采取的任何行动都必须以实现整个破产财团的最大利益为出发点。② 但是,考察重整公司经营管理者信托义务的履行情况,可以发现,在对相关主体利益进行权衡时,股东利益仍处于较为优先的地位。根据美国破产法的有关规定,对企业进行重组的主动权主要掌握在企业手里,因此在职经营管理者往往能维持原有地位不变。③ 在美国的重整制度中,债务人特别是债务人的董事经理,通常在重整开始后仍能够继续控制债务人企业。④ 此种情形下,公司的股东、董事和高级管理人员,仍然保留着他们的身份。在没有托管人任命的情况下,公司的日常运营的责任仍然属于公司的管理层。⑤ 在商事重整中,只要不超越债权人在破产财团财产利益上设置的限定因素以及法院监督特别交易的需要,债务人在经营业务的过程中享有广泛的决策权。法院通常不会对日常交易进行干涉,也不会取代债务人对商业风险作出判断,只是对内部人员与公司之间的交易往往会主动干预。⑥ 通常,法院不对公司管理加以干预。只要法院没有发布任命托管人或监察员的裁定,或者发布

---

① 也称"占有中的债务人",参见胡利玲:《困境企业拯救的法律机制研究——制度改进的视角》,中国政法大学出版社 2009 年版,第 66 页。贺丹:《破产重整控制权的法律配置》,中国检察出版社 2010 年版,第 72 页。

② 参见〔美〕大卫·G.爱泼斯坦、〔美〕史蒂夫·H.尼克勒斯、〔美〕詹姆斯·J.怀特:《美国破产法》,韩长印等译,中国政法大学出版社 2003 年版,第 740—741 页。

③ 参见李云峰:《公司控制权依存状态及其治理机制研究》,上海财经大学出版社 2006 年版,第 156 页。

④ 参见贺丹:《破产重整控制权的法律配置》,中国检察出版社 2010 年版,第 39—40 页。在法院有理由认为债务人有欺诈、不正直、管理不当以及无能力的情况下,可以任命管理人接管企业的财产和经营,参见贺丹:《破产重整控制权的法律配置》,中国检察出版社 2010 年版,第 73 页。因此,美国重整期间的营业机构,采取"占有中的债务人"制度与"托管人"制度的选择制,但以占有中的债务人制度为主,例外采用托管人制度,参见王卫国:《破产法》,人民法院出版社 1999 年版,第 240 页。

⑤ 参见贺丹:《破产重整控制权的法律配置》,中国检察出版社 2010 年版,第 74 页。

⑥ 参见〔美〕大卫·G.爱泼斯坦、〔美〕史蒂夫·H.尼克勒斯、〔美〕詹姆斯·J.怀特:《美国破产法》,韩长印等译,中国政法大学出版社 2003 年版,第 740 页。

转换案件的裁定,可以认为法院一般允许股东保留对公司的控制权,继续施加对公司管理层的影响并作出决策。债权人和雇员在谈判和诉讼当中都有能力很好地维护自己的利益,法院相信他们的自我保护能力。① 股东有几种可供选择的方式以试图直接控制经管债务人:第一,他们可以通过指定的代表他们利益的委员会来对经管债务人的决策施加影响。② 第二,他们可以请求任命托管人。③ 不过这是一种特殊的救济方法,法院在此问题上通常比较谨慎。第三,他们可以召集股东大会来更换管理层。尽管这一策略影响到了经管债务人的独立性,但是已经有几家法院对于股东召集股东大会的权利给予了明确认可。④ 在美国破产重整的司法实践中,经常发生股东力图召集股东会取代董事会或管理人进而安排能维护他们利益的人士参与公司治理。对此,美国法院的基本态度是:在股东委员会打算召开股东会的时候,如果不是对其权利的明显滥用,那么联邦法院就不能限制股东的权利⑤;而"只要股东有权更换董事,他们就会受到关注以使他们满意"⑥。上述股东直接控制债务人的规则,即体现出了美国破产法立法层面上在重整阶段对股东利益的优先关注,在重整实践中客观上也能促进管理者在权衡公司利益时将股东利益置于优先地位。

---

① 参见〔美〕大卫·G. 爱泼斯坦、〔美〕史蒂夫·H. 尼克勒斯、〔美〕詹姆斯·J. 怀特:《美国破产法》,韩长印等译,中国政法大学出版社 2003 年版,第 743 页。
② 参见《美国破产法典》第 11 篇第 1102 条。
③ 参见《美国破产法典》第 11 篇第 1104 条。
④ 参见〔美〕大卫·G. 爱泼斯坦、〔美〕史蒂夫·H. 尼克勒斯、〔美〕詹姆斯·J. 怀特:《美国破产法》,韩长印等译,中国政法大学出版社 2003 年版,第 741 页。
⑤ 但是,如果法院发现债务人陷入无力清偿债务状态,从而股东没有任何利益值得保护的情况下,就可以径直召开股东大会。参见王欣新、徐阳光:《论破产重整中的公司治理结构问题》,载甘培忠、楼建波主编:《公司治理专论》,北京大学出版社 2009 年版,第 446 页。
⑥ Tuvia Borok, "A modern Approach to Redefining 'In the Best Interest of The Corporation'," *Windsor Review of Legal and Society Issues* 132,135(2003).

(2)债权人利益优先的经营控制模式

此种模式以英、德为代表。在上述两种立法体例下,在重整阶段,实施管理人模式的经营控制权模式,其主要特征是在破产重整申请后,债务人公司的管理层即丧失对企业的经营权,企业在重整期间的经营权力和重整权力完全由外部的专业管理人行使。① 而管理人由债权人会议选任,或者采取法院指定与债权人选任相结合的方式选定。管理人行使职权受到债权人的监督。

英国法律认为,承担资金风险的是债权人,所以决定诉讼事项的也应该是债权人。"对于法律的企业拯救程序而言,制度的设计有赖于立法的目标。通常的目标是最大化国家的经济实力水平,衡量这种水平的两个标准是生产能力和就业。达到这一点的一种方式是通过确保债权人签订的合同能够达到最大程度的保护来鼓励投资。法院必须严格地执行优先权。"②"英国的破产法一直是倾向于保护债权人的。"③学者认为:"重整制度的核心,即在于阻止个别人的追债行动,藉由'集体化'行动而使得债权人全体福利之最大化。"④其破产法规定,当债务人不能按时清偿到期债务(金额大于75英镑)或负债总额超过资产总额时,就可申请进入破产程序,债权人有权要求指定清算人变卖债务人的资产以偿付其债务。对于有财产抵押的资产,其债权

---

① 参见贺丹:《破产重整控制权的法律配置》,中国检察出版社 2010 年版,第 88—89 页。

② Alice Belcher, *Corporate Rescue*: *A Conceptual Approach to Insolvency Law*, London Sweet & Maxwell, 1997, p. 87, 转引自贺丹:《破产重整控制权的法律配置》,中国检察出版社 2010 年版,第 98 页。

③ 贺丹:《破产重整控制权的法律配置》,中国检察出版社 2010 年版,第 98 页。

④ Thomas H. Jackson and Robert E. Scott, *On the Nature of Bankruptcy*: *An Essay on Bankruptcy Sharing and the Creditors' Bargain*, in Jagdeep S. Bhandari and Lawrence A. Weiss ed., *Corporate Bankruptcy*: *Economic and Legal Perspectives*, Cambridge University Press, 1996, pp. 141 – 167, 转引自胡利玲:《困境企业拯救的法律机制研究——制度改进的视角》,中国政法大学出版社 2009 年版,第 60 页。

优先获得清偿。① 在英国,大多数董事或股东通过普通决议,或任何债权人,无论其债权数额大小,均可向法院请求任命管理人,且只能由法院任命。提交重整申请就会"冻结"债权人的权利,阻止公司进入清算程序。② 1986《英国破产法》附件 B1 第 1 段规定,在管理人任命已经生效且管理人根据破产法附件规定的任命管理公司事务、经营和财产的情况下,公司正"处于管理程序中"。在管理程序中,公司受到保护,不受债权人侵扰。③ 只有在公司可能无力偿还债务且管理令有合理的可能实现的管理目标时,法院才会发出管理令。④《英国破产法》附件 B1 第 59 段规定,公司管理人有权采取对管理公司的事务、经营和财产有必要或有益的行动,管理人拥有 1986 年《英国破产法》附件 1 明确赋予的权利。管理人有权罢免或任命董事⑤,召开公司合股人或债权人的会议,请求法院作出指示。⑥ 而就管理人履行职责所追求的目标,1986 年《英国破产法》附件 B1 部分第 3 段规定,公司管理人必须遵循以下目标履行职责:(a)拯救公司使其继续运营;(b)为公司的债权人在整体上获得比公司清算(没有先经过管理程序的清算)更好的结果;(c)为了在一个或多个有担保的债权人或优先债权人之间进行

---

① 参见李云峰:《公司控制权依存状态及其治理机制研究》,上海财经大学出版社 2006 年版,第 155 页。
② 参见〔英〕丹尼尔·吉南:《公司法(原著第 12 版)》,朱羿锟等译,法律出版社 2005 年版,第 443 页。在英国的公司自愿协议程序(CVA)中,董事和经理可以继续控制企业的经营,同债权人达成协议。但公司自愿协议程序并不包括对债权人权利的中止程序,因此,当需要中止债权人权利的时候,必须使用管理令程序,而这时董事对公司的控制权就会失去。参见贺丹:《破产重整控制权的法律配置》,中国检察出版社 2010 年版,第 102 页。
③ 参见〔英〕费奥娜·托米:《英国公司和个人破产法(第二版)》,汤维建、刘静译,北京大学出版社 2010 年版,第 108 页。
④ 参见 1986 年《英国破产法》,附件 B1,第 11,转引自〔英〕费奥娜·托米:《英国公司和个人破产法(第二版)》,汤维建、刘静译,北京大学出版社 2010 年版,第 110 页。
⑤ 董事只能在破产管理人同意并且破产管理人介入的情况下行使权力。参见贺丹:《破产重整控制权的法律配置》,中国检察出版社 2010 年版,第 92 页。
⑥ 参见〔英〕费奥娜·托米:《英国公司和个人破产法(第二版)》,汤维建、刘静译,北京大学出版社 2010 年版,第 119 页。

分配而变现财产。1986年《英国破产法》附件B1第3段继续规定:管理人必须为了公司债权人整体的利益并按照上述(a)项规定的目标履行其职责,除非他或她认为实现该目标不具有合理可行性;或上述(b)项规定的目标能够为债权人整体带来更好的结果。如果管理人认为实现(a)项和(b)项规定的目标都不具有合理的可行性,他或她不能徒然损害公司债权人整体的利益时,管理人就只能追求上述(c)项目标。① 上述目标序列的确立,首先指明了拯救公司以使其继续经营为目标的公司重整制度必须能够促进债权人整体利益,这也是管理人履行职责时最为优先的目标,在英国重整制度中,当管理人权衡公司利益而作出决策时,债权人利益被置于优先考量的地位。

《德国破产法》的中心是维护债权人利益。根据该法,在实施破产程序时,最重要的是以现金拍卖的方式清理变卖债务人的资产来偿还债权人,而实施重组程序则属于次选方案。债权人和债务人要达成挽救或和解协议,主动权在债权人;在债权人会议中设立专门的债权人委员会,负责调查债务人财产状况,审查法定的处分财产的行为,独立监督破产程序的实施等。② 债权人有权决定债务人能否继续占有财产。③ 法院受理破产案件后,应当任命一名对具体案件而言合适的、特别是懂行且独立于债权人及债务人的自然人为破产管理人。④ 在任命破产管理人之后召开的第一次债权人会议上,债权人可以选举一名另

---

① 参见〔英〕费奥娜·托米:《英国公司和个人破产法(第二版)》,汤维建、刘静译,北京大学出版社2010年版,第117—118页。
② 参见李云峰:《公司控制权依存状态及其治理机制研究》,上海财经大学出版社2006年版,第155页。
③ 参见〔英〕费奥娜·托米:《英国公司和个人破产法(第二版)》,汤维建、刘静译,北京大学出版社2010年版,第70页。
④ 参见《德国破产法》(1994年10月5日新颁文本,2004年12月9日修订)第56条(1),载李飞主编:《当代外国破产法》,中国法制出版社2006年版,第31页。

外的人取代所任命的破产管理人。除该法第 76 条第 2 款①中规定的过半数外还需获得参加投票的债权人的过半数票当选。只有在该当选人不适宜担任该职务时,法院方可不予任命。任何破产债权人均有权对不予任命提出即时抗告。② 根据该规则,显然,债权人会议对破产管理人的确定具有基础性的作用,立法上的这一安排,自然会使管理人在履行职责考量公司利益时对债权人的整体利益予以更优先的考量。

(3) 社会利益优先的经营控制模式

法国的破产重整制度将整个社会的利益放在第一位。法国现行破产法律制度适用《商法典》第六卷困境企业的规定。该法第 620 - 1 条对司法重整程序的目标作了明确规定:"为使企业得以保护,企业的活动及就业得以维持,企业的债务得以清偿,设立司法重整程序。"③ 其强调了企业保护、企业活动与就业维持等诸多社会目标,最后才提到企业债务清偿的目标,在这里,"保障债权人的债权偿付已经变成了最末位的目标"④。实证研究证明了债权人利益未达到重视,"1993 年,有 7 万家企业进入了集体程序,发债总额为 15 亿法郎,无担保债

---

① 该款规定,表示同意的债权人的债权数额总额超过参加表决的债权人的债权数额总额的半数的,债权人会议决议即告成立;对于债务人不对其承担个人责任的享有别除权的债权人,以别除权价值取代债权数额。参见李飞主编:《当代外国破产法》,中国法制出版社 2006 年版,第 36 页。

② 参见《德国破产法》(1994 年 10 月 5 日新颁文本,2004 年 12 月 9 日最近一次修订)第 57 条,载李飞主编:《当代外国破产法》,中国法制出版社 2006 年版,第 31 页。不过,据德国学者反映,虽然立法上有此规定,但在实践中很少发生法院指定的管理人被债权人会议撤换的现象。原因之一是管理人在此前已作出案件向破产清算还是重整程序发展的决策,并已采取许多财产管理方面的处分行为,即使更换破产管理人,案件的发展也不具有可逆性,反而会增加成本。参见最高人民法院民事审判第二庭编著:《最高人民法院关于企业破产法司法解释理解与适用:破产管理人制度·新旧破产法衔接》,人民法院出版社 2007 年版,第 37 页。

③ 参见《法国商法典》第六卷"困境企业"(1985 年颁布,2001 年编入商法典,2004 年 5 月修改文本),载李飞主编:《当代外国破产法》,中国法制出版社 2006 年版,第 358 页。

④ 贺丹:《破产重整控制权的法律配置》,中国检察出版社 2010 年版,第 53 页。

权中只有5%得到清偿;已进行的集体程序,使30万人失去了工作,却未达到既定目标,因为93%的程序以司法清算告终,债权人的利益被白白地牺牲掉了"①。根据《法国商法典》对关于进入观察期的规定,在裁定开始司法重整程序之前,法庭必须听取债务人和企业委员会代表,或者未设企业委员会的职工代表的意见,或者依法传唤上述人员参加不公开的庭审之后,对程序的开始作出裁定。法庭认为必要时,也可以听取任何其他人的意见。② 显然,这一规则体现了司法重整程序对非债权人的其他利益相关者利益的关注。司法管理人负责重整企业的管理等事项③,法国重整程序强调对利益相关者利益的保护④,关于司法管理人、债权人代表与雇员代表产生的不同规则,也体现了对雇员利益的特别关注。根据该法第621-8条,在宣布司法重整程序开始的判决中,法庭指定一名特派法官和两名司法代理人。两名司法代理人为司法管理人和债权人代表。法庭要求企业委员会,或者在未设立企业委员会的情况下、要求职工代表,或者未设职工代表的、企业全体雇员中指定一名雇员代表。企业雇员以一轮单名无记名投票方式选举雇员代表。⑤ 可见,在法国,司法管理人及债权人代表均由法

---

① Cellardet Valbraym,"La reforme des procedures collectives," *Petites affiches*,18-mai-1994,p.15,转引自王玉梅:《法国困境企业重整制度的改革及其启示》,载《法商研究》2004年第5期。

② 参见《法国商法典》第六卷"困境企业"(1985年颁布,2001年编入商法典,2004年5月修改文本)第621-4条,载李飞主编:《当代外国破产法》,中国法制出版社2006年版,第359页。

③ 根据《法国商法典》第六卷"困境企业"(1985年颁布,2001年编入商法典,2004年5月修改文本)第621-22条,除该法赋予的权力外,司法管理人的职责由法庭确定。法庭一揽子或者分别赋予下列职权:1.监视经营活动;2.协助债务人进行一切有关经营活动或者其中一部分活动;3.完全独立或者部分负责企业的管理。载李飞主编:《当代外国破产法》,中国法制出版社2006年版,第365页。

④ 参见贺丹:《破产重整控制权的法律配置》,中国检察出版社2010年版,第138页。

⑤ 参见《法国商法典》第六卷"困境企业"(1985年颁布,2001年编入商法典,2004年5月修改文本)第621-8条,载李飞主编:《当代外国破产法》,中国法制出版社2006年版,第360—361页。

庭指定,而与之形成对照的是,雇员代表则由企业选举产生,这也体现了其在司法重整程序中对职工利益的关注。

(4) 中国的实践

我国《企业破产法》第73条规定:"在重整期间,经债务人申请,人民法院批准,债务人可以在管理人的监督下自行管理财产和营业事务。"此即"占有中的债务人"制度,显然,此处的债务人的行为当然应为债务人公司利益而行为,而该债务人实施的行为是在"管理人"的监督下进行的,根据《企业破产法》第23条的规定,管理人接受债权人会议和债权人委员会监督。从而,在"占有中的债务人"管理重整期间的公司事务时,有关行为间接受债权人会议和债权人委员会监督,而债权人会议全部由债权人组成,债权人委员会则由债权人代表和一名债务人的职工代表或者工会代表组成[①],显然,这一制度设计体现了在重整阶段的债权人—职工—股东的优先性递减的层级关系。

4. 破产清算阶段公司利益的层次结构

在破产清算阶段,破产公司的主要任务是对其债务依照法定规则予以清偿。"在破产法中,破产财产的清偿顺序问题直接体现了法律对于利益关系与利益冲突的调整。"[②]在当代各国,设定物的担保的债权对于设定该担保的财产总是享有排他性的优先权,担保财产被排除在破产财产之外。破产费用和共益债务也得到优先支付。此外,尽管各国破产法所规定的破产清算程序中享有优先清偿效力的无担保债权各不一样,但有两种债权最普遍,即劳动债权与税收债权。但近年来,税收债权的优先清偿效力开始受到质疑,有少数几个国家取消了

---

① 参见《企业破产法》第59条、第67条。
② 杨忠孝:《破产法上的利益平衡问题研究》,北京大学出版社2008年版,第123页。

税收债权的优先清偿效力。① 而各国立法对体现政府利益的税款、体现雇员利益的雇员工资,体现债权人利益的普通债权等清偿顺序的安排体现了立法对不同群体利益关注的优先性的差异,体现出其层级结构。

《美国破产法》第507条(a)规定:"下列的开支和债权按下面的次序具有优先权……"②其依次涉及八个等级的优先权。其中第三种和第四种优先权分别涉及工资和雇员福利。这些是给予债务人的雇员的一个有限制的优先权,通常而言这些权利限于应获工资在2 000美元以内的优先权,而且该未付工资必须发生在破产申请前90天内,对雇员福利支付计划的债权必须源于破产申请前180天内提供的服务。这些债权比其他无担保债权人优先,但这仅仅是相当微小的优惠。第七种优先权主要涉及许多种类的税收。第507条第(a)(7)项包括了大多数税收种类。③ 其第726条(a)规定,"除本法第510条另有规定

---

① 参见丁文联:《破产程序中的政策目标与利益平衡》,法律出版社2008年版,第80页。主张税收债权具有优先受偿效力是一种多数意见,其理由主要有:(1)税收债权具有公益性。(2)和侵权债权类似,税收债权属于非合意之债,政府机构没有通过谈判回避破产风险的机会。(3)如果不赋予税收债权优先权,意味着政府在特定破产案件中遭受的损失,最终会通过增加税率或税额等方式外化为其他纳税人的损失,也即有其他无辜的纳税人分摊了本应由破产人及其债权人承担的政府债务。这样做不仅对其他分摊损失的纳税人不公平,也不利于化解风险。(4)在非破产制度中,税收即享有优先权,在破产程序中当然应该具有优先权。而反对税收债权具有优先受偿效力的理由则有:(1)任何优先权的概念都与无担保债权平等受偿的做法相违背,优先权始终是破产程序平等受偿原则的对立面。(2)针对普通债权的税收优先权会增加商业成本,特别是使那些被迫卷入破产事件的非合同债权人蒙受不幸。(3)税收优先受偿会导致债权人对债务人给予补贴,特别是在债务人有不适当行为时,相当于普通债权人为债务人的不适当行为承担责任。(4)赋予税收债权优先清偿效力,减轻了税收机构收税压力,纵容政府机构怠于收取债权。(5)由于政府机构怠于收税,导致企业欠税不断增加,而交易相对人不知情,直到企业破产给交易相对人造成利益损失,因此,赋予税收债权优先效力容易损害企业其他债权人利益。(6)取消税收债权优先效力不会对政府收入带来太大影响,而由此增加普通债权人收益却十分明显。参见丁文联:《破产程序中的政策目标与利益平衡》,法律出版社2008年版,第168—170页。
② 李飞主编:《当代外国破产法》,中国法制出版社2006年版,第534页。
③ 参见〔美〕大卫·G.爱泼斯坦、〔美〕史蒂夫·H.尼克勒斯、〔美〕詹姆斯·J.怀特:《美国破产法》,韩长印等译,中国政法大学出版社2003年版,第468—469页。

外,财团财产将按下列次序分配——(1)首先,按照本法第507条规定的次序清偿所规定的债权"。据此,第507条的规定体现了破产清算阶段中,按照雇员利益、政府利益、普通债权人利益的层级顺序,其优先性依次递减。

在英国,破产费用和优先债权人必须在一般债权人受偿之前获得偿付。① 2002年《企业法》颁布之后,现在还有三类清偿不分先后的优先债务,没有足够财产清偿所有的优先请求权时,每个优先债权人都将获得和他人比例相同的清偿。优先债务包括以下类型:(1)债务人按照1993年《养老金计划法》附表4的规定应当缴纳的职业养老金计划缴款及国家计划保险费;(2)债务人应付给现在或以前的雇员相关日期前4个月的报酬,按照目前国务大臣规定的限制,对每个请求人的应付报酬不超过800英镑。债务人应付给相关日期前后或当日结束雇佣的雇员的、相关日期之前的雇佣期间累积的假日报酬。在相关日期之前违反1985年《劳动力储备(就业保障)法》规定的义务而产生的应付款。(3)债务人在相关日期应缴纳的、欧洲煤炭钢铁共同体条约规定的煤钢生产税。《企业法》第251条同时废除了以下有限债务的优先地位:(1)应从相关日期之前12个月支付的薪水中扣除应向国内税务署缴纳的收入税。(2)应付给海关和消费税局的债务。包括:在相关日期前6个月内发生的增值税、保险费税、垃圾处理税和气候变化税;在相关日期前12个月内应付的车辆税和赌博税;债务人在相关日期前6个月内应付的啤酒消费税。(3)在相关日期前12个月内债务人应当缴纳的第一类和第二类社会保险金,以及缴纳给国内税务署总共一年的第四类社会保险费。② 尽管劳动报酬与养老金计划缴款与煤钢生产税位于同一优先序列,但优先于大多数税收,总体而言,

---

① 参见〔英〕费奥娜·托米:《英国公司和个人破产法(第二版)》,汤维建、刘静译,北京大学出版社2010年版,第395页。

② 同上注,第407—408页。

就清算阶段公司利益构成因子的优先性考量而言,英国也是按照雇员利益、政府利益、普通债权人利益的层级顺序,其优先性依次递减。

澳大利亚关于清偿顺序的规则主要有:破产管理费用的优先支付,包括清算费用、临时清算支出与接管费用,雇员工资与相关的权利。早期的公司法给予税收债权优先权,包括公司自己应纳的税款、雇主代扣的税款、州法规定的税款、市政的与地方的税费、经由法院决定的为公司调查所支付的补偿等。① 澳大利亚新《破产法》取消了税收债权的优先效力。② 总体而言,其也按雇员利益、政府利益、普通债权人利益的层级顺序,优先性依次递减。

在日本,破产宣告前一定期限内未清偿的劳动债权为优先权,在破产程序中优先受偿。③ 在法国,劳动债权作为破产程序中的优先清偿债权。④ 这些均体现了在破产清算阶段,公司利益中对职工利益的优先考量。

---

① 参见杨忠孝:《破产法上的利益平衡问题研究》,北京大学出版社2008年版,第125页。
② 参见丁文联:《破产程序中的政策目标与利益平衡》,法律出版社2008年版,第170页。
③ 依据日本民法典和有关破产法律的规定,劳动债权的债权人,对债务人的财产拥有一般先取特权。在破产清算程序中,程序开始前三个月所欠职工的工资和离职金,作为与破产费用和共益中债务具有同等地位的债务,由债务人的财产随时清偿,其余部分的工资和离职金,属于优先破产债权,在破产清偿顺序中优先于一般破产债权。在重整程序中,程序开始前六个月所欠职工的工资和离职金,由债务人财产随时清偿,其余部分属于优先债权,优先于一般重整债权,依重整计划受偿。在日本,拖欠工资的情况很少,法律设定三个月或者六个月的保护期限,主要是为保证企业所欠职工的离职金得到足额清偿。全国人民代表大会常务委员会法制工作委员会编、安建主编:《中华人民共和国企业破产法释义》,法律出版社2006年版,第427页。
④ 参见丁文联:《破产程序中的政策目标与利益平衡》,法律出版社2008年版,第80页。法国于1973年确立了一种保险制度,即由雇主为职工投保雇主欠薪风险。雇主协会成立管理工资债权保险全国委员会。该委员会设16名董事,其中6名来自全法雇主联合会,8名来自于中小企业雇主联合会,另外2名是农民代表。在债务人进入司法清算程序时,由法院指定的司法代理人向该委员会提出申请,该委员会经审查后将资金划入支付给职工,然后该委员会就付给职工的款项,取得职工权利的代位权。参见全国人民代表大会常务委员会法制工作委员会编、安建主编:《中华人民共和国企业破产法释义》,法律出版社2006年版,第426页。这种保险制度可以保证在司法重整和司法清算程序的情况下,这些雇员执行劳动合同应得的款项免受不能支付的危险,参见全国人民代表大会常务委员会法制工作委员会编、安建主编:《中华人民共和国企业破产法释义》,法律出版社2006年版,第389页。

而在德国,其于1974年设立了未付酬代替支付制度,其规定:破产程序开始后,职工可向联邦雇佣厅请求代替支付企业所欠的全部工资。联邦雇佣厅代替支付后取得的债权视为优先破产债权。不过,1999年起施行的新破产法废除了由联邦雇佣厅代位取得的债权作为优先债权的规定,将其作为普通破产债权受偿。①

我国《企业破产法》第113条规定:"破产财产在优先清偿破产费用和共益债务后,依照下列顺序清偿:(一)破产人所欠职工的工资和医疗、伤残补助、抚恤费用,所欠的应当划入职工个人账户的基本养老保险、基本医疗保险费用,以及法律、行政法规规定应当支付给职工的补偿金;(二)破产人欠缴的除前项规定以外的社会保险费用和破产人所欠税款;(三)普通破产债权。……破产企业的董事、监事和高级管理人员的工资按照该企业职工的平均工资计算。"根据上述规定,确定了破产清算阶段中,按照雇员利益、政府利益、普通债权人利益的层级顺序,其优先性依次递减。

5. 小结

公司在存续期间,可能会经历诸多阶段,本书中只是对其可能经历的诸如资产大于负债下的经营状态、资产小于负债下的经营、公司重整、破产清算这样一些可能阶段的"公司利益"的层次结构进行了粗略的分析。这当然不是公司可能经历阶段的全部,例如,就公司拯救重整程序而言,在法国,除司法程序外,还有保护程序②,在美国,还有

---

① 参见全国人民代表大会常务委员会法制工作委员会编、安建主编:《中华人民共和国企业破产法释义》,法律出版社2006年版,第428页。
② 保护程序被设计为介于预防性程序和救济性程序的中间程序,是企业进入司法重整或司法清算程序之前的程序。与司法重整程序相比,保护程序只能由债务人提起,适用于企业陷入困境而有可能无力支付的情形。司法重整程序则既可以由债务人也可以由债权人自愿提起,适用于企业已无力支付的情形。参见胡利玲:《困境企业拯救的法律机制研究——制度改进的视角》,中国政法大学出版社2009年版,第85页,第88页。

作为司法拯救和非司法拯救的结合的预先重整程序①,此外,公司还可能经历非破产清算的自愿解散清算与司法解散清算阶段,在这些阶段公司利益的构造均可能呈现出不同特点②。此外,当公司面临收购时,其利益结构也可能呈现出不同特点。出于本书的主旨,在此不一一分析。③ 然而,即使是前面显得有些粗略的分析,我们也可以发现,公司利益是存在层次结构的,即在不同的构成因子形成公司利益的过程中,对不同构成因子的考量存在着优先序列上的差异。并且,这些优先序列上的差异(层次结构)在公司的不同阶段各不相同④,从而使这种层次结构又表现出动态特征。公司利益"动态的层次结构"在美国表现得尤为明显,在美国,在资产>负债与资产<负债情形下经营的,均要求董事在判断公司利益时对不同群体利益进行权衡,即便进入破产重整,通常也仍由原管理层继续经营公司,其同样需对不同利益进行权衡以对合公司利益性进行识别。对这些财产状况与主要利益冲突迥异的不同阶段,美国均是以信托模式——董事履行对公司的信托

---

① 预先重整程序,是指在申请重整之前,债务人与债权人通过法庭外协商制订重整计划并获得债权人多数同意后,借助重整程序使重整计划发生约束全体债权人的效力,以早日实现债务人复兴的一种拯救机制。按照该机制,进入重整程序前,债务人与债权人已经通过法庭外协商预先制定重整计划,并获得重整计划通过所必要的权益和数量的债权人接受,进入重整程序后,只需法院批准重整计划,债务人即可进入重整计划执行阶段。参见胡利玲:《困境企业拯救的法律机制研究——制度改进的视角》,中国政法大学出版社 2009 年版,第 188—189 页。

② 司法解散清算时,要求用尽其他救济,这似乎隐含了保护利益相关人的意旨。不过,若股东决议解散公司,公司自可解散,这似乎又昭示着在公司资产足以清偿公司债务时,股东利益置于较之其他利益相关者更优的位序。

③ 这也将是笔者今后进一步研究的主题与方向。

④ 尽管在某些阶段,例如重整阶段,各国出于不同的立法价值考量,而在对不同群体利益考量的优先性上也存在着差异。而在破产清算阶段,Warren 教授即使揭示了破产分配次序的存在机理,也不能对次序先后给出一个完整的有体系的理论解释,Warren 自己认为其原因是破产程序的多元政策目标是相互竞争的,且没有一个目标是具有绝对优先地位的[参见 Elizabeth Warren, "Bankruptcy Policey," 54 *The University of Chicago Law Review* 775 (1987),转引自丁文联:《破产程序中的政策目标与利益平衡》,法律出版社 2008 年版,第 54 页]。各国在破产清算阶段也基于立法价值的差异,在对不同群体利益考量的优先性上也存在着差异。

义务来对利益相关人的利益进行保护的,而立法与判例确定的董事在上述不同阶段履行信托责任权衡公司利益时对各群体利益各不相同的优先性安排,使公司利益动态的层次结构在美国公司董事履行职责的过程中得到了充分体现。

四、公司利益构造的中国问题

公司利益是由多种群体利益或公司利益的构成因子按照特定机制融合而成的,这一过程我们可称之为"利益构成因子融入公司利益"的过程。① 其中,以信托模式融入公司利益的构成因子呈现出开放的结构,而从各国的公司治理实践看,以参与模式融入公司利益的构成因子则主要有股东利益、雇员利益、债权人利益以及政府利益。"为某一国人民制定的法律,应该是非常适合该国人民的。所以如果一个国家的法律竟能适合另外一个国家的话,那只是非常凑巧的事。"②"制度的引入或改革虽然是通过立法程序来进行的,但究其根源,则是来源于经济或社会系统中的内生的制度需求。"③因此,中国公司利益构造的制度设计,仍应考量中国的经济与社会现实。

以下试图运用公司利益构造的理论,对一些相关问题结合中国现实进行初步的探讨。

(一)集团利益与关联企业间交易规制路径的选择

虽然各国公司法对于如何规制公司集团缺乏共识,但没有一个国

---

① 尽管在这一融入过程完成前,特定公司利益尚未形成。
② 〔法〕孟德斯鸠:《论法的精神(上册)》,张雁深译,商务印书馆1959年版,第7页。
③ 〔英〕弗里德里希·冯·哈耶克:《法律、立法与自由(第一卷)》,邓正来、张守东、李静冰译,中国大百科全书出版社2000年版,第21页。

家法律发展到彻底禁止其存在的程度。事实上,即使是问题丛生的公司"金字塔"(小股东通过对控股公司参股而层层控制其他公司构成的公司集团)也被允许。① 公司集团的存在已成为一个现实。然而,是否认可"集团利益",在当代各国却存在差异,这进一步导致对公司集团和关联企业规制路径的差异。

公司集团呈现出复杂的结构。然而,公司集团存在并有序运作的核心因素在于"控制"——公司集团的成员公司之间、成员公司内部存在特定的控制和影响力。成员公司之间的控制和影响力,在母公司对子公司的关系中表现得最为强烈和典型。② 而母公司对子公司的控制,则表现为子公司的控制股东与公司之间的法律关系。因此,我们可以化繁为简,假设一种是否认可集团利益的简化模型:在存在关联关系的企业中,是否认可母公司/控股公司基于其控制权而作出的决策,即使这种决策可能会损害被控制公司的利益。如果认可,则为肯定"集团利益",反之,则为否定"集团利益"。对这种简化模型分析所采用的方法和所得出的结论也可适用于结构更为复杂的公司集团。

1. 对待"集团利益"的两种态度及其对应的关联企业规制路径

集团公司利益保护的模式可以分为两种,并对应不同的对关联企业间交易进行规制的路径:

(1)否定集团利益模式及其关联企业间交易的规制路径

否定集团利益模式是将公司集团中的各组成公司视为法律上的独立实体,相互之间分离。英美法系主要采用此种模式,此模式实际上包含了三个相互联系的原则:第一,集团中的各个组成部分都具有独立的法人人格;第二,各组成公司中的股东都承担有限责任;第三,

---

① 参见〔瑞士〕杰拉德·郝蒂格、〔日〕神田修树:"债权人保护",载〔美〕莱纳·克拉克曼、〔英〕保罗·戴维斯、〔美〕亨利·汉斯曼等:《公司法剖析:比较与功能的视角》,刘俊海、徐海燕等译,北京大学出版社2007年版,第89页。

② 参见赵志钢:《公司集团基本法律问题研究》,北京大学出版社2006年版,第4页。

各组成公司中的董事都只对本公司负责。因此,虽然公司集团中的各组成公司被其他公司控制,与其他公司共同从事集团的业务,但是,他们都是分离的个体,独立地享受权利和承担义务,其法律地位与单个孤立存在的公司并无太大差别。① 美国、英国均采此对待"集团利益"的态度。美国法院基本忽视了公司集团结构。② 而在英国,其判例法中也缺乏对集团利益的认可。其主张,经理们在决策时,应仅仅集中关注他们所服务的公司。③ 在一起案例中,当章程细则的修改并非"真正为了公司的利益"时,英国法院保留了阻止对公司章程细则进行任何修改的权利。阻止这样一个修改意味着,法院将推翻一项至少75%的股东通过的决议。在尽力定义"公司利益"的同时,法院明确指出,即使是绝大多数股东的私利也不能等同于公司利益。④ 在另一起案件中,英国上诉院指出:"公司集团(近代的概念)中的每家公司是个独立法律实体,拥有独立法律权利和责任,以至于集团中的一家公司的权利不得由同一集团中的另一家公司所行使,即使该权利的行使的最终收益实际上会归于同一人或同一法团,无论谁人或法团拥有普通法权利。在现代商务环境中,我们也许会对这些原则的存在表示遗憾,但不能否认、忽视或不遵守它。"⑤

与此种模式相对应的对关联企业进行规制的路径就是,将关联企

---

① 参见黄辉:《现代公司法比较研究——国际经验及对中国的启示》,清华大学出版社2011年版,第290—291页。
② 参见〔瑞士〕杰拉德·郝蒂格、〔日〕神田修树:"债权人保护",载〔美〕莱纳·克拉克曼、〔英〕保罗·戴维斯、〔美〕亨利·汉斯曼等:《公司法剖析:比较与功能的视角》,刘俊海、徐海燕等译,北京大学出版社2007年版,第90页。
③ 参见〔英〕珍妮特·丹恩:《公司集团的治理》,黄庭煜译,北京大学出版社2008年版,第56页。
④ 参见 Allen v. Gold Reefs of West Africa [1990] 1 Ch 656; Dafen Tinplate Co v. Llanelly Steel Co. Ltd. (1920) 2 Ch 124; Greenhalgh v. Arderne Cinemas [1951] Ch 286,转引自〔英〕珍妮特·丹恩:《公司集团的治理》,黄庭煜译,北京大学出版社2008年版,第45—46页。
⑤ Albacruz v. Albazero, The Albazero [1977] AC 775,第807页, Rosskill 大法官(英上诉院),以其他理由驳回,第840页(英上诉院),转引自何美欢:《公众公司及其股权证券》(下册),北京大学出版社1999年版,第1131页。

业视为各自独立的个体,对其适用调整控制股东与公司之间关系的一般规则。例如,在美国,母公司和其部分持股的子公司间的每一笔特定内部交易均应受到对自我交易进行规制的全部要求的限制。① 在此过程中,控制股东应履行公平交易义务,即控制股东在与附属公司进行交易时,应当在持续信息公开的前提下,履行公平的授权程序,遵守公平的交易条件,否则应承担相应的赔偿责任。② 在如下情况下,控制股东即被视为满足了公平交易要求:①该交易成立时的交易对公司是公平的,即满足实质性要求;②控制股东充分披露了该交易涉及的利益冲突,即满足公开性要求;③非利害关系董事或股东事先授权或事后批准进行该交易,即满足程序性要求。③ 而在英国,作为一个法律原则,集团内的每个公司都是一个独立的法律实体,一个成员公司的董事无权牺牲该公司的利益。④ 正在考虑中的成员公司的利益并不屈从于或附属于公司集团的整体利益,或者其控股公司或公司集团内部其他公司的利益。⑤ 在 Walker v. Wimborne 案中,Mason 法官认为:"每一个公司都是一个分离的、独立的法律实体,Asiat 董事的义务是,在决定是否向其他公司支付款项时,只能考虑该公司的利益。"⑥ 在 Charterbridge Corp Ltd. v. Lloyds Banks Ltd. 案中,法院指出:"集团中每一个公司都是一个独立的法律实体,某一特定公司的董事并未被授权

---

① See Reinier Kraakman, John Armour, Paul Davies, Luca Enriques, Henry Hansmann, Gerard Hertig, Klaus Hopt, Hideki Kanda and Edward Rock, *The Anatomy of Corporate Law: A Comparative and Functional Approach*(Second Edition), Oxford University Press, 2009, p. 98.
② 参见习龙生:《控制股东的义务和责任研究》,法律出版社 2006 年版,第 124 页。
③ 参见 The American Law Institute, *Principles of Corporate Governance: Analysis And Recommendations* (1994), p. 325,转引自习龙生:《控制股东的义务和责任研究》,法律出版社 2006 年版,第 124—125 页。
④ 参见 Charterbidge Coppoation Ltd. v. Lloyds Bank Ltd. [1970] Ch. 62, at 74. 转引自王长斌:《企业集团法律比较研究》,北京大学出版社 2004 年版,第 101 页。
⑤ 参见[马来西亚]罗修章、王鸣峰:《公司法:权力与责任》,杨飞、林海全、张辉、钟秀勇等译,法律出版社 2005 年版,第 210 页。
⑥ [马来西亚]罗修章、王鸣峰:《公司法:权力与责任》,杨飞、林海全、张辉、钟秀勇等译,法律出版社 2005 年版,第 210 页。

可以牺牲该公司的利益。"①

学者指出,英美法系国家之所以不承认集团利益的概念,主要有以下几项理由:第一,该概念只有在存在一个层级化的公司集团、其中有可以辨认的母公司来对整个集团的战略政策作出规划的情形下才是有效的。否则,大量的董事会可能会以集团利益的名义支持作出不符合长远利益的决定。而且,集团的组成会随着对公司控制的变化而时常改变,对成员公司的参与程度也会随时改变。集团利益的确认无法解决这些问题,虽然有时可以认为这样做能够部分实现该目的。确认交叉持股的公司为单一的法人会掩盖每一家公司和关联公司之间参与程度的差别。第二,它破坏了公司集团内部的独立法人身份。公司集团被视为一系列独立公司的组而运作。这是有特殊原因的。因为公司的规模不存在限制,设立独立法人的理由在于其他方面,可能是一些合法的商业理由,诸如创立管理层自治的分野。在这些情形下,破坏法人之间的这一屏障可能会移除真正的经营方便。因此采纳以下观点是更佳的:每一个管理层应该考虑每一家公司利益相关者(包括其他公司)的利益。关注的核心仍然是董事所服务的特定公司的利益,法人保持独立但又有一定的联系。②

(2)肯定集团利益模式及其关联企业间交易的规制路径

肯定集团利益模式将集团视为一个单一的企业,各组成公司不再具有独立性。该模式以德国为代表,其将公司集团视为一个单一的经济体,该经济体的目标是提升集团的整体财富,各组成公司需要服务于这个总体利益。根据该模式,公司集团的法律规制呈现出以下几个特征:第一,从管理上看,公司集团总部可以为了集团的整体利益而统

---

① 〔马来西亚〕罗修章、王鸣峰:《公司法:权力与责任》,杨飞、林海全、张辉、钟秀勇等译,法律出版社2005年版,第210页。
② 参见 Barry Ak Rider, *The Corporate Dimension*, Jordon Publishing Limited, 1998, pp. 295 – 300. 转引自范世乾:《控制股东滥用控制权行为的法律规制:中国公司法相关制度的构建》,法律出版社2010年版,第252—253页。

一协调部署下属公司的经营,甚至可以要求某些下属公司作出牺牲。第二,各组成公司的董事对公司集团总部或整体承担信义义务,而不是对于自己任职的具体公司负责。第三,母公司对于子公司作出的牺牲需要进行赔偿,并对其破产的子公司的债务承担连带责任,不论该子公司是否被全资控股。① 德国、法国与荷兰②均采此种模式,认可集团利益的存在。

在认可集团利益的基础上,分别以德国和法国为代表,对关联企业实行不同的规制路径。

第一种规制路径是"补偿"路径,以德国为代表,即对子公司接受指示为集团利益行事所遭受的不利结果予以补偿的规制路径。根据德国公司法,母公司可以对子公司行使支配权,但必须对其指示造成的不利结果予以赔偿。具体而言,又区分为正式的合同型集团和事实型集团:①作为合同型集团的"控制合同"授权母公司指示子公司为集团而非子公司自身的利益而行事。但是,作为交换条件,母公司必须补偿子公司为集团利益而遭受的任何损失。③ 倘若母公司怠于补偿,债权人可以代位行使子公司对母公司的补偿请求权,或对母公司的董事提起损害赔偿之诉。④ 同样的标准扩大到由单一母公司控制的、由多家有限责任公司组成的公司集团。⑤ ②倘若母公司与子公司没有订

---

① 参见黄辉:《现代公司法比较研究——国际经验及对中国的启示》,清华大学出版社2011年版,第291—292页。
② 《荷兰民法典》第140条规定,董事会应该为公司利益和其所支持的企业利益行事。对该条形成了这样的共识,董事会应该考虑多方面的利益,不只是为股东利益最大化服务。有人认为"企业"的利益是指企业的长期存续、健康发展和扩张,另有人认为该条是要求平衡各方面利益。例如,需要关注企业集团整体利益。在企业集团中,某个公司在决策之时不仅要考虑本身的利益,而且要考虑集团整体利益,其存续以及该集团其他职工的活动。参见朱羿锟:《公司控制权配置论——制度与效率分析》,经济管理出版社2001年版,第328页。
③ 参见《德国股份公司法》第302条、第308条。
④ 参见《德国股份公司法》第302条、第309条、第322条。
⑤ 参见〔瑞士〕杰拉德·郝蒂格、〔日〕神田秀树:"债权人保护",载〔美〕莱纳·克拉克曼、〔英〕保罗·戴维斯、〔美〕亨利·汉斯曼等:《公司法剖析:比较与功能的视角》,刘俊海、徐海燕等译,北京大学出版社2007年版,第103页。

立控制合同,从而构成了事实上的公司集团,母公司也要补偿子公司因为遵从指示、违背自身利益行事而遭受的损失。倘若母公司没有这样做,债权人同样可向母公司提起损害赔偿之诉。①

另一种规制路径则可被称为"标准"规制路径,即在事后根据一定标准审查为集团利益而实施的行为,只要符合特定条件,即可认可此种行为而无须对子公司进行补偿。法国对公司集团的规制更倾向于标准导向,法国法授权母公司指示子公司为公司集团利益而牺牲子公司的利益。② 根据著名的"Rozenblum"案(法国最高法院1985年的一个案例)所确立的标准,只要同时具备以下三个条件,集团的控制人就无需补偿集团成员按照控制人的指示为集团利益而非该成员自身利益而行事所遭受的损失:①集团具有稳固性;②公司集团具有连贯的商业政策;③公司集团在其成员间平等地分配成本和收入。③ 这成为规制企业集团的一般原则,其特点在于寻找成员利益和企业集团利益之间的巧妙的平衡。在这种平衡中,虽然成员企业自身利益无法得到完全的维护,但是也不会为了集团利益而完全牺牲成员

---

① 参见《德国股份公司法》第311条、第317条,参见〔瑞士〕杰拉德·郝蒂格、〔日〕神田秀树:"债权人保护",载〔美〕莱纳·克拉克曼、〔英〕保罗·戴维斯、〔美〕亨利·汉斯曼等:《公司法剖析:比较与功能的视角》,刘俊海、徐海燕等译,北京大学出版社2007年版,第103页。根据德国《股份公司法》第311条的规定,未订立控制契约的,控制企业不得利用其影响力,诱使从属公司从事不利于己的法律行为,或诱使其为不利于己的作为或不作为,除非控制企业已就从属公司的不利益予以补偿,否则控制企业及其负责人对从属公司的损害,应负赔偿责任(第1款),参见习龙生:《控制股东的义务和责任研究》,法律出版社2006年版,第147页。

② 参见〔瑞士〕杰拉德·郝蒂格、〔日〕神田秀树:《关联交易》,载〔美〕莱纳·克拉克曼、〔英〕保罗·戴维斯、〔美〕亨利·汉斯曼等:《公司法剖析:比较与功能的视角》,刘俊海、徐海燕等译,北京大学出版社2007年版,第152页。

③ 这是著名的罗森布莱姆案件的判决(Cour de Cassation,1985 REVUE DES SOCIETES 648),转引自〔瑞士〕杰拉德·郝蒂格、〔日〕神田秀树:"债权人保护",载〔美〕莱纳·克拉克曼、〔英〕保罗·戴维斯、〔美〕亨利·汉斯曼等:《公司法剖析:比较与功能的视角》,刘俊海、徐海燕等译,北京大学出版社2007年版,第103页。对这三个条件的具体阐释,可参见吴越:《企业集团法理研究》,法律出版社2003年版,第325—327页。

利益。①

2. 如何对待"集团利益"与关联企业间交易？——以公司利益构造中的股东利益为视角考察

将"集团利益"问题置于子公司中去考察，其实质就在于如何判断子公司控制股东依其控制地位作出的特定行为是否符合公司利益？如果损害公司利益的话，其救济途径为何？

本书的研究结论揭示，对特定行为是否符合公司利益的判断，本质上是一种公司意思，这种公司意思通常由公司机关作出。公司机关作出有关决定时应依据一定的程序与要求进行。对于有关机关依据特定要求与程序作出的决定，应当推定为符合公司利益，然而，这不应排除司法对之进行审查，此即本书第二章所言的"对公司利益不确定性的司法控制"。

以本书的上述研究结论考察上述主要国家对待"集团利益"的态度，我们将发现，各国对关联企业进行规制的路径并不冲突，其只是前述不同角度的研究结论在立法与实践上的反映而已，这似乎也从另一角度验证了本书研究结论的正确性。

公司在正常经营阶段，在权衡公司利益时股东利益会被置于优先考量地位。然而，股东们的利益十分不同，这些利益只有通过以公司利益（而非股东利益）为核心的标准才能调和起来；② 在 Martin v. Gibson 案中，法庭也声称，需要被考虑的利益最大化的对象是股东的全部整体，是多数股东和少数股东，所有的多数股东和少数股东构成了公司主体。③ 在这些不同股东之间进行权利分配的生态规则应当是

---

① 参见吴越：《企业集团法理研究》，法律出版社2003年版，第325页。
② 参见 Steven M. H. Wallman, "The Proper Interpretation of Corporate Constituency Statutes and Formulation of Director Duties," 21 *Stetson Law Review* (1991)，转引自刘俊海：《公司的社会责任》，法律出版社1999年版，第89页。
③ See (1907), 15 O. L. R. 632, in Tuvia Borok, "A Modern Approach to Redefining 'In the Best Interests of the Corporation'," *Windsor Review of Legal and Social Issues* 121 (2003).

"大股东大权利,小股东小权利"。此种按照资本多寡决定权利大小的股权配置标准具有经济合理性和自然合理性,应构成财货稀缺时代股权配置的生态规则。① 公司股东大会便是将不同股东的利益相互融合而形成公司利益的机制,在其决议过程中,根据资本多数决原则,大股东的意志便常常表现为公司意志,股东会所形成的、体现了大股东意志和利益的决定也被认为是符合公司利益的。只要承认现代公司中控制股东存在这一客观现实,便不容否认此种被推定的符合子公司利益的集团利益或控制股东利益的存在。

英美法下的关联交易要求控制公司与子公司之间的交易获得非利害关系董事或股东的事前授权或事后批准,即以股东会或董事会决议的形式形成的对公司利益判断的意思,只要其遵循了法定的要求与程序,便应推定其是符合公司利益的,对此一般不予质疑。然而,正如本书第二章中所指出的,不应绝对排除对公司利益不确定性进行的实体审查,即对该交易的公正性进行判断。由于经由股东会与董事会依法形成的意思被推定为是符合公司利益的,因此,在对该交易的公正性进行审查时,在美国,"一般而言,如果交易获得非利害关系董事的事先授权,或者非利害关系股东的事先授权或事后批准,那么,对交易持有异议的一方负有举证责任"②。反之,要当没有经过股东会或董事会决议而使相关决定或行为被推定为是符合公司利益时,"如果关联交易并未获得授权或者批准,则控制股东非在例外情况下,负有举证责任"③便也是顺理成章的了。

而在德国法下,"补偿"不过是对公司利益进行实体审查时"公正性"的体现而已。在合同型集团的"控制合同"授权母公司指示子公

---

① 参见蒋大兴:《公司法的观念与解释 I:法律哲学 & 碎片思想》,法律出版社 2009 年版,第 145 页。
② 习龙生:《控制股东的义务和责任研究》,法律出版社 2006 年版,第 125 页。
③ 同上注。

司为集团而非子公司自身的利益而行事的情形下,"在契约型控制关系中,法律承认控制企业有权通过契约安排来从事不公平的自我交易,但控制企业同时应依照契约补偿从属企业及其他股东和债权人相应的损失"①。而此种补偿不过是为了公司的长期整体利益使因个别交易而产生的不公平通过此种救济而恢复公平罢了。"控制合同"及其补偿约定不过是证明此种公正性的证据罢了。而当母公司与子公司之间没有此种能够证明交易公正性的证据——"控制合同"而构成了事实上的公司集团时,母公司就不能强迫子公司损害自己利益。②否则,母公司也要补偿子公司因为遵从指示、违背自身利益行事而遭受的损失。倘若母公司没有这样做,债权人同样可向母公司提起损害赔偿之诉。③ 这种事实上的公司集团中的事后补偿不过是对母公司实施的损害子公司利益的行为的一种救济罢了。看起来很美好的德国"补偿"路径,在实践中却遭遇了尴尬。"在子公司支付不能或者接近支付不能状态之前,没人(包括债权人在内)会拿德国的补偿规则去较真。但是,一旦子公司真正走到了那一步,运用该规则又太晚了,因为此时母公司很可能自身难保了。"④德国僵化的制度几乎没有产生自我补偿的公司集团。在实践中,德国有限责任公司集团的母公司经常无视补偿要求。只有当有限责任公司的破产债权人向控制股东追回

---

① 习龙生:《控制股东的义务和责任研究》,法律出版社2006年版,第147页。
② 参见《德国股份法》第311条(子公司为股份公司),参见〔瑞士〕杰拉德·郝蒂格、〔日〕神田秀树:《关联交易》,载〔美〕莱纳·克拉克曼、〔英〕保罗·戴维斯、〔美〕亨利·汉斯曼等:《公司法剖析:比较与功能的视角》,刘俊海、徐海燕等译,北京大学出版社2007年版,第151页。
③ 参见《德国股份公司法》第311条、第317条,参见〔瑞士〕杰拉德·郝蒂格、〔日〕神田秀树:"债权人保护",载〔美〕莱纳·克拉克曼、〔英〕保罗·戴维斯、〔美〕亨利·汉斯曼等:《公司法剖析:比较与功能的视角》,刘俊海、徐海燕等译,北京大学出版社2007年版,第103页。
④ 〔瑞士〕杰拉德·郝蒂格、〔日〕神田秀树:"债权人保护",载〔美〕莱纳·克拉克曼、〔英〕保罗·戴维斯、〔美〕亨利·汉斯曼等:《公司法剖析:比较与功能的视角》,刘俊海、徐海燕等译,北京大学出版社2007年版,第103—104页。

失踪财产时,这一要求才会被严格执行。在股份有限公司的情况下,几乎还没有补偿的实际案例,这意味着德国的补偿条款做法不太可能有效。①

法国的"标准"规制路径下,只要同时具备以下三个条件,集团的控制人就无需补偿集团成员按照控制人的指示为集团利益而非该成员自身利益而行事所遭受的损失:(1)集团具有稳固性;(2)公司集团具有连贯的商业政策;(3)公司集团在其成员间平等地分配成本和收入。② 就在个案中遭受损失的子公司而言,该路径实际上是从该公司的长远利益角度进行考量的,前两个条件"集团具有稳固性""公司集团具有连贯的商业政策"体现了长期性特征,而第三个条件"公司集团在其成员间平等地分配成本和收入"则体现了公平性特征,因为从长期来看,通过稳定地"平等地分配成本和收入",子公司在个别交易中的损失能通过长期利益而得到弥补,正如公司捐赠虽可能减损公司的财产,但却可能给其带来长期利益,因而为法律所肯认一样。学者指出,不知道什么是孤立的公司的利益,集团利益是什么?③ 法国的标准实际上是用一种"事实标准"取代"法律标准"④,实际上要求的是对指

---

① 〔瑞士〕杰拉德·郝蒂格、〔日〕神田秀树:"债权人保护",载〔美〕莱纳·克拉克曼、〔英〕保罗·戴维斯、〔美〕亨利·汉斯曼等:《公司法剖析:比较与功能的视角》,刘俊海、徐海燕等译,北京大学出版社 2007 年版,第 151—152 页。

② 这是著名的罗森布莱姆案件的判决(Cour de Cassation,1985 REVUE DES SOCIETES 648),转引自〔瑞士〕杰拉德·郝蒂格、〔日〕神田秀树:"债权人保护",载〔美〕莱纳·克拉克曼、〔英〕保罗·戴维斯、〔美〕亨利·汉斯曼等:《公司法剖析:比较与功能的视角》,刘俊海、徐海燕等译,北京大学出版社 2007 年版,第 103 页。对这三个条件的具体阐释,可参见吴越:《企业集团法理研究》,法律出版社 2003 年版,第 325—327 页。

③ 参见 C. 弗雷利亚与克拉拉:《以公司集团的形式滥用财产与信贷》,载《法律档案》1993 年,企业版,I,247。A. 皮罗瓦诺:《公司的指针,共同利益、公司利益、企业利益》,载《达罗斯判例汇编》1997 年,189。D. 施密特:《论公司利益》,载《法律档案》1995 年,企业版,I,488 页。转引自〔法〕伊夫·居荣:《法国商法(第 1 卷)》,罗结珍、赵海峰译,法律出版社 2004 年版,第 675 页。

④ 法国最高法院商事庭 1989 年 11 月 28 日判决,载《公司杂志》1990 年版,第 240 页,转引自〔法〕伊夫·居荣:《法国商法(第 1 卷)》,罗结珍、赵海峰译,法律出版社 2004 年版,第 679 页。

示的长期公正性的判断。

因此,尽管美国表面上似乎未认可"集团利益",但是,其对母子公司间交易的规制路径倒显得更加全面,其不仅涉及相关公司机关决定产生的对合公司利益性的推定,而且也不排除对公司利益不确定性的司法审查(母子公司交易的公正性审查)。并且,其对公正性的审查,也并不局限于个别交易,也包括长期性契约关系。"如果一项交易涉及长期性契约关系,如长期的供货契约,则价格、时间、付款条件、履约保证、公司受此项契约的约束程度等均属审查范围。"[1]笔者揣测,正因美国不仅规制母子公司之间的一次性交易,也规制长期契约关系,而"公司集团"在长期方有意义,因此其方才未强化"公司集团"或"集团利益"的概念。而德国与法国,其均着眼于子公司的长期利益进行规制,无论是德国的补偿,还是法国的"标准",都是为了确保交易对子公司长期而言的公平性。上述各种规制公司集团/母子公司关联交易的路径之间并不矛盾,倒可以相互补充。

因此,笔者认为,从子公司的长期利益来看,应允许其控制股东指示子公司从事对其不利益之行为,但是,这以对子公司长期而言是"公正的"为前提。[2] 因此,如果是一次性交易,则必须进行个案的公正性审查。

总体而言,就长期来看,对公司集团/母子公司间交易应秉持以下思路:

(1)应允许母公司指示子公司实施特定行为;

(2)如果母公司指示子公司实施行为经过了相关公司机关依法在

---

[1] 参见 William L. Cary and Melvin Aron Eisenberg, *Cases and Materials on Corporations*, p.671,转引自习龙生:《控制股东的义务和责任研究》,法律出版社2006年版,第130页。

[2] 根据《〈OECD公司治理原则〉实施评价方法》,如果董事会的忠诚义务的界定是宽松型的,并且能够扩展到集团中的其他公司,那么要有明确而有效的保障机制,以保障第一个公司及其股东的利益。参见经济合作与发展组织:《〈OECD公司治理原则〉实施评价方法》,周清杰译,中国财政经济出版社2008年版,第115页。

其职权范围内进行决议,则应推定依该决议所实施的行为是符合公司的长期利益的,是公正的。

(3)不应排除司法对母子公司间交易长期的合公司利益性的审查。是否经过公司机关决议会导致对交易不公正性的举证责任的不同分配。如果所实施的行为是依据相关公司机关在其职权范围内的决议实施的,则对该交易的不公正性提出异议者应进行举证。而当不存在此类公司机关决议时,则由公司的控制股东证明交易的长期公正性;

(4)在判断交易对子公司的长期公正性时,德国法中控制合同中的补偿条款与法国法中的判断"标准"可作为符合"公正性"的参考标准。

最后,在公司集团的结构下,在确定交易"公正性"时,必要的信息是必要的,因此,应当强化集团内公司的财务信息披露,对此,2003年,欧洲委员会即倾向于要求公司集团更好地披露各种财务和非财务信息。①

公司集团所涉及的问题极其复杂②,希望前述思路能够为我们提供研究此类问题的一个新的视角。

---

① 参见From the decision of Court de Cassation,1985 Revue des Societes 648,转引自〔英〕艾利斯·费伦:《公司金融法律原理》,罗培新译,北京大学出版社2012年版,第47页。

② 以笔者目力所及,仅专门以其为研究对象的法学专著,国内即有:(1)吴越:《企业集团法理研究》,法律出版社2003年版;(2)赵志钢:《公司集团基本法律问题研究》,北京大学出版社2006年版;(3)王长斌:《企业集团法律比较研究》,北京大学出版社2004年版;(4)施天涛:《关联企业法律问题研究》,法律出版社1998年版;(5)沈乐平:《企业集团法律问题》,中山大学出版社2003年版。译著则有:(1)〔英〕珍妮特·丹恩:《公司集团的治理》,黄庭煜译,北京大学出版社2008年版;(2)〔日〕高桥英治:《企业集团与少数股东的保护》,崔文玉译,法律出版社2014年版。

(二)雇员利益融入公司利益:中国法下参与模式的问题与出路

1. 中国公司法下的职工利益融入公司利益的参与机制

就参与模式下的职工利益融入公司利益机制而言,我国同时存在职工在监事会层面的融入机制与董事会层面的融入机制:

(1)就监事会层面的融入机制而言,我国公司法确立了职工参与监事会的机制,例如,根据我国《公司法》第51条、第117条的规定,无论是有限责任公司还是股份有限公司,监事会中均应包括股东代表和适当比例的公司职工代表,其中,职工代表的比例不得低于1/3,具体比例由公司章程规定。监事会中的职工代表由公司职工通过职工代表大会、职工大会或者其他形式民主选举产生。根据该法第70条的规定,国有独资公司监事会中职工代表的比例不得低于1/3,具体比例由公司章程规定。监事会成员中的职工代表由职工代表大会选举产生;

(2)就董事会层面的融入机制而言,我国公司法采取了区别对待的态度:对于特殊类型的公司(两个以上的国有投资主体投资设立的有限责任公司),其董事会成员中应当有公司职工代表①,其职工董事是一种强制制度安排;对于其他的有限责任公司与股份有限公司,董事会成员中可以有职工董事②,即是否设立职工董事由公司自主安排。无论是强制性地还是自主性地设立的职工董事,均由公司职工通过职工代表大会、职工大会或者其他民主形式选举产生。③

2. 中国公司法下的职工利益融入公司利益的参与机制存在的问题

在笔者看来,中国现行立法中的职工利益融入公司利益的机制至

---

① 参见《公司法》第44条第2款。
② 参见《公司法》第44条第2款、第108条第2款。
③ 参见《公司法》第44条第2款、第108条第2款。

少存在以下三个方面的问题：

第一,就监事会层面的职工参与而言,与国外监事会层面上的参与相比,存在职能上的弱化。根据我国公司法的规定,在监事会层面的职工参与,其人员比例在监事会中居于少数,这与正常经营阶段的股东利益在公司利益中处于优位的原则相一致,并无问题。然而,对比德国的职工参与监事会制度,德国的监事会享有任免(经营)董事会成员的职权,这样就使负责公司日常经营的董事和管理层在履行其信托责任时不能不考虑监事会及其成员(股东群体和雇员群体)的利益,通过德国法上对公司机关职权的配置,职工得以通过监事会进而间接影响董事/管理层在履行其信托职责时对雇员利益的考量。与我国监事会职权类似的日本,虽然并非强制性制度安排,在公司治理实践中,公司雇员通过"年功序列制"参加的也主要是负有经营职能的董事会,也因此使雇员利益得以通过信托模式融入公司利益。反观我国实行强制、雇员全面参与的监事会,其职权显然大大弱于德国监事会,尤其是其并不享有任免董事的职权,实践中监事会监督职能的失效也成为不争的事实,这样的监事会中即使包含雇员监事,其对董事履行信托责任时将雇员利益纳入考量的影响力相较于德国式的监事会,或者较之于雇员直接参与董事会,无疑是大大的弱化了。

第二,雇员参与董事会强制制度安排中的所有权代表错位。就雇员在董事会层面的参与而言,我国在两个以上的国有投资主体投资设立的有限责任公司中实行强制制度安排,这里,实行强制制度安排与自愿安排的区别标准是公司的投资主体是否为国有性质。然而,"国务院国有资产监督管理机构和地方人民政府按照国务院的规定设立的国有资产监督管理机构,根据本级人民政府的授权,代表本级人民政府对国家出资企业履行出资人职责"[①],企业中代表国家作为出资

---

① 《企业国有资产法》第11条第1款。

者的应是国有资产监督机构或者国家授权的投资机构而非雇员,为何还要求董事会中的雇员代表参与?以企业投资主体的国有性作为确定是否实行董事会层面的雇员参与显然存在着所有权代表的错位。

第三,仅在国有投资主体投资的有限公司中推行董事会层面的雇员参与背离雇员参与董事会的原因与我国雇员利益保护的现实:(1)雇员参与董事会的目标是使雇员群体的利益得以更好地融入公司的经营决策,进而更好地保护雇员利益,如果说有在董事会层面推行雇员参与的必要性的话,那么这一必要性也是因为雇员对公司的专用性投资及这一投资在企业中面临的风险,这一原因与出资者性质和组织形式并没有必然联系,以出资者国有性以及是否为有限公司作为是否实行强制性雇员参与董事会的依据背离了可能导致推行这一制度的原因;(2)即使认为根据不同的出资者性质和公司雇员权益保护的现状而有区别对待之必要,现行公司法以董事会层面的雇员参与强化国有出资者性质的有限公司的雇员权益保护的做法也是与我国雇员利益保护的现实相悖的。数据显示:从2010年的工资来看,私营与非私营单位的工资差距较大。仅就平均水平来看,2010年城镇非私营单位在岗职工的年平均工资为37147元,而城镇私营单位的就业人员的平均工资为20759元,前者是后者的1.8倍,足见两者差距之大。就同行业的工资水平来看,非私营单位与私营单位的差距更大,非私营单位的职工平均工资远高于私营单位。以金融业为例,非私营单位2010年在岗职工年平均工资达到80772元,而私营单位为31226元,前者是后者的2.6倍。再如,同样是公共管理和社会组织,非私营单位2010年的职工平均工资为39329元,私营单位为8900元,前者是后者的4.4倍。① 尽管影响工资水平的因素可能有很多(例如,公司经营效益,我国国有企业普遍处于垄断行业,经营效益较好),但是,非私营

---

① 参见陈兰通主编:《中国企业劳动关系状况报告(2011)》,企业管理出版社2012年版,第61—62页。

单位职工工资普遍高于私营单位职工、而在不以营利为目标的公共管理和社会组织中这一差异尤甚的事实,仍说明了私营单位而非国有单位的职工权益亟需保护。现行公司法对强制推行董事会层面雇员参与的公司范围依所有制所作的区分背离了我国职工权益保护的现实。

3. 未来的出路

包括雇员在内的利益相关人利益,既可通过信托模式由董事或管理层在经营中将其融入公司利益,也可通过参与模式融入公司利益。两种雇员利益融入公司利益的模式也并不排斥(例如,德国既有共同参与制的参与模式的利益相关者保护模式,又有实践中的董事决策时可为利益相关者考量的事实上的利益相关者保护的信托模式)。中国是否应当实行、如何实行参与模式下的雇员利益融入公司利益机制,仍应结合中国实际作出判断。

在笔者看来,中国公司雇员利益保护的现状显示,中国雇员的权益保护亟需加强,《劳动合同法》等劳动保障方面的法律在保障职工权益方面的作用让人怀疑;未来的出路或许在于:或者完善监事会职能,赋予监事会选任或罢免董事的职能;或者推行全面的董事会层面的雇员参与;或者两者兼而有之;在变革的步骤上,应遵循循序渐进的原则。

(1) 中国雇员权益保障的现实亟需强化雇员权益保障

雇员与公司建立劳动关系的目的在于获取劳动报酬,工资收入是雇员利益保障情况的最为关键的指标。

中国社会科学院工业经济研究所编写的 2007 年企业蓝皮书《中国企业竞争力报告(2007)——赢利能力与竞争力》指出,数据显示,1990—2005 年,劳动者报酬占 GDP 的比例从 53.4% 降至 41.4%;而同期营业余额占 GDP 的比例从 21.9% 增加到 29.6%。可以说,企业利润的大幅增加是以职工的低收入为代价的。① 而 2006—2010 年全国城镇单位在岗职工年平均工资及其增长率、国内生产总值及其增长率如下表：②

表 3.2　2006—2010 年全国城镇单位在岗职工年平均
工资及其增长率、国内生产总值及其增长率

年份	2006	2007	2008	2009	2010
全国城镇单位在岗职工年平均工资	21 001	24 932	29 229	32 736	37 147
国内生产总值(亿元)	216 314.4	265 810.3	314 045.4	340 902.8	397 983.3
全国城镇单位在岗职工年平均工资增长率	14.36%	18.72%	17.23%	12%	13.50%
国内生产总值增长率(%)	16.97%	22.88%	18.15%	8.55%	16.74%

可以发现，除 2009 年外，2006—2010 年期间历年的城镇在岗职工平均工资增长率均低于国内生产总值增长率。而 2009 年之所以出现工资增长率高于国内生产总值增长率的现象，笔者揣测，乃是由于 2008 年年底爆发的国际金融危机影响了我国 2009 年的国内生产总值增长率，而根据薪资调整惯例，2009 年的职工薪资则是根据 2008 年的绩效进行调整后于 2009 年执行的，2009 年的现象是国际金融危机这一偶发性事件的影响。而当国际金融危机的持续性影响为公司所预见并被纳入考量，2010 年，职工工资增长率又恢复了低于国内生产总值增长率这一常态。

生产力增长超过工资增长这一事实，是一种真实的表征，它表明

---

① 参见杨云霞：《我国企业职工参与法律制度的系统分析》，西北工业大学出版社 2009 年版，第 8 页。
② 表中 2006—2010 城镇单位职工年平均工资及增长率数据来源于陈兰通主编：《中国企业劳动关系状况报告(2011)》，企业管理出版社 2012 年版，第 39 页。国内生产总值相关数据来源于国家统计局编：《中国统计摘要(2011)》，中国统计出版社 2011 年版，第 20 页，其中 2005 年国内生产总值为 184937.4 亿元，增长率为根据该数据计算所得。

劳动力已经丧失了谈判的能力，因为如果这种能力没有丧失的话，工资增长应该跟得上生产力的增长。① 因为，如果劳动者拥有讨价还价的权利——当劳动力紧缺时，这种权利是存在的——工资增长就不会落后于生产力增长。例如，在美国内布拉斯加州，当鉴于多种原因，其失业率是2.8%时，即使在其他地方的公司只需每小时支付5美元工资时，在那里的麦当劳公司，却要支付8美元工资，这就是劳动力市场紧缺时会发生的事情。②

我国企业利润的大幅增加以职工的低收入为代价，以及职工工资增长率低于国内生产总值增长率这一常态所揭示的劳动者谈判能力弱小的事实要求，我国亟须强化对雇员权益的保障。

(2)《劳动合同法》等公司外部雇员权益保障制度失效呼唤雇员参与公司治理

正如学者们早已指出的，对职工权益的保障，可以有诸多选择，通过雇员权益保障的法律法规对之进行保障便是选择之一。我国对职工权益的保障，除劳动部颁发的一系列部门规章外，主要法律有1994年通过并于1995年1月1日起施行的《劳动法》，以及2007年通过并于2008年1月1日起施行的《劳动合同法》。然而，从我们前面关于1990—2005年我国劳动者报酬占GDP的比例降低、营业余额占GDP比例上升的事实，以及2006—2010年全国城镇单位在岗职工年平均工资增长率与国内生产总值增长率的对比我们发现，无论是1995年《劳动法》施行后，还是2008年《劳动合同法》施行后，我国雇员权益的保护均未得到明显改善。而《劳动合同法》对劳动者权益保护的强度可谓是相当之大，以至于在其通过后引发了企业界的极大反对以及

---

① 参见〔美〕罗伯特·库特纳：《美国人的展望》，载〔英〕加文·凯利、〔英〕多米尼克·凯利、〔英〕安德鲁·甘布尔编：《利害相关者资本主义》，欧阳英译，重庆出版社2001年版，第40页。

② 同上注，第44页。

事实上的行动抗议。① 在此情形下,可能的解释只能是:或者是劳动保障法律制度单独尚不足以确保我国职工权益的保障,或者是该劳动保障法律制度的执行存在问题。对于前者,强化职工的参与当然会成为强化职工权益的必然选择。对于后者,虽然我们可以从强化法律的执行入手,但是,长期的法律执行不力的强化恐怕非一日之功,"求人不如求己","在很多企业里拥有表决权的客户都是那些最容易受到伤害的人"②,此时,强化职工在公司内部治理的参与恐怕也是一种理智的选择。

(3)无证据显示雇员参与会减损企业经营绩效

一种反对雇员参与公司治理的担心是,此种参与会减损公司的经营绩效。然而,"经验研究并没有发现公司治理体制与经济绩效之间有明确的关系。各种公司治理工具在理论上有不同的效果,但没有有力的证据可以表明,(无论是以内部监督还是以外部市场为基础的)公司治理机制是有效的"③。我国自1993年《公司法》施行起即在国有公司中强制推行职工在董事会层面的参与制度④,而对私有企业则未

---

① 笔者曾接触过一生产型企业,面对着《劳动合同法》出台后的巨大劳动成本以及经《劳动合同法》宣传而产生的职工极其强烈的权益意识,在经过成本考量后,认为继续从事生产经营不仅无利可图,而且面临着巨大的亏损风险,因此,该企业最终通过依法与职工解除劳动合同,或者期满后不再续订劳动合同的方式,解除了近千名职工的劳动关系。该企业转而利用原有的销售渠道,专门从事产品贸易业务。显然,该企业的行为是一个营利性企业面对生产成本时的合法、正当的选择,但也是以行动对《劳动合同法》的抗议。这也引发了笔者的思考:当人们无处劳动而不能成为"劳动者"时,法律规定对劳动者保障力度再大,又谈何"劳动者权益保障"呢?

② 〔美〕亨利·汉斯曼:《企业所有权论》,于静译,中国政法大学出版社2001年版,第421页。

③ 〔西〕泽维尔·维夫斯编:《公司治理:理论与经验研究》,郑江淮、李鹏飞等译,中国人民大学出版社2006年版,第9页。

④ 1993年《公司法》第45条第2款即规定:两个以上的国有企业或者其他两个以上的国有投资主体投资设立的有限责任公司,其董事会成员中应当有公司职工代表。董事会中的职工代表由公司职工民主选举产生。2005年《公司法》第45条则延续了上述雇员在两个以上的国有企业或者其他两个以上的国有投资主体投资设立的有限责任公司中董事会层面参与的制度。

作此强制要求,数据显示,在 2004—2008 年这 5 年中,国有及国有控股工业企业的经济效率在前 4 年均比私营工业企业要高,只有 2008 年比私营工业企业低[1];由于 2008 年爆发的国际金融危机给我国经济带来了很大的影响,而国有企业可以被用作平抑经济周期的稳定器,在经济步入低谷时,国有企业通过并购或接管的方式,"挽救陷于经营困境的私营企业,增加全社会的投资,增加就业机会,平抑物价水平,以克服经济动荡和带动经济复苏"[2]。这或许是 2008 年国有及国有控股工业企业的经济效率比私营工业企业低的原因。[3] 或许上述我国国有企业与私有企业的企业经济效率对比的数据有偶然性,但上述数据至少说明,认为在董事会层面实行职工参与会导致经营绩效的降低也是没有依据的。

(4) 我国参与模式下的雇员利益融入公司利益机制的改革路径

既然职工权益亟须保护的现实呼唤雇员利益通过参与模式融入公司利益,而并无证据证明此种参与会减损企业经营绩效。那么,我国参与模式下雇员利益融入公司利益机制的改革可以循两条路径进行:

路径一:强化监事会职能,赋予监事会选任与罢免董事的职权。我国现行《公司法》已确立了雇员在监事会层面的全面参与制度,2005 年《公司法》修订虽扩大了监事会职权,然其并未如德国监事会般具有选任或罢免经营董事之职权,如赋予监事会此项职权,自将使其对董事以信托方式将雇员利益融入公司利益方面的影响力大大增强,有利于强化对雇员利益的保护。

---

[1] 参见陈波、张益锋:《我国国有企业高效率论——基于层次分析法(AHP)的分析》,载《马克思主义研究》2011 年第 5 期,第 47 页。

[2] 黄速建、余菁:《国有企业的性质、目标与社会责任》,载《中国企业社会责任问题学术研讨会暨中国企业管理研究会 2005 年会会议论文集》,第 30 页。

[3] 参见陈波、张益锋:《我国国有企业高效率论——基于层次分析法(AHP)的分析》,载《马克思主义研究》2011 年第 5 期,第 47 页。

路径二:推行全面的董事会层面的雇员参与制度。与路径一相比,通过雇员代表直接参与董事会,既是一种参与模式下的雇员利益融入公司利益机制,自然,也更有利于促进董事在履行信托义务时将雇员利益纳入考量。尽管这一层面的雇员参与的立法例并不多见,但是,在丹麦、瑞典以及卢森堡,在其单层董事会中,也存在着职工代表。① 在丹麦,立法明确允许职工参与涉及董事会人选的决策;在瑞典,职工有权参与公司董事会及其规定的决策与计划机构。② 为确保股东利益在正常经营阶段在公司利益考量中的优先地位,实行此种路径时,应确保股东代表在董事会中的优先地位。

具体操作步骤上,考虑到董事会层面的雇员参与毕竟在国际上立法例较少,且理论上存在着可能引起董事会中的"杂音"、进而影响公司经营效率与经营绩效的担心(尽管并不存在着雇员参与会减损公司经营绩效的证据,但是,同样也缺乏雇员参与能够促进公司经营绩效的有力确凿的证据),因此,在推行全面的董事会层面的雇员参与时应持谨慎态度。可考虑先推行监事会职权的改革,赋予其选任或罢免董事的职权。如该项改革仍不能有效促进雇员权益保护,方进一步推进全面的董事会层面的雇员参与。

(三)政府利益融入公司利益:参与模式是否必要?

政府通常作为公共利益的代表而参与社会生活。公司作为一种社会存在,其在进行自身利益的追求时应受到社会公共利益的约束。政府利益/公共利益融入公司利益可通过两种途径,一种是国家通过立法确定公司义务(如环境保护、雇员保护),政府通过行政执法的方

---

① See F. Allen, E. Carletti and R. Marquez, "Stakeholder Captalism, Corporate Governance and Firm Value," 4 August 2007, *Working paper*, *Universtiy of Pennsylvania*, p. 6, in Andrew Keay, *The Corporate Objective*: *Corporations*, *Globalisation and The Law*, Edward Elgar Publishing Limited, 2011, p. 129.

② 参见刘俊海:《公司的社会责任》,法律出版社 1999 年版,第 213 页。

式对公司经营过程中的违法行为实施外部监督,进而促进公司董事在履行其职责时以信托模式将公共利益/政府利益融入公司利益;另一种途径则是政府代表/公共代表直接参与公司治理,进而使公共利益/政府利益通过参与模式得以融入公司利益。

毫无疑问,正如我们在前文中已指出的那样,信托模式下的公司利益构成因子是开放性的,董事在履行信托义务时可考量各种利益,包括公共利益/政府利益。对此,美国法律研究院(American Law Institute,简称 ALI)在 1984 年通过的《公司治理的原则:分析与建议》第 2.01 条,以及奥地利《股份公司法》第 70 条,均明确规定了允许董事在行使职权时可以考虑"公共福祉"。德国 1965 年《公司法》草案中也曾规定,董事会应当"为公司雇员、股东以及一般公众的利益"管理公司,但议会在辩论后删除了这一条款并且放弃了以其他表述形式重新加入这一规定。然而,人们在立法讨论时对此的看法是一致的,即董事会今后在领导企业时也须顾及公共利益、股东利益以及股份有限公司员工利益这三个因素,但立法规定这一点则是多余的,因为它是不言而喻的。[①]

然而,笔者认为,尽管存在着理论上的主张以及少数立法例,政府作为公共利益的代表参与公司治理、进而使公共利益/政府利益以参与模式融入公司利益则是完全不必要的。

第一,正如学者们已经指出的,一般公众并非公司合同中的一方团体。[②] 公司利益与社会整体利益是有区别的,除非要推翻公司利益与社会利益的概念区分,否则,就不应当在公司董事会中引入公共董

[①] 法律委员会报告和政府法案,见 Kropff(Hrsg),Aktg,1965,S. 97 f,转引自〔德〕格茨·怀克、〔德〕克里斯蒂娜·温德比西勒:《德国公司法(第 21 版)》,殷盛译,法律出版社 2010 年版,第 480 页。

[②] See Lan B. Lee,"The Role of the Public Interest in Corporate Law,"p. 16,available at:http://ssrn.com/abstract = 1909014,visited on October 17,2012.

事。① 施瓦茨(Schwartz)指出,生活的现实和历史的教训告诉我们,政府向私人董事会任命董事的做法对保护公共利益、防止私人滥用权力是无效的。② 政府任命不仅无效,实际上还带来坏处,因为它做出政府支持该公司的假象,抑制规管机构的工作热情。③

第二,在立法例中,国家作为公共利益的代表,参与非国家参股企业的治理,进而将公共利益融入公司利益的情形并不多见,"引人瞩目的是没有哪个现代公司法律制度寻求利用董事会提供这种广泛的利益代表"④。无论如何,应当承认,此种立法例是不多见的。对此种尚未经过广泛的成功试验的制度的引进,应当持一种谨慎的态度。

第三,从实践来看,在公司中由政府指派代表公共利益的董事或者设立公共董事的观点在立法与商事实践中并未流行。美国有限的经验是负面的。政府在铁路公司和通信卫星公司任命董事的做法在改进管理方面被证明是无效的。⑤ 在那些试行公共董事办法的地方,很难找出这种代表形式的董事会所实施的管理与以往有什么重大差异的确切证据。⑥ "对于认为应由政府指派之代表参与董事会决定公司之一般目的的想法,在外国尚停留于学说阶段,并未有实际例子加

---

① See Lan B. Lee, "The Role of the Public Interest in Corporate Law," p. 16, available at: http://ssrn.com/abstract=1909014, visited on October 18, 2012.
② 参见 Herman Schwartz, "Governmentally Appointed Directors in a Private Corporation——The Communications Satellite Act of 1962," 79 *Harvard Law Review* 363(1962),转引自何美欢:《公众公司及其股权证券》(上册),北京大学出版社1999年版,第521页。
③ 参见 Herman Schwartz, "Governmentally Appointed Directors in a Private Corporation——The Communications Satellite Act of 1962," 79 *Harvard Law Review* 363-364(1962),转引自何美欢:《公众公司及其股权证券》(上册),北京大学出版社1999年版,第521页。
④ 〔英〕保罗·戴维斯:《英国公司法精要》,樊云慧译,法律出版社2007年版,第287页。
⑤ 参见何美欢:《公众公司及其股权证券》(上册),北京大学出版社1999年版,第521—522页。
⑥ 参见〔美〕罗伯特·W.汉密尔顿:《公司法概要》,李存捧译,中国社会科学出版社1999年版,第8页。

以验证。"①

第四,公共利益是一个内涵极其丰富的概念。"'公共利益'的内涵将随着时间、地点及特定社会所追求的具体价值而改变。"②作为公共利益代表,"政府所采取的一切强制性行动,都必须由一个稳定且持续的法律框架加以明确规定,而正是这种框架能够使个人在制订计划时保有一定程度的信息,而且,还尽可能地减少人为的不确定性"③。因此,对于政府所欲实现的利益,应通过立法的形式实现,例如,税收、财政本质上属于政府参与社会财富的再分配,"税收法定"④与"财政法定"⑤是税法与财政法上的基本原则,按照相似问题相似处理的原则,自然有必要将政府在公司中的利益及其实现方式法定化。在公司法中,"如果国家认为某些规则十分必要,那么就必须将它制定成有约束力的规定"⑥。政府利益通过参与模式融入公司利益,难以有效抑制公共利益内涵的不确定性可能导致的政府权力的滥用,因此,对公共利益/政府利益在公司利益中的实现,应通过立法的形式而非政府直接参与公司治理的形式。

---

① 刘连煜:《公司治理与公司社会责任》,中国政法大学出版社2001年版,第44—45页。
② 〔英〕安东尼·奥格斯:《规制:法律形式与经济学理论》,骆梅英译,中国人民大学出版社2008年版,第29页。
③ 〔英〕弗里德利希·冯·哈耶克:《自由秩序原理(上)》,邓正来译,生活·读书·新知三联书店1997年版,第282页。
④ 税收法定主义要求,课税要素应遵循法定原则。课税要素通常认为应当包括税法主体、征税客体、计税依据、税率、税收优惠等。课税要素法定原则要求课税要素必须且只能由议会在法律中加以规定,即只能由狭义上的法律来规定税收的构成要件,并依此确定主体纳税义务的有无和大小。参见刘剑文主编:《民主视野下的财政法治》,北京大学出版社2006年版,第100页。
⑤ 财政法定原则,是法治精神在财政领域的体现。由于财政活动直接关系到国家的财政权和国民的财产权等宪法层面的基本权力和基本权利,因此,它要求一切财政活动,包括财政立法活动和财政执法活动、财政的收入和支出等,都要依法进行。具体体现有:(1)收入和支出法定。(2)内容与形式法定。(3)实体和程序法定。参见张守文:《财税法学》,中国人民大学出版社2007年版,第42页。
⑥ 〔德〕托马斯·莱塞尔、〔德〕吕迪格·法伊尔:《德国资合公司法(第3版)》,高旭军、单晓光、刘晓海、方晓敏等译,法律出版社2005年版,第166页。

第五,政府恐怕也难以真正地成为公共利益代表。政府可能陷入当前的政治中,因而不会是严格中立的。① 他们往往会成为公司的俘虏。② 公司对政府的影响其实不比政府对公司的影响小。具有政治言论(和政治献金)权力的公司"市民",已经对用于规范自身行为的法律的制定和实施产生了强有力的影响。从理论上说,公司支持自由市场,强调政府对企业的干预应尽可能地少。但是,现实中的公司只要有机会说服政府通过设置反对市场竞争,它们就会毫不犹豫地这样去做。③ 正如刘连煜教授所指出的,政府的公益代表可能因利益纠葛而无以发挥功能,且"政府"法令一般具有普遍之适用性,颇足以防范一定程度之公司风险外化行为(如环境污染),例如,环保法令可规定公司必须具备最低限度之污染防治设施,否则不得继续营业。从而,"政府"的法令,在一定程度内,是无法且不应被任何设计所取代的。否则,如误认某些法令可被内部控制手段替代,将是后患无穷。④

---

① 参见〔美〕约翰·W. 巴德:《人性化的雇佣关系——效率、公平和发言权之间的平衡》,解格先、马振英译,北京大学出版社2007年版,第119页。
② 参见〔美〕约翰·肯尼斯.加尔布雷思:《经济学与公共目标》,于海生译,华夏出版社2010年版,第183页。
③ 参见〔美〕罗伯特·孟克斯、〔美〕尼尔·米诺:《监督监督人:21世纪的公司治理》,杨介棒译,中国人民大学出版社2006年版,第22页。
④ 参见刘连煜:《公司治理与公司社会责任》,中国政法大学出版社2001年版,第135—136页。

第四章

公司利益客体的范围

公司利益的客体,即公司利益关系中利益主体得以享有的"利益"。① 尽管由于"语言具有模糊性,模糊性以及因模糊性而产生的不确定性是法律的基本特征"②,"任何一个词汇都不是透明的、一成不变的,词汇仅仅只是一个活动的思维的外壳,根据不同的具体情形而具有不同的内在含义"③"利益"这一词汇在不同情形下亦具有多种涵义,我们仍可对公司利益客体的基本特征作出基本的界定。

首先,作为公司利益客体的"利益",其所指的是作为名词的"利益"。"利益客体是利益主体所指向的、需要的、所欲求的、所追求的、所

---

① 下文论述将要说明,公司利益客体的范围包括但不限于公司所得享有的权利,当公司利益的客体为某种具体权利而形成某种法律关系时,这一法律关系的客体进一步指向具体的物、行为或智力成果。

② 〔英〕蒂莫西·A. O. 恩迪科特:《法律中的模糊性》,程朝阳译,北京大学出版社2010年版,第1页。

③ Lamar v. United States, 245 U. S. 60, 65,转引自徐棣枫:《专利权的扩张与限制》,知识产权出版社2007年版,第42页。

消费的客观对象。"①《美国侵权法重述》即把利益界定为"任何人所欲求的客体"②。与之类似,霍尔巴赫认为,利益就是"我们每个人看作对自己的幸福不可缺少的东西"③。可以认为,公司利益是作为利益主体的公司所追求的或得以享有的对象。

其次,公司利益的客体对公司具有有益性。理论研究成果指出,利益是人类需要的满足,表现为对人的有益性。人类需要的满足是需要主体在拥有一定量信息的前提下,在运用一定的对人和物的支配权的基础上,对自然和社会依赖关系的实现。④ 利益表现为对人的有益性。⑤

再次,本书所指的公司利益,不包括不法/非法利益。《民法典》第122条规定:"因他人没有法律根据,取得不当利益,受损失的人有权请求其返还不当利益。"因此,从逻辑上看,公司利益可分为没有合法根据而取得不当利益,以及具有合法根据而取得的正当利益。《公司法》第5条规定:"公司从事经营活动,必须遵守法律、行政法规,遵守社会公德、商业道德、诚实守信,接受政府和社会公众的监督,承担社会责任。公司的合法权益受法律保护,不受侵犯。"因此,受到法律保护的、公司所能追求的只能是合法权益(权利与利益)。

综上,公司利益的客体是指,公司可追求或享有的、对其有益的、合法的对象。

尽管一般意义上的利益客体具有宽泛的范围。它既包括物质的

---

① 王伟光:《利益论》,中国社会科学出版社2010年版,第106页。
② Restatement (second) of Torts,§1.1965,转引自彭诚信:《主体性与私权制度研究——以财产、契约的历史考察为基础》,中国人民大学出版社2005年版,第123页。
③ 〔法〕霍尔巴赫:《自然的体系》(上卷),管士滨译,商务印书馆1999年版,第259—260页,转引自张世君:《公司重整的法律构造——基于利益平衡的解析》,人民法院出版社2006年版,第76页。
④ 参见余政:《综合经济利益论》,复旦大学出版社1999年版,第26—29页。
⑤ 参见〔美〕艾伯特·奥·赫希曼:《欲望与利益——资本主义走向胜利前的政治争论》,李新华、朱进东译,上海文艺出版社2003年版,转引自郝云:《利益理论比较研究》,复旦大学出版社2007年版,第51页。

利益客体,如企业的生产利益,又包括精神的利益客体,如人所需要的文化利益;它还包括政治性的利益客体,如政治利益,经济性的利益客体,如经济利益,等等。[1] 但是,作为营利性团体的公司,所得追求与享有的利益范围有其自身特征。另一方面,正如前文中关于对公司利益的不确定性讨论中所指出的,商事实践的发展与灵活多变,以及语言的模糊性等诸多原因,致使特定行为/对象是否合乎公司利益处于不确定状态[2],这种不确定性也可能包含特定利益是否合法的问题。

一、公司利益客体的范围包括但不限于公司所得享有的权利

我国公司法中使用了公司"利益"[3]"权益"[4]等表述,并规定了公司的财产权等"权利"[5]。并且,公司作为法人中的营利法人,根据《民法典》第57条规定:"法人是具有民事权利能力和民事行为能力,依法独立享有民事权利和承担民事义务的组织。"公司当然得享有民事权利。"权益"可以理解为"权利与利益"。立法上对公司享有的"权利"与"利益"作出了区分。

理论上也同样对公司享有的"权利"与"利益"进行了区分。例

---

[1] 参见王伟光:《利益论》,中国社会科学出版社2010年版,第106页。
[2] 参见本书第二章"揭开公司利益不确定性的面纱"之"二、公司利益不确定性探源"。
[3] 例如,《公司法》第20条第1款规定:"公司股东……不得滥用股东权利损害公司……的利益……"第21条第1款规定:"公司的控股股东、实际控制人、董事、监事、高级管理人员不得利用其关联关系损害公司利益。"第94条、第151条第2款,第216条也使用了"公司利益"的表述。此外,《证券法》第44条第2款、第94条第3款亦使用了"公司的利益"的表述。
[4] 例如,《公司法》第1条规定:"为了……保护公司……的合法权益……"第5条第2款规定:"公司的合法权益受法律保护,不受侵犯。"此外,公司法第151条第3款、第196条也均使用了公司"合法权益"的表述。
[5] 例如,《公司法》第3条第1款规定了"公司是企业法人,有独立的法人财产,享有法人财产权"。

如,王保树与崔勤之在其所著《中国公司法原理》中即指出,公司法的原则之一即为"公司的权利与合法利益不受侵犯原则","公司的权利和合法利益是其参加商事活动的出发点和归宿点,保护公司权利和合法利益不受侵犯是公司法的一项基本原则"①。

那么,公司享有的"权利"与"利益"是何关系?

(一)公司权利是法律化的公司利益

就权利与利益之间的关系,无论是关于权利本质的"利益说",还是"法力说",均将权利与法律的规定相联系。

利益说(又称"利益保护说")为德国著名学者耶林所创,其认为,权利的本质为法律所保护之利益,凡依法归属于个人的利益,无论为精神的或物质的,即为权利。②《布莱克法律词典》(Black's Dictionary)解释"权利"的意思之一为一种由法律强制性保障的要求他人为或不为一定行为的许可和利益,他人一旦违反即会构成侵权(如违反不可以侵犯他人利益的义务的行为)。③

法力说(又称为"法律实力说")以德国学者梅克尔为代表,其认为,权利的本质是可以享受特定利益的法律上之力。权利总是由"特定利益"与"法律上之力"两要素构成。"法律上之力"是由法律所赋

---

① 王保树、崔勤之:《中国公司法原理》(最新修订第三版),社会科学文献出版社 2006 年版,第 51 页。

② 参见郭富青:《公司权利与权力二元配置论》,法律出版社 2010 年版,第 20—21 页。

③ 《布莱克法律词典》(Black's Dictionary)解释"权利"有 4 层意思:(1)它是赋予个人的通过司法方式得以请求的,有法律予以保障或得到道德原则支持的某种利益(如享有自由的权利);(2)它是一种权力或者特权,或者是依据法律可获得的豁免担保(如处分个人拥有的不动产权);(3)一种由法律强制性保障的要求他人为或不为一定行为的许可和利益,他人一旦违反即会构成侵权(如违反不可以侵犯他人利益的义务的行为);(4)一种利益,请求权,或者是有形财产和无形财产的所有权。参见 Bryan A. Garner Editor in Chief, *Black's Law Dictionary*(7th edition), West Group, 1999, p.1322,转引自甘培忠:《公司控制权的正当行使》,法律出版社 2006 年版,第 62 页。

予的一种力量,凭借此种力量,既可以支配标的物,亦可以支配他人。①"权利云者,为法律赋予特定人以享受利益之权力也。"②梁慧星研究员也赞同此说。③

在笔者看来,"法律上之力"正是通过法律予以规定与保护方才产生的,而一旦法律对特定利益予以保护,该特定利益当然也会产生"法律上之力"。因此,上述"利益说"与"法力说"并无本质区别,两种学说均指出了联系权利与利益的纽带——法律规定。"公司权利是公司基于特定事实而依法获取利益的能力,其源自法律的规定。"④"权利云者,依法律之担保,得贯彻主张某利益之可能性也。"⑤

综上,权利乃是法律化的利益。公司权利是法律化的公司利益。"承认人们的利益,就必须承认人们需要权利。因为利益在法律上的表达就是权利,只有利益法律化为权利,才是合法的、安全的、可预测的。"⑥耶林也指出:"法律权利根据我本人对它给出的界定,仅能是由法律所保护的利益。"⑦

(二)公司利益的范围广于公司权利

理论研究表明,权利的范围广于利益。犹如梁慧星研究员所指出的,一提到权利,利益也就在其中了。不过,法律所保护的利益,未必都表现为权利。一切社会关系无不包含某种利益。法律调整社会关

---

① 参见郭富青:《公司权利与权力二元配置论》,法律出版社2010年版,第21页。
② 梅仲协:《民法要义》,中国政法大学出版社1998年版,第33页,转引自张瑞萍:《公司权力论——公司的本质与行为边界》,社会科学文献出版社2006年版,第3页。
③ 参见梁慧星:《民法总论》(第二版),法律出版社2001年版,第76—77页。
④ 张瑞萍:《公司权力论——公司的本质与行为边界》,社会科学文献出版社2006年版,第3—4页。
⑤ 史尚宽:《民法总论》,中国政法大学出版社2000年版,第18页。
⑥ 张文显:《法哲学范畴研究(修订版)》,中国政法大学出版社2001年版,第303页。
⑦ Rudolph von Jhering, *The Struggle for Law*, Hyperion Press, 1979, p.58,转引自彭诚信:《主体性与私权制度研究——以财产、契约的历史考察为基础》,中国人民大学出版社2005年版,第132页。

系,是将各种社会关系所体现的利益,用法律上权利义务的形式固定下来,并运用国家强制力保障实施。例如交通安全,无疑是一种重大利益,但并未表现为个人的权利,反之,所表现出来的是要求人人遵守交通规则的义务。人人遵守交通规则,也就享受到交通安全的利益。此即所谓反射利益。再如所谓自然债,如时效经过之债,债务人自愿履行之后不得以不知时效已过为由而要求返还,对债权人而言显然属于受法律保护的利益,但因不具备诉请法院强制执行的效力,难谓为法律上的权利。① 可见,凡是法律保护的权利,必然也是一种合法利益,"所有的权利都建立在利益之上"②,权利是法律所保护的,得诉请强制执行的利益。利益的概念更广于权利的概念。

(三) 公司利益客体的范围包括但不限于公司得享有的权利

英美法司法实践证明了,其所保护的利益并不仅限于法定的权利。在英美法上,一般而言,对"利益"的界定是宽泛的,其并不限于严格的法定权利。③ "利益"这一语词的使用清楚地表明法院应当大概地、而不是严密地和墨守成规地检查行为对起诉者的影响。它不仅仅意指严格的法定权利。法院有权考虑更广泛的衡平法的因素。④ 例如,在 Re a Company 一案中,Hoffman 法官认为,"利益"包括在发生竞争性要约收购时,能够以最有利的价格出售股份的权利。这种利益并不是法律上的权利。⑤

我国立法也显示,公司所享有的利益并非总是表现为权利。例

---

① 参见梁慧星:《民法总论》(第二版),法律出版社2001年版,第76—77页。
② Joseph Raz, The Morality of Freedom, Oxford University Press, 1986, p.191,转引自彭诚信:《主体性与私权制度研究——以财产、契约的历史考察为基础》,中国人民大学出版社2005年版,第132页。
③ 参见〔马来西亚〕罗修章、王鸣峰:《公司法:权力与责任》,杨飞、林海全、张辉、钟秀勇等译,法律出版社2005年版,第346页。
④ 同上注,第303页。
⑤ 同上注,第304页。

如,根据我国《保险法》第31条,在人身保险中,投保人对"与投保人有劳动关系的劳动者"具有保险利益。从而,公司对其雇员具有保险利益。而保险利益则是指"投保人或者被保险人对保险标的具有的法律上承认的利益。"①"人身保险是以人的寿命和身体为保险标的的保险。"②据此可以得出结论,在人身保险中,公司对其雇员的寿命和身体拥有法律上承认的利益,然而,公司对其雇员的寿命和身体显然并不存在任何法定权利。

正如前文所指出的:"所有的权利都建立在利益之上。"③权利是法律化的利益。因此,法律允许公司追求与享有的公司利益客体的范围,包括但不限于公司一切得享有的权利,公司利益的客体范围包括但不限于公司得享有物权、债权、知识产权、股权等一切合法权利。

因此,公司利益客体的范围包括已经权利化的利益以及尚未权利化的利益。关于对于特定种类的利益,公司得否享有,理论上则存有争议。

二、公司利益客体的范围

如同自然人与法人享有的权利可分为财产权、人身权、兼具财产权与人身权性质的股权、知识产权等,公司得追求与享有的利益亦可分为财产利益、人身利益、股权利益等利益。

---

① 《保险法》第12条。
② 《保险法》第12条第3款。
③ Joseph Raz, *The Morality of Freedom*, Oxford University Press, 1986, p.191,转引自彭诚信:《主体性与私权制度研究——以财产、契约的历史考察为基础》,中国人民大学出版社2005年版,第132页。

(一)财产利益及其视角下的公司机会

公司作为营利性组织,其经营目标便在于取得经营收益并将此收益分配给其投资人。此种经营收益便表现为财产利益。公司当然,也必须追求财产利益。在美国,法院认为,董事与公司利益冲突并基于此禁止其与公司交易或施以制裁的情况,限于《美国标准公司法》第8.60节中定义的金融性利益。[①] 在对"利益供给"行为的规制上,在韩国,该"利益"乃指"财产上的利益"。此时,财产上的利益一般指金钱,但此外动产、不动产、有价证券以及各种利益都可成为财产上的利益(例如提供响应或者承包建设工程的情形)。[②] 根据本书对公司利益客体的界定,作为公司利益客体的财产利益,是指公司可追求或享有的,对公司有益的、合法的具有财产性质的对象。

根据我国《公司法》第148条第(五)项,董事、高级管理人员不得未经股东会或者股东大会同意,利用职务便利为自己或者他人谋取属于公司的商业机会。此即引入了英、美法中的"公司机会"规则,然而,对于究竟何为"公司机会",现行法律则未作解释。

美国是实行"公司机会"规则历史较为久远且司法实践较为成熟的国家。其对"公司机会"的认定标准对我国也具有参考意义。考察美国司法实践,在美国公司司法领域具有代表性的特拉华州最高法院认为,任何符合利益标准、预期标准或者经营范围标准的机会都是公司机会。[③] 而具有代表性的美国法学会《公司治理原则》§5.05(b)将下列任一情形下的机会定义为"公司机会":(1)董事合理地认为该机

---

① 参见〔美〕Harvey Gelb:《公司治理及其独立神话》,李诗鸿译,载顾功耘主编:《公司法律评论(2009年卷·总第9卷)》,上海人民出版社2010年版,第282页。

② 参见〔韩〕郑燦亨:《韩国公司法》,崔文玉译,上海大学出版社2011年版,第243页,第433页。

③ 参见〔美〕罗伯特·C.克拉克:《公司法则》,胡平、林长远、徐庆恒、陈亮译,工商出版社1999年版,第190—191页。

会是提供给公司的;(2)董事合理地认为该机会将有利于公司;(3)该机会与公司正在从事或希望从事的经营"密切相关"。[1] 就特拉华州最高法院所提及的三种标准而言,学者们通常将利益标准与预期标准结合在一起统称为"利益和预期"标准进行阐释,认为公司机会是公司对其具有利益或者预期[2],易言之,"某种机会必须与一定的财产相关联(对该财产,公司享有现存利益或具有预期利益)"[3]。这一标准实质是根据受托人不得损害、利用其受益人或者与受益人竞争的一般原则来界定公司的财产的含义。[4] 显然,上述标准要求公司对"公司机会"拥有现实或预期的财产利益。其区别只是在于"利益"标准强调利益的现实性,而预期标准则强调该利益为预期利益而已。理论上所形成的"利益和预期"标准的统称显示了此种差异是极小的。而"经营范围"标准的特点是它对某种机会与公司现在所从事的经营种类的密切程度进行了比较。[5] 法院审查一个机会是否属于公司现有"经营范围"之内时,得判断公司机会是否与公司现有的财力人力"相配合"而创造了某些极为有利的商业前景。[6] 经营范围标准实质上是确定公司是否对某种机会享有合法利益。[7] 可见,无论按照三种标准中的哪一种标准,公司机会均无非是公司可能或预期(有可能)享有的、合法

---

[1] 〔美〕罗伯特·W.汉密尔顿:《美国公司法(第5版)》,齐东祥等译,法律出版社2008年版,第359页。

[2] 参见〔美〕罗伯特·C.克拉克:《公司法则》,胡平、林长远、徐庆恒、陈亮译,工商出版社1999年版,第188页。

[3] 〔美〕罗伯特·W.汉密尔顿:《美国公司法(第5版)》,齐东祥等译,法律出版社2008年版,第359页。

[4] 参见〔美〕罗伯特·C.克拉克:《公司法则》,胡平、林长远、徐庆恒、陈亮译,工商出版社1999年版,第188—190页。

[5] 参见〔美〕罗伯特·W.汉密尔顿:《美国公司法(第5版)》,齐东祥等译,法律出版社2008年版,第359页。

[6] 参见〔美〕罗伯特·C.克拉克:《公司法则》,胡平、林长远、徐庆恒、陈亮译,工商出版社1999年版,第190页。

[7] 参见〔美〕罗伯特·W.汉密尔顿:《美国公司法(第5版)》,齐东祥等译,法律出版社2008年版,第358页。

的财产利益而已。美国法律研究院颁布的《公司治理原则》§5.05(b)对公司机会的界定也体现了其财产利益属性。只是其各自反映的侧重点有所不同而已:第一,就§5.05(b)(3)的"该机会与公司正在从事或希望从事的经营密切相关"标准而言,其相当于前述"经营范围"标准。第二,就§5.05(b)(2)之"董事合理地认为该机会将有利于公司"而言,根据代表美国法律研究院观点的对《公司治理原则:分析与建议》的评注,尽管其并没有明确地引入"期待利益"这个概念,这只是因为§5.05(b)(2)包括公司计划开展的业务活动,这就已经涵盖了期待利益这个概念。① 可见,该标准包含了"期待利益标准"。同时,"有利"的要求也有所侧重地体现了构成利益客体的有益性要求。第三,就§5.05(b)(3)的"董事合理地认为该机会是提供给公司的"之标准而言,其要求该机会是"提供给公司"的,这强调了该利益是属于"公司"的而非其他主体的,"公司机会"是一种公司利益。

在英国,《英国2006年公司法》第175条第(1)(2)款规定,公司董事必须避免这样的情形,即他享有或能够享有与公司利益相冲突或可能冲突的直接或间接利益。这特别适用于任何财产、信息或机会的利用(公司是否能利用财产、信息或机会是不重要的)②,这说明,财产利益与公司机会均属于公司利益的范畴。一般认为,组织所有的董事自己利用他们作为公司董事时遇到的所有商业机会是不可能有效率的。引起很多争议的是如何界定一套规则,以最佳区分董事个人可以利用的机会和公司"有合法利益"的机会。③ 法院在其判决中也常将

---

① 参见许传玺主编:《公司治理原则:分析与建议》(上卷),楼建波、陈炜恒、朱征夫、李骐译,法律出版社2006年版,第340页。
② 参见葛伟军译:《英国2006年公司法》,法律出版社2008年版,第106页。
③ 参见〔英〕保罗·戴维斯:《英国公司法精要》,樊云慧译,法律出版社2007年版,第195页。

公司机会作为公司的所有物,即公司的"财产"或"资产"来对待。① 可见,其公司机会规则下的"公司机会",也是能视为公司合法财产利益的机会。

以公司机会规则下的公司机会应当是一种公司所享有的财产利益的视角,根据本书认为的公司利益的客体财产利益应是"公司可追求或享有的,对其有益的、合法的具有财产性质的对象",笔者认为,一个商业机会需符合下列条件,方构成公司机会:

(1)该项商业机会对公司是有益的。这体现了公司利益客体的有益性特征。此种有益性体现在该商业机会能为公司带来现实的或者预期的财产性收益。这也与前述美国司法实践中认定公司机会的"利益或预期"标准是一致的;另外,这种预期的财产性收益应当为人们所能够认识。"如果要将一个机会归入公司财产范围,这个机会就必须不是模糊不清或遥不可及的,它至少是一个成熟的商业机会,基本上成熟到可以开发利用的程度。"②

(2)公司所能取得的收益必须是合法的。这体现了公司利益客体的合法性特征。

(3)该项机会是属于公司"可追求或享有的",这将使得该机会/利益成为"公司利益"的客体。美国的"经营范围"标准对商业机会与公司现在所从事的经营种类的密切程度进行判断,显然,当某一商业机会与公司所从事的经营种类密切相关时,它便属"公司""可追求或享有的"商业机会,而可能成为作为公司利益客体的"公司机会"。同样,如果董事是在履行职务的过程中或是由于其在公司的职务而接触到这种机会的话,这种机会就是公司机会。一旦建立了联系,这类机

---

① 参见 Paul L. Davies, *Gower's Principles of Modern Company Law* (6th edition), Sweet & Maxwell, 1997, p.564, 转引自王继远:《控制股东对公司和股东的信义义务》,法律出版社 2010 年版,第 229 页。

② 〔马来西亚〕罗修章、王鸣峰:《公司法:权力与责任》,杨飞、林海全、张辉、钟秀勇等译,法律出版社 2005 年版,第 485 页。

会就会归入公司财产范围内。① 这是因为此类机会是"公司"的机会。

基于公司机会是公司所享有的一种"利益",利益是可以放弃的,因此,"如果公司出于有说服力的政策考虑而作出"了对此种利益的放弃,董事自然可以利用该机会。② 另外,在美国司法实践中,在公司没有能力利用的情况下(例如,因为第三方拒绝与公司交易,从而公司不能利用该机会。或者,公司因资金的问题而不能利用该机会),其董事也可以利用该机会。从公司利益客体的有益性特征进行分析,这是因为尽管此时该机会存在给公司带来利益的可能性,但公司没有能力利用的现实性已经打破了此种可能性,从而使该机会对公司不具备"有益性"特征而不能成为作为公司利益客体的"公司机会"。

(二)公司的生存利益:一种人身利益

作为法人的公司,其一旦成立,根据《民法典》第110条之规定,其也享有名称权、名誉权、荣誉权等相关人身权利。犹如自然人一旦出生即享有生命健康权等基本人身权利,非依法不得剥夺人的生命一样,非经法定程序不得终止公司,国家非依法定事由也不得随意终止公司,此即体现了公司的生存利益。

早在后凯恩斯理论中,即注重长期生存能力,认为"增长和生存是一枚硬币的两面"③。利害相关者理论学者弗雷德里克·波斯特也承认公司长期生存的重要性。他假定如果管理者在各种利益中无法决

---

① 参见〔马来西亚〕罗修章、王鸣峰:《公司法:权力与责任》,杨飞、林海全、张辉、钟秀勇等译,法律出版社2005年版,第482页。
② 参见〔美〕罗伯特·W.汉密尔顿:《美国公司法(第5版)》,齐东祥等译,法律出版社2008年版,第360页。
③ Myron J. Gordon, *Finance, Investment and Macroeconomics: The Neoclassical and a Post-Keynesian Solution*, Edward Elgar Publishing, 1994, p. 94, in Andrew Keay, *The Corporate Objective: Corporations, Globalisation and The Law*, Edward Elgar Publishing Limited, 2011, p. 219.

定时,"总是有一个决定性的最重要的利益:公司的长期生存"①。其他学者也指出,可持续性是公司的目标之一,可持续性系指公司的生存,即公司不落入不可逃脱的无力偿还债务的境地。②

1. 公司享有生存利益的理论基础

公司之所以具有生存利益,乃是基于多方面的原因:

第一,公司的生存利益是公司人权的要求与体现。当代各国立法普遍承认公司可以享有人权。早在1873年、1881年,美国最高法院即通过个案裁决将宪法第十四修正案所谓平等保护条款扩大适用于法人,其后,进一步通过最高法院判例将法人的人权延及言论、出版、住所不受非法搜查、财产不受非法扣押等领域。③ 1886年,在圣克拉拉县诉南太平洋铁路公司案(Santa Clara County v. Southern Pacific Railroad Co.)中,法院重申:"公司具有和自然人同等的属性,从而受到美国宪法第十四修正案第一部分条款的保护。根据该项条款,政府不得剥夺任何个人在其法律规定的范围内平等地获得法律保护的权利。"④此外,日本也通过判例将法人视为人权的主体。⑤ 学者指出,法人作为人权主体已经成为人权法发展大势,其享有的最重要的人权即为生存权。⑥

第二,公司的生存利益是公司法的团体法性质及企业维持理念的要求。"公司是以谋求公司社员的利益为目的的利益团体","现代公司已经脱离了以追求公司社员利益为目的的存在,成为了社会性的存在。因此公司拥有了利益团体性质与共同团体的性质",从而,公司法也成为

---

① Andrew Keay, *The Corporate Objective: Corporations, Globalisation and The Law*, Edward Elgar Publishing Limited, 2011, p. 197, p. 219.

② Ibid, p. 197, p. 218.

③ 参见蒋大兴:《公司法的观念与解释Ⅰ:法律哲学 & 碎片思想》,法律出版社2009年版,第253页。

④ 〔美〕泰德·纳杰:《美国黑帮:公司强权的扩张和民主制度的衰落》,汪德华、张延人译,中信出版社2006年版,第3页。

⑤ 参见蒋大兴:《公司法的观念与解释Ⅰ:法律哲学 & 碎片思想》,法律出版社2009年版,第253页。

⑥ 同上注。

"关于资本形成和提供人力相结合的团体的团体法"①。公司一旦成立,即与各类社会主体发生法律关系,公司如果随意终止,将影响各社会主体与公司间法律关系的稳定性。为维护与公司发生的各种法律关系的稳定性,应尽量维持已成立企业的存续,此即企业维持理念之含义。显然,企业维持理念也要求尽力维护公司的生存利益。

第三,保护公司的生存利益还缘于公司的营运价值要高于其清算价值,即高于通过清算变价而对企业价值进行的价值回收。当企业包含专用性资产时,企业持续经营的价值大于资产分别出售的价值。②公司破产会使公司经营过程中长期所形成的附随于公司的诸如商誉权等无形财产权白白消灭。为保护公司的存续价值或营运价值,也需要维护公司的生存利益。

2. 公司生存利益的实践体现

公司的生存利益在当代各国公司法诸多制度中得到了体现。

(1)董事义务。公司的生存利益在董事义务上的体现,便是董事负有维护公司持续存在,确保公司生存的义务。在德国,董事负有确保公司生存的义务。德国要求管理董事会建立"风险管理系统"以识别并包含可能威胁到公司生存的发展。③《德国股份法》第91条规定,董事会应当采取适当的措施,特别是设置监督体系,以使危害公司存续的发展及早得以辨识。④ 在美国,1983年《宾夕法尼亚州公司法》第1715条详细罗列了公司董事在为公司最大利益服务时应当将哪些利益纳入考虑的范围,其(a)款第(2)项即列举出了"公司短期与长期

---

① 〔韩〕郑灿亨:《韩国公司法》,崔文玉译,上海大学出版社2011年版,第2页。
② 参见李清池:《商事组织的法律结构》,法律出版社2008年版,第90页。
③ See Paul Davies and Klaus Hopt, *Control Transactions*, in Reinier Kraakman, John Armour, Paul Davies, Luca Enriques, Henry Hansmann, Gerard Hertig, Klaus Hopt, Hideki Kanda and Edward Rock, *The Anatomy of Corporate Law: A Comparative and Functional Approach*(Second Edition), Oxford University Press, 2009, p.104.
④ 参见杜景林、卢谌译:《德国股份法·德国有限责任公司法·德国公司改组法·德国参与决定法》,中国政法大学出版社2000年版,第41页。

利益,包括公司长期计划可能产生的利益以及公司独立存在使长期利益最大化的可能性"①。此处,对"公司独立存在"(继续生存)使长期利益最大化的可能性即表现出了对公司生存利益的关注。

(2)股东义务和责任。公司的生存利益在股东义务与责任上的体现,在于要求股东应当维护公司的长期生存能力,不得实施毁灭公司的行为。例如,在美国,在 Revlon Inc. v. MacaAndrews & Forbes Holdings, Inc.(1986)案后,特拉华州法院不时明确地将股东最大化其股票价格的私人利益从属于一个推定的公共利益,这一推定的公共利益就是,维护公司实体作为一个长期企业的生存能力。② 而在德国,股东可能因其行为承担"生存毁灭责任"。如果公司唯一股东或者一个控制股东或者采取一致行动的多个股东对公司施加了一定的影响,并借滥用权利来剥夺有限责任公司的所有的受到优先满足债权人这一目的约束的财产,致使公司破产或者加深其破产程度,并且没有对该侵害进行赔偿的,则可能承担此种责任。联邦普通法院将生存毁灭式的侵害视为违背善良风俗的恶意侵害中的特殊案件类型,其后果是相对公司的损害赔偿责任(内部责任)。并以《商法典》第 128 条为范本,通过对第 13 条进行目的性限缩解释来设计构建这个外部责任的请求权基础。如果以对债权人有一个违背善良风俗的恶意侵害为出发点,则将导致产生一个损害赔偿请求权。③

(3)对公司设立无效制度的抑制制度。公司设立无效是指在公司成立后的法定期间内,公司设立无效请求权人基于法定原因向法院起诉,由法院宣告该公司的设立行为无效并进行清算的法律制度。当代

---

① 王卫东:《兼并美国》,中信出版社 2007 年版,第 22 页。
② See David Sciulli, *Corporate Power in Civil Society: An Application of Societal Constitutionalism*, New York University Press, 2001, p.113.
③ 参见〔德〕格茨·怀克、〔德〕克里斯蒂娜·温德比西勒:《德国公司法(第 21 版)》,殷盛译,法律出版社 2010 年版,第 394—396 页。

诸多国家均建立了公司设立无效制度。① 然而,尽管公司在设立时存在无效事由,为尽力避免企业终止所导致的损失与对法律关系稳定性的破坏,各国仍通过多种制度对公司设立无效制度进行了抑制,这些对公司设立无效制度的抑制制度也是公司生存利益的体现。这些抑制制度包括但不限于:

①公司设立无效瑕疵的补正。为了避免公司设立无效制度被滥用,确保交易安全和社会经济秩序的稳定,在公司注册登记后,如果人们发现公司的设立存在瑕疵,他们可以向法院起诉,要求法院采取措施,责令公司矫正所存在的瑕疵,在所有的瑕疵被矫正之后,公司无效的原因即消灭,公司不得被宣告无效。根据《法国商法典》第 6 条第 2 款和《法国民法典》第 1839 条,如果公司注册登记之后发现其章程没有规定法律或规章要求章程所规定的全部内容,或者如果公司注册登记之后发现公司发起人或其他人在设立公司过程中没有遵循或没有适当遵循法律或规章所要求的程序,则所有利害关系人均有权向法院提起诉讼,要求法院责令公司矫正所存在的瑕疵,将章程没有规定的内容规定下来,或补办公司设立的程序。检察机关亦可提起此种诉讼。此种诉讼的时效期间为 3 年,从公司注册登记之日起开始计算。根据法国法,有权提起公司合法化诉讼的利害关系人包括公司股东、公司代理人、公司债权人以及公司雇员等,他们均同公司有一定的法律关系。② 各国多规定对于导致公司设立无效的瑕疵如可以补正的,只有在公司不予补正后,方才可以宣告公司设立无效。例如,《德国股份法》第 275 条第 2 款规定:"瑕疵依第 276 条可以得到补正的,只有在诉权人催告公司除去瑕

---

① 例如,《德国股份法》第 275 条第 1 款规定:"章程不包含关于股本数额或关于经营对象的规定,或章程关于经营对象的规定为无效的,任何一名董事和监事会成员,均可以提起宣告公司无效之诉。"《法国商事公司法》第 360 条规定:"公司无效或修改公司章程行为的无效,只有根据本法的明文规定或规定合同无效的条款,始可宣布。"其第 365 条规定:"公司成立后,因意思要件上的缺陷或一股东的无行为能力,公司无效。"

② 参见张民安:《公司无效制度研究》,载吴越主编:《私人有限公司的百年论战与世纪重构——中国与欧盟的比较》,法律出版社 2005 年版,第 54—55 页。

疵,而公司未在3个月内履行此项催告之后,才可以提起诉讼"。《法国商事公司法》第363条第1款规定:"受理无效之诉的商事法庭,可以依职权确定一个期限以对无效的原因进行纠正,商事法庭不得在起诉状送达之日后未满2个月宣布无效。"其第365条规定,公司成立后,因意思要件上的缺陷或者任一股东的无行为能力,并且可以予以纠正时,任何有利害关系的股东均有权向可以采用行动的人发出催告,以进行补救。①

②修正的法律上的公司。法律上的公司,是指依照法定的条件和程序而组建的公司。法律上的公司具有完整的法律人格,这一地位不受个人、州政府和国家的干预。② 反言之,公司的设立如果没有遵守法定的条件和程序,则原则上州政府和当事人可以通过诉讼程序直接或间接地阻止其非法行使法人的权利。但是,严格贯彻这一原则将会产生对全社会不利的后果,加之不同的设立条件在各州的要求不同,法院在司法实践中采取了一种比较务实的态度处理违法的公司设立问题,即将法律上的公司所依存的"法定条件和程序"解释为"实质性的条件和程序",只要公司设立人实质性地遵守了设立公司的法律,公司即具有合法的性质,即成为法律上的公司。这一修正实质上是扩大了法律上的公司的外延。法院往往将以下几类法定条件和程序视为实质性的条件和程序:其一,强制性条件和程序。这是指与共同利益有关联而由法律强行要求必须遵守的条件和程序。其二,设立前的强制性条件和程序。③

---

① 参见蔡福华:《公司解散的法律责任》,人民法院出版社2005年版,第37页。
② 参见〔美〕美国加州大学、美国斯坦福大学法学院:《国际商务民事法规通则(1)》,潘国和等编译,中央广播电视大学出版社1997年版,第45—46页。
③ 参见蒋大兴:《公司法的展开与评判:方法·判例·制度》,法律出版社2001年版,第388—389页。

③事实公司。如果公司设立方面存在重大瑕疵,英美法官也不会否认所设立的公司人格的独立性,这就是所谓的事实公司理论。在事实公司存在的情况下,公司债权人不得基于公司设立方面的瑕疵而要求公司股东对公司债务承担无限责任,也不得提起诉讼,要求法院宣告自己与公司缔结的契约无效。但是,国家则可以提起诉讼,要求法院宣告所设立的公司无效,这是因为,公司设立方面所存在的瑕疵是重大的,法律是不应当加以忽视的,因此,国家应当被允许采取一切必要的措施对此种情况加以救济。根据该理论,如果公司设立人在设立公司时符合下列三个条件,则即使公司设立存在某些重大瑕疵,公司债权人也不能要求公司的股东对公司债务承担无限责任:其一,必须存在允许该种公司设立的制定法根据;其二,公司设立人作出善意努力,试图遵守该种制定法的规定;其三,公司已经在实际上对外以公司名义从事活动。① 只要符合这样的三个条件,则事实公司就其一切目的而言均被看作是一个具有独立人格的法人组织,公司的成员对公司债务承担有限责任。②

④禁反言公司。③ 禁反言公司(又称不容反悔公司)并非主要用

---

① 参见 Robert W. Hamilton, The Law of Corporations, West Publishing, 1990, p.75, 转引自张民安:《公司无效制度研究》,载吴越主编:《私人有限公司的百年论战与世纪重构——中国与欧盟的比较》,法律出版社 2005 年版,第 54 页。另可参见〔美〕罗伯特·W. 汉密尔顿:《公司法概要》,李存捧译,中国社会科学出版社 1999 年版,第 63 页。

② 不过,在现代英美,制定法的趋向是废除不完全公司理论。因为,一方面,现代英美法律关于公司设立方面的法律完全是精简的、流水性的。因此,法律要求人们在设立公司时应当以比不完全公司理论要求得更严格的方式来遵守公司制定法。另一方面,人们认为,当此种理论并无必要时法律如果仍然坚持其有效性,则该种理论会鼓励人们不遵守法律的行为。参见 Thomas W. Dunfee, *Modern Business Law:The Regulatory Environment*, McGraw-Hill, 1995, p.749, 转引自张民安:《公司无效制度研究》,载吴越主编:《私人有限公司的百年论战与世纪重构——中国与欧盟的比较》,法律出版社 2005 年版,第 54 页。

③ 对此,蒋大兴先生称之为"禁反言公司",参见蒋大兴:《公司法的展开与评判:方法·判例·制度》,法律出版社 2001 年版,第 392 页。参见〔美〕罗伯特·W. 汉密尔顿:《公司法概要》,李存捧译,中国社会科学出版社 1999 年版,第 65 页。作者称之为"禁止反供的公司"。孔祥俊先生称之为"不容推翻的公司",参见孔祥俊:《公司法要论》,人民法院出版社 1997 年版,第 182 页。

于惩罚注册不完全的公司,相反,在很多情形下它是法庭为保护疏忽大意的公司创办人或股东,而创造性地发展出来的一种理论。① 禁反言公司类似于禁反言代理或禁反言合伙。公司已成立的事实一旦向外部人提出,第三人依赖了这一事实,禁反言原则一般禁止对第三人否认公司的存在。这一问题通常发生在第三方试图要求设立人或发起人对第三人与缺陷成立的公司订立的合同承担个人责任的场合。② 所谓禁反言公司,实质上包含两层含义:其一,禁止股东反言。即若股东在某项特定的交易中声称拥有公司的地位,则其在以后的交易中不能再宣称自己的公司不存在。其二,禁止第三人反言。即当第三人在与瑕疵公司交易时已将其作为一个公司来对待,且公司的股东有理由相信公司已经成立,则第三人不能再否定公司的存在。因此,禁反言实质上主要是一种可以为股东所主张的抗辩。一般认为禁反言公司与事实公司有以下不同:在禁反言公司情形,公司所存在的设立瑕疵要比事实公司严重。"对其区别的最好解释是不容反悔的公司(在设立上)的不合法较之事实上的公司(在设立上)的不合法更具有实质上的意义。"③

---

① 参见胡果威:《美国公司法》,法律出版社1999年版,第82页。参见沈四宝:《西方国家公司法原理》,法律出版社2006年版,第150—151页。
② 参见苏号朋主编:《美国商法:制度、判例与问题》,中国法制出版社2000年版,第326页。
③ 美国加州大学、斯坦福大学法学院:《国际商务民事法规通则(1)》,潘国和等编译,中央广播电视大学出版社1997年版,第47—48页。不过,法庭创设禁反言公司理论旨在保护疏忽的公司创办人或股东,是故意将错就错,这本身与事实相违背。而且,若这一原则得到普遍承认,将会严重损害要求公司"注册成立"的法律政策。因为,公司创办人可能会滥用禁反言公司原则所衍生的权利,不办理任何公司注册手续,而仅以公司名义营业,然后再寻求禁反言公司之保护即可。鉴于此,美国法律界对禁反言公司理论存在着激烈的争论,并非所有法院都主张适用禁反言公司理论处理瑕疵设立问题。参见 Robert W. Hamilton,*The Law of Corporations*,West Publishing,1990,pp. 96 – 97,转引自蒋大兴:《公司法的展开与评判:方法·判例·制度》,法律出版社2001年版,第392—394页。另可参见〔美〕罗伯特·W. 汉密尔顿:《公司法概要》,李存捧译,中国社会科学出版社1999年版,第66页。例如,在纽约州,除非事实公司已经存在,法庭不承认禁反言公司的理论,参见 Puro Filter Corp. of Am. V. Trembley,266 A. D. 750(1943),转引自胡果威:《美国公司法》,法律出版社1999年版,第82页。现在,美国有些州已经明确废除了禁止反言公司,参见苗壮:《美国公司法:制度与判例》,法律出版社2007年版,第39页。

(4) 司法解散中的"用尽其他救济"要求。司法解散是对陷入僵局的公司的一种司法救济手段。当公司已无法正常运营,公司的继续存续只会继续消耗公司人力、物力资源,加重公司损失时,明智的选择显然是解散公司,由于公司陷入僵局,公司无法自愿解散,此时公力救济成为必然选择,因此,当代各主要国家公司法多建立了公司的司法解散制度。另一方面,公司一旦解散毕竟会造成巨大的损失,公司经营期间所积累的无形资产,如商誉等也将付诸东流,并将使公司与它公司之间的交易关系中断,既造成资源的浪费,也可能影响交易秩序的稳定,所以,通过法院司法解散公司应是一种不得已而为之的手段。各国司法解散制度中也多要求,必须在已"用尽其他救济手段"仍不能解决公司僵局时,方可判决司法解散公司。我国《公司法》第 182 条规定:"公司经营管理发生严重困难,继续存续会使股东利益受到重大损失,通过其他途径不能解决的,持有公司全部股东表决权百分之十以上的股东,可以请求人民法院解散公司。"其中,"通过其他途径不能解决的"也体现了"用尽其他救济手段"要求,这种对判决司法解散公司的限制也体现了对公司生存利益的维护。

尽管各国公司法大多规定,在法定情形下,特定主体可以请求法院裁判解散公司,但并不意味着这种请求会很容易地获得法院的支持。尤其是在有关利害关系人提起的私法意义上的裁判解散程序中,法院限制作出解散判决的态度表现得更为突出。法院可命令公司重新任命有关股东为董事、强制少数股东按公司最大利益进行投票表决或者命令公司或其他股东按照公平价格购买有关股东的股份,以维持公司的存在和发展,等等,当然,这些解决方法,都必须满足"公平的与正义的"标准,而命令解散公司,只能是在没有其他法律救济手段可以利用的情况下,迫于无奈的最后选择。[①] 在美国,法院在应对裁判解散

[①] 参见段威:《公司治理模式论:以公司所有和公司经营为研究视角》,法律出版社 2007 年版,第 157 页。

请求时,通常喜欢运用自由裁量权,采取其他替代性方法解决裁判解散纠纷,在公司解散能够被一种替代性的法律措施所代替时,法官应当尽可能不采用这一措施。① 例如,美国《现代闭锁公司补充法案》(Model Close Corporation Supplement)第40至第43部分就规定了一些救济方式,其主要将救济方式分为两种。一种是普通救济方式,包括:①禁止、改变或命令施行公司的、股东的、董事等的行为或宣布其无效。②取消或者改变公司章程或细则的规定;③撤销董事或管理层的职位;④任命某一人为公司董事或经理;⑤对争议中的某些事项进行审计;⑥任命一个监管人管理公司事务;⑦任命一个临时董事,其有权像一个被正常选举出的董事一样行使职权;⑧命令对受压迫的一方给予赔偿。而特殊的救济包括:受压迫的股东向公司或其他股东卖出其份额以及由法院宣告非自愿解散。② 总体而言,这些替代性措施包括但不限于:

①任命破产管理人。美国一些成文法将破产管理人的任命视为解散判决前的一个临时措施,一些州的法院也可以根据特别法律的授权为陷入僵局的公司指定破产管理人。③

②指定管理人。美国有些州法授权法院为一些陷入僵局或遭到不可挽救损害的公司指定管理人。委托管理人与破产管理人不同,其

---

① 参见黄美园、周彦:《我国公司僵局司法救济制度之构建》,载《法律适用》2004年第5期,第61页。参见陕西省高级人民法院:《当前民商事审判法律适用中尚待明确的几个问题——陕西省法院民商事审判工作座谈会综述》,载最高人民法院民事审判第二庭等主办:《中国民商审判》(总第6集),法律出版社2004年版,第211页。

② 参见 Charies W. Murdock, *Evolution of Effective Remedies for Minority Shareholders and its Impact Upon Valuation of Minority Shares*,65 Notre Dame Law Review 425,428 – 429(1990),转引自包剑虹:《闭锁公司非自愿解散制度研究——从美国法视角》,载杨紫烜主编:《经济法研究》(第4卷),北京大学出版社2005年版,第558—559页。

③ 参见美国加州大学、斯坦福大学法学院:《公司法律制度》,中央广播电视大学出版社1998年版,第139页,转引自蒋大兴:《公司裁判解散的问题和思路——从公司自治与国家干预的关系展开》,载王保树主编:《全球竞争体制下的公司法改革》,社会科学文献出版社2003年版,第411页。

目的是继续公司的营业,而非清算或分配公司的财产。但如果指定了委托管理人而僵局的原因或无法挽救的损害没有消除,则委托管理就可能转化为破产管理。委托管理是一种简单、灵活而又不严酷的解决办法。在实践中,单单是指定管理人员的威胁,就大大促使争吵不休的股东们互相达成某种谅解。但指定委托管理人能否完全弥合股权均分的股东间的意见分歧难以预料。① 在澳大利亚,法院在压迫行为救济中也可指定公司的托管人,例如,在 Re Spargos Mining NL 一案中②,法院就为公司指定了一个董事会,然后让这个独立的董事会去调查公司以前的不当行为,并妥善地管理公司。③

③任命临时董事。如果董事会本身分歧厉害以至于不能做出决定,结果导致不能继续管理公司的经营以及各项事务,并为公司股东带来利益,法院就会指定一位其认为公正无私的临时董事到公司的董

---

① 参见美国加州大学、斯坦福大学法学院:《公司法律制度》,第139—140页,转引自蒋大兴:《公司裁判解散的问题和思路——从公司自治与国家干预的关系展开》,载王保树主编:《全球竞争体制下的公司法改革》,社会科学文献出版社2003年版,第411页。参见张民安:《有限责任公司的治理结构研究》,载王保树主编:《商事法论集》(第9卷),法律出版社2005年版,第108—109页。

② See(1990) 3 ACSR 1 Supreme Court of Western Australia.

③ 参见黄辉:《澳大利亚的股东救济制度:强制公司清算救济与压迫行为救济》,载赵旭东、宋晓明主编:《公司法评论》(2008年第1辑·总第13辑),人民法院出版社2009年版,第217页。不过,学者也指出,这一替代性救济方式并没有真正解决问题,而是以法院控制的管理层取代了所有者控制的管理层,原本股东间的矛盾依然存在。而且,监管措施给公司带来了额外的费用,因为,监管是需要很高的成本的。更糟的是,接管人也会有一些机会主义的行为,比如他可能会想保住自己的位置而尽量延长他的管理角色。有人认为任命接管人的最大问题是会对公司的信誉和公众形象产生不利影响,因为债权人和公众可能并不清楚这个接管人和清算管理人以及破产信托人的区别,参见 Harry J. Haynsworth, *The Effectiveness of Involuntary Dissolution Suits as a Remedy for Close Corporation Dissension*, 35 Cleveland State Law Review 25(1987),转引自包剑虹:《闭锁公司非自愿解散制度研究——从美国法视角》,载杨紫烜主编:《经济法研究》(第4卷),北京大学出版社2005年版,第559—560页。这一替代性救济方式因此广受批评,事实上也极少使用,参见包剑虹:《闭锁公司非自愿解散制度研究——从美国法视角》,载杨紫烜主编:《经济法研究》(第4卷),北京大学出版社2005年版,第560页。

事会任职。① 在美国的一些州,如加利福尼亚州、新泽西州、纽约州、宾夕法尼亚州和得克萨斯州允许法院任命一名中立的外部人作为"临时董事"进行表决以打破僵局,这种特殊方式通常比较适合于闭锁性公司。② 通过法庭指定临时性董事,让他们参加董事会会议并因此而打破董事会会议所存在的僵局。当公司的僵局被打破时,临时性董事即完成了自己的职责而功成身退,其董事的职位即被解除。③ 法院可以命令罢免临时董事,股东书面的多数同意也可以罢免临时董事。④

④指定购买全部股权。在现代英美公司法中,法庭往往在公司事务陷入僵局时最愿意采取由公司或公司其他股东以公平合理的价格购买持异议股东的股份的替代性法律救济措施。⑤ 在陷入僵局的案例中,法院不仅可以决定股票的价格,还可以决定由谁来收购谁。在若干州已经制定了用以补充传统的强制解散救济手段的法律,明确授权以一个经过评估或司法决定的价格来进行的法院命令的收购。⑥ 此种救济方法已作为一种现代趋势日益获得承认,美国有些州已通过成文

---

① 参见美国加州大学、斯坦福大学法学院:《公司法律制度》,第140页,转引自蒋大兴:《公司裁判解散的问题和思路——从公司自治与国家干预的关系展开》,载王保树主编:《全球竞争体制下的公司法改革》,社会科学文献出版社2003年版,第411页。另可参见朱伟一:《美国公司法判例解析》,中国法制出版社2000年版,第226页。

② 参见苏号朋主编:《美国商法:制度、判例与问题》,中国法制出版社2000年版,第390页。

③ 参见张民安:《公司法上的利益平衡》,北京大学出版社2003年版,第267页。参见张民安:《有限责任公司的治理结构研究》,载王保树主编:《商事法论集》(第9卷),法律出版社2005年版,第109页。

④ 参见苏号朋主编:《美国商法:制度、判例与问题》,中国法制出版社2000年版,第390页。学者指出,此种替代性措施也有其缺陷,因为临时董事不能解决股东之间深层次的矛盾,只是暂时缓解他们的矛盾,而且临时董事的加入最多只能打破董事僵局,而对股东僵局则束手无策。参见包剑虹:《闭锁公司非自愿解散制度研究——从美国法视角》,载杨紫烜主编:《经济法研究》(第4卷),北京大学出版社2005年版,第560页。

⑤ 参见张民安:《公司法上的利益平衡》,北京大学出版社2003年版,第267页。参见张民安:《有限责任公司的治理结构研究》,载王保树主编:《商事法论集》(第9卷),法律出版社2005年版,第109页。

⑥ 参见[美]罗伯特·W.汉密尔顿:《美国公司法(第5版)》,齐东祥等译,法律出版社2008年版,第277页。

法的形式专门对法院授权。在那些尚无成文法授权的州,法院的此种权力则被视为"固有的司法权力的一部分"而在具体的案例中得以运用。自1970年以来,在相当数量的案例中,法院即使在没有成文法明确授权时也在裁判解散的案件中决定采取强制购买股权的补救措施。① 与美国上述立法类似,在德国,由于解散公司的救济方式非常极端,而德国《有限责任公司法》又没有提供其他的救济途径,德国判例法发展出了退股权的保护股东的救济方式,且此种救济方式不能通过章程进行限制或排除。② 所谓退股权,是指股东在特定情况下可以要求退出并要求公司支付相应的补偿金。③ 退股权的行使必须以诸如大股东滥用其控制权力等重大事由为基础,该重大事由并不要求有过错因素,但其广泛而含糊的定义给了法院在解决股东纠纷时很大的自由裁量权。④ 不过,此种权利的行使需满足以下情况:即所有的股金已全部付清,而且没有动用公司的基本资金支付补偿金。否则,必须对公司进行减资。如果支付补偿金使得公司资产低于基本资本数额,而且可以根据《有限责任公司法》第31条第1款的规定提出退还请求,从而可以将相关的退股视为无效。在就此作出彻底澄清之前,出现了一种悬而未决的状态。在此期间,退出的股东只能有限地行使其权力。⑤ 与上述域外国家的规则相比,我国《最高人民法院关于适用〈中华人民共和国公司法〉若干问题的规定(二)》第5条第1款规定:"人民法院

---

① 参见美国加州大学、斯坦福大学法学院:《公司法律制度》,第138页,转引自蒋大兴:《公司裁判解散的问题和思路——从公司自治与国家干预的关系展开》,载王保树主编:《全球竞争体制下的公司法改革》,社会科学文献出版社2003年版,第412页。

② 参见李小宁:《公司法视角下的股东代表诉讼——对英国、美国、德国和中国的比较研究》,法律出版社2009年版,第217页。

③ 参见〔德〕托马斯·莱塞尔、〔德〕吕迪格·法伊尔:《德国资合公司法(第3版)》,高旭军、单晓光、刘晓海、方晓敏等译,法律出版社2005年版,第517页。

④ 参见李小宁:《公司法视角下的股东代表诉讼——对英国、美国、德国和中国的比较研究》,法律出版社2009年版,第217—218页。

⑤ 参见〔德〕托马斯·莱塞尔、〔德〕吕迪格·法伊尔:《德国资合公司法(第3版)》,高旭军、单晓光、刘晓海、方晓敏等译,法律出版社2005年版,第519页。

审理解散公司诉讼案件,应当注重调解,当事人协商同意由公司或者股东收购股份,或者以减资等方式使公司存续,且不违反法律、行政法规强制性规定的,人民法院应予支持。当事人不能协商一致使公司存续的,人民法院应当及时判决。"该款虽确定了作为公司解散的替代措施,可由公司或其他股东收购股份,不过,此种收购仍是基于当事人意思自治的"协商同意",与域外公司法中基于司法权的法院"指定购买"判然不同。域外实践值得我国借鉴。

⑤授予法院对公司的"直接司法管理权"。美国一些州采取了这种补救方式,如南加利福尼亚州就规定,法院可以批准解散之外的其认为适当的补救措施,包括命令变更公司章程和附则,撤销或变更公司的决议和行为,指导或禁止诉讼中的公司或股东、董事、高级职员或其他当事人的任何行为;还有一些州授予法院可以直接宣布发放股利等。[1] 我国《最高人民法院关于适用〈中华人民共和国公司法〉若干问题的规定(四)》第 15 条规定:"股东未提交载明具体分配方案的股东会或者股东大会决议,请求公司分配利润的,人民法院应当驳回其诉讼请求,但违反法律规定滥用股东权利导致公司不分配利润,给其他股东造成损失的除外。"与域外作为公司解散替代性措施的"法院直接宣布发放股利"相比,司法解释的该规定中法院只能基于股东起诉请求而无权直接决定发放股利,尚不能作为司法解释的替代性措施。未来可对该制度予以完善并作为公司司法解散的替代性措施予以适用。

⑥驱逐权。驱逐权为德国判例法发展的救济方式,且不能通过章程进行限制或排除。该权利为那些受到侵害却不愿意退出公司的股

---

[1] 包剑虹:《闭锁公司非自愿解散制度研究——从美国法视角》,载杨紫烜主编:《经济法研究》(第 4 卷),北京大学出版社 2005 年版,第 560 页。

东提供了救济方式。① 为了保护当事人的利益,必须对驱逐股东提出比退出更严格的要求。此种权利的行使只能是消除不良状态最极端和最后的手段。② 此种权利的行使必须由股东大会作出相应的决议,然后才能启动开除程序。根据联邦最高法院的判决,和解散决定一样,有关开除股东的决议必须以修改章程所需的特定多数意见通过。③ 由于驱逐股东需要股东集体决议,而被驱逐的股东不能就该决议行使表决权,因此根据德国法,大股东也可以被驱逐。德国也确实存在大股东被小股东驱逐出公司的案例。由于法院在评估价格时趋于保守,被驱逐的股东往往得不到足够的补偿。这种被逐出公司的风险对大股东起了很大的威慑作用。④ 德国联邦法院在20世纪50年代通过判例说明:"即使公司章程无类似规定,股东仍可以因存在于自身的重大事由而被除名,但必须以诉讼的方式作为除名的手段。"⑤德国法院认为,该权利的行使必须是出现了"重大事由",而且没有其他方式能够克服这个情况,如继续留在公司不仅没有利益,反而有可能会影响公司的治理时,股东才可以行使该项权利。⑥ 被驱逐者可以提出补偿要求,只要公司章程中没有规定其他补偿计算方法,则根据起诉时股份的价值确定补偿数额。⑦

（5）破产重整制度。前已述及,20世纪70年代以来,美、英、法、

---

① 参见李小宁:《公司法视角下的股东代表诉讼——对英国、美国、德国和中国的比较研究》,法律出版社2009年版,第217页。
② 参见〔德〕托马斯·莱塞尔、〔德〕吕迪格·法伊尔:《德国资合公司法(第3版)》,高旭军、单晓光、刘晓海、方晓敏等译,法律出版社2005年版,第520页。
③ 同上注,第521页。
④ 参见李小宁:《公司法视角下的股东代表诉讼——对英国、美国、德国和中国的比较研究》,法律出版社2009年版,第217页。
⑤ 谭甄:《论有限责任公司闭锁性困境的救济》,载方流芳主编:《法大评论》(第3卷),中国政法大学出版社2004年版,第75页。
⑥ 参见林承铎:《有限责任公司股东退出机制研究》,中国政法大学出版社2009年版,第104页。
⑦ 参见〔德〕托马斯·莱塞尔、〔德〕吕迪格·法伊尔:《德国资合公司法(第3版)》,高旭军、单晓光、刘晓海、方晓敏等译,法律出版社2005年版,第522页。

德等许多国家纷纷颁布新破产法,将重整制度置于显著地位。我国2006年8月27日通过的《企业破产法》也设专章(第八章)对重整制度作了规定。重整制度的诞生和发展,使破产法的立法宗旨从传统的以变价分配为目标的清算主义转向现代的以企业拯救为目标的再建主义。① 因为,在活跃的市场经济中,某些冒险将不可避免地以失败告终。在可能拯救企业的情况下,应当尽量优先考虑拯救企业。② 以《法国商法典》为例,其第六卷③第二编第620-1条明确规定"为使企业得以保护,企业的活动及就业得以维持,企业的债务得以清偿,设立司法重整程序"④,明确将"企业的活动……得以维持"规定为司法重整制度的目标之一,《德国破产法》第1条也明确了重整的目的是"为维持企业"⑤,法、德两国法律对公司重整制度立法目标的规定均体现了公司的生存利益。而在英国,以肯尼斯·科克为主席的破产法实施委员会1982年提交的报告讲到,一部良好的现代破产法的目标应当包括为保存那些能够为国家的经济发展作出贡献且有盈利能力的企业提供法律上的措施。科克所描述的破产法的上述目标在英国1986年的破产法中得到了体现,例如,其通过公司自愿安排和管理命令程

---

① 参见王卫国:《论重整制度》,载《法学研究》1996年第1期,转引自胡利玲:《困境企业拯救的法律机制研究——制度改进的视角》,中国政法大学出版社2009年版,第1页。
② 参见〔英〕费奥娜·托米:《英国公司和个人破产法(第二版)》,汤维建、刘静译,北京大学出版社2010年版,第59页。
③ 法国原于1985年颁布《困境企业司法重整与司法清算法》,基本上取代了1967年的破产法。2001年进行了破产法的重大改革,这次改革将1985年《困境企业司法重整与司法清算法》的基本原则进行修改和完善后,编入商法典新增加的第六卷困境企业,在此之前,《困境企业司法重整与司法清算法》是单行法律,是作为商法典的附件列在商法典条文之后。其后,2003年、2004年又对商法典的困境企业的规定进行了修改和完善。参见李萍:《法国破产法律制度简介》,载李飞主编:《当代外国破产法》,中国法制出版社2006年版,第340—341页。
④ 李飞主编:《当代外国破产法》,中国法制出版社2006年版,第358页。
⑤ 《德国破产法》(1994年10月5日新颁文本,2004年12月9日最新一次修订)第1条规定:破产程序的目的是,以变现债务人财产并分配所得金额,或特别为维持企业而以重整计划作出变通规定的方式,使债务人的债权人共同得到清偿。给予诚实的债务人免除剩余债务的机会。参见李飞主编:《当代外国破产法》,中国法制出版社2006年版,第12页。

序促进公司的重整。① 此处,"保存那些够为国家的经济发展作出贡献且有盈利的能力的企业"的破产法目标也体现了对企业生存利益的维护。1997 年美国国会在关于修订破产法的 95—595 号报告中也明确地表达了对企业维持的生存利益的追求,指出,"企业重整案件的目的,……乃是重建企业财政,从而使之能够继续营运"②。可见,"公司重整制度的首要考虑目标就是防止经济组织的崩溃与解体"③,各国破产重整制度的立法目标均在于维持企业生存,保护其生存利益。

(三)公司利益客体中的长期利益:以商誉权为例说明

理论与实践均认为,公司所追求的利益(公司利益的客体)不仅包括短期利益,也包括长期利益。例如,美国 1983 年《宾夕法尼亚州公司法》第 1715 条详细罗列了公司董事在为公司最大利益服务时应当将哪些利益纳入考虑的范围,其(a)款第(2)项即列举出了"公司短期与长期利益,包括公司长期计划可能产生的利益以及公司独立存在使长期利益最大化的可能性"。④ 在伊利诺伊州上诉法院 1968 年审理的"史兰斯基诉瑞格里案"中,法院也认为,为了公司的长期利益,可能需要尽一切努力保持附近地区的环境不致恶化。⑤

公司利益客体也从公司所享有的商誉权得到证明。对于商誉(goodwill),被后世认为是一个最恰当的解释而被经常引用的定义是 1810 年一位英国法官所称的"商誉就是企业给顾客们的

---

① 参见〔美〕大卫·G.爱泼斯坦、〔美〕史蒂夫·H.尼克勒斯、〔美〕詹姆斯·J.怀特:《美国破产法》,韩长印等译,中国政法大学出版社 2003 年版,第 19 页。
② 胡金玲:《困境企业拯救的法律机制研究——制度改进的视角》,中国政法大学出版社 2009 年版,第 57 页。
③ 张世君:《公司重整的法律构造——基于利益平衡的解析》,人民法院出版社 2006 年版,第 28 页。
④ 参见王卫东:《兼并美国》,中信出版社 2007 年版,第 22 页。
⑤ 参见沈四宝编译:《最新美国标准公司法》,法律出版社 2006 年版,第 314 页。

商业信誉"。①

我国《反不正当竞争法》第11条规定:"经营者不得编造、传播虚假信息,或者误导性信息,损害竞争对手的商业信誉、商品声誉。"此处的"商业信誉"即为商誉。1992年11月财政部发布的《企业会计准则》和《企业财务通则》都已将商誉视为企业的无形资产;《股份制试点企业会计制度》第37条更是明确规定,商誉是无形资产,与专利权、商标权和土地使用权一样都可以进行评估。

获得良好的商誉是公司的一种长远利益。"商业信誉,是指经营者通过公平竞争和诚实经营所取得的良好的社会综合性评价。商业信誉是经营者经过长期不懈努力和积极开拓后取得的,是经营者长期妥善经营,精心管理,取信于供应商、贷款人、购买人特别是广大消费者的结果。商业信誉一旦形成就会给经营者带来强大的市场竞争优势。"②并且,这种利益被认为是一种财产利益。声誉在法律领域被公认为财产,它与有形资产的区别仅仅在于对它进行准确估值比较困难。③"商誉作为商法人经济能力的社会评价,已演化为具有价值形态的财产利益。"④《保护工业产权巴黎公约》早年的文本中即已包容了商誉权的内容⑤,该公约1967年斯德哥尔摩文本第10条之2列举了三种特别应予以禁止的行为,包括"在经营活动中,具有损害竞争者的营业所、商品或工商业活动商誉性质的虚伪说法"⑥。商誉作为知识产权的一部分即已得到确认。⑦ 无论在国际条约中,还是在财务制

---

① Crutwell v. Lye 案,载1810年英国判例集(ER)34卷129页,转引自郑成思:《知识产权论》(第3版),法律出版社2003年版,第392页。
② 邵建东:《德国反不正当竞争法研究》,中国人民大学出版社2001年版,第280页。
③ 参见 A. A. Berle:《作为信托权的公司权力》,载李伟阳、肖红军、郑若娟编译:《企业社会责任经典文献导读》,经济管理出版社2011年版,第9页。
④ 吴汉东:《论商誉权》,载《中国法学》2001年第3期,第92页。
⑤ 参见郑成思:《知识产权论》(第3版),法律出版社2003年版,第1—2页。
⑥ 吴汉东:《论商誉权》,载《中国法学》2001年第3期,第95页。
⑦ 参见郑成思:《知识产权论》(第3版),法律出版社2003年版,第203页。

度中,商誉均被视为公司的最重要的无形资产。

在当代各个国家和地区,商誉作为商人(包括公司,也主要是公司)所享有的长期财产利益得到其立法或司法的普遍承认,体现为对商誉权的法律保护。

在普通法下,商誉是财产法规范的对象,始终被作为财产的一种对待,这是普通法中商誉的一大特色。① (1)在美国,在1890年审理的Gamble v. Queens County Water Co. 案中,纽约州上诉法院即认为,发展的潜在获利能力——按照现代的理解主要是指持续的声誉——将因此看起来被承认至少是与有形财产相关的。② 此处,"获利能力"、"与有形财产相关"表达了此种利益是一种财产利益,而"潜在"则说明了此种利益可能是一种未来的长远期利益。霍姆斯大法官在1921年的一个判例中指出:"一个已设立的企业毫无疑问是会具有金钱价值的,……但是,你不能通过将它(商誉)成为一个东西(thing)而为它给出一个明确的轮廓。它是企业的一系列操行。"③联邦第三巡回法院指出商誉所带来的利益"包括公众对产品质量和为产品所作担保的信任,以及公众对产品的'名称认可',以有别于其他人的商品"④。此外,在许多不正当竞争案件中,法院将"商誉"(or goodwill of a trade or business)看作是一种财产权(a property right)而应受到保护。

---

① 参见程合红:《商事人格权论——人格权的经济利益内涵及其实现与保护》,中国人民大学出版社2002年版,第79页。
② 参见 A. A. Berle:《作为信托权的公司权力》,载李伟阳、肖红军、郑若娟编译:《企业社会责任经典文献导读》,经济管理出版社2011年版,第9页。
③ J. Thomas McCarthy, *McCarthy on Trademarks and Unfair Competition*, Volume 1, p. 2-37,转引自程合红:《商事人格权论——人格权的经济利益内涵及其实现与保护》,中国人民大学出版社2002年版,第76页。
④ J. Thomas McCarthy, *McCarthy on Trademarks and Unfair Competition*, Volume 1, p. 2-38,转引自程合红:《商事人格权论——人格权的经济利益内涵及其实现与保护》,中国人民大学出版社2002年版,第76—77页。

基于信誉所可能发生之期待亦然。① 可见，在美国，商誉作为企业的长期财产利益得到保护，其涉及公众对企业的评价。(2)在英国，传统财产法认为，商誉属于特殊动产之列的一种特殊财产；同时，英国法律还将商誉与仿冒(passing off)之诉制度联系起来进行规定，前者是后者的核心要素，认为在仿冒之诉中所侵害的就是作为财产利益的商誉，保护的是商誉财产权。② 而商誉则是"一个企业的好名声和(商业上的)关系所具有的利益与好处"③。可见，商誉也被认为是企业(公司)的一种财产利益。2006年《英国公司法》第172条(1)(e)项则明确允许公司董事在以他善意地认为为了公司成员的整体权益而将最大可能地促进公司成功的方式行事时可考虑公司维护高标准商业行为之声誉的愿望。④

在德国，联邦最高法院已有保留地承认法人拥有一般人格权。⑤ 而且，《德国反不正当竞争法》第14条和第15条将行为人通过诋毁和诽谤方式损害其他经营者商业信誉的方式明定为法律所禁止的不正当竞争行为。⑥ 在公司运作中，公司利益多元化的视角在现实中带来的重要结果是，假如董事会采取了一项(短期的)减少可分配的盈利并且就此而言没有直接服务于公司及其股东的财产利益的措施，但如果基于社会原因或公共利益，该措施可以被认为对长期维护好企业声誉

---

① 参见陈明汝:《专利商标法选论》，三民书局1977年版，第178页，转引自吴汉东:《论商誉权》，载《中国法学》2001年第3期，第94页。

② 参见程合红:《商事人格权论——人格权的经济利益内涵及其实现与保护》，中国人民大学出版社2002年版，第75—76页。

③ Lord Macnaghten Stated in CIR v. Muller & Co's Margarine Ltd., [1901] A.C.217, at 223. "[Goodwill] is the benefit and advantage of the good name, reputation and connection of a business." Hazel Carty, Passing Off and the Concept of Goodwill, The Journal of Business Law, no.2 1995, 转引自程合红:《商事人格权论——人格权的经济利益内涵及其实现与保护》，中国人民大学出版社2002年版，第76页。

④ 参见葛伟军译:《英国2006年公司法》，法律出版社2008年版，第105页。

⑤ 参见〔德〕托马斯·莱塞尔、〔德〕吕迪克·法伊尔:《德国资合公司法(第3版)》，高旭军、单晓光、刘晓海、方晓敏等译，法律出版社2005年版，第56页。

⑥ 参见邵建东:《德国反不正当竞争法研究》，中国人民大学出版社2001年版，第279页。

来说是正确的,则董事会就不会因此违反对公司承担的义务。① "如果公司的声誉受到损害,并且使其业务受到影响,法人可以诉请法律保护。"②

在俄罗斯,其《民法典》第 152 条第 7 款规定:"本法关于保护公民商业信誉的规则相应地适用于法人商业信誉的保护。"③其也明确对法人的商业信誉(商誉)予以保护。

法国、日本、我国台湾地区不仅认可商誉权,更在公司法领域允许以商誉权出资。中国与有关国家签订的有关投资保护的双边协定也承认了商誉投资的合法性。例如,我国台湾地区 2001 年"公司法"修订时,增订了允许以商誉出资的规定,其第 156 条第 5 项明文规定:"股东之出资除现金外得以对公司所有之货币债权,或公司所需之技术、商誉冲抵之,唯冲抵之数额需经董事会通过,不受第二百七十二条之限制。"④中国与法国在 1984 年 5 月 30 日签订的《关于相互鼓励和保护投资的协定》,对投资一词的解释即包括以商誉投资。中国与瑞典签订的《关于相互保护投资的协定》(1982 年 3 月 29 日)第 1 条规定:"'投资'应包括缔约一方投资者在缔约另一方境内、依照其法律和规章用于投资的各种形式的资产,尤其是……版权、工业产权、工艺流程、商号和商誉……"⑤

可见,商誉权在当代各国立法与司法中已得到广泛认可,而商誉

---

① 参见〔德〕格茨·怀克、〔德〕克里斯蒂娜·温德比西勒:《德国公司法(第21版)》,殷盛译,法律出版社 2010 年版,第 482 页。

② BGHZ 78, 24;26;78, 274, 278;参见 ferner BGHZ 81, 75; 91;117; 98, 94. Zun Ganzen vgl. Khippel JZ 1988,631;Raiser FS Traub 331,转引自〔德〕托马斯·莱塞尔、〔德〕吕迪克·法伊尔:《德国资合公司法(第 3 版)》,高旭军、单晓光、刘晓海、方晓敏译,法律出版社 2005 年版,第 56 页。

③ 程合红:《商事人格权论——人格权的经济利益内涵及其实现与保护》,中国人民大学出版社 2002 年版,第 18 页,第 30 页。

④ 冯震宇:《公司证券重要争议问题研究》,北京大学出版社 2008 年版,第 219 页。

⑤ 蒋大兴:《公司法的展开与评判:方法·判例·制度》,法律出版社 2001 年版,第 124—125 页。

实质为企业(公司)的一种长期财产利益。商誉权得到广泛认可的事实,也证明了公司利益客体的范围包括公司的长期利益。商誉的形成在于企业在生产经营、服务态度、技术创新、员工素质、商业文化、管理经验等方面所形成的良好能力,并由此获得社会公众的普遍认可和积极评价。[①] 作为一种社会公众对企业的评价,商誉权得到法律上普遍保护的现实也证明了公司长期利益要求公司所需关注的绝非仅仅是股东利益,公司更需关注如顾客、社会公众等诸多利益相关者利益,"企业有经济动机在它们经营所在地拥有良好的声誉,不能拥有良好声誉意味着他们可能遭受更高的税收以及招募工人的困难"[②]。建立良好公司信誉的公司长期利益要求公司利益为利益相关者的综合利益。或许正因为商誉与公司利益之间的这一紧密关联,当"公司利益"这一概念明显是非常宽泛和模糊的[③]之时,商誉(goodwill)这一概念也具有相当的不确定性,即使在这一概念的发源地英国,从法律上为其下一个定义也是极其困难的事情。[④]

三、公司利益客体范围的限制

(一)基于团体性质而不得享有特定种类的权利与利益

公司作为一种法人团体,其得以享有的权利与利益受其性质的限

[①] 参见吴汉东:《论商誉权》,载《中国法学》2001 年第 3 期,第 93 页。
[②] Larry E. Ribstein, *Accountability and Responsibility in Corporate Goverance*, 81 Notre Dame Law Review 1431,1457 – 1458(2006).
[③] 参见〔德〕西奥多·鲍姆、〔美〕肯·斯科特:《认真对待股东权利——公司治理在美国和德国》,李园园译,载赵旭东主编:《国际视野下公司法改革——中国与世界:公司法改革国际峰会论文集》,中国政法大学出版社 2007 年版,第 301 页。
[④] 参见程合红:《商事人格权论——人格权的经济利益内涵及其实现与保护》,中国人民大学出版社 2002 年版,第 75 页。

制。其团体人格所享有的权利能力范围与个人人格不同。例如，它没有生命健康权，没有肖像权，没有家庭、婚姻方面的权利，不享有法定的继承权等。①《瑞士民法典》第 53 条即确认，法人享有除性别、年龄或亲属等以自然人的本质为要件，即专属于自然人的权利以外的一切权利与义务。②

另一方面，尽管法人得享有人身权③，但是，法人是否得享有精神利益则存在着分歧。肯定的观点认为，"法人人格具有精神上的属性"④。否定的观点则认为，"法人不具有自然人的思维活动和心理状态，不像自然人那样有精神活动和精神感受，因此，它所享有的人格利益不包含精神利益"⑤。对此，我国最高司法机关持否定态度，《最高人民法院关于确定民事侵权精神损害赔偿责任若干问题的解释》第 4 条规定："法人或者非法人组织以名誉权、荣誉权、名称权遭受侵害为由，向人民法院起诉请求精神损害赔偿的，人民法院不予支持。"

（二）公司可否谋求政治利益？——以政治捐赠的法律规制为例

政治利益是以权力、政权等为追求的利益。⑥ 公司谋求政治利益，是指公司通过自己的活动，追求对政府权力行使或政权的影响力，使其作出有利于自身或公司期望的政治决策。

公司对政府/政治的影响力，主要是通过政治捐赠来实现的。对公司政治捐赠的态度，也反映了对公司得否追求政治利益的态度。

---

① 参见江平主编：《法人制度论》，中国政法大学出版社 1994 年版，第 22 页。
② 参见程合红：《商事人格权论——人格权的经济利益内涵及其实现与保护》，中国人民大学出版社 2002 年版，第 18 页，第 29—30 页。
③ 例如，《民法典》第 110 条规定了作为法人人身权的名誉权、荣誉权。
④ 关今华：《法人人格权及其损害赔偿》，载《法学研究》1991 年第 6 期，转引自程合红：《商事人格权论——人格权的经济利益内涵及其实现与保护》，中国人民大学出版社 2002 年版，第 18 页。
⑤ 程合红：《商事人格权论——人格权的经济利益内涵及其实现与保护》，中国人民大学出版社 2002 年版，第 18 页，第 33 页。
⑥ 参见王伟光：《利益论》，中国社会科学出版社 2010 年版，第 107 页。

1. 对公司得否实施政治捐赠行为的态度分歧

总体而言,对公司是否得为政治捐赠而谋求政治利益,有肯定与否定二说:

(1)肯定说

此说认为,公司为法人,与自然人一样同为权利义务主体,因此亦应享有言论自由。营利性公司捐助政治性献金,正是体现其作为社会一分子,用捐款表达其政治观点的一种方式,如此而已,并无任何特殊处。换言之,言论自由既为公司之基本人权,自应令公司得为政治捐献,否则即为不当限制人权。① 美、英、德、日等国均允许公司进行政治捐赠,尽管其仍需受到一定限制。

在美国,在联邦宪法和权利法案的意义上,公司是"人",法律赋予它们在没有法律程序的参与下保护其资产免受损失的权利。它们被赋予(至少是某种程度上的)言论自由。尽管在水门事件之后进行了改革,采取了许多限制措施,企业还是可以在政治和宣传上投入资金。② 企业可以合法地参与广泛的政治活动。联邦法律只适用于关于竞争总统、副总统及国会的政治活动,参与州或地方竞选活动则在州或地方法规中加以规定。③ 联邦政府对企业进行捐赠资助的限制可追溯到1907年的《蒂尔曼法案》,1943年拓展到了劳工联合会。在一些州,企业直接对竞选活动捐款是完全合法的,但是有35个州规定了企业捐款的上限。许多上限与联邦法律规定的相似,例如加利福尼亚州所规定的上限为:政治行动委员会每年5000美元,个人每年1000美元。④ 企业管理层有权对影响企业发展的公共议题表明立场,包括在

---

① 参见刘连煜:《公司治理与公司社会责任》,中国政法大学出版社2001年版,第100页。
② 参见〔美〕罗伯特·蒙克斯、〔美〕尼尔·米诺:《公司治理(第2版)》,李维安、周建等译,中国财政经济出版社2004年版,第8页。
③ 参见〔美〕默里·L.韦登鲍姆:《全球市场中的企业与政府(第6版)》,张兆安译,上海三联书店、上海人民出版社2006年版,第384页。
④ 同上注,第385—386页。

国会提交议案。企业管理层也可以向雇员提供有关国会成员及候选人的信息,如选票记录。解释如何在政治舞台上更有影响力的公司倡议计划也是一种容许的政治活动,而且企业可以为雇员提供政治教育计划,这可以极大地促进雇员参与政治的自发性,雇员也被准许请假参加政治活动。[1] 联邦最高法院相关判决认可公司有权实施政治捐赠或者宣传行为。早在 1976 年,在巴克利诉瓦莱奥案的审理中,联邦最高法院即对政党及其候选人接受捐赠或者其他拉选票问题给出了清晰的界定。这些活动作为言论自由的另外一种形式受到了宪法第一修正案的保护,联邦最高法院判定,"限制个人或者团体在政治活动中的捐赠规模将大大减少民众表达意愿的机会。因为,所讨论问题的数量、深度以及受众的范围都会因此而受到影响"。司法体系在此首次清楚地指出,在政治献金问题上,企业的行为与普通个体一样将受到法律的保护。从而,企业在政治层面和公共领域拥有更多权力的事实渐渐走向了合法化[2],联邦最高法院作出如此判决的原因是:既然要将一条信息传给广大观众,花费金钱通常是必需的;那么对政治捐赠或政治献金设限,就是对言论自由设限,因此必须符合同样的标准,受到宪法的制约。只有当限制政治献金成为保护重大公众利益唯一的途径,例如让公众相信选举制度的公正性的时候,对政治献金的设限才是合法的。[3] 1978 年,在 First National Bank of Boston v. Bellotti 案中,联邦最高法院判定马萨诸塞州一项禁止公司作出直接影响公民投票

---

[1] 参见〔美〕默里·L. 韦登鲍姆:《全球市场中的企业与政府(第 6 版)》,张兆安译,上海三联书店、上海人民出版社 2006 年版,第 386 页。

[2] 参见 For a useful discuss of the Buckley case, see Bowman, *Modern Corporate*, pp. 156 - 157,转引自〔美〕查尔斯·德伯:《公司帝国》,闾正茂译,中信出版社 2004 年版,第 170—171 页。

[3] 参见〔美〕泰德·纳杰:《美国黑帮:公司强权的扩张和民主制度的衰落》,汪德华、张延人译,中信出版社 2006 年版,第 144 页。

结果的捐赠或支出的刑法为违宪的①,其认为,公司依据宪法第一修正案,享有自由言论的权利,那种"认为公司,作为国家的一个创造物,只能享有国家赋予其的权利"的观点是"极端的"②,法庭支持银行拥有政治宣传的权利,认为银行可以动用它认为合理的股东资金数量,去影响与它的业务明显无关的政治公投。③ 在该案中,联邦最高法院再次强调了其观点——企业捐赠与言论自由一样都是受到法律保护的。其宣称,旨在影响公民投票结果的政治献金"实际上是一种表达意愿的方式,而这对于民主体系的决策过程而言是不可或缺的。而且,这种意愿不会因为来自企业而非自然个体而受到区别对待。"进而,联邦最高法院还拒绝了严重的不平等性将扭曲民主化进程的观念。因为"在美国民主体制里,人民相信通过判别和评估矛盾观点的相对价值可以找到真理的所在。"④在 1990 年的 Austin v. Michigan Chamber of Commerce 案中,联邦最高法院确认了对公司的政治言论只做很窄的限制在宪法上是允许的。在确立公司的"第一修正案权利"时,联邦最高法院看起来更关心的是政治言论的听众的权利而非其来源者的权利。⑤

在英国,其 2006 年《公司法》第 14 部分"对政治捐赠的开支的控制",专门对政治捐赠作了规范,以控制公司向政党、其他政治组织和

---

① 参见〔美〕罗伯特·W.汉密尔顿:《公司法概要》,李存捧译,中国社会科学出版社 1999 年版,第 47 页。参见〔美〕罗伯特·W.汉密尔顿:《美国公司法(第 5 版)》,齐东祥等译,法律出版社 2008 年版,第 76 页。
② 参见邓峰:《作为社团的法人:重构公司理论的一个框架》,载《中外法学》2004 年第 6 期,第 745 页。
③ 参见〔美〕罗伯特·孟克斯、〔美〕尼尔·米诺:《监督监督人:21 世纪的公司治理》,杨介棒译,中国人民大学出版社 2006 年版,第 38 页。
④ 〔美〕查尔斯·德伯:《公司帝国》,闫正茂译,中信出版社 2004 年版,第 171 页。
⑤ 参见〔美〕罗伯特·W.汉密尔顿:《美国公司法(第 5 版)》,齐东祥等译,法律出版社 2008 年版,第 76 页。

独立选举候选人作出的捐赠,以及公司产生的政治开支。① 根据其规定,公司禁止向政党或其他政治组织、独立选举候选人作出政治捐赠,或者产生任何政治开支,除非捐赠或开支根据该法有关条款被授权。② 并且,捐赠不需要该部分之下的授权,除非——(a)该捐赠,以及(b)该捐赠作出之日前12个月的期间内的其他相关捐赠,超过5000英镑。③ 可见,只要某一政治捐赠或者作出某一政治捐赠之日前12个月内其他相关捐赠不超过5000英镑,公司为政治捐赠即为法律所允许。另外,其《2000年政党、选举和复决法》第139条和第140条也对公司进行政治性捐赠进行了控制。该规定同样适用于对欧盟其他成员国的政党捐赠。④

在德国,企业可能会在经营范围之外而给社会公共机构、科研机构或者艺术团体提供捐款,如果企业这些捐款提高了企业在社会公众中的知名度,改善了企业的形象,那么这些捐款也符合企业利益。这些捐款也可能符合宪法中有关社会义务的规定。不符合上述条件的捐款就不符合企业利益。同样的原则也适用于企业给党派和政治机构提供捐赠。⑤ 企业可以给党派和政治机构提供经济捐赠,只要给党派的捐款数额在合理的范围内且没有影响企业的正常运作,那么这些捐款是符合公司法的规定的。⑥

在日本,其最高法院1970年6月24日判决认为,"董事在代表公

---

① 参见《英国2006年公司法》第362条,载葛伟军译:《英国2006年公司法》,法律出版社2008年版,第216页。
② 参见《英国2006年公司法》第366、第367条,载葛伟军译:《英国2006年公司法》,法律出版社2008年版,第218—220页。
③ 参见《英国2006年公司法》第378条,对该条的"捐赠"及"其他相关捐赠"的定义,亦见该条,载葛伟军译:《英国2006年公司法》,法律出版社2008年版,第225页。
④ 参见〔英〕丹尼斯·吉南:《公司法(原著第12版)》,朱羿锟等译,法律出版社2005年版,第310页。
⑤ 参见〔德〕托马斯·莱塞尔、〔德〕吕迪格·法伊尔:《德国资合公司法(第3版)》,高旭军、单晓光、刘晓海、方晓敏等译,法律出版社2005年版,第165—166页。
⑥ 同上注,第166—167页。

司进行政治献金的捐助时,需要考虑该公司的规模、经营绩效、其他社会经济地位以及捐赠对象等诸因素,应在合理范围内决定其金额"[1],超出其范围就是违反忠实义务。[2] 显然,日本最高法院也是认可公司实施政治捐赠能力的,只是要求其金额"在合理范围内"即可,其理由在于:第一,公司也是社会存在,要负担社会性作用,在社会一般理论上,公司可以参与或满足其社会的期待及要求,这种属于社会性贡献的活动,有利于企业的圆满发展,是为了间接达到目的而必要的行为。宪法也预想到议会制民主主义不可缺少政党的存在,并且期待着公司协助其健全发展,作为协助的一个方式,公司具有政治捐款的权利能力;第二,虽然参政权只限于自然人,但宪法允许公司作为纳税者行使政治行为,向政党捐赠的行为,就属于其政治行为的一种,并不违反《民法》第 90 条(遵守公序良俗)的规定;第三,董事并未利用其地位去追求个人利益,其金额也未超过合理范围,所以不会构成忠实义务违反。[3] 第四,政治捐赠是为了达到公司目的而作出贡献的行为,是能力内的行为。第五,因所有的公司,都有营利目的的范围,所以,其权利能力也将受到一般限制。但捐赠等与营利性互不相容的无偿行为,是法人基于社会性存在所拥有的能力。政治捐赠,是为了促进公司圆满的发展必须付出的一种社会性成本。[4]

(2)否定说

此说认为,不应允许公司为政治捐赠,理由主要有:

---

[1] 该案例认为并未超出其范围,参见民集 24 卷 6 号 625 页,转引自〔日〕前田庸:《公司法入门(第 12 版)》,王作全译,北京大学出版社 2012 年版,第 327 页。
[2] 参见〔日〕前田庸:《公司法入门(第 12 版)》,王作全译,北京大学出版社 2012 年版,第 327 页。
[3] 参见最判 1970.6.24 民集 24.6.625,百选 2,转引自〔日〕末永敏和:《现代日本公司法》,金洪玉译,人民法院出版社 2000 年版,第 12 页。
[4] 以上第四点理由为日本学者铃木主张,第五点理由为日本学者大隅、松田主张,转引自〔日〕末永敏和:《现代日本公司法》,金洪玉译,人民法院出版社 2000 年版,第 12—13 页。

第一,如果允许公司得为政治捐献,则无异于允许公司经营阶层,凭依自己之政治喜好,使用股东之资产。表面上,经营者乃为股东之代言人,但事实上,只是将公司资金使用于公司经营者自己所支持的政治人物或团体。因此,如肯定公司得为政治捐献,后果将纷争不断。其不妥当,显而易见。① 盖每个人的政治偏好,并不一定会一致,因此,如何处理"代理问题",实为承认公司得为有效政治捐献最大的问题。当然,"股东指定捐款对象计划",或许可以适用于公司政治献金的情形,俾使"代理问题"消弭于无形。然而,"股东指定捐款对象计划",本身存在有很高之行政成本,因此,恐难将之实施股东众多之公司。②

第二,政治捐款与国民参政平等的原则相矛盾,与股东作为市民享有的政治自由相矛盾。因此,违反了公序良俗,其行为无效,董事应承担责任。政治捐款与社会福利的捐款不同,它的价值在社会构成成员之间产生对立,公司的捐款行为,介入到公司活动领域之外的国民的生活领域,与参政平等及政治自由的原则相矛盾,即使是由于个人的行为引起的,但从其结果和影响看,该行为是违反国家基本秩序的行为。公司的政治捐款行为是权利能力范围外的行为,因违反公序良俗而无效。③

第三,参政权乃是自然人之基本人权,股份有限公司并无承认其具有参政权之余地,公司捐赠政治献金之行为,乃是违反民法上公序良俗的法律行为。④

第四,公司是以营利为目的的,仅在目的下给予了诸多权利能力,并成为营利法人。通过政治捐款等行为,决定国家的政治现状,从理论上讲是不可能的,从法人权利能力性质出发,应排除政治行为或宗

---

① 参见刘连煜:《公司治理与公司社会责任》,中国政法大学出版社 2001 年版,第 100 页。
② 同上注,第 105 页。
③ 参见〔日〕末永敏和:《现代日本公司法》,金洪玉译,人民法院出版社 2000 年版,第 13 页。
④ 参见〔日〕久保欣哉:《公司法学之理念——自由与效率之间》,载《台大法学论丛》第 23 卷第 2 期,第 437 页,转引自刘连煜:《公司治理与公司社会责任》,中国政法大学出版社 2001 年版,第 101 页。

教行为。①

第五,现代大公司拥有大量的财富,对社会经济有举足轻重的影响。如果允许公司为政治目的的捐款会导致公司用财富换取政治权力,通过财富来左右政府的政策。也正因如此,美国许多州的公司法禁止商业公司向政治组织或竞争政府公职的候选人直接或间接地捐献资金或资产,特拉华州公司即是代表。② 在美国,尽管在一些州,企业直接对竞选活动捐款是完全合法的③,也有许多州对政治捐赠进行严格限制,由公司直接做出的政治捐赠是非法的,并要受到民事和刑事的惩罚④。直到1970年,在威斯康星州还有以下法令:

在本州从事商业活动的任何公司,都不能以影响立法进程,影响任何被提名候选人的选举结果,或者谋求任何政治任命或竞选为目的,而向任何政党、组织、委员会或者个人,直接或间接地支付或者捐赠金钱、财产、免费服务、以及其他有价值的东西。⑤

2. 中国的社会现实不应允许公司实施政治捐赠而谋求政治利益

笔者认为,从我国社会现实出发,我国不应允许公司实施政治捐赠而谋求政治利益,除前述持否定说学者已列举之理由外,其原因尚在于:

第一,我国的政治制度与前述美、英、德、日等国根本不同。尽管

---

① 参见〔日〕末永敏和:《现代日本公司法》,金洪玉译,人民法院出版社2000年版,第14页。
② 参见胡果威:《美国公司法》,法律出版社1999年版,第62—63页。
③ 参见〔美〕默里·L. 韦登鲍姆:《全球市场中的企业与政府(第6版)》,张兆安译,上海三联书店、上海人民出版社2006年版,第385—386页。
④ 参见〔美〕罗伯特·W. 汉密尔顿:《美国公司法(第5版)》,齐东祥等译,法律出版社2008年版,第76页。
⑤ 参见 Jane Anne Morris, *Speaking Truth to Power About Campaign Reform*,转引自〔美〕泰德·纳杰:《美国黑帮:公司强权的扩张和民主制度的衰落》,汪德华、张延人译,中信出版社2006年版,第136页。

有各种各样的冠冕堂皇的理由,这些国家允许公司为政治捐赠行为在一定程度上也是其政治制度下,为解决大选所需的巨额资金而采取的一种不得已而为之的措施。允许政治捐赠的弊端也非常明显,犹如希·卡思与伊丽莎白·明尼克所指出的:

  大公司被认为享有言论自由。这被解释为大公司能在其出钱做的广告上随意说话,能为竞选公职者的竞选活动捐款。人们都说"钱能通神",在竞选活动方面,这句话千真万确。大公司虽然不能投票选举,但仍有力量参与影响这个政治程序,俨然就是我们当中的一员。①(第一章,492 条,1905 年)

  因此,即便在美、英等允许公司实施政治捐赠行为的国家,也对企业与个人的政治捐赠予以了诸多限制。② 美国允许政治捐赠的判例也

---

  ① 参见〔美〕希·卡思、〔美〕伊丽莎白·明尼克:《鸡窝里的狐狸:私有化是怎样威胁民主的》,肖聿译,中国社会科学出版社 2007 年版,第 57 页。
  ② 例如,在美国,对联邦竞选中的捐款存在如下限制:
  企业和劳动联合会:可以倡议成立政治行动委员会(PAGs);不可以赞助联邦政府办公室的候选人;可以为拉选票、党派建设、州及地方竞选(符合州法律)提供"软资金";
  政治行动委员会:可以为联邦办公室的候选人每人每次竞选提供 5000 美元;可以建立无限制的"独立经费",该经费不直接提供给候选人,但与某一竞选活动有关;可以每年捐赠给某一党派 15000 美元用于全国办公室的活动;可以为拉选票、党派建设、州及地方竞选(符合州法律)给某一党派提供无限制的"软资金";
  个人:可以为联邦政府办公室的候选人每人每次竞选提供 1000 美元;可以给任何一个政治行动委员会每年不超过 5000 美元的捐款;可以每年给某一党派捐款 20000 美元用于联邦办公室的经费;可以依据州法律直接捐款给州或地方党组织;可以为拉选票、党派建设、州及地方竞选给某一全国性党派每年捐款 20000 美元;可以每年为总统竞选和国会选举捐赠 25000 美元;
  普遍限制:非美国公民或非美国居民的捐款概不接受;以他人或其他实体名义的捐款概不接受;100 美元以上的捐款用支票而不用现金;禁止 18 岁以下的未成年人捐款,除非未成年人同时具有资金支配权及捐赠决定权。馈赠所得不得用作捐款。参见〔美〕默里·L. 韦登鲍姆:《全球市场中的企业与政府(第 6 版)》,张兆安译,上海三联书店、上海人民出版社 2006 年版,第 384—385 页。

是在与反对政治捐赠的立法斗争中形成的。① 即使在以确认了对公司的政治言论只做很窄的限制在宪法上是允许的而闻名的1990年联邦最高法院审理的Austin v. Michigan Chamber of Commerce案中②，法院也表达出对政治捐赠弊害的担忧："允许公司得为政治目的，使用公司一般资金，将使公司成为一可怕的政治幽灵。"③而英国则在其2006年《公司法》第14部分专门规定了"对政治捐赠的开支的控制"，以控制公司向政党、其他政治组织和独立选举候选人作出的捐赠，以及公司产生的政治开支。④ 我国政治制度与选举制度和上述英、美、德、日等国截然不同，例如，根据我国《全国人民代表大会和地方各级人民代表大会选举法》第8条，作为我国权力机关的全国人民代表大会和地方各级人民代表大会的选举经费，由国库开支，我国并无必要允许政治捐赠。且在允许政治捐赠的情形下，如何对政治捐赠行为及政治捐赠资金进行管理，也将是一个极为困难的问题，在这些问题解决之前，如轻率地允许公司为政治捐赠，恐将弊害重重。

第二，禁止公司实施政治捐赠行为符合不得进行"权钱交易"的基本社会观念。公司作为以营利为目的的商事组织，其所实施的行为均是以获得某种利益为目标（其进行政治捐赠的最终目标也应至少是为其长远利益，否则即为超越其权利能力范围），如认可公司进行政治捐赠也是其实现利益的手段，等同于认可公司通过捐赠钱财的方式通过政治程序获取回报，这显然严重背离不得进行"权钱交易"的社会基本观念。

---

① 参见〔美〕泰德·纳杰：《美国黑帮：公司强权的扩张和民主制度的衰落》，汪德华、张延人译，中信出版社2006年版，第140—147页。
② 参见〔美〕罗伯特·W.汉密尔顿：《美国公司法（第5版）》，齐东祥等译，法律出版社2008年版，第76页。
③ The United States Law Week, BNA Vol. 58. No. 37. 58 LW 4373，转引自刘连煜：《公司治理与公司社会责任》，中国政法大学出版社2001年版，第106页。
④ 参见《英国2006年公司法》第362条，载葛伟军译：《英国2006年公司法》，法律出版社2008年版，第216页。

第三,允许政治捐赠将导致公民参政实质上的不平等。阿尔蒙德和鲍威尔把政治过程看作是一个利益表达与利益综合的过程。利益表达是指个人和集团向政治决策者提出要求的过程。利益综合是将各种要求转变为一般政策选择的过程。① 尽管公司不能直接参加选举,但是,如允许其实施政治捐赠,无疑将会有利于其实施利益表达,这种利益表达必然反映了影响作出捐赠决策者的利益(例如,大股东、管理者)。美国20世纪80年代中期由马萨诸塞州大学和马里兰州大学研究人员进行的一项研究表明,即使并非公司直接进行政治捐赠而由政治行动委员会进行的捐赠,公司政治行动委员会对立法问题所持有的立场,也基本上是高级经理们的决定,从而,公司政治行动委员会只是公司实施直接政治捐赠的一个工具。② 不同公众之间拥有财产上的不平等将导致其利益表达上的不平等,即便存在公司捐赠的限制,拥有巨额财产者也可通过其控制的诸多公司而实施政治捐赠强化其利益表达,使公民之间财产上的不平等转化为参政议政上的不平等。其结果,美国虽然取得了巨大的经济成就,但贫困却比其他任何主要发达国家都多,人们的预期寿命则比这些国家都低。收入集中于顶层,这就是造成这些现象的主要原因。最重要的是,财富的日益集中已经改造了其政治制度。③ 正如丹尼尔·韦伯斯特所指出的:"在没有军事力量介入的情况下,政治权力自然且必然会落入财产拥有者之手。"④如果我们不想重蹈美国政治权力最终落入财产拥有者手中的

---

① 参见余政:《综合经济利益论》,复旦大学出版社1999年版,第205页。
② 参见〔美〕泰德·纳杰:《美国黑帮:公司强权的扩张和民主制度的衰落》,汪德华、张延人译,中信出版社2006年版,第135页。
③ 参见 Paul Krugman, *For Richer*:*How the Permissive Capitalism of the Boom Destroyed American Equality*, New Youk Times Magizine, Nov. 20, 2005, 62,转引自〔美〕希·卡思、〔美〕伊丽莎白·明尼克:《鸡窝里的狐狸:私有化是怎样威胁民主的》,肖聿译,中国社会科学出版社2007年版,第56页。
④ Charles A. Beard, *The Economic Basis of Politics*, Alfred A. Knopf, p. 103,转引自〔美〕曼瑟尔·奥尔森:《集体行动的逻辑》,陈郁、郭宇峰、李崇新译,格致出版社、上海三联书店、上海人民出版社2011年版,第174页。

覆辙,拒绝公司实施政治捐赠行为将是理所当然的选择。

第四,允许公司政治捐赠将可能强化公司对国家的控制,削弱民众对政府的监督。在当代社会,公司力量已过于强大。人们生活的方方面面已受到大公司的重大影响,如再允许公司实施政治捐赠,必将使公司凭借其强大的经济实力将其经济上的影响力延展至政治领域。然而,公司政治捐赠的决策往往是由公司的管理层作出的,或者控制者按照资本多数决原则作出的。而公司管理层的产生,并非如政治程序上的"一人一票"的民主程序控制的,充其量只是一种资本控制,更严重的,是管理层的自我控制。无论如何,这种自我控制或资本控制的公司对政治的影响力的加强将削弱民众通过"一人一票"的选举制度对政府进行监督,不利于对政府权力滥用损害公众利益的防范与监督。

第五,尽管我国《公司法》第19条规定:"在公司中,根据中国共产党章程的规定,设立中国共产党的组织,开展党的活动,公司应当为党组织的活动提供必要条件。"这一规定似乎将公司与中国共产党这一我国执政党组织的活动联系起来了。然而,这一规定对公司来说只是一项义务,其所体现的是国家利益对公司利益的限制,这一条款的目标应在于保障党的组织与活动在公司内得到落实,而非为了公司通过党组织实行参政议政。公司内中国共产党党组织的设立与活动,应当依照"中国共产党章程的规定",而体现公司利益与意志的公司章程在公司内党组织的设立与活动方面并无任何发言权的立法规定,也充分体现了该规定是为了保障党的利益而非公司利益。而本书所言的"政治利益"乃是指公司通过自己的活动,追求对政府权力行使或政权的影响力,使其作出有利于自身或公司期望的政治决策,从而最终实现自身利益。因此,我国《公司法》第19条的规定并非准允我国公司追求政治利益之依据。

(三)公共利益对公司利益的限制

早在1877年,美国最高法院在芒恩诉伊利诺伊州案(Munn v.

Illinois)中即指出,当私有财产关系到公共利益时,就不仅仅是私有财产了。① 在当代,即便是私人财产,一般也被认为是具有公共性质的。② 公众在规制私人财产的使用方面具有着重大利益。③ 对于私人以其财产进行投资而产生的与诸多社会公众发生关联的公司,公众同样对其有重大利益关联。一些学者指出,今天,公司与其说是真正的私人机构,不如被视为具有公共义务的,在一定程度上以我们经常与政府相联系的方式负责任的公共机构。④ 在欧洲,对公司具有公共利益方面的责任已引起关注,并认为公司在公共利益方面的责任随着它的变大而增加。⑤

我国《民法典》第132条规定:"民事主体不得滥用民事权利损害国家利益、社会公共利益或者他人合法权益。"据此,作为民事主体的公司,在行使权利追求自身利益过程中,不得损害社会公共利益成为其行为的边界,社会公共利益构成了对公司利益的限制。

对于个体利益与公共利益之间发生冲突时,公共利益应当优先于个体利益得到保护,学者们已多有论述。例如,卢梭在《社会契约论》中即早已指出,个人利益应服从于公共利益,否则将会造成共同体的毁灭。⑥ 美国学者博登海默也认为,公共利益和个人利益并不是"位

---

① Hale 爵士语,转引自〔美〕泰德·纳杰:《美国黑帮:公司强权的扩张和民主制度的衰落》,汪德华、张延人译,中信出版社2006年版,第81页。

② See Robin Paul Malloy and Michael Diamod, *The Public Nature of Private Property*, Routledge, 2011.

③ See Michael Diamond, *Preface for* Robin Paul Malloy and Michael Diamod, *The Public Nature of Private Property*, Routledge, 2011, p. 1.

④ See D. Branson, "The Death of Contractarianism and the Vindication of Structure and Authority in Corporate Governance and Corporate Law," *Progressive Corporate Law*, Westview Press, 1995, p. 93.

⑤ See M. Kaye, "The Theoretical Basis of Modern Company Law," 235 *Journal of Business Law* 239 (1976), in Andrew Keay, *The Corporate Objective: Corporations, Globalisation and The Law*, Edward Elgar Publishing Limited, 2011, p. 4.

⑥ 参见〔法〕卢梭:《社会契约论》,何兆武译,商务印书馆2003年版,第24页。

于同一水平上的",公共利益优先于个人利益。① 而英国学者米尔斯除指出"共同体的每个成员所负有的一项义务就是使共同体的利益优先于他的自我利益,不论两者在什么时候发生冲突都一样"外,其进一步指出,社会责任并不要求人们放弃对个人自我利益的追求。但他们必须用与共同体利益相一致的方式去追求。② 公司作为社会共同体的成员,其在追求自身利益时,自然应当受到社会共同体的共同利益——社会公共利益的限制,而这种限制,通过米尔斯所称的两种体现共同体利益与个体利益不同关系的方式予以实现:一种是公司利益与作为共同体利益的公共利益一致的自我限制方式,另一种则是公共利益优先于公司利益的公共利益外在限制方式。

1. 信托模式下的公共利益融入公司利益的公司自我限制

公共利益对公司利益限制的第一种方式是一种信托模式下的自我限制,即通过公司董事履行信托义务时,将公共利益的要求纳入对公司利益的权衡与考量,从而使公共利益的要求得以融入公司利益。

犹如本书前文中所指出的,在信托模式下,公司利益的构成因子呈现出开放的结构,董事在履行其信托义务时,可以考虑公共利益的要求。③ 例如,美国法律研究院(American Law Institute,简称 ALI)在 1984 年通过的《公司治理的原则:分析与建议》第 2.01 条规定:"商业公司从事商业行为,应以提升公司利润与股东利得为目标。唯有下述情形之一者,则不问公司利润与股东利得是否因此提升:(a)应以自然人在同一程度内,受法律之约束而为行为;(b)得考虑一般认为系适当之伦理因素,以从事负责任之营业行为;(c)得为公共福祉、人道主义、

---

① 参见〔美〕E. 博登海默:《法理学:法律哲学与法律方法》,邓正来译,中国政法大学出版社 2004 年版,第 384—385 页,转引自彭礼堂:《公共利益论域中的知识产权限制》,知识产权出版社 2008 年版,第 120 页。
② 参见〔英〕A. J. M. 米尔思:《人的权利与人的多样性——人权哲学》,夏勇、张志铭译,中国大百科全书出版社 1995 年版,第 52 页。
③ 详见本书第三章之"二、公司利益的构成因子"之(一)1. "信托模式下的公司利益构成因子:开放的结构"部分。

教育与慈善之目的,捐献合理数目之公司资源。"[①]1985 年,在 Unocal Corp. v. Mesa Petroleum Co. 案中,特拉华州最高法院指出,在确定为防御所带来的威胁而采取的行动的合理性时,董事会可以考虑对股东之外的利益相关者,如债权人、顾客、雇员,或许还有整个社会的影响。[②] 2006 年英国《公司法》第 172 条规定,董事在以他善意地认为为了公司成员的整体权益而将最大可能地促进公司成功的方式行事时,可以考虑公司运作对社会和环境的冲突。[③] 而尽管德国 1965 年《公司法》正式通过时删除了其原草案中规定的"董事会应当'为公司雇员、股东以及一般公众的利益'管理公司"的条款,但人们在立法讨论时看法是一致的,即董事会今后在领导企业时也须顾及公共利益、股东利益以及股份有限公司员工利益这三个因素,但立法规定这一点则是多余的,因为它是不言而喻的。顾及公共利益的义务可以从第 396 条以及其他条款中推导得出。而顾及员工利益的义务则在一个社会福利的法治国家无须特别强调,并且可以从众多的也适用于股份有限公司的劳动法律中推导得出。[④] 奥地利《股份公司法》第 70 条规定董事会须为"企业利益"行事,考虑股东、职工和公共福祉。[⑤]

公司董事在履行信托责任时对公共利益予以考量,使公共利益的要求得以通过信托模式而融入公司利益并使公司利益与公共利益相一致,这是一种自觉地将公共利益融入公司利益的公司实施的自我限制与约束,是

[①] 许传玺主编:《公司治理原则:分析与建议》(上卷),楼建波、陈炜恒、朱征夫、李骐译,法律出版社 2006 年版,第 88 页。

[②] 参见 Unocal Corp. v. Mesa Petroleum Co. ,493 A. 2d 946(1985),转引自李建伟:《公司制度、公司治理与公司管理——法律在公司管理中的地位与作用》,人民法院出版社 2005 年版,第 107 页。

[③] 参见葛伟军译:《英国 2006 年公司法》,法律出版社 2008 年版,第 105 页。

[④] 参见法律委员会报告和政府法案,见 Kropff (Hrsg), AktG, 1965, S. 97 f,转引自〔德〕格茨·怀克、〔德〕克里斯蒂娜·温德比西勒:《德国公司法(第 21 版)》,殷盛译,法律出版社 2010 年版,第 480 页。

[⑤] 参见朱羿锟:《公司控制权配置论——制度与效率分析》,经济管理出版社 2001 年版,第 329 页。

以米尔斯所称的"用与共同体利益相一致"的方式去追求公司利益。

2. 公共利益对公司利益的外部限制

第二种方式则是当公司不能通过使公共利益融入公司利益而自觉遵从公共利益对其利益的限制时,通过公共利益的要求外在地为公司追求利益的行为划定边界,当公司利益与公共利益发生冲突时,要求公司利益服从公共利益的外在要求,使之实现米尔斯所称的共同体利益优先于个体利益,否则,即令其承担相应的法律责任,这种外在的限制方式也有利于促进公司通过第一种方式将公共利益融入公司利益而转化为公司自觉的行为。

从公司法的规定来看,在公司设立与运营阶段,均体现了公司利益不得背离/应当服从公共利益的要求,否则,公司即可能因此承担不利的法律后果。

在公司设立阶段,公司设立目的不得违反社会公共利益。否则,在诸多建立公司设立无效制度的国家,均将此作为公司设立无效的原因。①

公司成立后,在公司经营过程中,其在追求自身利益实施经营活动的过程中也不得违背社会公共利益。否则,公司可能会被国家有关机关依法撤销或解散。例如,根据英国1986年《破产法》第124条(A),国家商业、革新和技术部大臣可基于公共利益对公司提起清算申请。② 根据1985年《公司法》第438条,国家商业、革新和技术部大臣被授权为公共利益,以公司名义提起诉讼。不过,这仅仅只能在通过根据该法第431条指定的稽查员进行了调查而取得的报告基础上进行。③ 此外,根据德国1965年公司法,于公司因违反公共利益却不

---

① 参见王保树:《经济体制转变中的公司法面临的转变——〈公司法〉修改中值得注意的几个问题》,载王保树主编:《商事法论集》(第5卷),法律出版社2000年版,第15页。参见张沁、罗根达、张明亮:《历年〈公司法〉的修改意见总汇》,载顾功耘主编:《公司法律评论》(2004年卷),上海人民出版社2005年版,第85—86页。

② See Andrew Keay, *The Corporate Objective: Corporations, Globalisation and The Law*, Edward Elgar Publishing Limited, 2011, p.18, p.249.

③ Ibid, p.18, p.251.

解雇公司管理者的情形,国家可以勒令公司解散。① 我国《公司法》第213条也将利用公司名义从事危害社会公共利益的严重违法行为列为吊销公司营业执照的行为之一,并进而导致其进入解散清算。

(四)公司不得享有对自身的控制性利益:以控制权转让溢价的取得主体为例分析

对公司利益客体范围的另一个限制是公司不得享有对自身的控制性利益。"当公司日益摆脱人的控制,并拥有自主性的组织权力后,公众利益和公司利益的鸿沟就越来越大,这就好像外星人入侵地球并把地球变成其殖民地一样,他们把我们变成奴隶,并最大程度地排挤我们。"②在公司法上,不允许公司实施自我控制是一种基本要求,正因如此,即便当公司合法持有自己股份时(例如,公司通过回购自己股份而持有自身股份),各国一般均规定公司不得行使其持有的该股份的表决权③,此即为防止公司的自我控制。公司既然不得自我控制,当然不得享有基于此控制而产生的控制性利益。

自1889年美国新泽西州首率先承认作为法人的公司可以持有股份以来④,公司持有其他公司股份已成为一种普遍现象,股东大会资本多数决的表决规则也使得在公司中拥有多数股份的股东得以控制其他公司,由此,当股东行使其控制权时,也享有着该控制权所带来的相

---

① 参见 Alfred F. Conrad,"Corporate Constituencies in Western Europe," 21 *Stetson Law Review* 73,79 – 80(1991),转引自王文钦:《公司治理结构之研究》,中国人民大学出版社2005年版,第119页。

② David C. Korten, *when Corporations Rule theWorld edl*,74,载[美]泰德·纳杰:《美国黑帮:公司强权的扩张和民主制度的衰落》,汪德华、张延人译,中信出版社2006年版,第1页。

③ 例如,根据我国台湾地区"公司法"第179条之(一),公司依法持有自己之股份,其股份无表决权。此外,根据《韩国商法》第369条第2款规定,公司持有的自己股份,无表决权。

④ 参见[日]奥村宏:《股份制向何处去——法人资本主义的命运》,张承耀译,中国计划出版社1996年版,第60页。

应利益。当控制股东向第三人出售其控制股份时,由于他所出售的不仅是该股份所代表的财产利益。对公司控制股份的出售还涉及公司控制权的转移。控制股东在出售其控制股份时通常获得比非控制股东更高的价格,这种溢价通常被称为"控制溢价"。① 由此,在公司法理论上,产生一个争论,"控制溢价"是否应当由全体股东分享?

主张"控制溢价"应当由公司全体股东分享者认为,控制权是一种"公司资产",因此,额外收益必须归入公司财产当中。② 此外,还有"出售公司职位理论"认为,控制溢价是为公司某一职位的出售而不是为股份出售所支付的对价。公司职位是属于公司的财产,因此,控制股东不能直接或间接地将其据为己有。如果控制股东从出售其职位的行为中获利,则这些利益应该归股东共同所有。③ Jennings 教授和 Andrews 教授则提出"同等机会"理论以支持溢价分享理论,认为应该授权小股东与控股股东同等的转让条件。④ 在 Perlman v. Feldmann 一案中,上诉法院即认为,出售控制权时,控制股东有义务与其他股东⑤

---

① 参见曹富国:《少数股东保护与公司治理》,社会科学文献出版社 2006 年版,第 259 页。

② 参见 Adolph A. Berle and Gardiner C. Means, *The Modern Corporation and Private Property*(1932);Berle, *The Price of Power: Sale of Corporate Control*, 50 Cornell Law Review 628 (1965);Berle, "Control" in Corporate Law, 58 Column Law Review 1212(1958),转引自〔美〕弗兰克·伊斯特布鲁克、〔美〕丹尼尔·费希尔:《公司法的经济结构》,张建伟、罗培新译,北京大学出版社 2005 年版,第 141 页。

③ 参见 Porter V. Healy, 244 Pa. 427, 435, 91 A. 428, 431 – 432(1914). See also F. Hodge O'neal and Robert B. Thompson, *O'neal's Close Corporations Law and Practice*, 3rd ed. 1986, at §4.04,转引自曹富国:《少数股东保护与公司治理》,社会科学文献出版社 2006 年版,第 260 页。

④ 参见 William D. Andrews, *The Stockholders Right to Equal Opportunity in the Sale of Share*, 78 Harv. L. Rev. 505(1965);Richard W. Jennings, Trading in Corporate Control, 44 Calif. L. Rev. 1(1956),转引自〔美〕弗兰克·伊斯特布鲁克、〔美〕丹尼尔·费希尔:《公司法的经济结构》,张建伟、罗培新译,北京大学出版社 2005 年版,第 141 页。

⑤ 其他股东是指控制股东转让其控股权时公司中未出售股份的其他股东,其理由是现在控制公司的人(他们向前控制股东支付控制溢价从而成为现在的控制股东)不应该分享该金额,参见〔美〕罗伯特·W. 汉密尔顿:《美国公司法(第 5 版)》,齐东祥等译,法律出版社 2008 年版,第 416 页。

分享好处并要求控制股东承担合理价格的举证责任。①

而反对"控制溢价"由全体股东分享者则认为,控制权交易是有好处的,它可以带来新的要约、新的计划以及从新的商业关系中获益,并能够带来减少代理成本的新工作规划。如果实行利益分享的话,将会扼杀股权交易而不是使得小股东致富。如果溢价收入必须归入公司财产中,那些掌握控股权的股东将会拒绝出售其股权;如果小股东与控股股东享有同等的转让权,购买权人将不得不购买超出其需要的股权,这将会导致交易无利可图(或者一个统一的低价,这样的话,股东又会拒绝出售股权)。总之,小股东无论在何种规则下都不可能获益,因为管理水平提高的可能性降低了。② 经验性的证据表明,至少在公众控股公司中,为获取公司控制权而支付溢价通常并非为了盘剥非控股股东。即便在某些情况下对控股溢价的来源存在不确定性,要求分享溢价的做法并非一种限制盘剥非控股股东的上选之道。而且,在典型的情况下,打算分解溢价中依据能效增加而支付的对价部分和基于盘剥考虑的部分,这几乎是不现实的。防止控股股东自我交易的主要法律保障是诚信义务。如果对溢价的解释是由于控制权转移而产生的股价收益,结论仍然一样。尽管少数股东并不分享反映为控股溢价的收益部分,但是他们将分享到因为控制权的转移而导致交易完成后公司价值增加所带来的收益。而且,新的控股股东的诚信义务也提供了法律保障,以防止将少数股东排除在交易完成后公司整体价值增值所带来的收益之外。③

在笔者看来,正如美国法律研究院所指出的,是否允许其他股东

---

① 参见张宪初:《控制股东在公司并购中的诚信义务:理论与实践的借鉴和比较》,载顾功耘主编:《公司法律评论》(2004年卷),上海人民出版社2005年版,第239页。
② 参见〔美〕弗兰克·伊斯特布鲁克、〔美〕丹尼尔·费希尔:《公司法的经济结构》,张建伟、罗培新译,北京大学出版社2005年版,第141—142页。
③ 参见许传玺主编:《公司治理原则:分析与建议》(上卷),楼建波、陈炜恒、朱征夫、李骐译,法律出版社2006年版,第435—436页。

分享控制权溢价的争论,其根源在于对溢价的解释。① 无论对溢价来源作何解释,是因为控制权是公司的资产也罢,还是公司职位是公司的资产也罢,乃至于认为此种溢价是基于盘剥小股东的机会而支付的,如果认为此种控制权转让的溢价应当归属于公司,则意味着承认此种控制/职位/盘剥小股东的机会是属于公司的,进而应当由控制权转让时的全体股东共享。上述结论意味着承认公司自我控制的合法,因为:公司控制权属于公司,当然意味着公司自我控制;公司的职位属于公司,意味着公司能够自己任免相关职位的人员从而实现自我控制;而如果盘剥小股东的机会属于公司的话,由于这一行为是通过公司行为进行的,这同样也意味着公司得享有控制自己的行为而使小股东利益受损。

因此,只要认同公司不得自我控制的规则,就应当确认,公司不得享有由此控制而产生的控制性利益,进而,控制权转让的溢价不应由该转让发生时的全体股东分享(由全体股东分享控制权溢价不过是对公司所取得的控制权溢价进行的财产分配罢了)而只能由转让该股权的控制股东获得。反过来,各国在控制权溢价是否允许分享的态度上也印证了公司不得享有对自己的控制性利益这一结论。实际上,尽管美国曾经出现过支持分享控制权转让溢价的 Perlman v. Feldmann 案,但是,该案判决受到了法律文献的诸多批评②,之后的判例也没有遵循这一先例。③ 目前,美国公司法和其他国家公司法一样,都不认为以溢价出售控制股份的行为自身违法。美国法院并未采纳概括性的机会平等原则,也就没有赋予非控制股东以不低于控制股东所获利益的条

---

① 参见许传玺主编:《公司治理原则:分析与建议》(上卷),楼建波、陈炜恒、朱征夫、李骐译,法律出版社 2006 年版,第 435—436 页。
② 参见张舫:《公司收购法律制度研究》,法律出版社 1998 年版,第 142—143 页。
③ 参见 e. g. ,Delano v. Kitch,663 F. 2d 990(10th Cir. 1981);Essex Universal Corp. V. Yates,305 F. 2d 572(2d Cir. 1962);Honigman v. Green Giant Co. ,309 F. 2d 667 (8th Cir. 1962);Thompson V. Hambrick,508 S. W. 2d 949 (Tex. Civ. App. 1974),转引自曹富国:《少数股东保护与公司治理》,社会科学文献出版社 2006 年版,第 261 页。

件退出公司。① 只要自我交易得以有效规制,即允许溢价卖出股份,并且,由于美国的上述规则是从普通信义义务中发展而来的,它们不仅适用于闭锁性公司的控制权交易,也适用于公众公司的控制权交易。②

---

① 参见〔美〕莱纳·克拉克曼、〔英〕保罗·戴维斯、〔美〕亨利·汉斯曼等:《公司法剖析:比较与功能的视角》,刘俊海、徐海燕等译,北京大学出版社2007年版,第223—224页,第六章"公司重大行为",本章作者为〔美〕爱德华·洛克、〔日〕神日秀树、〔美〕莱纳·克拉克曼。

② See Paul Davies and Klaus Hopt, *Control Transactions*, in Reinier Kraakman, John Armour, Paul Davies, Luca Enriques, Henry Hansmann, Gerard Hertig, Klaus Hopt, Hideki Kanda and Edward Rock, *The Anatomy of Corporate Law: A Comparative and Functional Approach* (Second Edition), Oxford University Press, 2009, pp. 257–258.

第五章

公司利益的识别

公司作为商事组织,通过经营活动实现"公司利益"是其中心活动,公司的一切行为也以符合与实现公司利益为依归。公司决策中包含着对决策后果合公司利益性的判断。公司的活动,离不开对公司利益的识别。

对公司利益的识别,是指对公司可能、正在或者已经通过实施特定行为所追求的利益是否符合"公司利益"的要求,即对该利益是否对公司有用/有益进行的判断。

一、公司利益识别的分类与功能

利益在不同的语境下有多种含义①,它可能指的是"利益关系",即利益客体与利益主体之间所形成的,利益客体对利益主体需要满足或曰具有有用性/有益性的关系。而作为利益

---

① 详见本书第一章之四(一)"利益与公司利益"部分。

关系的客体的"利益",则是主体所欲求的东西。利益表现为对人的有益性。[1] 特定利益关系的客体(某种特定利益)是否对主体具有有用性/有益性的判断即为利益识别。

(一)公司利益识别的分类:以识别主体与时间为标准

1. 公司利益的自我识别与司法识别:以识别主体为分类标准

有德国学者指出,利益表现为某个特定的(精神或者物质)客体对主体具有意义,并且为主体自己或者其他评价者直接认为、合理地假定或者承认对有关主体的存在有价值(有用、必要、值得追求)。[2] 这一论断中所称的"认为、合理地假定或者承认"客体对有关主体的存在有价值(有用、必要、值得追求)的过程即为利益识别过程。而其所提及的主体自己所进行的上述识别过程则为利益自我识别。同样,"其他评价者"亦可进行这样的识别,这里的其他识别者主要是司法机关(当然,也可能是仲裁机构)等机构,其中,司法机关是最主要的利益主体外的利益识别机构,由司法机关进行的识别则为利益的司法识别。

个人是自身利益的最佳法官。"每个人根据他自己所处的环境,比之别人能更好地判断什么对他有利和有用。"[3]对特定利益是否对公司有益/有用的判断,在正常(非争议)情形下,理应、也只有公司能更好地作出这一价值判断。当由公司进行这一判断时,公司自身实施的这一判断即为对公司利益的自我识别。

然而,当对公司所实施的某一行为究竟是否符合公司利益发生争议而产生诉讼时,司法机关无可避免地需对该行为所追求的利益是否

---

[1] 参见〔美〕艾伯特·奥·赫希曼:《欲望与利益——资本主义走向胜利前的政治争论》,李新华、朱进东译,上海文艺出版社2003年版,转引自郝云:《利益理论比较研究》,复旦大学出版社2007年版,第51页。

[2] 参见〔德〕汉斯·J. 沃尔夫、〔德〕奥托·巴霍夫、〔德〕罗尔夫·施托贝尔:《行政法(第一卷)》,高家伟译,商务印书馆2002年版,第324页。

[3] 〔英〕约·雷·麦克库洛赫:《政治经济学原理》,郭家麟译,商务印书馆1975年版,第75—76页,转引自郝云:《利益理论比较研究》,复旦大学出版社2007年版,第275页。

对公司有用/有益进行判断,由司法机关所实施的该项判断过程即为公司利益的司法识别。

2. 公司利益的事前、事中与事后识别:以识别时间为分类标准

(1)公司决策中包含着对公司利益的自我识别

公司的组织行为包括组织决策和组织活动两大类。"任何组织活动归根到底都是组织决策的结果……'活动'是组织将决策付诸实施的行为。"①在重大问题上,在对外从事行为之前,必须先在内部形成社团的意思。② 因此,公司的组织决策是公司行为的核心与基础。

当公司作出一项决定实施特定行为的决策时,由于公司的行为应是以符合公司利益为目标的,即使其并未言明,也应认为在公司的这一决定实施某一行为的决策中隐含了实施这一行为所追求的利益符合公司利益的内容,从而,公司决策中必然包含对特定行为合公司利益性的自我识别。

(2)对公司经营行为决策中的利益识别——事中识别

公司法上的各种制度,莫不是围绕保障公司经营高效、顺利进行,防止经营过程中的败德行为,最终实现公司利益进行设计的。公司的经营活动是公司运营中最主要的活动。

行为应当是一种有意识的活动,完整的公司经营行为包括就实施该行为作出决策,以及就公司的决策对外表达与实施。公司所实施的一切经营行为应以决定实施该行为的经营决策这一公司意思为前提,而经营决策中也必然包含着对这一行为是否符合公司利益的识别。③从而,对公司经营行为合公司利益性的识别即为就该行为在决策的意

---

① 李伟阳、肖红军:《ISO26000 的逻辑:社会责任国际标准深层解读》,经济管理出版社 2011 年版,第 79 页。
② 参见〔德〕迪特尔·梅迪库斯:《德国民法总论》,邵建东译,法律出版社 2001 年版,第 841 页。
③ 公司利益关系的客体为某种特定利益,对公司行为是否符合公司利益的要求进行判断,实质上是对该行为所追求或实现的利益是否与公司利益的要求相符,即是否对公司有益、有用进行判断。

思形成过程中所进行的对公司利益的自我识别。公司经营行为决策中的利益识别是公司利益识别中最重要、最核心的环节,由于它是在(经营)行为进行中所进行的识别,本书称其为公司利益的"事中识别"。

(3)对可能发生行为的利益识别——事前识别

为促进公司高效经营与防止经营中的败德行为,公司也可能决定授权或者禁止实施某类可能发生的行为,这是在特定经营行为发生前即对其是否符合公司利益进行的预判,故称其为"事前识别"。

(4)对行为发生后的识别——事后识别

由于公司中存在诸多机关可能形成公司意思,这些机关对特定行为是否符合公司利益的判断可能并不一致。在公司实施特定行为之后,不同的利益相关人之间可能就该行为究竟是否符合公司利益发生争议,此时,可能需要再次对该行为的合公司利益性进行判断,此即为公司利益的"事后识别"。

公司利益的事后识别可能由公司自身进行,即进行自我识别。

公司利益的事后识别也可能由司法机关进行,即进行司法识别。由于司法救济是一种事后救济,因此,司法识别也只能是一种事后识别。

3. 公司利益的一般识别与特别识别

在公司利益的识别过程中,如果识别组织成员与识别事项存在特别的利益或关联关系,由于其自身利益的存在,很难保证该成员在识别过程中能够公正地履行职责与行使权利,进而难以保障识别结果的客观性与公正性。因此,当通常情形的识别组织成员与识别事项存在特定利益或关联关系而可能影响识别结果的公正性时,有必要对识别机关和识别程序予以特别安排,以排除此种利益或关联关系对识别结果公正性可能产生的不利影响。在公司法上,此种存在特别的关联或利益关系往往表现为公司的控股股东或董事(监事)就识别事项上存在着利益冲突的情形。从而,根据是否存在着上述利益冲突情形,公司利益的识别可以分为一般识别与特别识别。

公司利益的一般识别,是指在控制股东或董事(监事)就识别事项不存在利益冲突情形下,就公司特定行为(所追求的利益)是否符合公司利益进行的识别。

公司利益的特别识别,是指在控制股东或董事(监事)就识别事项可能存在利益冲突情形下,为保障识别结果的公正性,由特定识别机关依照特定程序就该公司特定行为(所追求的利益)是否符合公司利益进行的识别。

(二)公司利益识别的功能

1. 公司利益自我识别的意思形成功能

公司利益的自我识别是公司对实施特定行为所追求或实现的利益是否符合公司利益的判断,显然,此种判断是一种公司意思。公司的行为以实现"公司利益"为目标,当公司授权/决定/追认公司实施特定行为,其授权、决定、追认公司实施此种行为的意思中即已内含了此种行为所追求的利益符合公司利益的意思,此种授权、决定、追认行为分别构成公司利益自我识别中的事前、事中与事后识别。

任何公司决策,欲对外产生预定的法律效果,必须经过意思形成和意思表示两个完整阶段。某些行为若仅有意思形成阶段,而无意思表示阶段,这些行为因未对外表达,仅能约束公司内部人,外部第三人一般不能因知晓这一公司意思而直接诉求公司履行。① 公司利益识别所包含的特定行为是否符合公司利益的意思是一种公司内部意思,公司利益自我识别过程也就是公司意思形成过程,从而,公司利益识别具有公司意思形成功能,此种功能的后果表现在以下方面:

---

① 参见蒋大兴:《公司法的观念与解释Ⅱ:裁判思维 & 解释伦理》,法律出版社 2009 年版,第 166—167 页。

（1）当公司通过从事具体行为所进行的意思表示与内部意思（即授权、决定、追认的行为）一致时，即为公司意思表示与内部意思一致的行为（公司意思表示真实），如符合民事行为有效的其他要件，公司所实施的民事行为有效；

（2）当公司通过从事具体行为所进行的意思表示与内部意思（即授权、决定、追认的行为）不一致时，即缺乏其所从事行为的公司内部意思时，此种行为则并不当然有效。例如，我国《民法典》第504条规定："法人的法定代表人或者非法人组织的负责人超越权限订立的合同，除相对人知道或者应当知道其超越权限外，该代表行为有效，订立的合同对法人或者非法人组织发生效力。"第172条规定："行为人没有代理权、超越代理权或者代理权终止后，仍然实施代理行为，相对人有理由相信行为人有代理权的，代理行为有效。"这些超越代表权/代理权所实施的行为，正是缺乏公司同意实施该行为的事前授权或事中批准，方才不能确定地有效。只是为了维护善意第三人的利益，方才有条件地承认有关行为的效力。

2. 公司利益识别的责任归属确定功能

公司的经营活动是以实现"公司利益"为目标的，当某一行为经识别（无论是自我识别还是司法识别）符合公司利益时[①]，获取利益者应承担相应的责任，由公司承担该行为的法律责任当属必然，此即公司利益识别的责任归属确定功能。

公司利益识别的责任归属确定功能具体表现在以下方面：

（1）免责功能。当公司与特定内部人（例如公司董事、控制股东）

---

① 本书所指的公司利益，不包括不法/非法利益。《民法典》第122条规定："因他人没有法律根据，取得不当利益，受损失的人有权请求其返还不当利益。"因此，从逻辑上看，公司利益可分为没有合法根据而取得的不当利益，以及具有合法根据而取得的正当利益。《公司法》第5条规定："公司从事经营活动，必须遵守法律、行政法规，遵守社会公德、商业道德，诚实守信，接受政府和社会公众的监督，承担社会责任。公司的合法权益受法律保护，不受侵犯。"因此，受到法律保护的，公司所能追求的只能是合法权益（权利与利益）。

就其是否损害公司利益而应承担责任发生争议时,当该主体所实施的行为被识别符合公司利益时,则相关主体无需承担损害公司利益的法律责任。

例如,2006年英国《公司法》第263条的部分规定如下:

(2)如果法院确信有下列情况之一,它应当拒绝股东代表诉讼的继续进行:

(a)根据第172条规定(促进公司成功的义务)行事的人将不会要求继续进行诉讼;

(b)若诉因是将要发生的行为或懈怠,该行为或懈怠已经被公司授权;

(c)若诉因是已经发生的行为或懈怠,该行为或懈怠——(i)在发生前已经被公司所授权,或(ii)在发生后被公司批准;①

前述股东代表诉讼为追究相关行为人责任的诉讼,法院拒绝该诉讼的继续进行意味着事实上免除了该行为人的责任。根据该规定,当根据第172条规定(促进公司成功的义务)行事的人将不会要求继续诉讼或成为案件诉因的行为或懈怠被公司所授权或批准时,法院必须拒绝股东代表诉讼继续进行。因为在前者,诉讼将不会符合公司的最佳利益;而在后者,一旦公司授权或批准了该行为或授权,那么诉因将不再存在。② 该(2)(a)中的"根据第172条(促进公司成功的义务)行事的人将不会要求继续进行诉讼"即为独立机构作出的继续派生诉讼不符合公司利益的事中利益识别。(2)(c)中对将要发生的行为或者

---

① 转引自李小宁:《公司法视角下的股东代表诉讼——对英国、美国、德国和中国的比较研究》,法律出版社2009年版,第83页。

② 参见Law Commission Report 246 (1997),paras. 6.84 – 6.86,转引自李小宁:《公司法视角下的股东代表诉讼——对英国、美国、德国和中国的比较研究》,法律出版社2009年版,第84页。

发生前所进行的"授权",即为对这一行为是否符合公司利益的"事前识别",而对已经发生行为"在发生后被公司批准"(即本书中所称之"追认")则为对该行为是否符合公司利益的"事后识别"。英国《公司法》第 263 条的规定充分地体现了公司利益事前、事中以及事后识别的分类,以及公司利益识别的免责功能。

(2)归责功能。当以公司名义与第三人实施的特定行为,公司与第三人就该行为的责任归属发生争议时,如经公司自我识别该行为符合公司利益(例如,公司通过事前授权实施该行为的方式,或者事中批准该行为的方式,或事后追认该行为的方式进行识别),该行为的责任应由公司承担。公司利益识别的归责功能还体现在我国《最高人民法院关于适用〈中华人民共和国公司法〉若干问题的规定(三)》(以下简称《公司法解释(三)》)第 3 条规定中,该条规定"发起人以设立中公司名义对外签订合同,公司成立后合同相对人请求公司承担合同责任的,人民法院应予支持。""公司成立后有证据证明发起人利用设立中公司的名义为自己的利益与相对人签订合同,公司以此为由主张不承担合同责任的,人民法院应予支持,但相对人为善意的除外。"显然,根据该条,当经识别(包括自我识别与司法识别)该行为符合公司利益时,自然不属"发起人利用设立中公司名义为自己利益订立合同",公司应承担该合同责任。

由于公司利益的事后识别机制中即已包含了公司利益的司法识别机制,而且,公司利益的事中识别是公司利益识别的最为重要与核心的环节,公司利益的事前与事后识别机制与事中识别机制存在着极大的关联。因此,本书将循着公司利益的事中、事前、事后识别机制的顺序,研讨各种识别机制中的相关问题与我国相关机制度的完善。

二、公司利益的事中识别

公司利益的事中识别是对在(经营)行为进行中,就该行为在决策的意思形成过程中所进行的对公司利益的自我识别。

(一)识别组织

公司利益的事中识别,是在公司经营决策过程中内含的对有关行为合公司利益性的识别。因此,其识别组织即为有权代表公司作出经营决策意思者,具体而言,包括:

1. 公司经营决策机关

(1)股东会。公司经营中的重大事项,诸如公司合并、分立、增加或者减少注册资本等,往往都由公司股东大会进行决策。此外,还有一些其他特定经营事项也可能由股东大会决议,例如,根据我国《公司法》第16条:"公司为公司股东或者实际控制人提供担保的,必须经股东会或者股东大会决议。"

(2)董事会。在公司正常经营过程中,无论在英美、德国还是日本式的公司治理体制中,一般而言,有关公司一般经营事项的决策机关为公司董事会。董事会是由董事组成的行使决策权和管理权的公司机构[1],是公司事务执行(经营)的意思决定机关[2]。"董事会也可以形成公司意思,即就有关经营决策形成公司的意志。"[3]"公司董事会并

---

[1] 参见赵旭东主编:《公司法学》,高等教育出版社2003年版,第330页。
[2] 参见梅慎实:《现代公司法人治理结构规范运作论》,中国法制出版社2001年版,第465页。另可参见〔韩〕李哲松:《韩国公司法》,吴日焕译,中国政法大学出版社2000年版,第447页;〔韩〕郑灿亨:《韩国公司法》,崔文玉译,上海大学出版社2011年版,第243页,第298—299页。
[3] 孔祥俊:《公司法要论》,人民法院出版社1997年版,第167页。

非单纯的业务执行机关,它还享有公司经营事务的决策权。股东会只就公司经营中的特定事务作出决策,除此以外的公司经营事务的决策权均由董事会拥有和行使。"①

股东会和董事会决策事项的划分,除法律可能对之作出规定外,公司章程亦可在一定的范围内对之予以规定。"允许公司在合理范围内通过章程对自己的组织结构进行设置和职权的配置,是国外公司立法的普遍做法。"②股东会的职权能否授权行使应在坚持一般性原则的基础上引入个案分析的方法予以解决。③ 在德国,章程可以将股东的大部分权利转移给经理或监事会、管理委员会。不允许通过章程进行变更的仅仅是对章程修改的权利和少数股东的法定权限。④ 根据我国《公司法》第46条第11项规定,董事会有权行使公司章程规定的其他职权,根据该法第108条第4款规定,第46条关于有限责任公司董事会职权的规定,亦适用于股份有限公司董事会。可见,我国《公司法》明确允许公司章程对股东会、董事会与总经理之间的决策权限予以合理划分,酌情增减。公司章程可以将股东会的部分决策权移交给董事会。⑤

2. 公司代表人

在各国公司法上,公司代表人也可能在其权限范围内作出决定并对外进行意思表示。

(1)在一些实行共同代表制的立法例下,公司代表通常为公司董

---

① 冯果:《公司法要论》,武汉大学出版社2003年版,第109页。王保树、崔勤之:《中国公司法原理》(最新修订第三版),社会科学文献出版社2006年版,第114页。
② 沈贵明:《公司法学》,法律出版社2002年版,第221页。
③ 参见赵旭东主编:《公司法学》,高等教育出版社2003年版,第47页。参见蒋大兴:《公司法的展开与评判:方法·判例·制度》,法律出版社2001年版,第298—303页。
④ 参见〔德〕托马斯·莱塞尔、〔德〕吕迪格·法伊尔:《德国资合公司法(第3版)》,高旭军、单晓光、刘晓海、方晓敏等译,法律出版社2005年版,第524页。
⑤ 参见刘俊海:《公司法学》,北京大学出版社2008年版,第222页。参见刘俊海:《新公司法的制度创新:立法争点与解释难点》,法律出版社2006年版,第367页。

事会。例如,在德国,除公司章程有相反规定,董事会成员应共同对第三人进行意思表示(积极代表)。《德国股份法》第 78 条规定"董事会在诉讼上和诉讼外代表公司。""董事会由数人组成的,在章程无其他规定时,董事会的全体成员只有权以共同的方式代表公司。应向公司进行意思表示的,向董事会成员中的一人进行表示即可。"① 可见,在德国,积极代表(对外作出意思表示)采共同代表制。② 在美国,《特拉华州普通商业公司法》第 141(a)条及《1984 年示范公司法》第 8.01(b)条规定,"公司的一切权力应当由董事会行使或者在董事会的授权下行使,公司的业务和事务应当依照董事会的指导进行管理"且受到公司章程中所有限制的约束。③ 同样,在英国,法庭不认为单个董事有代表公司签约的通常权限,人们认为董事通过董事会议履行他们的义务,那是集体的行为,因此,虽然董事会有很广泛的管理权力,但这些没有扩展到董事会成员个人身上。④ 当由董事会作为公司代表机关时,代表机关作出的意思自然也就是董事会作出的意思,此与前述公司机关形成公司意思并无二致。

(2)一些实行单独代表制或者法定代表制的立法例中,作为公司代表的个人也可能独自形成约束公司的意思。当然,在这些立法例中,该代表董事同样也被认为系公司机关,只是这一公司机关仅由一人构成而已。例如,在法国,董事长兼有"管理权限"(作出决定)以及

---

① 杜景林、卢谌译:《德国股份法·德国有限责任公司法·德国公司改组法·德国参与决定法》,中国政法大学出版社 2000 年版,第 35 页。

② 在德国,根据其《股份法》第 78 条,应向公司进行意思表示的,向董事会成员中的一人表示即可。可见,就消极代表(接受他人作出的意思表示)而言,任一董事均可代表公司,德国采单独代表制。参见〔德〕格茨·怀克、〔德〕克里斯蒂娜·温德比西勒:《德国公司法(第 21 版)》,殷盛译,法律出版社 2010 年版,第 478 页。

③ 参见〔美〕罗伯特·W. 汉密尔顿:《美国公司法(第 5 版)》,齐东祥等译,法律出版社 2008 年版,第 176 页。

④ 参见〔英〕保罗·戴维斯:《英国公司法精要》,樊云慧译,法律出版社 2007 年版,第 47—48 页。

对第三人执行(公司)决定的权利(代表公司的权利)。① 此时,其作出的决定也是一种意思形成。在韩国,代表董事对外拥有有关公司营业的决定上、决定外的所有行为代表公司的权限(《韩国商法》第 389 条第 3 款,第 209 条第 1 款)。② 代表董事可以进行有关日常事项的业务执行的意思决定③,在一定的情况下,其不仅可以做出业务执行本身的行为,而且还拥有与此相关的意思决定权④。代表董事(即使是数人)以自己的独断进行意思决定,其公正性由各自的法律责任来担保。⑤

需指出的是,在公司经营中,公司代理人也可能在其代理权范围内作出有关决定,这种代理权的取得,既可能是基于法律规定⑥,也可能是基于公司的授予,就公司授予其代理权而言,无论是董事会决定授权及其范围,还是公司代表人在其职权范围内决定这一事宜,涉及的其实是对公司机关或公司代表人就该授权及权限范围内实施的行为是否符合公司利益的识别。而表见代理情形下解决的只是基于对第三人利益考量的后果归属问题,其与利益识别并无关联。因此,尽管公司代理人也可能会作出公司经营决策,但其在代理权限范围内所作决定所涉之利益已经过董事会或代表人进行了利益识别,从而并无对之予以单独考量的意义。

当公司经营决策机关(股东会或董事会)或代表人在其权限范围内作出实施特定行为的决定时,此种决定即内含着该行为符合公司利益的识别意思。

---

① 参见〔法〕伊夫·居荣:《法国商法(第 1 卷)》,罗结珍、赵海峰译,法律出版社 2004 年版,第 287 页。
② 参见〔韩〕郑燦亨:《韩国公司法》,崔文玉译,上海大学出版社 2011 年版,第 243 页。
③ 参见〔韩〕李哲松:《韩国公司法》,吴日焕译,中国政法大学出版社 2000 年版,第 458 页。
④ 参见〔韩〕郑燦亨:《韩国公司法》,崔文玉译,上海大学出版社 2011 年版,第 307 页。
⑤ 参见〔韩〕李哲松:《韩国公司法》,吴日焕译,中国政法大学出版社 2000 年版,第 338 页。
⑥ 例如,我国《公司法》第 49 条规定经理具有主持生产经营管理工作的职权,因此,与该事项有关的事宜可被认为属于经理依据法律规定取得的代理权限范围。

(二) 识别程序

公司利益事中自我识别,主要是由股东会/董事会以及实行单独代表制的代表董事进行。董事在此识别过程中,拥有高度的自由裁量权。而股东,也可能因控股权的存在而对决策产生巨大的影响与决定能力。"一切有权力的人都容易滥用权力,这是万古不易的一条经验。有权力的人们使用权力一直遇到有界限的地方才休止。"[1]"程序是一种角色分配的体系。程序参加者在角色就位之后,各司其职,互相之间既配合又牵制,恣意的余地自然受到压缩。"[2]良好的法律不是给出一个终极的价值判断标志,而是确定一个防止不良结果出现的程序。[3] 正如学者所言:"可以通过正义程序及其运行的过程来定义公平。"[4]"理想化的程序是正义论的一部分。"[5]因此,良好的程序是实现正义的保证,需要通过程序对公司利益判断/识别予以控制,为公司利益判断者权力行使划定一条边界,防止其滥用权力而损害公司利益。作为公司利益自我识别机制的表决机制,其主要作用"与多数民主政府的功能是类似的,给予选民一定程度的保护,以使其利益免受当权者粗暴的侵害。"[6]

由股东会、董事会进行的识别,自需遵守其形成意思的程序——股东大会与董事会的召集方式与表决程序,对此,各个国家和地区立法均有详细规定,在此不再赘言。作为一种利益识别机制,"任何人不

---

[1] 〔法〕孟德斯鸠:《论法的精神(上册)》,张雁深译,商务印书馆1959年版,第184页。
[2] 季卫东:《法律程序的意义》(增订版),中国法制出版社2012年版,第26页。
[3] 参见彭诚信:《主体性与私权制度研究——以财产、契约的历史考察为基础》,中国人民大学出版社2005年版,第300页。
[4] James M. Buchanan and Richard A. Musgrave, *Public Finance and Public Choice: Two Contrasting Visions of the State*, The M17 Press,1999,转引自曾军平:《自由意志下的集团选择:集体利益及其实现的经济理论》,格致出版社、上海三联书店、上海人民出版社2009年版,第272页。
[5] 〔美〕约翰·罗尔斯:《正义论》,何怀宏、何包钢、廖申白译,中国社会科学出版社1988年版,第359页。
[6] Henry Hansmann, *The Ownership of Enterprise*, Harvard University Press,1996, p.289.

得成为自己的法官",防止识别者利益冲突成为公司利益识别程序的基本要求,因此,各国公司制度均强调对特殊情形——在可能存在利益冲突的情形(例如就控制股东/董事与公司关联交易,以及董事是否可利用公司机会,董事竞业交易的许可)下利益识别机制的关注,剖析这些情形下的利益识别机制,可以发现,"公开"与"独立"成为公司利益识别程序的基本要求。

1. 识别程序的独立要求

当某一识别机关的参与者与识别事项有特别利害关系,其可能因难以超越自我利益而难以公正行使表决权,并最终影响识别结果的公正性。为保证识别公正性,应当保持识别机关的独立性。对此,诸多国家和地区均建立了表决权回避制度,即对表决事项具有特别利益关系者不得参加该事项的表决。无论在就控制股东与公司关联交易,还是董事与公司间关联交易(包括就董事是否可利用公司机会)进行表决时均是如此。

(1)就控制股东与公司间的关联交易而言,在美国,控制股东满足公平交易要求的条件之一即为"非利害关系董事或者股东事先授权或者事后批准进行该项交易"[①]。在德国,其《有限公司法》第47条第4款规定:"如果股东会决议涉及对某一股东义务或责任的免除,或某一股东和公司之间的交易,或起诉某一股东或其他争议解决方法,该股东不得参与股东会的表决。"其《德国股份法》第136条第1款规定:"任何人在对其应否免责或应否免除一项义务或公司应否对其主张一项请求权作出决议时,既不得为自己,也不得为他人行使表决权。对于股东依第1款不得行使表决权的股票,表决权也不得由他人行使。" 1991年欧盟《公司法第5号指令》第34条也规定了四种股东及其代

[①] 还存在另两项要求:该交易成立时的交易条件对于公司是公平的,即满足实质性要求;以及控制股东充分披露了该交易涉及的利益冲突,即满足公开性要求。参见 The American Law Institute, *Principles of Corporate Governance: Analysis And Recommendations*, 1994, p.325,转引自习龙生:《控制股东的义务和责任研究》,法律出版社2006年版,第124—125页。

理人均不得行使自己的或第三人的股份的表决权情形,其中即包括"批准股东与公司间订立的协议"的情形①,欧盟成员国负有将该指令内化为国内法的义务。2005 年出台的日本《公司法》第 595 条也规定:"除公司章程另有规定外,对于持份公司的业务执行股东与持份公司的交易,须得到该股东之外股东的过半数承认。"这一规定意味着,尽管允许公司章程排除其适用,但在持份公司中原则上应排除利害股东的表决权。②《韩国商法》第 368 条第 4 款规定:"关于股东大会决议,有特殊利害关系者,不得行使表决权。"此外,《意大利民法典》第 237 条也作了类似规定。③ 我国台湾地区"公司法"第 178 条也规定,"股东对于会议之事项,有自身利害关系致有害于公司利益之虞时,不得加入表决,并不得代理他股东行使其表决权"。我国香港地区联交所《上市规则》、由证监会执行的非立法性守则也要求控制股东与公司间的关联交易方面,须经过少数无利害关系股东中的多数批准。④《澳门商法典》第 219 条也规定了该制度。⑤

可见,在多数域外主要发达国家和地区,均要求在控制股东与公司的关联交易中,控制股东不得参与就该交易事项进行的表决。而在未作此项要求的英国⑥,也因此引起了批评者极大的反对声音,要求控制股东对自己有利害关系的事宜真诚地依公司最佳利益表决,这是为

---

① 其他情形包括:解除股东的责任;公司对股东行使的权利;免除股东对公司的义务。参见刘俊海译:《欧盟公司法指令全译》,法律出版社 2000 年版,第 130 页。
② 《日本公司法典》将股份有限公司(株式会社)以外的公司均称为"持分会社",我国多将之译为"持份公司",此处的持份公司包括无限公司、两合公司与合作公司,但不包括有限公司(此种公司类型已被取消)。参见李建伟:《关联交易的法律规制》,法律出版社 2007 年版,第 246 页。
③ 参见李建伟:《关联交易的法律规制》,法律出版社 2007 年版,第 329—330 页。
④ 同上注,第 314 页。
⑤ 同上注,第 330 页。
⑥ 在英国,对于利益不同于其他股东的控制股东与公司间的关联交易,如果法律要求股东批准,控股股东也可以表决,法院只是附加了一个条件,即不得滥用权力。参见李建伟:《关联交易的法律规制》,法律出版社 2007 年版,第 305 页。

有良心的绅士制定的义务。考虑到诉讼的费用和困难,这样一个规则等于是保证免除控股股东的责任。如果想通过程序保障少数股东,更好的办法是禁止控股股东表决。① 事实上,伦敦证券交易所的规则即规定,在就控制股东的自我交易进行表决的股东大会上,关联方不得行使表决权。② 这样,对于大型的上市公司而言,大多实行了控制股东的表决权排除制度。

（2）就董事与公司间的关联交易而言,根据美国《1984 年示范公司法》§8.31 规定,如果满足"在信息完全披露以及利益相关董事回避的情况下,该交易得到董事会或其某一个委员会的批准或认可",或者该交易根据该条经过了股东会的批准或认可,均会使该交易不"只"因利益冲突本身而成为可撤销。③ 无利害关系公司参与人的批准为该自我交易提供了一个"安全港",使得自我交易变得有效,从而无需对此类交易的公平性进行司法审查。④ 在美国,绝大多数州的制定法中均有类似规定。⑤ 1989 年《示范公司法》则通过对参与表决的"有资

---

① 参见何美欢:《公众公司及股权证券》(中册),北京大学出版社 1999 年版,第 828 页。
② 参见习龙生:《控制股东的义务和责任研究》,法律出版社 2006 年版,第 181 页。
③ 另外,如果该交易对公司而言是公平的,也将导致该交易不"只"因利益冲突而被撤销。
④ 参见〔美〕罗伯特·W.汉密尔顿:《美国公司法(第 5 版)》,齐东祥等译,法律出版社 2008 年版,第 350—351 页。
⑤ 同上注,第 350 页。例如,根据美国特拉华州普通公司法,自我交易只要符合下列三项标准之一,就不得仅仅因为它是自我交易而主张其无效:(1)与该交易有利害关系的董事已经向公司非利害关系的董事们披露了他与此项交易之间的关系或利益的重要事实,并且经非利害关系董事批准;或者(2)向公司股东披露了上述重要事实,并经股东会批准;或(3)该交易在被批准时对公司来说是公正的。参见张开平:《英美公司董事法律制度研究》,法律出版社 1998 年版,第 240 页。另外,1975 年加利福尼亚通过一部新的综合性的公司法典,该法典第 310 条要求交易必须是"公平和合理的",即是独立的,或得到了董事会的批准,但在股东批准的情况下,又免除了此项要求。总而言之,这种排除,意味着股东适当批准的交易可以免除对其合同条款的公平性进行司法调查,参见〔美〕罗伯特·C.克拉克:《公司法则》,胡平、林长远、徐庆恒、陈亮译,工商出版社 1999 年版,第 131 页。总体来说,美国在股东会的批准与董事会批准的效力问题上,采取了两种处理方式:(1)区别对待。以加利福尼亚州为代表的六个州,尊重股东的批准。一项董事的自我交易,只要经过股东批准,(转下页)

格的董事"和"有资格的股东"的规定确保了识别组织的独立性。根据其规定,公司董事会就一项自我交易作出决定时,只有"有资格的董事"才能行使表决权。有资格的董事是指:"就一项董事利益冲突交易而言,这些董事:I.在此项交易中没有利益冲突;II.他们与有利害关系的董事之间不存在家庭、金钱、职业或者雇佣上的关系,这种关系在当时的情形下被合理地认为影响其就此项交易表决时的判断。"(第8.62条)①,而在股东会就一项自我交易作出决定时,只有"有资格的股东"才能享有表决权。该"有资格的股东"是指不属于利害关系董事及其关系人所持有或控制的股份(第8.63条)。②同样,就董事利用公司机会而言,即便某个机会属于公司机会,也并不意味着公司的高级职员或董事不可以对其进行利用。公司可能自愿地放弃并且允许其董事利用该机会。公司的放弃可能涉及自我交易,因此要受到关于关联交易规制规则的约束。③因此,1994年美国法律研究所的《公司治理原则:分析与建议》第5.05条规定,董事或重要高级职员不得为自己或相关人利用公司机会。除非:①首先将机会提供给公司,并且向公司决策者披露该公司机会和利益冲突的所有重要事实;②公司以下述方

(接上页)该交易即为有效,就不可撤销。如果只是董事批准,则法院还要进行司法审查。易言之,股东批准可以阻却司法审查,而董事批准则不能排除司法审查。其依据是,股东为公司终极所有者,往往与有利害关系的董事没有什么瓜葛,故应对其批准予以完全信赖,无须司法审查。(2)同等对待。以特拉华州为代表的大多数立法,以无利害关系董事批准为中心,倾向于尊重董事决策,对股东批准没有给予更高的尊重。也就是说,股东批准只是转移举证责任,由原告承担证明该交易不公平性的举证责任。不过,特拉华州司法实践中,将控股股东与一般董事予以区别对待。鉴于控股股东往往在董事会有代表,具有报复的风险(risk of retaliation),不同意交易的股东可能招来控股股东事后报复,法院会对控股股东大会批准的这种交易进行实体审查,不予尊重。换言之,控股股东的自我交易即使经股东大会批准,法院对其尊重程度低于董事会对一般董事自我交易的决策。参见朱羿锟:《董事问责标准的重构》,北京大学出版社2011年版,第49—50页。

① 参见习龙生:《控制股东的义务和责任研究》,法律出版社2006年版,第131—132页。
② 同上注,第132页。
③ 参见〔美〕罗伯特·W.汉密尔顿:《美国公司法(第5版)》,齐东祥等译,法律出版社2008年版,第360页。

式之一拒绝了该公司机会:(A)在全部重要事实披露后由无利害关系董事批准公司机会之拒绝时,批准此项拒绝的董事的行为必须符合第4.01条(d)款规定的经营判断原则;(B)在全部重要事实披露后由无利害关系股东批准或追认时,此种拒绝不构成浪费公司资产;(C)如果一项拒绝不是依照前两款规定的标准,或不符合公司规定的其他有效条款,董事或重要高级职员利用该机会对公司而言是公正的。[①] 根据法国1994年《商事公司法》第101条,公司和它的一名董事或总经理之间签订的协议应事先获得董事会批准。一名董事或总经理被间接涉及的协议或他通过中间人和公司签订的协议,亦然。一个公司和一个企业之间签订的协议,如该公司的董事或总经理是该企业的企业主、无限责任股东、经理、董事、总经理或经理室或监事会的成员的,也应事先经过批准。该法第103条第1款并对利益相关董事的回避作了规定:"有关的董事或总经理,一旦知道有适用第101条的协议,就必须通知董事会。该董事或总经理不得参加对要求批准决定的表决。"[②] 在日本,根据2005年修订后的公司法,拟进行直接交易的董事或者拟代表公司进行间接交易的代表董事必须在董事会上公开与该交易相关的重要事实(第356条第1款,第365条第1款)[③],在该事实的基础上董事会进行审议后决定是否批准。在对此进行表决时,因为利益冲突的董事存在特别利害关系,所以不能参加表决(第369条第2款)。[④] 另外,在德国、日本和美国,传统的董事自我交易已经没有强

[①] 参见曹顺明:《股份有限公司董事损害赔偿责任研究》,中国法制出版社2005年版,第190页。

[②] 李萍译:《法国公司法规范》,法律出版社1999年版,第68页。

[③] 在日本,董事的利益冲突交易是指,董事和公司进行交易的情形。该交易包括直接交易和间接交易。直接交易是指,董事以自己的名义为了自己或者第三方的利益与公司进行交易的情形(第356条第1款第2项)。间接交易则是指,公司为董事的债务提供保证以及其他与董事以外者进行的公司与该董事之间利益冲突的交易(第356条第1款第3项),参见〔日〕落合诚一:《公司法概论》,吴婷等译,法律出版社2011年版,第112页;〔日〕前田庸:《公司法入门(第12版)》,王作全译,北京大学出版社2012年版,第350页。

[④] 参见〔日〕落合诚一:《公司法概论》,吴婷等译,法律出版社2011年版,第113页。

制性的股东会批准要求了。在这些国家的立法中仅有某些类型的经营者薪酬要求股东会批准。① 我国香港地区《公司条例》附表 A 第 86 条第 1 项也规定了利益相关董事就其与公司之间的交易,在董事会决议时不得作出表决。②

在英国,根据其 2006 年《公司法》第 175 条之(6),董事可因获得董事会授权而实施利益冲突交易,该授权应当满足以下条件:(a)关于事项被考虑的会议法定人数的人的任何要求,不将正被讨论的董事或任何其他利害关系董事计算在内,也得到满足;并且(b)未经他们投票,事项被通过,或者如果他们的投票不计算在内,事项也会通过。③ 可见,董事会在就董事利益冲突交易进行表决时,原则上实行利害相关董事的表决权排除制度,但是,即便利害相关董事参加了该决议,如果在该董事未计入董事会的会议定足数和表决权定足数而该决议仍能通过的话,则并不仅因利益相关董事的参与决议而导致决议无效或撤销。而且,第 10 部分第 4 章专章(第 188—226 条)规定了要求股东会批准的公司与董事的交易,例如服务合同、重大财产交易、贷款、准贷款和信用交易、对失去职务的支付。④ 可见,英国股东会与董事会均可能批准董事自我交易。此外,根据 2006 年英国《公司法》第 239 条,公司对董事构成与公司相关的过失、失责、违反义务或违反信托之

---

① 参见〔美〕莱纳·克拉克曼、〔英〕保罗·戴维斯、〔美〕亨利·汉斯曼等:《公司法剖析:比较与功能的视角》,刘俊海、徐海燕等译,北京大学出版社 2007 年版,第 133 页,第五章"关联交易",本章作者为〔瑞士〕杰拉德·赫蒂格、〔日〕神田秀树。

② 根据该条第 1 项,任何董事如以任何方式直接或间接在一项与公司订立的合约或建议与公司订立的合约(该合约是与公司业务有重大关系的合约)中有利害关系,而该等利害关系是关键性的,则该董事必须按照本条例第 162 条在董事会上声明其利害关系的性质。任何董事不得就其如上述有利害关系的任何合约或安排作出决议;如他作出表决,则其票数不得被点算,而在确定是否有法定人数出席会议时,其本人亦不得被点算在内。但在第 86 条第 2 项规定的四种情形下,则不受上述规则约束。参见董慧凝:《公司章程自由及其法律限制》,法律出版社 2007 年版,第 206 页。

③ 参见葛伟军译:《英国 2006 年公司法》,法律出版社 2008 年版,第 106 页。

④ 同上注,第 113—140 页。

行为的追认,必须经公司股东会决议,当形成该决议时,该董事(如果同时为公司股东)或与他有关联的任何股东都不是有资格的股东,即关联股东的赞成票应当被排除。① 伦敦证券交易所的规则也要求,关联方不得在股东大会上投票表决。②

部分国家或地区利益冲突情形下利益识别组织及是否实行表决权排除参见表5.1《部分国家或地区利益冲突情形下利益识别组织及是否实行表决权排除一览表》。

2. 识别程序的公开要求

充分的信息是决策者进行理性决策的前提与基础。决策有四个要求:第一,观察或者获得信息;第二,记忆或者储存信息;第三,计算或者掌控信息;第四,交流或者转化信息。③ 因此,要保证识别的公正性与正确性,除需确保识别机构的公正性外,尚需保证识别机构获得充分的信息,此即识别程序的公开要求。

在各国公司法上,除为确保股东会与董事会的理性决策,通过会议通知的要求、以及股东质询权等制度,确保识别组织获得充分的信息外,对于其他必要的信息,尤其是可能会影响公司理性决策/正确识别公司利益的信息,其要求该信息的持有者进行披露。

完整、真实的信息是理性决策的前提,因此,在要求对控制股东/董事与公司间自我交易经股东会或董事会批准进而对该行为是否符合公司利益进行识别的制度安排下,即使未言明,相关利益主体也应向该识别机关公开相关信息。尤其在上市公司中,这一要求通过证券监管机关或证券交易所的规则得以体现。例如:(1)伦敦证券交易所规定,如果交易需要获取股东的批准,在向股东发送的通知函中必须

---

① 参见葛伟军译:《英国2006年公司法》,法律出版社2008年版,第147—148页。
② 参见习龙生:《控制股东的义务和责任研究》,法律出版社2006年版,第181页。
③ 参见 Stephen M. Bainbridge, *The New Corporate Governance in Theory and Practice*, Oxford University Press, 2008, pp. 89 - 100,转引自邓峰:《董事会制度的起源、演进与中国的学习》,载《中国社会科学》2011年第1期,第168页。

表 5.1 部分国家或地区利益冲突情形下利益识别组及是否实行表决权排除一览表

国家或地区	控制股东关联交易		董事自我交易		董事利用公司机会（公司放弃公司机会）		董事实施竞业行为	
	批准机关（识别组织）	是否实行表决权排除	批准机关（识别组织）	是否实行表决权排除	批准机关（识别组织）	是否实行表决权排除	批准机关（识别组织）	是否实行表决权排除
美国①	股东会/董事会	实行	股东会/董事会	实行	股东会/董事会	实行	/	/
英国	/	/	董事会/股东会	实行	股东会/董事会②	实行	/	/

① 在美国，母公司同其部分拥有的子公司的交易，即控制股东关联交易同董事与公司间的关联交易一样，均被纳入"基本自我交易"进行规制。学者认为，高级职员以及在某些情况下具有控制权的股东，对该公司，有时还有其他股东利投资人负有诚信义务，这项义务禁止受托人以欺诈和不公平的交易方式利用他们的受益人。参见[美]罗伯特·C. 克拉克：《公司法则》，胡平、林长远、徐庆恒、陈霓译，工商出版社 1999 年版，第 115 页，第 130 页。因此，美国成文法对董事自我交易规范的部分，完全适用于控制股东，参见尤龙生：《控制股东的义务与责任研究》，法律出版社 2006 年版，第 124 页。

② 在英国，对董事利用公司机会（以及实际上，利用公司任何其他财产或信息）可以进行股东的事先批准；在公开公司的情形下，公司法给予股东批准以使哪个机会可行。不过，法律仍允许董事会能够批推特定的公司机会，但不可能提前批准利用的机会种类。参见[美] Hudson([1978]52 A. L. J. R. 399, P. C.)案中，戴维斯：《英国公司法精要》，樊云慧译，法律出版社 2007 年版，第 197—198 页。实际上，英国枢密院也在 Queensland Mines Ltd. V. Hudson([1978]52 A. L. J. R. 399, P. C.)案中，认同了董事会有权放弃公司机会。欲董事取得利用公司机会之许可，需在公开公司机会未出前充分披露其利益。如果董事会决议同意董事利用某机会时，该董事并未披露其利益，则董事会的同意就必须甚至公开公司股东会进行批准。在股东会进行此项批准时，该董事仍需就董事大事实进行披露。参见 L. C. B. Gower, D. D. Prentice and B. G. Petter, Gower's Principles of Modern Company Law (5th edition), Sweet & Maxwell, 1992, p. 570. 转引自曹顺明：《股份有限公司董事损害赔偿责任研究》，中国法制出版社 2005 年版，第 191 页。而且，英国公司董事利用公司机会，不仅要求公司放弃公司机会，而且要求公司同意董事利用公司机会。而在美国，一般情形下只要是公司放弃公司的机会，董事即可为自己利益加以利用。参见曹顺明：《股份有限公司董事损害赔偿责任研究》，中国法制出版社 2005 年版，第 190—191 页。

续表

国家或地区	控制股东关联交易 批准机关（识别组织）	控制股东关联交易 是否实行表决权排除	董事自我交易 批准机关（识别组织）	董事自我交易 是否实行表决权排除	董事利用公司机会（公司放弃公司机会）批准机关（识别组织）	董事利用公司机会 是否实行表决权排除	董事实施竞业行为 批准机关（识别组织）	董事实施竞业行为 是否实行表决权排除
德国	股东会①/董事会②	实行	监事会③	/	/	/	监事会④	/
法国	同时获得股东会和董事会批准⑤	/	董事会⑥/股东会+董事会⑦	实行	/	/	董事会	/

---

① 德国《有限公司法》第47条第4款规定："如果股东会决议涉及对某一股东义务或责任的免除，或诉讼某一股东或其他争议解决方法，该股东不得参与股东会的表决。"可见，股东会有权就股东与公司间的交易进行表决，并实行利益相关股东表决权排除制度。

② 德国《股份公司法》第318条要求子公司的董事会批准该公司同母公司的交易时进行独立判断，并予以特别注意。

③ 对于董事自我交易，根据德国《股份公司法》第89条和115条，给予董事或监事的贷款需要获得监事会批准。参见［德］托马斯·莱纳、克拉克曼、［英］保罗·戴维斯、汉斯曼等：《公司法剖析：比较与功能的视角》，刘俊海、徐海燕等译，北京大学出版社2007年版，第127页，第133页，第五章"关联交易"，本章作者为［瑞士］杰拉德·赫蒂格、［日］神田秀树。根据《德国股份法》第114条规定，监事提供重要服务及工作的交易必须由监事会批准。

④《德国股份法》第88条。

⑤ 在法国，股份有限公司和控制股东间的交易必须同时获得董事会和股东的批准。《法国商法典》第225—238条将控制股东界定为享有超过5%投票权的自然人或单位上控制股东大会的公司。参见［美］莱纳、克拉克曼、［英］保罗·戴维斯、汉斯曼、［美］亨利、汉斯曼等：《公司法剖析：比较与功能的视角》，刘俊海、徐海燕等译，北京大学出版社2007年版，第147—148页，第五章"关联交易"，本章作者为［瑞士］杰拉德·赫蒂格、［日］神田秀树。

续表

国家或地区	控制股东关联交易		董事自我交易		董事利用公司机会（公司放弃公司机会）			董事实施竞业行为	
	批准机关（识别组织）	是否实行表决权排除	批准机关（识别组织）	是否实行表决权排除	批准机关（识别组织）	公司放弃公司机会	是否实行表决权排除	批准机关（识别组织）	是否实行表决权排除
意大利	股东会	实行		/	/		/	/	/
欧盟	股东会	实行		/	/		/	/	/

（接上页）⑥ 法国法要求无利害关系的董事会批准所有股份有限公司与董事和总经理之间既非通常的交易，又非市场条件下的交易。参见《法国商法典》第225—238条（也适用于第三人代表董事及总经理而实施的交易），第225—39条（豁免经营者在正常经营过程中反映市场条件的交易）。此外，法国法规定，有限责任公司由股东会批准冲突交易。参见〔美〕莱纳·克拉克曼、〔英〕亨利·汉斯曼等：《公司法剖析：比较与功能的视角》，刘俊海、徐海燕等译，北京大学出版社2007年版，第127—128页，有关作者为〔瑞士〕杰拉德·赫蒂格、〔日〕神田秀树。

⑦ 法国要求股东批准（还需要无利害关系的董事会的批准）所有董事与公司订立的自我交易。参见《法国商法典》第223—219条（有限责任公司）与第225—240条（股份有限公司）。由于未经任何有限责任公司有股份有限公司注册资本5%的股东可以请求法院专家就股东会未予批准一事进行调查《公司法剖析：比较与功能的视角》第225—231条（适用于有限责任公司和股份有限公司），刘俊海、徐海燕等译，北京大学出版社2007年版，第103、104、105条，有关作者为〔瑞士〕杰拉德·赫蒂格，〔日〕神田秀树。此外，根据《法国商事公司法》第132条，一旦知道批准的自我交易"，本章作者为〔瑞士〕杰拉德·赫蒂格、〔日〕神田秀树，必须通知董事会。该免于董事或总经理参加对要求批准决定的表决。董事长将所有获得批准的协议通知101条的协议（涉及董事、总经理签订参加的协议不得对第三人发生效力，但因欺诈撤销的责任。第101条所指的，事审计员，并提交股东大会批准。获股东大会批准和大会未予批准的协议，对公司造成损失的，可以撤销，并不影响追究有关董事或经理的责任。参见李萍译：《法国公司法规范》，法律出版社1999年版，第68—69页。

续表

国家或地区	控制股东关联交易 批准机关（识别组织）	控制股东关联交易 是否实行表决权排除	董事自我交易 批准机关（识别组织）	董事自我交易 是否实行表决权排除	董事利用公司机会（公司放弃公司机会） 批准机关（识别组织）	董事利用公司机会（公司放弃公司机会） 是否实行表决权排除	董事实施兑业行为 批准机关（识别组织）	董事实施兑业行为 是否实行表决权排除
日本①			董事会	实行	/	/	董事会	实行
韩国			董事会②	实行③	/	/	董事会④	实行

① 日本《公司法》第369条规定，董事会决议，由参加表决的董事过半数（公司章程规定高于此比例时，以其比例以上）出席，并以其过半数（公司章程规定高于此比例时，以其比例以上）作出，但就该决议有利害关系的董事不能参加表决。在股份公司中，全面确立了关联董事的表决权排除制度。不过，对股东大会决议，通过1981年商法修改，对原来排除特别利害关系人表决权行使的规定进行了修改，开始其表决权行使，但因其作出了明显不当决议时会成为撤销决议的事由。在董事会决议的情况下仍然在排除特别利害关系人的表决权行使。相比较，是因为董事在董事会应该是为了公司利益与股东大会行使表决权在性质上存在差异。换言之，股东可以为自己有特别利害关系在股东大会上行使表决权，不允许为了公司利益行使的行为，所以股东可以为自己有特别利害关系在股东大会上行使表决权。而董事作为受任者（第330条）是因为董事在董事会应该是为了公司利益存在利益冲突的危险，需要事前排除其表决权。参见［日］前田庸：《公司法入门》（第12版），王作全译，北京大学出版社2012年版，第350页。

② 《韩国商法典》关于董事自我交易的第398条规定："董事只有在得到董事会同意"的情况下，可以自己或者第三人进行交易。在此情况下，不适用《民法》第124条（自己契约，双方代理的禁止）的规定。参见吴日焕译：《韩国商法》，中国政法大学出版社1999年版，第88页。另可参见［韩］郑灿亨：《韩国公司法》，崔文玉译，上海大学出版社2011年版，第300页。

③ 根据韩国最新《商法》（2011年4月14日修订）第391条第3款，第368条第3款，拥有特别利害关系的董事不能行使表决权。身为特别利害关系人的董事，最典型的例子是，董事和公司之间交易的当事董事。此特别利害关系董事接到董事会的召集通知之后，可以出席董事会，并且可以陈述意见，所以计入到董事会的出席人数，但不能计入表决法定人数（第391条第3款，第371条第3款）。参见［韩］郑灿亨：《韩国公司法》，崔文玉译，上海大学出版社2011年版，第300页。

④ 《韩国商法典》第397条第1款规定，未经董事会同意，董事不得为自己或者第三人进行属于公司营业范围内的交易，或者不得成为同种营业为目的的其他公司的无限责任股东或董事。参见吴日焕译：《韩国商法》，中国政法大学出版社1999年版，第88页。

续表

国家或地区	控制股东关联交易		董事自我交易		董事利用公司机会（公司放弃公司机会）		董事实施竞业行为	
	批准机关（识别组织）	是否实行表决权排除	批准机关（识别组织）	是否实行表决权排除	批准机关（识别组织）	是否实行表决权排除	批准机关（识别组织）	是否实行表决权排除
中国台湾地区①	股东会	实行	由监察人为公司之代表	实行			股东会	实行
中国香港地区	股东会	实行	董事会	实行				
中国澳门地区	股东会	实行						

① 根据我国台湾地区"公司法"第 178 条之规定，股东对于会议之事项，有自身利害关系致有害于公司之虞时，不得加入表决，并不得代理他股东行使其表决权。根据第 206 条第 2 款，第 178 条之规定于董事会决议也适用。由此，无论是股东会决议，还是董事会决议，有利害关系之股东或董事均应实行表决权排除。另，根据第 223 条，董事为自己或他人与公司为买卖、借贷或者其他法律行为时，由监察人为公司之代表。

包括如下内容:①关联公司的姓名和地址、主要股权以及上市公司与关联公司所签订的主要合同;②如果关联方是该公司(或子公司、母公司或母公司的其他子公司)的董事或董事的关联方,则须包含董事占有的股权、董事在交易中占有的利益、董事的服务合同等有关董事的信息;③交易的全部细节,包括关联方的姓名及其在交易中占有利益的性质和范围;④如果属于第一类交易[①]范畴的购置或处置资产,且适当的财务信息不可得知,则需独立的评估;⑤董事(这样的关联方除外:其本人或其关联方是这项交易的关联方,或是关联方的董事)所出具的就公司董事而言这项交易是公允合理的声明;⑥声明关联方不得,并承诺采取合理的措施确保它的关联方不得在股东大会上投票表决;⑦公司(或其子公司)与同一关联方进行的,尚未征得股东批准的其他交易的细节。[②] (2)加拿大安大略证券委规定,如果一项关联方交易中需要股东批准,则上市发行人应当召集股东大会获得股东的批准。在向股东发出的通知函中应包括如下信息:该关联方交易的背景;在会议通知日期前的24个月内已经作出的与交易的标的有关或在其他方面与交易相关的每一次评估的相关资料;与交易标的有关方面或与交易相关的、发行人在交易公开宣布之前24个月内收到的所有公正的要约以及对要约及其背景的描述;董事会和独立审计委员会(如果有的话)所采纳的审核和批准程序对该项交易展开的讨论,包括任何重大的相反观点、董事的弃权及任何董事会和独立委员会之间的

[①] 伦敦证券交易所的上市规则第 10 章根据交易所涉及的资产占上市公司总资产的比率、交易所获取的收益占上市公司总收益的比率、交易所涉及的资产总额占上市公司营业额的比率、交易对价占上市公司总市值的比率以及被收购公司的总资本占上市公司总资本的比率等五个指标来判断关联交易的重要性,并根据交易的重要程度将其交易划分为以下三类:以上这些比率等于或超过 25% 的交易为第一类;等于或超过 5% 但低于 25% 的交易为第二类;低于 5% 的交易为第三类。参见 London Exchange, *the Listing Rules*, Chapter 10, Transactions with related parties,转引自习龙生:《控制股东的义务和责任研究》,法律出版社 2006 年版,第 177 页。

[②] 参见习龙生:《控制股东的义务和责任研究》,法律出版社 2006 年版,第 180—181 页。

重大分歧。如果在发送会议通函之后,大会召开之前交易出现了重大变化,如果披露的话,可能会影响股东赞成或反对该关联方交易的决定或者持有或抛出股票的决定,那么发行人应当立即通知股东这一重大变化,以便在大会召开之前股东有充分的时间评估这一变化对其产生的影响。① (3)在法国,股份有限公司股东在就关联交易进行批准进行投票之前有权获取公司外部审计师提交的特别报告。②

就控制股东的信息披露义务,1977 年,新西兰上诉法院在 Coleman v. Myers 案中认为,多数股东/董事(封闭公司)对有关封闭公司事务的即时信息存在着垄断,而且少数股东长期对多数股东存在依赖,在这种情形下,控制人负有向少数股东披露非公开信息的注意义务。③ 现代公司法已趋向于强制控制股东向其他股东和债权人披露特定的信息,并且不得含有不实陈述。④

一些国家确定了董事自我交易、董事利用公司机会以及免除董事竞业禁止义务等利益冲突情形下的董事承担严格的披露义务。例如,对董事自我交易中董事披露义务,美、英、法、日本等国一般要求,关联董事就其在交易中的利益向董事会或股东会进行适当的披露⑤,一些国家和地区的立法还对披露的内容、方式、时间等方面作了详细规范。境外许多国家和地区公司法规定,在公司机关作出免除董事竞业禁止义务的决议时,董事应向公司披露有关竞业的重要事实。⑥ 例如:(1)美国《示范公司法》(1989)明确规定了利害关系董事的法定披露

---

① 参见习龙生:《控制股东的义务和责任研究》,法律出版社 2006 年版,第 180 页。
② 参见《法国商法典》第 224—240 条。
③ 参见〔英〕保罗·戴维斯:《英国公司法精要》,樊云慧译,法律出版社 2007 年版,第 247 页。
④ 参见习龙生:《控制股东的义务和责任研究》,法律出版社 2006 年版,第 281 页。详细内容可参见习龙生:《控制股东的义务和责任研究》第八章"持续信息公开的义务和责任",法律出版社 2006 年版,第 281—306 页。
⑤ 参见朱羿锟:《董事问责标准的重构》,北京大学出版社 2011 年版,第 44 页。
⑥ 例如我国台湾地区"公司法"第 209 条,《日本公司法》第 356 条、第 365 条第 1 款。

义务,其8.60条第(4)款规定的披露事项包括:一是披露该董事利益冲突的存在及性质;二是有关该交易标的的所有重要事实。构成"交易标的的所有重要事实"的标准是客观的,即普通谨慎之人从公司的立场上判断并有理由相信,这些事实对是否做此项交易是重要的。[1]另外,由于该《示范公司法》要求股东会就一项自我交易作出决定时,只有"有资格的股东"才能享有表决权。该"有资格的股东"是指不属于利害关系董事及其所持有或控制股份的关系人。在股份高度分散时,股东会表决常常是使用代理投票的方式为之。在此情况下,要想确知哪些股份是由有利害关系董事所持有或控制者非常困难。因此,股东会表决程序上利害关系董事的讯息披露义务除第8.60条的内容外,他还需要披露他本人和关系人所持有或控制的股份。[《示范公司法》(1989)第8.63条][2]其披露时间,一般规定应当在董事知道或者应当知道他自己或其利害关系人或相关实体在进行这一交易时,至迟不得晚于董事会、股东大会决议之前。[3]《纽约商事公司法》也要求披露与利益冲突关系以及董事在该等契约或者交易中的利益有关的重大事实。[4]《加利福尼亚普通公司法》则要求披露与交易以及董事的利益有关的重大事实。[5]《1984年示范公司法》第8.31条,《特拉华州普通公司法》第144条也对董事自我交易中的利害关系董事的信息披露义务作了规定。而且,对可能涉及自我交易的公司放弃且允许其董事利用公司机会的情形,从20世纪70年代起,一系列的判例采纳了

---

[1] 参见李建伟:《关联交易的法律规制》,法律出版社2007年版,第261—262页。
[2] 参见习龙生:《控制股东的义务和责任研究》,法律出版社2006年版,第132页。
[3] 参见《美国示范公司法》(1989)第8.62—8.63条的规定,转引自李建伟:《关联交易的法律规制》,法律出版社2007年版,第262页。
[4] 参见 N. Y. Bus. Corp. Law § 713(a)(1)(1998),转引自孙威:《公司管理者利益冲突的法律规制》,知识产权出版社2011年版,第185页。
[5] 参见 Cal. Corp. Code § 310(a)(1)(West 1990),转引自孙威:《公司管理者利益冲突的法律规制》,知识产权出版社2011年版,第185页。

"在任何情况下,充分的、正式的披露都是必要的"①观点。② 1994年美国法律研究所的《公司治理原则:分析与建议》第5.05条规定,董事或重要高级职员如要为自己或相关人利用公司机会,也需首先将机会提供给公司,并且向公司决策者披露公司机会和利益冲突的所有重要事实;而公司符合法定条件地拒绝了该机会。③ (2)在英国,其《公司法》(2006)第177条、第182条要求披露董事在交易中的利益的性质和范围。④ 并且,根据第177条,如果公司董事以任何方式直接或间接在被提议的与公司的交易或安排中享有利益,他必须向其他董事公布该利益的性质和范围。披露必须在公司签订交易或安排之前作出。⑤ 而且,根据英国金融服务局(FSA)(英国上市主管机关)上市规则第11章,除了某些例外,要求所谓的"关联方"交易要充分披露给股东并获得他们的批准。"关联方"交易包括公司(或者它的任何一家子公司)和董事或董事的关联关系人以及公司和董事或关联关系人共同从事金融活动的某些交易。这样,对于最大的公司,公司法自我交易董事会披露的原则实际上被上市规则中更加严格的要求所替代。⑥ 就董事取得利用公司放弃机会之许可,也需在公司决定是否利用公司机会的决议作出前充分披露其利益。如果董事会决议同意董事利用某机会时,该董事并未披露其利益,则董事会的同意决议必须提交公司股东

---

① Michael Begert, *The Corporate Opportunity Doctrine and Outside Business Interest*, 56 U. Chi. L. Rev. 827 (1989), pp. 829 – 832. 转引自孙威:《公司管理者利益冲突的法律规制》,知识产权出版社2011年版,第233页。

② 参见Demoulas V. Demoulas Super Markets, Inc., 424 Mass. 501 (1977); Imperial Group (Texas), Inc. V. Scholnick, 709 S. W. 2d 358 (Tex. Civ. App. 1986); Northeast Harbor Golf Club, Inc. V. Harris, 661 A.2d, 1146, (Me, 1995), 转引自孙威:《公司管理者利益冲突的法律规制》,知识产权出版社2011年版,第233页。

③ 参见曹顺明:《股份有限公司董事损害赔偿责任研究》,中国法制出版社2005年版,第190页。

④ 参见朱羿锟:《董事问责标准的重构》,北京大学出版社2011年版,第44页。

⑤ 参见葛伟军译:《英国2006年公司法》,法律出版社2008年版,第107页。

⑥ 参见〔英〕保罗·戴维斯:《英国公司法精要》,樊云慧译,法律出版社2007年版,第188—189页。

会进行批准。在股东会进行此项批准时,该董事仍需就重大事实进行披露。① (3)在法国,利害关系董事在寻求股东会批准利益冲突交易前必须进行广泛披露。而且,随着近年来的立法改革,除一些小额交易外,董事和总经理与公司发生的交易活动必须向董事会主席报告,即使无需股东会批准的交易活动也在其内(《法国商法典》第225 – 239条)。而且,还要将交易的全部清单通报全体董事及审计师。② (4)在日本,在董事会就董事的利益冲突交易进行表决前,法律也要求拟进行直接交易的董事或者拟代表公司进行间接交易的代表董事必须在董事会上公开与该交易相关的重要事实(《日本公司法》第356条第1款、第365条第1款)。③ 董事为了自己或者第三方的利益进行竞业交易时,必须在董事会上公开与该交易相关的重要事实,并且获得批准(第356条第1款、第365条第1款)。在该交易之后还必须向董事会报告与该交易相关的重要事实(第365条第2款)。④ (5)从德国有关判例来看,董事也需要向监事会全面披露利益冲突交易内容与条件。⑤

(三)我国公司利益事中识别机制的完善

在不同公司机关间对一般经营行为是否符合公司利益进行识别的权限划分与识别程序方面,适用各国公司法关于公司机关权限划分及相应的议事规则。一般情形下的利益识别机制,涉及股东大会、董

---

① 参见 L. C. B. Gower, D. D. Prentice and B. G. Petter, *Gower's Principles of Modern Company Law* (5th edition), Sweet & Maxwell,1992, p.570,转引自曹顺明:《股份有限公司董事损害赔偿责任研究》,中国法制出版社2005年版,第191页。

② 参见〔美〕莱纳·克拉克曼、〔英〕保罗·戴维斯、〔美〕亨利·汉斯曼等:《公司法剖析:比较与功能的视角》,刘俊海、徐海燕等译,北京大学出版社2007年版,第129页,第五章"关联交易",本章作者为〔瑞士〕杰拉德·赫蒂格、〔日〕神田秀树。

③ 参见〔日〕落合诚一:《公司法概论》,吴婷婷译,法律出版社2011年版,第113页。

④ 同上注,第112页。

⑤ 参见朱羿锟:《董事问责标准的重构》,北京大学出版社2011年版,第45页。

事会会议制度的安排,对其专门的研讨并非本书主旨。①

鉴于利益冲突情形下利益识别不公/不当的高度风险,各国均强化了对此类情形下特殊利益识别机制的构建,域外发达国家对利益冲突情形下公司利益识别机制的特殊安排主要包括特定机关的批准制度(涉及识别组织)、就该利益冲突事项表决时的利益相关者表决权排除制度(涉及识别程序的独立性要求),以及信息披露制度(涉及识别程序的公开性要求)。域外相关制度构建的理念与要求,对我国公司利益事中识别机制的完善也具有借鉴意义。

1. 关于控制股东关联交易中的公司利益事中识别机制的完善

我国《公司法》中关于控制股东关联交易的条款主要体现在第21条"公司的控股股东、实际控制人、董事、监事、高级管理人员不得利用其关联关系损害公司利益。违反前款规定,给公司造成损失的,应当承担赔偿责任"。以及第16条"公司为公司股东或者实际控制人提供担保的,必须经股东会或者股东大会决议"。"前款规定的股东或者受前款规定的实际控制人支配的股东,不得参加前款规定事项的表决。该项表决由出席会议的其他股东所持表决权的过半数通过"。我国控制股东关联交易利益识别机制仍有待进一步完善:

第一,就在利益识别时实行控制股东表决权排除制度的控制股东关联交易范围而言,应扩展至所有控制股东关联交易。《公司法》第16条仅涉及控制股东与子公司之间的关联担保问题并对之实行控制股东的表决权排除制度。对控制股东的其他关联行为的规制则笼统地以《公司法》第21条予以规制。然而,依控制股东诚信义务等一般

---

① 国内亦有诸多学者专门撰文对之进行了研讨,例如:李志刚:《公司股东大会决议问题研究:团体法的视角》,中国法制出版社2012年版;石纪虎:《股东大会制度法理研究》,知识产权出版社2011年版;王宗正:《股东大会通讯表决制度研究》,中国社会科学出版社2010年版;张凝:《日本股东大会制度的立法、理论与实践》,法律出版社2009年版;钱玉林:《股东大会决议瑕疵研究》,法律出版社2005年版;胡改蓉:《国有公司董事会法律制度研究》,北京大学出版社2010年版。

性的规则予以规范控制股东的关联交易的弊端,正如何美欢教授早已指出的:"要求控制股东对自己有利害关系的事宜真诚地依公司最佳利益表决,这是为有良心的绅士制定的义务。并考虑到诉讼的费用和困难,这样一个规则等于是保证免除控股股东的责任。如果想通过程序保障少数股东,更好的办法是禁止控股股东表决。"① 控制股东与公司关联交易的形式远非关联担保一项,从国外立法来看,凡实行控制股东表决权排除制度的国家,均无仅将其限定于某一特定种类控制股东关联交易之立法例,《公司法》第 16 条规制的在利益识别时实行控制股东表决权排除的范围显然过窄,对不同控制股东关联交易区别对待也缺乏正当性,应将关联股东表决权排除适用的范围扩展至全部控制股东与子公司之间的关联交易。

第二,就控制股东与公司间关联交易的识别机关而言,仅应赋予股东大会以识别权。原因在于:(1)在存在控制股东的情况下,由于控制股东多能够决定董事的任免,在此情况下,正如学者所言,股东总是被保持在优先的地位。只要股东有权更换董事,他们就会受到关注以使他们满意。② 从而,即使股东提名的"独立董事"在评估股东交易活动时也不一定没有利害关系。③ 我国独立董事制度在上市公司中的普遍失效也证明了这一点。从而,在董事会层面较难排除控制股东的影响。(2)实行控制股东关联交易的股东会批准,结合在进行批准时关联股东的表决权排除制度可有效排除控制股东的不当影响。(3)从国际立法例来看,允许董事会作为控制股东关联交易批准机关(利益识别机关)的主要有美国、德国和法国。在美国,股东会与董事会均可作

---

① 何美欢:《公众公司及股权证券》(中册),北京大学出版社 1999 年版,第 828 页。
② See Tuvia Borok, " A modern Approach to Redefining ' In the Best Interest of the Corporation '," *Windsor Review of Legal and Social Issues* 132,135(2003)。
③ 参见〔美〕莱纳·克拉克曼、〔英〕保罗·戴维斯、〔美〕亨利·汉斯曼等:《公司法剖析:比较与功能的视角》,刘俊海、徐海燕等译,北京大学出版社 2007 年版,第 131 页,第五章"关联交易",本章作者为〔瑞士〕杰拉德·赫蒂格、〔日〕神田秀树。

为识别机关。《德国股份法》第 318 条要求子公司的董事会对该公司与母公司的交易进行审查。而在法国,股份有限公司和控制股东间的交易必须同时获得董事会和股东会的批准①,其他多数国家均仅确定股东会为识别机关。法国实行双重批准要求,因此,董事会并不享有终极的识别权。而美、德两国之所以赋予董事会也具有此类交易的识别权,其原因乃在于美国大型公司以股权分散者居多,针对自我交易的研究和立法,通常在技术上以董事利益冲突交易的规范为举要,将控制股东和高级职员自我交易的规则与之等同并包含其中。因此,美国成文法对董事自我交易规范的部分,完全适用于控制股东。② 而且美国具有较完善的证券市场与经理人市场对董事行使职权进行制衡,德国的董事会由股东与雇员共同组成的监事会选举产生而在一定程度上阻隔了董事与股东之间的关联,我国并无支撑美、德国家董事会层面进行识别的制度与市场背景:①美国拥有较为完善的证券市场和经理人市场。因此,对于包括控制股东与公司间的关联交易以及其他关联交易,均强化了其信息披露。例如,美国证券法对所有公司,包括美国公司和在美国上市交易的外国公司,施加了披露义务。③ 公司必须报告每年度所有的价值超过 12 万美元的,以及董事、高管,或者持有超过持有投票权的证券超过 5% 的股东所拥有的实质利益。美国通用会计准则(U.S. GAAP)通过施加年度披露所有的公司与其官员、董

---

① 参见〔美〕莱纳·克拉克曼、〔英〕保罗·戴维斯、〔美〕亨利·汉斯曼等:《公司法剖析:比较与功能的视角》,刘俊海、徐海燕等译,北京大学出版社 2007 年版,第 147—148 页,第五章"关联交易",本章作者为〔瑞士〕杰拉德·赫蒂格、〔日〕神田秀树。
② 参见习龙生:《控制股东的义务和责任研究》,法律出版社 2006 年版,第 124 页。
③ 登记和披露要求适用于那些在证券交易所上市的和那些拥有超过 1000 万美元和拥有超过 750 个股东的美国公司[1934 年《证券交易法》§ 12(g)(1)]。关于适用于非美国公司的登记与类似的披露要求,参见 Louis Loss and Seligman, *Fundamentals of Securities Regulation* 209-19(5th ed., 2004),转引自 Luca Enriques, Gerard Hertig and Hideki Kanda, *Related-Party Transaction*, in Reinier Kraakman, John Armour and Paul Davis etc., *The Anatomy of Corporation Law: A Comparative and Functional Approach (Second Edition)*, Oxford University Press, 2009, p.156. note 11.

事和控制股东间的实质交易补充了上述披露要求。① 通过强化关联交易的信息披露,可通过资本市场和经理人市场的监督,强化对董事会正当履行利益识别职能的监督。②就德国而言,德国的董事由监事会选任,而监事会一般由股东和雇员分别选任的监事组成。尽管在雇员参与的公司中,对监事会中监事比例以及监事会主席的选举程序及其第二次表决权也使股东利益在公司利益形成中处于一种优先地位②,但是,由于董事至少并非股东直接选举,而使其董事会相对独立于股东。(4)即使美国(确切地说是特拉华州)在理论上赋予了无利害关系董事审查公司与控制股东间交易的权力,该权力与无利害关系董事审查公司与经营者间交易的权力相同,但在实践中,被控制公司董事的"无利害关系"易受攻击,也使知情小股东批准控制股东的利益冲突交易成为最安全的方法。美国传统上也把小股东批准作为监督控制股东利益冲突的最可信赖的手段。③

第三,就控制股东与公司间关联交易的信息披露而言,我国现行立法未作规范,可参照美国《示范公司法》关于董事自我交易信息披露的规定,强化对控制股东自我交易的信息披露,例如,要求披露控制股东在关联交易中利益冲突的存在及性质;以及关于该交易标的的所有重要事实。事实上,在美国,母公司同其部分拥有的子公司的交易,即控制股东关联交易和董事与公司间的关联交易一样,均被纳入"基本自我交易"进行规制。学者认为,董事、高级职员以及在某些情况下具有控制权的股东,对其公司,有时还有其他股东

---

① See Luca Enriques, Gerard Hertig and Hideki Kanda, *Related-Party Transaction*, in Reinier Kraakman, John Armour and Paul Davis etc., *The Anatomy of Corporation Law: A Comparative and Functional Approach* (Second Edition), Oxford University Press, 2009, p.156.
② 详见第三章"公司利益的构造"之三(三)1(2)"资产>负债状态下公司经营中参与模式下公司利益形成中的股东利益优先"部分。
③ 参见〔美〕莱纳·克拉克曼、〔英〕保罗·戴维斯、〔美〕亨利·汉斯曼等:《公司法剖析:比较与功能的视角》,刘俊海、徐海燕等译,北京大学出版社 2007 年版,第 147—148 页,第五章"关联交易",本章作者为〔瑞士〕杰拉德·赫蒂格、〔日〕神田秀树。

和投资人负有诚信义务,这项义务禁止受信托人以欺诈和不公平的交易方式利用他们的受益人。① 因此,美国成文法对董事自我交易规范的部分,本就是完全适用于控制股东的②,这当然也包括关于该关联交易信息披露的规则。

2. 关于我国董事利益冲突情形下利益事中识别制度的完善

我国关于董事利益冲突情形下的利益识别制度主要体现在《公司法》第149条及124条中。根据该法第148条,董事、高级管理人员不得"违反公司章程的规定或者未经股东会、股东大会同意,与本公司订立合同或者进行交易""未经股东会或者股东大会同意,利用职务便利为自己或者他人谋取属于公司的商业机会,自营或者为他人经营与所任职公司同类的业务"根据上述规定,除董事自我交易可由章程事先授权许可外,对于董事利益冲突交易、利用公司机会、施行竞业行为这几种利益冲突情形下的公司利益识别机关均为公司股东(大)会。而《公司法》第124条则规定了上市公司董事会会议时的关联董事表决权排除制度,规定:"上市公司董事与董事会会议决议事项所涉及的企业有关联关系的,不得对该项决议行使表决权,也不得代理其他董事行使表决权。该董事会会议由过半数的无关联关系董事出席即可举行,董事会会议所作决议须经无关联关系董事过半数通过。出席董事会的无关联关系董事人数不足三人的,应将该事项提交上市公司股东大会审议。"我国董事利益冲突交易情形下利益识别制度同样存在有待完善之处。

第一,我国现行法所涉及的由特定机关识别的涉及董事利益冲突的情形过窄,应增加"公司同其董事或高级职员在其中有直接或间接重大财政利益的经营实体之间的交易"以及"公司同有共同或'连锁'

---

① 参见〔美〕罗伯特·C. 克拉克:《公司法则》,胡平、林长远、徐庆恒、陈亮译,工商出版社1999年版,第115页,第130页。
② 参见习龙生:《控制股东的义务和责任研究》,法律出版社2006年版,第124页。

董事或高级管理人员的另一公司之间的交易"以及"公司同其董事或高级职员具有重要人身关系或重要经济利益关系的利害关系人之间或该利害关系人在其中有直接或间接重大财政利益的经营实体之间的交易"情形。我国《公司法》第148条所涉及的强制由股东大会进行利益识别进而批准的涉及董事利益冲突的情形仅包括自我交易、利用公司机会以及竞业行为。与国外立法所规范的自我交易相比,这一范围显然过窄。例如,在美国,自我交易除了包括母公司同其部分拥有的子公司之间的交易不属于董事利益冲突的情形外,尚包括"公司董事同其董事或高级职员之间的交易""公司同其董事或高级职员在其中有直接或间接重大财政利益的经营实体之间的交易"以及"公司同有共同或'连锁'董事或高级管理人员的另一公司之间的交易"这三种涉及董事利益冲突的情形。此外,我国公司法上所涉及的董事自我交易仅涉及董事、高级管理人员本人,而未涉及公司与其近亲属等利害关系人进行交易,以及与利害关系人在其中有直接或间接重大财政利益的经营实体之间的交易这些显然也会导致处于利益冲突情境的情形,我国立法应予增加需要对公司利益进行特别识别(由特定识别机关进行识别)的利益冲突情形。至于前述"董事或高级职员具有重要人身关系或重要经济利益关系的利害关系人"的具体范围则值得进一步研究,以在维护公司利益和促进公司经营效率之间维持平衡,笔者以为,其范围至少应包括:董事或者高级管理人员的配偶、父母、子女、兄弟姐妹、祖父母、外祖父母、孙子女、外孙子女、合伙人。

第二,就董事利益冲突情形下对公司利益进行特别识别的机关而言,应在现行法由股东大会作为识别机关的基础上增加董事会作为利益识别机关。

我国现行立法中对董事自我交易、董事利用公司机会以及实施竞业行为仅仅规定了股东大会作为唯一的利益识别机关,考量当代各主要国家立法,多数国家规定的董事利益冲突识别机关均同时包括股东会与董事会,并以董事会为主要利益识别机关甚至唯一识别机关。例如,在韩国,关于董事自我交易的批准机关,学界通说认为只能由董事会决议,公司章程不得将自我交易归于股东大会的决议事项。[①] 而当代大多数国家也对董事会审查利益冲突交易要么采取强制性态度,要么采取强力倡导的态度。日本和大多数欧洲大陆国家要求必须由无利害关系董事的批准,尤其是涉及公众公司的董事的交易行为时。[②] 法国法尤其严格,它要求无利害关系的董事会批准所有股份有限公司与董事或总经理之间既非通常交易、又非市场条件下的交易。[③] 而美国鼓励利害关系经营者寻求董事会授权的方式是,凡是获得董事会授权或者批准的交易都可对抗股东的诉讼。追随《示范公司法》的美国诸州用商业判断规则保护经无利害关系董事会批准的利益冲突交易,该规则使这些交易很难被成功推翻。[④] 即使未采纳《示范公司法》的其他各州(包括特拉华州)至少也将经无利害关系的董事会的批准的交易行为公平性(或不公平性)的举证责任转移到异议者身上。[⑤] 英国将股东会批准董事冲突交易作为一项默示法律规则(各种重大交易除外),这就自然鼓励了公司在章程中将其置换成为成本较低的无利

[①] 参见李建伟:《关联交易的法律规制》,法律出版社 2007 年版,第 248 页。

[②] 有一项例外是瑞士。瑞士不要求经理与其公司之间的交易必须经过董事会批准。然而,当公司与其董事会成员进行交易时,没有利害关系的董事必须代表公司签订合同。转引自〔美〕莱纳·克拉克曼、〔英〕保罗·戴维斯、〔美〕亨利·汉斯曼等:《公司法剖析:比较与功能的视角》,刘俊海、徐海燕等译,北京大学出版社 2007 年版,第 127 页,第五章"关联交易",本章作者为〔瑞士〕杰拉德·赫蒂格、〔日〕神田秀树。

[③] 参见〔美〕莱纳·克拉克曼、〔英〕保罗·戴维斯、〔美〕亨利·汉斯曼等:《公司法剖析:比较与功能的视角》,刘俊海、徐海燕等译,北京大学出版社 2007 年版,第 127 页,第五章"关联交易",本章作者为〔瑞士〕杰拉德·赫蒂格、〔日〕神田秀树。

[④] 参见《示范公司法》第 8.60—8.63 条。除非挑战者能够证明董事会的批准仅是走过场(给利害关系董事提供好处),或证明董事会批准并非基于最低限度的信息和理性,则交易有效。

[⑤] 参见《示范公司法》第 8.31 条,转引自〔美〕莱纳·克拉克曼、〔英〕保罗·戴维斯、〔美〕亨利·汉斯曼等:《公司法剖析:比较与功能的视角》,刘俊海、徐海燕等译,北京大学出版社 2007 年版,第 128 页,第五章"关联交易",本章作者为〔瑞士〕杰拉德·赫蒂格、〔日〕神田秀树。

害关系董事会的批准程序,结果是,在非重大冲突交易中,通过公司章程条款的规定,董事会批准代替了股东会批准。① 时至今日,在公司章程中加入董事会批准董事自我交易条款已成为注册公司章程中的普遍现象。② 就董事利益冲突情形下对公司利益进行特别识别的机关而言,我国也应在现行法由股东大会作为识别机关的基础上增加董事会作为利益识别机关。又要求无利害关系董事会作为识别机关,原因在于:(1)有利于降低守法成本。因为股东大会并非常设机构,不能经常性举行,召集临时股东大会也面临着通知时间以及费用支出等诸多问题,而且召集也面临着诸多法律限制,这些问题对于公众公司尤为明显。而召集董事会相对而言要方便很多,成本也较低,既适应公司灵活经营的需要,也有利于降低守法成本。(2)不太可能阻碍有效率的交易(即很少出现错误否决)。事实上,董事会批准还可保护增值交易免受外部攻击,进而鼓励增值交易。③ (3)在韩国,一般还认为,董事自我交易之所以只能由董事会承认,一个重要理由是,对于不当形成的董事会的承认,可以追究责任,但对股东大会的承认就无法追究其责任,由此,这种对公司的损害填补就不可能了。所以,即使全体股东同意,也不能代替董事会的承认。④ (4)公司经营行为通常而言属于董事会决议事项,因此,如能消除因存在利益冲突对董事会识别公正性的影响,自仍可将该董事自我交易行为的公司利益识别交由董事会

---

① 参见〔美〕莱纳·克拉克曼、〔英〕保罗·戴维斯、〔美〕亨利·汉斯曼等:《公司法剖析:比较与功能的视角》,刘俊海、徐海燕等译,北京大学出版社2007年版,第128、133页,第五章"关联交易",本章作者为〔瑞士〕杰拉德·赫蒂格、〔日〕神田秀树。

② 参见 L. C. B. Gower, D. D. Prentice and B. G. Petter, *Gower's Principles of Modern Company Law (5th edition)*, Sweet & Maxwell, 1992, pp. 560 – 562,转引自曹顺明:《股份有限公司董事损害赔偿责任研究》,中国法制出版社2005年版,第147页。

③ 参见〔美〕莱纳·克拉克曼、〔英〕保罗·戴维斯、〔美〕亨利·汉斯曼等:《公司法剖析:比较与功能的视角》,刘俊海、徐海燕等译,北京大学出版社2007年版,第131页,第五章"关联交易",本章作者为〔瑞士〕杰拉德·赫蒂格、〔日〕神田秀树。

④ 参见〔韩〕李哲松:《韩国公司法》,吴日焕译,中国政法大学出版社2000年版,第508—509页。

完成,此消除因利益冲突对董事会公正性影响的措施在各国表现为利害相关董事的表决权排除制度,即由董事会中无利害关系董事或独立董事组成的专门委员会进行识别,由无利害关系董事进行董事关联交易的利益识别已在相当程度上排除了利益冲突对董事会识别公正性的影响。(5)根据《企业国有资产法》第46条第2款规定:"公司董事会对公司与关联方的交易作出决议时,该交易涉及的董事不得行使表决权,也不得代理其他董事行使表决权。"就该款所调整的该条第1款的"国有资本控股公司、国有资本参股公司与关联方的交易",第2款所谓的"该交易涉及的董事"当然应包括董事利益冲突交易中的连锁董事的情形,显然,该法对此种董事利益冲突情形采取了允许无利害关系董事会作为识别机关的态度,增加以无利害关系董事会作为董事利益冲突情形下的公司利益识别机关与《企业国有资产法》所采取的上述立法态度一致。

另一方面,仍应保持股东大会作为董事利益冲突情形的公司利益识别机关。原因在于:(1)有些时候没有无利害关系的独立董事,例如,全体董事会成员均与识别事项有利益冲突,此时,无法由董事会作为识别机关;(2)即使由独立董事专门组成的委员会来进行识别,可能仍存在着对其独立性的怀疑。正如杰拉德·赫蒂格等指出的:"独立董事可能并不是法律预想的毫无利害关系的受托人。大部分的独立董事的当选获得了首席执行官、主要股东或者他们共同的同意。他们既不太可能干预否决有效率的交易,也不太可能反对没有效率的交易。因此,出现错误否决(即将无效率交易视为有效率交易)的概率很大。由于董事会批准保护了违法的交易免受外部的法律干涉,因此有可能导致减值交易的发生。我们并不认为无利害关系的董事会批准制度无效率或者帮倒忙。但无论如何,我们都必须时刻牢记着信托策略的脆弱性。例如,无利害关系董事批准的大量自我交易是导致安然事件的重要原因。"①(3)股东是经营者机会主义行为的受害者。在捍卫公司价值方面，外部董事没有利害关系，而股东却有着密切的利益关系。据此，股东会应当审查冲突交易。②(4)有些董事利益冲突事项本就属于股东会决议进行识别的范围，例如，就该公司董事与董事持有的另一家公司合并问题进行决议/识别。(5)那种认为"对于不当形成的董事会的承认，可以追究责任，但对股东大会的承认就无法追究其责任，由此，这种对公司的损害填补就不可能了。所以，即使全体股东同意，也不能代替董事会的承认。"③从而仅能由董事会就董事利益冲突情形下公司利益进行识别的观点并不成立，因为，如果公司股东大会决议违反法律、行政法规或者公司章程（包括公司章程中关于公司利益的事前识别规定），完全可以依相关法律规定对该股东大会决议提起决议无效或撤销诉讼。另外，在利益识别过程中，如果股东滥用股东权利损害公司和其他股东权利，也完全可依相关规定追究该股东责任④，并非对于股东大会的承认就无法追究其责任。

在由董事会与股东会共同作为利益冲突情形下的利益识别机关时，存在着一个需要解决的问题：股东会与董事会之间的识别权限如何划分？对此，笔者认为：(1)应当以无利害关系的董事会作为主要识别机关，其原因除前述董事会作为识别机关理由外。考察当代各允许股东会与董事会共同作为董事利益冲突情形下利益识别机关国家的立法与实践，"当代大多数国家也对董事会审查利益冲突交易要么采

---

① 〔美〕莱纳·克拉克曼、〔英〕保罗·戴维斯、〔美〕亨利·汉斯曼等：《公司法剖析：比较与功能的视角》，刘俊海、徐海燕等译，北京大学出版社 2007 年版，第 131—132 页，第五章"关联交易"，本章作者为〔瑞士〕杰拉德·赫蒂格、〔日〕神田秀树。
② 同上注，第 132 页。
③ 李建伟：《关联交易的法律规制》，法律出版社 2007 年版，第 248 页。
④ 我国《公司法》第 20 条第 1 款、第 2 款规定，"公司股东应当遵守法律、行政法规和公司章程，依法行使股东权利，不得滥用股东权利损害公司或者其他股东的利益；不得滥用公司法人独立地位和股东有限责任损害公司债权人的利益。""公司股东滥用股东权利给公司或者其他股东造成损失的，应当依法承担赔偿责任。"

取强制性态度,要么采取强力倡导的态度"①,其在立法与实践中一般均将董事会作为主要的利益识别机关。(2)股东会主要强制性地识别公司中的重大事项(例如公司法中规定的由股东大会决议事项),以及不存在无利害关系董事,或者无利害关系董事人数达不到法律或公司章程规定的人数时②,对董事利益冲突交易的识别。(3)考虑到无利害关系董事会批准与股东会批准均各有利弊,应当允许以公司章程对两者之间关于利益识别权限的划分作出规定(法定强制性由股东会识别事项除外)。例如,在英国,即将股东会批准董事冲突交易作为一项默示法律规则(各种重大交易除外),这就了鼓励公司在章程中将其置换为成本较低的无利害关系董事会的批准程序③,从而,除法定由股东会识别事项外,其他事项均可通过公司章程自由约定识别机关与权限。

最后,需要指出的是,如我国能够强化监事会职能,赋予监事会选任与罢免董事的职权,使得具有职工参与特点④的我国现行监事会成为董事会的上位机关(即采德国模式的监事会设计),强化通过参与模

---

① 有一项例外是瑞士。瑞士不要求经理与其公司之间的交易必须经过董事会批准。然而,当公司与其董事会成员进行交易时,没有利害关系的董事必须代表公司签订合同。另外,在法国,其要求股东会批准(还需要无利害关系的董事会的批准)所有不是在正常经营过程缔结或者没有反映市场条件的自我交易,即实行双重批准。参见〔美〕莱纳·克拉克曼、〔英〕保罗·戴维斯、〔美〕亨利·汉斯曼等:《公司法剖析:比较与功能的视角》,刘俊海、徐海燕等译,北京大学出版社2007年版,第127页、第132页,第五章"关联交易",本章作者为〔瑞士〕杰拉德·赫蒂格、〔日〕神田秀树。

② 例如,根据我国《公司法》第111条规定,股份有限公司董事会会议应由过半数董事出席方可举行。董事会作出决议,必须经全体董事的过半数通过。而有限责任公司"董事会的议事方式和表决程序,除本法有规定的外,由公司章程规定"(第48条第1款),该法未就董事会会议的定足数作为规定,而委诸公司章程作出规定。

③ 〔美〕莱纳·克拉克曼、〔英〕保罗·戴维斯、〔美〕亨利·汉斯曼等:《公司法剖析:比较与功能的视角》,刘俊海、徐海燕等译,北京大学出版社2007年版,第128页,第五章"关联交易",本章作者为〔瑞士〕杰拉德·赫蒂格、〔日〕神田秀树。

④ 根据我国《公司法》第51条、第117条,无论是有限责任公司还是股份有限公司,监事会中均应包括股东代表和适当比例的公司职工代表,其中职工代表的比例不得低于1/3,具体比例由公司章程规定。

式对利益相关者的保护①,由于此种模式下的监事会既可使作为公司利益构成因子的参与者利益(而并非在股东会识别的情形下仅作为公司利益构成因子之一的股东利益)得以通过参与模式融入监事会所识别的"公司利益"中,又可通过监事会对董事的任免权而强化董事(会)在履行信托职责时将利益相关者的利益纳入考量。由于公司利益的构成因子并非仅为股东利益,较之于无利害关系董事会,此种经过改造了的类似于德国监事会的职能下的监事会是一种更佳的公司利益识别机关,正如在德国,对董事利益冲突情形下的利益识别机关为监事会。如以改造后的监事会作为公司利益识别机关,还可使这一事中识别机关的规定与《公司法》第 151 条股东代表诉讼中关于就董事、经理实施的损害公司利益行为由监事会作为利益识别机关代表公司提起诉讼的规定一致。此种情形下,由于公司中某些重大事项的决策权仍属于股东大会(例如公司与董事所有的公司进行合并),故股东大会也仍应保留此类董事利益冲突情形下的利益识别权,从而出现股东会、监事会在各自的权限范围内均有其识别权的状况。本书中关于股东会与董事会权限划分的结论也同样适用于监事会作为公司利益识别机关的情形。

第三,如扩大以特别识别的方式对董事利益冲突的范围以及增加董事会作为董事利益冲突情形下的利益识别机关,则应将董事表决权回避的情形适用于所有董事利益冲突情形。就董事会进行利益识别情形下实行表决权回避的情形而言,我国现行《公司法》第 124 条仅规定了上市公司董事会会议时的关联董事表决权排除制度,当然,这或许是因为我国现行《公司法》第 148 条规定的董事利益冲突情形下仅由股东大会作为公司利益识别机关。而且,《公司法》第 124 条上述规定也仅涉及上市公司"董事与董事会会议决议事项所涉及的企业有关

---

① 详见本书第三章"公司利益的构造"之四、(二)3.(4)"我国参与模式下的雇员利益融入公司利益的改革机制"之"路径一:强化监事会职能,赋予监事会选任与罢免董事的职能"部分。

联关系的",如果决议事项有所涉及的与董事有关联关系的是自然人而非企业,例如,即便是上市公司和与董事个人具有特定关系的自然人,例如公司和董事的近亲属实施交易①,亦不属该条约束。如按照本书所述,扩大以特别识别的方式对董事利益冲突的范围以及增加董事会作为董事利益冲突情形下的利益识别机关的话,则根据"任何人不得成为自身的法官",排除该有关利益冲突董事在识别过程中的表决权应属当然。考量域外立法也可得出同样结论,域外凡是实行董事会对利益冲突进行识别的国家,几乎都是由无利害关系董事会进行识别(即排除利益冲突董事的表决权),即便在立法上不实行利益相关董事表决权排除制度的英国,也由于其将股东会批准董事冲突交易作为一项默示法律规则(各种重大交易除外),这就鼓励了公司在章程中将其置换为成本较低的无利害关系董事会的批准程序。章程可以用无利害关系董事会批准替代股东会批准。只是对于重大财产交易,须经股东会批准②,从而导致其实践中,对董事利益冲突情形下的公司利益进行识别的董事会会议也主要是实行利益相关董事表决权排除的董事会会议。

第三,我国公司法在规定董事利益冲突情形下,无论是现行法的股东大会作为识别机关,还是本书所建议的将来应与增加的董事会作为识别机关,以及在股东会和董事会层面实行的表决权回避制度,均未对有关利益相关者披露义务作出规定,无法保证利益识别程序的公开要求。因此,应完善董事利益冲突情形下该利益冲突董事的披露义务,至少,其应披露在相关交易中利益的存在、性质,以及其他重要事实。另外,立法还应当对披露时间、以及在披露之后情形发生变化时

---

① 根据《公司法》第216条之(四),关联关系,"是指公司控股股东、实际控制人、董事、监事、高级管理人员与其直接或者间接控制的企业之间的关系,以及可能导致公司利益转移的其他关系……"。董事与其近亲属之间的关系,似乎可纳入"可能导致公司利益转移的其他关系"。

② 〔美〕莱纳·克拉克曼、〔英〕保罗·戴维斯、〔美〕亨利·汉斯曼等:《公司法剖析:比较与功能的视角》,刘俊海、徐海燕等译,北京大学出版社2007年版,第128页,第五章"关联交易",本章作者为〔瑞士〕杰拉德·赫蒂格、〔日〕神田秀树。

的补充披露义务等进行规定。

三、公司利益的事前识别

公司利益的事前识别,是为促进公司高效经营与防止经营中的败德行为,特定公司机关通过特定文件的形式,对可能发生的特定种类的经营行为在其发生前即对其是否符合公司利益进行预判,进而授权或者禁止公司实施该特定行为。

(一)问题的提示:从一则案例提起

2012年第10期《最高人民法院公报》刊载了一则案例"南京安盛财务顾问有限公司诉祝鹃股东会决议罚款纠纷案"[①],该案提出了公司利益事前识别的方法与限制等诸多问题。

安盛公司成立于2002年11月18日,注册资本180万元。2004年8月,被告祝鹃成为安盛公司员工,在审核岗位从事审核会计工作。2006年1月1日,祝鹃向安盛公司出资2万元,占注册资本的1.11%,安盛公司据此向祝鹃出具了股权证书。2007年1月1日,安盛公司将祝鹃记载为股东。公司章程第14条载明:安盛股份实行"股东身份必须首先是员工身份"的原则。第16条载明:新加入的员工若三年内离开公司,其股份由公司强行回购,并约定了回购价格的计算方法。第36条载明,股东退出分为自愿退出和强制退出。任何股东有下列行为之一出现时,必须全部转让其在公司的股份,由股东会强制取消其股东身份:(一)主观故意侵占或损害公司利益者;(二)利用在公司的地

---

① 参见南京安盛财务顾问有限公司诉祝鹃股东会决议罚款纠纷案,载《最高人民法院公报》2012年第10期,第43—48页。

位或和职权为自己牟私利者;(三)利用职权收受贿赂或者其他非法收入者;(四)私自动用公司资金或者将公司资金借贷给他人或者用本公司资金为个人债务提供担保者;(五)不按本章程的议事规则和国家有关法律、法规解决股东间有关公司发展和公司治理的分歧,而采取非法手段者;(六)受公司除名者;(七)其他有损公司利益,董事会决议强制退出者。此种情况下转让股份的价值按当时公司账面净值折算后扣除给公司造成的损失及股东会决议的罚款后的余额计算。祝鹃作为股东在上述公司章程上进行了签名,但该章程中未明确记载罚款的标准与额度。安盛公司制作的《安盛员工手册》,包含《奖惩条例》和《安盛同业禁止规定》。《奖惩条例》第7条规定:员工处罚分5种:警告、记过、记大过、降级或辞退、开除或除名;降级或辞退的,罚款1500元,造成经济损失的,赔偿另计;开除或除名的,罚款2000元,造成经济损失的,赔偿另计。《安盛同业禁止规定》第1条载明,安盛全体人员不得利用工作时间兼职;不得兼职从事与本公司相同类型的业务,该规定并约定若违反上述第1条规定,则没收兼职所得,并按本公司奖惩条例接受处罚;祝鹃在上述《安盛员工手册》落款处进行了签名。此外,祝鹃在安盛公司工作期间,与安盛公司签订过两份劳动合同书,两份劳动合同书均约定:乙方(指祝鹃)在合同期间不得兼职从事与甲方(指安盛公司)相关类型的业务等内容。安盛公司曾与瑞派尔公司签订代理记账委托协议书,由安盛公司负责为瑞派尔公司代理记账及申报服务。祝鹃作为安盛公司的代表在2006年度的记账委托协议书进行了签名。2008年6月30日,祝鹃仍作为瑞派尔公司的经办人向税务部门申请取消一般纳税人资格业务。2008年7月23日,祝鹃向安盛公司提交书面辞职报告,同月25日,安盛公司作出关于与祝鹃解除劳动合同书的决定书,决定自2008年7月25日起与祝鹃解除劳动合同。2008年12月31日,安盛公司以群发短信形式通知公司股东(含被告祝鹃),决定于2009年1月5日17:00在公司会议室召开临时股东会。2009年1月5日,安盛公司如期召开股东会,并形成关于对祝鹃股份处置和违反公司公章处理决定的股东会决议。决议载明对祝鹃处以人民币50000元罚款。如祝鹃在2009年2月28日前已认识到自己的问题,希望通过和谈解决,股东会授权董事会进行协商减轻处罚,但最低罚款不得低于24107元等内容。出席会议的毛友俊等13位股东在同意股东签字一栏进行了签名。嗣后,安盛公司将上述股东会决议以特快专递方式邮寄给了祝鹃。

其后,安盛公司诉请被告祝鹃支付安盛公司2009年1月5日股东会决议确定的罚款人民币5万元,审理中,安盛公司将诉讼请求变更为要求祝鹃立即给付安盛公司人民币25893元。祝鹃则反诉要求确认安盛公司2009年1月5日所作股东会决议中关于罚款的内容无效。

江苏省南京市鼓楼区人民法院经审理认为:……在公司章程未作另行规定的情况下,有限公司的股东会并无对股东处以罚款的法定职权,如股东会据此对股东作出处以罚款的决议,则属超越法定职权,决议无效。……安盛公司章程第36条虽主要是关于取消股东身份的规定,但该条第2款明确记载有"股东会决议罚款",根据章程本身所使用的文义进行解释,能够得出在出现该条第1款所列八种情形下,安盛公司的股东会可以对当事股东进行罚款。鉴于上述约定是安盛公司全体股东所预设的对违反公司章程股东的一种制裁措施,符合公司的整体利益,体现了有限公司的人合性特征,不违反公司法的禁止性规定,被告祝鹃亦在章程上签字予以认可,故包括祝鹃在内的所有股东都应当遵守。据此,安盛公司的股东会依照公司法第38条第11项之规定,享有对违反公司章程的股东处以罚款的职权。有限公司章程在赋予股东会对股东处以罚款职权的同时,应明确规定罚款的标准和幅度……。祝鹃违反了公司章程,安盛公司股东会可以对祝鹃处以罚款……安盛公司在修订公司章程时,虽规定了股东在出现第36条第1款的八种情形时,股东会有权对股东处以罚款,但却未在公司章程中明确记载罚款的标准及幅度,使得祝鹍对违反公司章程行为的后果无法做出事先预料,……安盛公司临时股东股东会所作出对祝鹍罚款的决议明显属于法定依据不足,应认定为无效……祝鹍要求确认2009年1月5日安盛公司临时股东会罚款决议内容无效的反诉请求,予以支持。原告安盛公司基于上述无效决议内容要求祝鹍支付25893元的诉讼请求,没有法律依据,不予支持。

据此,江苏省南京市鼓楼区人民法院于2010年7月6日判决:一、确认原告安盛公司2009年1月5日临时股东会决议第2项"对被告祝鹍处以人民币50000元罚款"内容无效;二、驳回原告安盛公司要求被告祝鹍支付25893元的诉讼请求。一审宣判后,双方当事人在法定期间内均未提起上诉,一审判决已经发生法律效力。

该案中,安盛公司通过公司章程第36条确定了八种损害公司利益的行为,这无疑是一种对公司利益的事先识别,即以否定的方式确定特定种类行为不符合公司利益;此外,该条授权公司以股东会决议的形式对违反公司章程的股东予以制裁,这则是以一种积极的方式——肯定公司实施的特定行为(例如,该案中对违反章程第36条的行为以股东会决议决定予以"罚款")符合公司利益。由该案,促使我们不得不对以下几个问题展开思考:(1)公司能否对特定行为是否符合公司利益进行事前识别?(2)如果允许公司对公司利益进行事前识别,以何种方式进行识别?(3)如果允许公司对公司利益进行事前识别,此种识别是否具有限制?具有什么样的限制?

(二)公司利益事前识别的正当性

既然公司经营过程中,不可避免地需要对公司利益进行事中识别,那么,是否应允许公司事前即进行此种识别?答案是肯定的。

允许对公司利益的事前识别,其正当性在于:

第一,提高识别效率。公司利益的事中识别主要是通过股东会与董事会以会议决议的方式进行识别,进行这样的事中识别,将要面临着召集、召开会议等必要程序,并遵守有关通知时间等规定。因此,公司利益的事中识别无疑将耗费诸多时日,对于股东人数众多的上市公司召集股东大会而言尤甚。这种事中识别程序上的要求无疑会影响公司的识别/决策效率,影响公司在瞬息万变的商业竞争中抓住商机。若允许公司在事先即对特定类型行为是否符合公司利益作出识别,免除公司在具体情境下召集股东会或董事会进行识别的程序,将提高公司未来进行利益识别的效率。

第二,节约利益识别成本与公司的运营成本。在公司利益的事中识别程序中,需要召开股东会或董事会进行公司利益识别,这不仅将因耗费时日而影响识别效率,而且,召集与召开股东会/董事会也无疑将花费一定成本。而通过对公司利益的事前识别,将免除就已经识别的行为是否符合公司利益再行召集股东会/董事会所产生的成本,从而节约公司的利益识别成本与运营成本。

第三,增强可预见性。美国前财长鲁宾曾说:"关于市场,唯一确定的就是其不确定性。"①而不确定性可能导致风险。② 法律不确定性已成为讨论法律风险问题的一个必备概念。③ 国际统一私法协会在探

---

① 秦合舫:《战略,超越不确定性》,机械工业出版社2005年版,第36页。

② 在理论界对风险进行的各种界定中,不确定性是其基本特征。例如,大卫·丹尼指出,风险代表了世界的一种状态,这种状态中,后果的不确定性和人们对后果的关注之间存在着关联,参见〔英〕大卫·丹尼:《风险与社会》,马缨、王嵩、陆群峰译,北京出版集团公司、北京出版社2009年版,第10页。莫布瑞(A. H. Mowbray)认为,风险是指不确定性;马尔斯和沙皮拉(March and Shapira)则认为,风险是事务可能结果的不确定性;博蒂和罗伯特(Zvi Bodie and Robert C. Merton)在其2000年出版的《金融学》一书中,描述了风险与不确定性的区别,"当一个人不能确定将来会发生什么时,就存在不确定性。风险即不确定性,它之所以重要,是因为其关系到人们的福利。因此,不确定性是风险的必要条件而不是充分条件。任何一种存在的风险都是不确定的,但没有风险的情势也会存在不确定性。"前述对风险的定义,转引自潘勇辉:《外资并购的风险识别、测度及调控机制研究——基于"动机与风险对应论"的视角》,经济科学出版社2008年版,第20—21页。

③ 参见〔英〕Roger McCormick:《金融市场中的法律风险》,胡滨译,社会科学文献出版社2009年版,第7页。

讨多层证券持有体系的风险问题时曾指出："法律风险，通常是指适用的法律不能提供可预测的有效解决方案的情形。"①面对着多变的商业社会，法律不能为公司实施的各种行为提供可预测的其是否符合公司利益的判断，这便蕴含着法律风险。罗纳德·海纳指出，个体能力与所决策问题的难度之间存在差距，人类在这种差距面前，将会构造一些规则去限制这种条件下选择的灵活性，我们将这些规则称为制度。通过把选择导向一个更小的行动集，制度可以改进人类控制环境的能力。② 1978年诺贝尔经济学奖得主郝伯特·西蒙（Herbert Simon）指出，这个世界非常复杂，超出了我们充分认识这个世界的限度，这意味着我们在作出周全决策时通常所面临的问题不是我们缺少信息，而是我们处理信息的能力有限。换句话说，世界充满着不确定性。为应对此种不确定性，我们应该刻意地限制选择自由，以便缩小我们不得不应对的问题的范围，减少其复杂性。从而需要一些规则以便应对我们的有限理性。③ 通过对公司利益的事前识别，事先授权实施一些已经识别符合公司利益的行为，或者禁止实施已经被识别不符合公司利益的行为，即是一种西蒙所称的"限制选择自由，以便缩小我们不得不应对的问题的范围，减少其复杂性"和罗纳德·海纳所称的"限制这种条件下选择的灵活性……把选择导向一个更小的行动集"的方法，从而减少因公司行为是否符合公司利益不确定性而给公司及决策者带来的法律风险。

（三）公司利益事前识别的比较法考察

从比较法考察，当代各国也多允许对公司利益的事前识别，例如，

---

① 〔英〕Roger McCormick：《金融市场中的法律风险》，胡滨译，社会科学文献出版社2009年版，第110页。
② 〔美〕道格拉斯·诺思：《理解经济变迁过程》，钟正龙、邢华等译，中国人民大学出版社2008年版，第15页。
③ 〔英〕张夏准：《资本主义的真相——自由市场经济学家的23个秘密》，孙建中译，新华出版社2011年版，第164—165页。

美国、英国、德国均允许满足一定条件的公司利益的事前识别。

1. 美国

在美国,公司可以制定公司标准,规定公司对某一类型的业务活动存在利益,因此将这类业务从关于公司机会的规则中分离出来。[①] 根据《公司治理原则:分析与建议》§1.36,"公司标准"指的是一项有效的公司成立证书、章程的条款或者是董事会或股东会的决议。[②]《公司治理原则:分析与建议》§5.09 及 §5.14 有关"公司标准的效果",进一步允许无利益冲突的董事或股东事先建立一项公司标准以允许高级主管或董事进行特定类型的交易或者从事特定类型的行为,这种标准具有与批准该类交易或行为同样的效力[③],该规定为:

§5.09 规定了允许董事依据公司标准实施的特定行为,即通过公司标准的方式对此类行为事先作出了合乎公司利益的识别。

该规定如下:

如果董事[§1.13]或高级主管[§1.33]依据公司标准[§1.36]而行事,该标准授权高级主管或董事:

(a)与公司达成属于特定类型而且可以期待在公司日常业务中反复发生的一项交易。

(b)以特定方式利用公司立场或者使用公司财产,这种特定方式并不违法而且可以期待在公司日常业务中反复发生。

(c)利用特定类型的公司机会,但该高级主管或董事不得通过以下途径得知公司机会:(I)因履行董事或经理职权而得知;(II)当时的

---

① 参见 America Investment Co. OF ILL. V. Lichtenstein, 134 F. Supp. 857 (E. D. Mo. 1955),转引自许传玺主编:《公司治理原则:分析与建议》(上卷),楼建波、陈炜恒、朱征夫、李骐译,法律出版社 2006 年版,第 347 页。

② 参见许传玺主编:《公司治理原则:分析与建议》(上卷),楼建波、陈炜恒、朱征夫、李骐译,法律出版社 2006 年版,第 47 页。

③ 同上注,第 373 页。

情形使得高级主管或董事有理由相信提供机会的人[§1.28]意图将机会提供给公司;(Ⅲ)通过使用公司信息或财产得知。

(d)从事特定类型的竞争行为。

而且如果该标准是在就其效果以及意在包括哪些类型的交易或行为等内容进行充分披露之后,经由无利益冲突的董事[§1.15]或无利益冲突的股东[§1.16]批准,那么,该标准将视同于无利益冲突的董事或股东依据§5.02(与公司的交易)、§5.03(董事与高级主管的报酬)、§5.04(一名高级主管或董事使用公司财产、非公开的重大公司信息或公司立场)、§5.05(高级主管或董事获取公司机会)、§5.06(与公司竞争)的规定特定行为所进行的事前授权。①

§5.14则规定了允许控股股东依据公司标准实施的特定行为,即通过公司标准的方式对此类行为事先作出了合乎公司利益的识别。

该规定如下:

如果控股股东[§1.10]的行为是根据公司标准[§1.36],那么该标准授权控股股东:

(a)与公司达成一项属于某项特定类型的交易,而且可以期待这类交易会在公司的日常业务中重复出现;

(b)以特定的方式使用控制地位或者公司财产,而且可以期待这类使用会在公司的日常业务中重复出现。

而且如果该标准是经过有关该标准的效果以及该标准打算涵盖的交易种类及行为的信息披露之后,得到无利益冲突的董事[§1.15]或无利益冲突的股东[§1.16]的事先授权,那么该标准就等同于无利

---

① 参见许传玺主编:《公司治理原则:分析与建议》(上卷),楼建波、陈炜恒、朱征夫、李骐译,法律出版社2006年版,第366—367页。

益冲突的董事或股东根据§5.10(控股股东与公司之间的交易)或者§5.11(控股股东使用公司财产、非公开的公司重大信息或者公司立场)的规定对有关行为所作出的一项事先授权。

可见,在美国,可以通过公司标准对公司利益进行事前识别。此类公司标准包含公司成立证书、章程、股东会决议与董事会决议。其识别的事项包括但不限于董事与公司间的自我交易;董事使用公司财产、非公开的公司重大信息,以及公司机会;董事实施的竞业行为;确定董事报酬等事项;并包括但不限于控制股东与公司间的交易,以及控制股东使用公司财产、非公开的公司重大信息等。对于此类事前识别的限制则要求行为种类、效果等信息进行充分披露后经由无利害关系股东或无利害关系董事予以批准,即同样也需要符合公司利益事中识别时对识别程序施加的公开与独立要求。

2. 英国

在英国,也允许对董事的自我交易与董事利用公司机会等问题进行利益的事前识别。(1)就董事自我交易的事前识别而言,早在19世纪,法院即认可,对于董事自我交易,股东可以对之给予一般的事先批准,而并不仅仅是在面对拿给他们考虑的特定决策时才予以批准。对某些种类的冲突交易进行一般的事先批准能够通过构成公司和每一个股东之间的合同的章程作出,这样就对冲突交易做出一般预先批准提供了一种方式。于是,通常情况下,允许董事会代表公司签订合同的规定就出现在公司章程中,即使其中一些董事会成员在所涉及的决策中有利益。实际上,立法提供的作为推定适用规则的示范章程A第84条和第85条授权公司和董事之间或者公司和对董事享有权益的第三人在一个很广的规模上签订合同①。(2)在英国,对

---

① 参见〔英〕保罗·戴维斯:《英国公司法精要》,樊云慧译,法律出版社2007年版,第185页。

董事利用公司机会(以及实际上,利用公司任何其他财产或信息)也允许进行股东的事先批准。在封闭公司的情形下,董事会批准是可行的,除非公司在其章程中排除了这种可能性。而在公开公司中,章程需要选择董事会批准以使那个机制可行。① 不过,董事会不可能提前批准利用的机会种类,只能批准利用特定的机会。②

而就公司股东会预先禁止董事会实施特定的经营行为,即预先识别不符合公司利益的行为,英国 1985 年《公司法》表 A 第 70 条规定:"遵守……任何特别决议的指示……但是股东大会通过的决议不能使任何先前已经生效的董事行为无效。"强调了只有通过股东大会特别决议才能对未来董事会权限加以限制。同时依照"但书"规定,特别决议所能指示的只是董事会尚未付诸实施的行为。如果董事会已经依照董事会决议采取行动,代表公司利益达成了具有约束力的合同,那么,特别决议就不能使之无效。③

据此,在英国,同样可以对公司利益进行事先识别。公司可以通过公司章程、股东会决议、董事会决议进行此种事先识别。其可进行预先识别的情形包括董事自我交易,董事利用公司机会或其他财产与信息等。不过,对于此种识别也存在限制,例如,董事会不能提前批准利用的公司机会种类,而只能批准利用特定的机会;以及通过股东会决议的方式对董事会有权决定实施的行为作否定性的公司利益评价(即表现为股东会对未来董事会权限加以限制)只能以股东会的特别决议作出。

---

① 参见〔英〕保罗·戴维斯:《英国公司法精要》,樊云慧译,法律出版社 2007 年版,第 197 页。
② 同上注,第 198 页。
③ 参见钱玉林:《股东大会决议瑕疵研究》,法律出版社 2005 年版,第 269 页。

3. 德国

根据德国公司法,允许通过"控制合同",授权母公司指示子公司行事。但是,作为交换条件,母公司必须补偿子公司为此而遭受的任何损失。[1] 倘若母公司怠于补偿,债权人可以代位行使子公司对母公司的补偿请求权,或对母公司的董事提起损害赔偿之诉。[2] 同样的标准扩大到由单一母公司控制的,由多家有限责任公司组成的公司集团。[3] 易言之,如果存在"控制合同"且母公司依合同补偿子公司损失,符合此条件的控股股东指示行为则被事前识别为符合公司利益的。而作为母公司指示子公司行为基础的企业合同,只有得到股东大会批准方才有效(第293条1款第1句)。股东大会的有关决议需要在表决时代表着注册资本的至少3/4的多数通过(第293条1款第2句)。这同样适用于企业合同的变更(第295条第1款)。此外,公司章程可以规定决议时约定更严格的资本多数决及其他条件(第293条第1款3句)。[4] 类似地,联邦法院在一个判决中指出,有限责任公司的业务执行人所签订的支配合同必须得到该公司投资人会议的批准。[5] 可见,德国对控制股东实施的行为(包括关联交易行为)所进行的公司利益事前识别通过"控制合同"进行,而该控制合同需经股东大会以特别决议通过,且需对公司因此所蒙受的损失应依照合同约定予以补偿,是为其对控制股东行为事前利益识别的限制。

---

[1] 参见《德国股份公司法》第302、308条。
[2] 参见《德国股份公司法》第302、309、322条。
[3] 参见〔美〕莱纳·克拉克曼、〔英〕保罗·戴维斯、〔美〕亨利·汉斯曼等:《公司法剖析:比较与功能的视角》,刘俊海、徐海燕等译,北京大学出版社2007年版,第102—103页,第四章"债权人保护",本章作者为〔瑞士〕杰拉德·赫蒂格、〔日〕神田秀树。
[4] 参见吴越:《企业集团法理研究》,法律出版社2003年版,第39页。
[5] 参见联邦法院判决 BGHZ 105,325,335 f. = ZIP 1989,91(supermarket/"超市"案),比较 Henze,Höchst. Rechtsprechung, Rn 96,118,转引自吴越:《企业集团法理研究》,法律出版社2003年版,第39页。

表 5.2 各国利益冲突情形下事前利益识别方式与限制

国家	控制股东关联交易		董事自我交易		董事利用公司机会（公司放弃公司机会）		董事实施竞业行为		否定性识别
	事前识别方法	限制	事前识别方法	限制	事前识别方法	限制	事前识别方法	限制	
美国	章程/成立证书/股东会/董事会	1.就识别的效果，涵盖的交易种类及行为的信息充分披露 2.无利益冲突股东或无利益冲突董事先授权	章程/成立证书/股东会/董事会	1.识别的效果，交易类型及行为的信息充分披露 2.无利益冲突股东或无利益冲突董事先授权	同董事自我交易	同董事自我交易	同董事自我交易	同董事自我交易	
英国			章程		股东会/董事会	不可能提前批准利用的机会种类，只能批准利用特定的机会			股东会 对未来董事会权限加以限制只能通过股东会特别决议
德国	股东会	特别决议							

4. 中国公司利益事前识别机制的完善

我国《公司法》中涉及公司利益事前识别的条款主要为第 148 条第 4 项要求公司董事、高级管理人员不得"违反公司章程的规定或者未经股东会、股东大会同意,与本公司订立合同或者进行交易"之规定,这是一种公司自我进行的对公司利益的事前的特别识别。

结合本书对公司利益事中识别机制的完善的思考,以及域外关于公司利益事前识别机制的设计,对于我国公司利益事前识别机制可从以下几个方面予以完善。

(1)扩大进行公司利益特别识别的行为的范围,对董事会的一切利益冲突行为以及控制股东的利益冲突行为均予以特别识别。①就董事利益冲突的特别识别而言,从我国《公司法》第 148 条规定来看,其对公司利益进行事前特别识别的范围仅涉及董事、高级管理人员自我交易的情形,然而,董事自我交易与董事利用公司机会、董事实施竞业行为等均属于董事利益冲突行为,对其予以不同规制并无充分的正当性理由,因此,对董事利益事前识别的范围应扩展至所有存在董事利益冲突的情形。②就控制股东利益冲突情形下的公司利益特别识别而言,由于公司控制股东也可能存在利益冲突的情形并因此而影响公司自我的识别公正性,当代域外诸多国家,例如美国、德国均对控制股东关联交易的自我事前识别问题作了规范。而我国规制控制股东自我交易行为的特别识别的《公司法》第 16 条仅规定"公司为公司股东或者实际控制人提供担保的,必须经股东会或者股东大会决议",该条并未明确此条是否可以"股东会或股东大会决议"概括性地授权公司为公司股东或实际控制人提供担保这一事前识别,更仅将其适用范围局限于公司为控制股东提供关联担保这一控制股东关联交易的特定形式。因此,应明确对控制股东关联交易情形下的公司利益事前识别做出特别规范,而不仅限于公司为控制股东提供关联担保这一事宜。

(2)扩大对公司利益进行事前识别的方式,使对董事自我交易的事前识别可通过章程、股东会决议、无利害关系董事会决议进行,并遵循法律关于股东会和董事会识别事项的分工。对控制股东关联交易的事前识别则可通过公司章程,无利害关系股东会决议进行。①就董事利益冲突的特别识别而言,《公司法》第148条对董事自我交易事前特别识别的方式明确规定的仅为通过"公司章程",并未明确其所称的"股东会、股东大会同意"是否包括事前概括授权。如同本书所指出的,对董事利益冲突识别的组织不仅应包含股东会,尚应包含董事会,且以董事会为主,股东会与董事会之间应遵循法律或章程确定的适当分工,未来如对我国监事会进行德国式的改革,也可包括监事会作为公司利益识别机关①,因此,对董事利益冲突交易的识别方式除公司章程外,尚应包括以股东会决议、无利害关系董事会决议(或许未来也可包含监事会决议)方式对公司实施特定利益冲突交易的授权。②就控制股东自我交易的事前识别而言,即便是《公司法》第16条规定的对控制股东的关联担保,其也既未明确是否可以股东会、股东大会的概括性授权的方式,更未确定以公司章程这一国际通用的公司利益事前识别方式。因此,不仅如前述应当将事前特别识别的范围扩展至全部控制股东关联交易,还应明确对控制股东关联交易下公司利益进行事先识别,即事先许可公司与控制股东实施特定关联交易行为的方式,应通过公司章程约定与股东会决议授权进行。

　　就前述"南京安盛财务顾问有限公司诉祝鹃股东会决议罚款纠纷案"而言,安盛公司以公司章程的方式事前识别八种损害公司利益行为以及事前识别公司对违反章程实施损害公司利益行为的股东予以处罚符合公司利益,与各国立法例上均确定公司章程作为公司利益识别方式一致,也可从我国《公司法》第11条"设立公司必须依法制定公

---

　　① 参见本章之二、(三)"我国公司利益事中识别机制的完善"2."关于我国董事利益冲突情形下利益事中识别制度的完善"部分。

司章程。公司章程对公司、股东、董事、监事、高级管理人员具有约束力"之规定中获得法律依据的支持。

(3)应完善我国公司法中关于公司利益事前识别的限制制度。域外国家在允许公司通过特定方式对公司利益进行事前识别的同时,往往对其施加了必要的限制,而我国无论是《公司法》第148条关于董事自我交易的事前识别的规定中,还是可能包含事前识别的《公司法》第16条关于为控制股东提供关联担保的规定中,均缺乏对事前识别的限制性规定,对此,应吸收域外对公司利益事前识别限制制度,对我国相关制度予以完善,这些制度包括但不限于:①掌握充分的信息(公开)是进行正确识别的基础,因此,在通过对公司利益事前识别的章程或者股东会/董事会(甚至监事会)决议时,利益相关人应当向识别组织充分披露其在该交易中的利益、类别,并说明该项事先识别/授权的法律效果,事先识别/被授权实施的行为种类,以及与决定该事先识别结果有关的一切重要信息;②保持识别组织与识别事项的独立性是确保识别参与人公正行使识别职权的重要保证,在就有关事项进行事前识别进行表决(通过公司章程、股东会决议、董事会决议乃至监事会决议)时应当在前述充分信息公开的基础上,排除与识别事项存在关联关系(特定利益关系)的识别组织成员的表决权。③与事中识别相比,事前识别时,即使经充分信息披露,往往也无法对有关行为的后果、影响等做出完全准确的预期,犹如诺贝尔经济学奖得主赫伯特·西蒙所指出的,"由于决策产生的结果未来才会发生,所以在给他们赋值时就必须用想象力来弥补缺乏真实体验的不足,但是要完整地赋予其价值还是不可能的"①,为弥补此种信息不足对识别结果正当性的影响,在对公司利益进行事前识别时,应当施加较之事中识别更为严格的表决权定足数,例如,德国对控制合同的生效即要求在表决时代表着注册

---

① 〔美〕赫伯特·A.西蒙:《管理行为》,詹正茂译,机械工业出版社2004年版,第84页。

资本的至少 3/4 的多数通过,而英国对未来董事会权限加以限制(即事先识别董事会实施的特定行为不符合公司利益)也需以股东大会特别决议做出;这样,即便识别结果不是一定正确,至少也代表了大多数人的意见。④当人们处于在判断什么样的安排最适合他们有困难的状态时,他们便可能处于个人无法有效地保护他们自己利益的状态,此种状态下他们可能不能明智或有意义地做出批准。① 因此,当个体能力与所决策问题的难度之间存在差距,人类在这种差距面前,将会构造一些规则去限制这种条件下选择的灵活性,通过把选择导向一个更小的行动集,可以改进人类控制环境的能力。② 从而,可以通过限制公司所需事前识别事项的复杂性,来降低作出不当/不明智事前识别的可能,这种基于限制事前识别事项复杂性而进行的限制可能表现在如下方面:A. 不得作出过于概括的实施特定行为的事前授权(例如,在英国,不能提前批准利用的机会种类,只能批准利用特定的机会);B. 不得作出期限过长且不得撤销的事前识别/授权。即便是力主"自由放任"思想的约翰·斯图加特·密尔,也承认长期契约中的自由意志的局限:"个人是自身利益的最佳法官,但这一原则的例外情形是:个人试图在当前做出一项不容更改的判断,即在某一未来甚或长远的未来中,什么是他的最佳利益(换言之,这种判断勉为其难)……当约束人们的契约规定的不只是简单地做某事,而且是在一个相当长的时间内持续地做某事,并且本人没有任何权力撤销这一约定时,我们就不能假定这一契约是自愿达成的,否则将十分荒唐。"③公司是长期存在的实体,会不断遇到新的需要和无法预见的情况,因此,即使在组建

---

① 参见〔加拿大〕布莱恩·R. 柴芬斯:《公司法:理论、结构和运作》,林华伟、魏旻译,法律出版社 2001 年版,第 255 页。

② 参见〔美〕道格拉斯·诺思:《理解经济变迁过程》,钟正龙、邢华等译,中国人民大学出版社 2008 年版,第 15 页。

③ 〔英〕约翰·斯图加特·密尔:《政治经济学原理》(W. Ashley 编,1961 年英文版),第 959—960 页,转引自毛玲玲:《论闭锁公司和公众公司的立法范式之区分——合同路径下的公司法修改之一》,载《金融法苑》2003 年第 5 期,第 210 页。

时公司章程提供了最好的安排,随时间的推移也会有改进的潜在需要。① 通常,人们难以判断期限过长的授权在整个授权期间内的后果,以及整个期间内公司所面情境的变化,此种情形下,很难保证识别组织所作识别的正确性,如果这一识别/授权还不得撤销,将进一步使可能发生的错误无从纠正。因此,不应允许作出期限过长且不得撤销的事前识别/授权。

就前述"南京安盛财务顾问有限公司诉祝鹃股东会决议罚款纠纷案"而言,尽管公司章程事前识别公司得以股东会决议对违反公司章程实施损害公司利益的行为予以罚款,但是,由于其并未明确罚款的标准与幅度,从而使得事前识别/授权过于笼统,根据本书对于公司利益的事前识别不得过于笼统的限制,尽管公司章程中事先识别了通过股东会决议对损害公司利益股东予以罚款合乎公司利益,但是由于这一识别过于笼统而受到限制,公司不得仅依此而实施所谓的"罚款"行为。

四、公司利益的事后识别

公司中存在诸多公司利益识别组织,这些不同的公司利益识别组织在特定行为是否公司利益的判断可能并不一致。而且,在公司实施特定行为之后,不同的利益相关人之间可能就该行为究竟是否符合公司利益发生争议,此时,可能需要再次对该行为的合公司利益性进行判断,此即为公司利益的事后识别。

公司利益的事后识别,是指未经利益识别已经实施特定行为后,

---

① 参见 L. A. 比初克:《在公司法中限制合同的自由:对修改特许权的理想与限制》,(1989)《哈佛法律评论》第 102 期第 1820 页开始,第 1830 页,转引自〔加拿大〕布莱恩·R. 柴芬斯:《公司法:理论、结构和运作》,林华伟、魏旻译,法律出版社 2001 年版,第 256 页。

或者已经做出公司利益识别后,对特定行为是否符合公司利益所进行的(或再次进行的)识别。

公司利益的事后识别既可能是公司的自我识别,也可能是司法识别。

(一)公司利益的事后自我识别

公司利益的事后自我识别涉及的情形包括:在未作事前、事中公司利益识别的情形下实施了某种行为,相关公司利益识别组织对该行为是否符合公司利益进行识别,此种情形涉及追认中的公司利益识别;以及公司特定识别机关已经做出了识别,其他机关对该事项进行的识别,此种情形涉及公司利益的再识别;以及无论是否经过对公司利益的初次识别,在股东代表诉讼中,由相关公司利益识别机构对提起代表诉讼是否符合公司利益的识别,即股东代表诉讼中的公司利益事后识别[①],此种识别实质上是对之前的行为或已经做出的利益识别是否符合公司利益的识别。

1. 追认中的公司利益识别

公司未经授权或事中识别,而直接实施了某种行为,对于此种情形,公司可通过追认而赋予其效力,公司在法律或章程规定的权限范

---

① 事实上,也有一些国家,不仅股东,管理层或者任何法庭认为适当的人也可提起派生诉讼,例如,澳大利亚2001年《公司法案》第236条除允许股东提起派生诉讼外,前股东及公司官员也可提起该诉讼。加拿大1985年《商业公司法》第238条(d)也规定,根据法庭的自由裁量认定的任何其他适当的人也可提出提起代表诉讼的申请。新加坡《公司法》第216条A(1)(C)也规定了能够申请提起派生诉讼的人的范围包括任何根据法庭的自由裁量权认为是适当的人。参见 Andrew Keay, *The Corporate Objective*: *Corporations*, *Globalisation and The Law*, Edward Elgar Publishing Limited, 2011, pp. 257 – 258. 本书也认为,应当扩张代表诉讼的提诉权人,详见本书四(二)"公司利益的司法识别"中1."提诉权人"部分,不过,鉴于国内大多数学者在论及代表诉讼时,大多仅涉及"股东代表诉讼",而且,无论股东代表诉讼,还是其他主体提起的代表诉讼,就"公司机构"对提起该诉讼是否符合公司利益问题的识别问题,在股东代表诉讼问题中所面对的问题与其他主体提起的代表诉讼并无本质区别,故本书在本章四、(一)"公司利益的事后自我识别"部分仅以股东代表诉讼为例讨论相关利益识别问题,其结论对其他主体提起的代表诉讼也适用。

围内(追认也可能越权)的追认,即是对之前行为经利益识别后而予以承认的过程。

代理人在代理范围内实施行为,由于代理人代理权的授予,已经过公司利益识别,故不属未经识别而实施有关行为。表见代理则属于基于保护善意第三人而设计的特殊的规则,不属本书讨论范围。公司代表人或代表董事在其职权范围内实施的行为,因其依法律或章程规定本就享有一定自由裁量权,故可认为此种情形下已经过事中利益识别(依法享有利益识别权)或事前利益识别(依章程而享有就特定事项决策或实施特定行为的权利)。故本书中所涉追认中的公司利益识别,是指对公司代表人或代理人超越权限实施的行为予以追认过程中所进行的利益识别。

根据《民法典》第171条第1款规定,"行为人没有代理权、超越代理权或者代理权终止后,仍然实施代理行为,未经被代理人追认的,对被代理人不发生效力",对于一般代理行为而言,公司的追认可使超越权限的代理行为发生效力。即使是代表人超越权限的行为,虽然根据我国《民法典》第504条,"法人的法定代表人或者非法人组织的负责人超越权限订立的合同,除相对人知道或者应当知道其超越权限外,该代表行为有效。订立的合同对法人或者非法人组织发生效力",尽管合同有效,但是,董事超越职权的行为,属于违反法律、行政法规或者公司章程的行为,根据《公司法》第149条之规定,董事在此种情形下应就给公司造成的损失承担赔偿责任。如果该行为依法律或章程经过有效识别符合公司利益,则该行为即不再属于"违反法律、行政法规或者公司章程",董事无须承担对公司的赔偿责任。①

追认中的公司利益识别,视追认的事项不同,可分为无须特定识别机关而由通常经营决策机关进行的识别,以及在利益冲突情形下法

---

① 当然,与事中识别一样,该事后识别也可能因不符合法定条件而不属于"有效识别",此种情形下董事仍应承担相关责任。

律要求特别识别机关所进行的利益识别,前者为追认中的公司利益一般识别,后者为公司利益识别中的特别识别。

(1)追认中的公司利益一般识别

对于公司代表人或代理人在经营中超越权限实施的并不涉及利益冲突的一般经营行为,例如,超越经营范围但不违反国家限制经营、特许经营以及法律、行政法规禁止经营规定的行为,公司正常经营决策机关/利益识别机关即董事会可对其予以追认。此外,公司章程中可能对董事会与股东会的决策权限进行规定,例如,我国《公司法》第16条规定的"按照公司章程的规定由董事会或者股东会、股东大会决议"对公司向其他企业投资或者为他人提供担保进行决议的权限规定,如果公司未经相关识别机关识别而径直实施特定行为,则对其进行追认的行为也应由对应的利益识别机关作出。

(2)利益冲突情形下追认中的公司利益识别

在存在控制股东、董事利益冲突的情形下实施的行为,各国立法均要求在实施该行为前经特定利益识别机关进行事前、事中识别。即使如此,若公司未经识别而径直实施了利益冲突行为,各国仍允许追认此类利益冲突情形下所实施的行为,例如,就对董事自我交易的股东会批准。当然,对利益冲突情形下行为的追认中的利益识别,各国一般也予以特别规制,要求其遵循特别识别程序。

①各国均承认公司利益冲突情形下公司利益的事后识别(追认)

当代各国,即使公司未经识别而径直实施了利益冲突行为,各国仍允许追认此类利益冲突情形下所实施的行为。

在美国,《示范公司法》及大多数州公司法规定公司董事会或股东会均有权对自我交易进行承认或追认。[①] 多数州不仅准予股东事前批准,也准予股东事后认可,只有为数不多的4个州仅规定了股东事前

---

① 参见《示范公司法》1984,§8.31.《特拉华州普通公司法》,§144,转引自曹顺明:《股份有限公司董事损害赔偿责任研究》,中国法制出版社2005年版,第147页。

批准,没有规定事后认可。① 无论在董事自我交易发生之后,还是股东发现自我交易并向法院提起诉讼后,股东会批准都使证明责任发生转换。② 有30个州对董事批准或认可未作区分,也就是说,事后认可与事前批准受到同等尊重。③ 根据1994年美国法律研究所的《公司治理原则:分析与建议》第5.02条(a)(2)(C),对董事会关于董事自我交易的事前与事后批准给予区别对待。事后批准需要符合以下四项条件,才能转移举证责任:第一,代表公司行事的决策者与其无利害关系,且可合理认定该交易对公司是公平的;第二,有利害关系的董事或高管就其当时知悉的重要事实依据(a)(1)款向该决策者进行了披露;第三,有利害关系的董事或高管在未获无利害关系董事或上司事前批准方面,未不合理行事;第四,未获得无利害关系董事的事前批准,并未对公司形成重大不利影响;④对于董事利用公司机会,根据该《公司治理原则:分析与建议》第5.05条,在董事首先将机会提供给公司,并向公司决策者充分披露该公司机会和利益冲突的所有重要事实的基础上,如在全部重要事实披露后由无利害关系股东批准或追认时,且此种拒绝不构成浪费公司资产时,该董事可以提供公司机会。⑤

---

① 参见朱羿锟:《董事问责标准的重构》,北京大学出版社2011年版,第49页。
② 参见〔美〕莱纳·克拉克曼、〔英〕保罗·戴维斯、〔美〕亨利·汉斯曼等:《公司法剖析:比较与功能的视角》,刘俊海、徐海燕等译,北京大学出版社2007年版,第133页,第五章"关联交易",本章作者为〔瑞士〕杰拉德·赫蒂格、〔日〕神田秀树。
③ 特拉华州、路易斯安那州、俄克拉荷马州和宾夕法尼亚州对于事后认可是否可以避免公平性审查,未做明确规定。佐治亚州、密西西比州、蒙大拿州和华盛顿州准予董事会在任何事后批准董事自我交易,交易前交易后均可。康涅狄格州、纽约州、俄亥俄州和佛蒙特州虽然未规定董事认可的情形,但法条措辞可以解释为包括事后认可。阿拉斯加州、加利福尼亚州和伊利诺伊州虽然准予董事认可交易,但明确要求对其进行一定的公平性审查。如果经无利害关系股东批准,法院对这种交易的公平性只进行有限的司法审查,要求原告证明存在浪费、不合法、越权或欺诈。参见朱羿锟:《董事问责标准的重构》,北京大学出版社2011年版,第48—49页。
④ 参见朱羿锟:《董事问责标准的重构》,北京大学出版社2011年版,第49页。
⑤ 参见曹顺明:《股份有限公司董事损害赔偿责任研究》,中国法制出版社2005年版,第190页。

同样,对于控制股东与公司间的交易,该原则也允许非利害关系董事或股东事后追认该交易。①

英国也允许股东会事后批准,从而保护董事免受各种责任的追究。② 依英国《公司法》第 320 条规定,对于某些特定合同,关联董事除必须向董事会披露利益关系外,还必须向公司股东大会披露:公司与董事间进行的财产转让交易如果超过 5 万英镑,或占公司财产总额的 10%,除非首先由公司股东大会决议批准,且如果关联董事或与该董事有关联的人是公司控股公司的董事或是与此类董事关联的人,则由控股公司的股东大会决议批准,否则该转让交易被禁止。③ 第 322 条规定,违反第 320 条者,公司可以撤销该交易,除非属于"交易或安排在合理期限内由公司股东大会追认或者由其控股公司的股东大会认可"等三种情形之一。④

在法国,对于那些需要董事会事先授权、但实际上从未提交董事会的利益冲突交易,也允许股东会事后批准这些交易。⑤

②公司利益冲突情形下公司利益的事后识别(追认)应遵循与事中识别相同的识别组织的要求

从各国立法来看,一般并不区分利益冲突情形下相关识别组织进行识别的时间究竟是在行为前还是行为后,例如,就董事利益冲突交易而言,学者指出,"股东会批准的时间在各国都不是重要因素。无论

---

① 参见 The American Law Institute, *Principles of Corporate Governance: Analysis And Recommendations* (1994), p. 325, 转引自习龙生:《控制股东的义务和责任研究》,法律出版社 2006 年版,第 124 页。
② 参见〔美〕莱纳·克拉克曼、〔英〕保罗·戴维斯、〔美〕亨利·汉斯曼等:《公司法剖析:比较与功能的视角》,刘俊海、徐海燕等译,北京大学出版社 2007 年版,第 133—134 页,第五章"关联交易",本章作者为〔瑞士〕杰拉德·赫蒂格、〔日〕神田秀树。
③ 参见李建伟:《关联交易的法律规制》,法律出版社 2007 年版,第 241 页。
④ 同上注,第 242 页。
⑤ 参见《法国商法典》第 225 – 242 条。

股东会批准发生在冲突交易前后,都有同样的法律效力"。① 事实上,相较利益冲突情形下公司利益事中识别而言,事后识别的情形下,识别组织所能获得的信息往往更为充分,也更有利于作出正确的识别结论,也确实无需对公司利益事后识别作出与事中识别不同的识别组织的要求。

③公司利益冲突情形下公司利益的事后识别(追认)也应遵循识别程序的公开要求与独立性要求

同样,在利益冲突交易的事后识别中,也应遵循公开与独立性要求。

第一,关于公开性要求。在董事会或股东会对董事自我交易进行承认或批准之前,利害关系董事必须向自我交易批准机关进行利益披露,这是大多数国家公司法关于董事自我交易规制中的重要内容。② 根据美国法律研究会《公司治理原则:分析与建议》第5.02条(a)(2)(C),在董事会的事后批准中,有利害关系的董事或高管就其当时知悉的重要事实依据(a)(1)款向决策者进行了披露。根据第5.02条(a)(2)(D),当交易获得无利害关系股东事后认可时,同样也需要做出披露。③

第二,就独立性要求而言。各国则略有不同。A.法国绝对禁止有利害关系的经营者投票批准他们自己的交易,倘若发现其已投票,则该结果无效。B.德国、美国大部分州及英国承认有利害关系股东参与的股东会批准的交易效力或诉讼效力,除非有证据证明利益冲突经营

---

① 〔美〕莱纳·克拉克曼、〔英〕保罗·戴维斯、〔美〕亨利·汉斯曼等:《公司法剖析:比较与功能的视角》,刘俊海、徐海燕等译,北京大学出版社2007年版,第133页,第五章"关联交易",本章作者为〔瑞士〕杰拉德·赫蒂格、〔日〕神田秀树。
② 参见〔韩〕李哲松:《韩国公司法》,吴日焕译,中国政法大学出版社2000年版,第509页。
③ 参见许传玺主编:《公司治理原则:分析与建议》(上卷),楼建波、陈炜恒、朱征夫、李骐译,法律出版社2006年版,第248页。

者的投票行为决定了投票结果。① 例如,根据《公司治理原则:分析与建议》第5.02条(a)、(b)款规定,要求就董事冲突交易进行表决的为无利害关系股东或董事,不过,如果未满足这一独立性要求,产生的后果则是举证责任不同。即在满足上述独立性要求的情形下,举证责任由对董事和高级主管与公司之间的交易提出争议的一方当事人承担。而在未满足该独立性要求的情形下,则高级主管或董事则需承担证明交易对公司公平的举证责任。②

(3)我国利益冲突情形下公司利益事后识别制度的完善

我国现行公司法中,无论是《公司法》第16条关于为控制股东提供关联担保"必须经股东会或股东大会决议"的规则,还是第148条第4、5项关于不得"未经股东会、股东大会同意"董事自我交易、利用公司机会、实施竞业行为的规则,均未明确股东大会"决议"或"同意"是在实施有关行为前还是行为后的"决议"或"同意"。

域外国家一般均认可对应经特别识别而未经事前或事中的特别识别的利益冲突行为(含涉及控制股东的利益冲突行为与涉及董事的利益冲突行为)在事后追认的过程中予以利益识别,事实上,既然允许通过事中识别允许控制股东或董事实施利益冲突行为,当无理由反对在相关信息更为充分的基础上对这些行为予以事后利益识别并确定是否对之予以追认。况且,从"瑕疵行为补正"的理论出发,当一个有瑕疵的行为实施后瑕疵得以弥补的情形下,一般应认可此行为的效

---

① 参见〔美〕莱纳·克拉克曼、〔英〕保罗·戴维斯、〔美〕亨利·汉斯曼等:《公司法剖析:比较与功能的视角》,刘俊海、徐海燕等译,北京大学出版社2007年版,第134页,第五章"关联交易",本章作者为〔瑞士〕杰拉德·赫蒂格、〔日〕神田秀树。

② 参见许传玺主编:《公司治理原则:分析与建议》(上卷),楼建波、陈炜恒、朱征夫、李骐译,法律出版社2006年版,第248—249页。

力,对此,在我国司法实践中已得到普遍认同。① 据此,应当完善我国控制股东与董事利益冲突情形下的事后利益识别机制,具体而言:

第一,利益冲突事后识别制度的改革应与事中识别的识别范围、识别机关以及独立性要求保持一致②,应实行利益相关股东或董事在股东会会议或董事会会议上的表决权排除。而就信息披露而言,考虑到事后识别时利益相关人或公司所掌握的信息要较之事中识别时更为充分,且利益相关股东未提请公司进行事前、事中识别也具有过错,可考虑对利益相关股东或董事要求更高的信息披露义务。以免在"生米煮成熟饭"后,"先上车后买票"的现象成为常态。

第二,在完善识别范围、识别机关的基础上,应增加使用"追认"的表达方式以明确可通过事后的"决议"或"同意"的方式对已经实施的未经识别的行为予以事后识别。

2. 公司利益的再识别:股东会可以推翻董事会的识别吗?

在公司利益的识别问题上,存在着一个无论在理论上,还是在立法实践中均存在较大争议的问题:对于一个识别机关已经作出的识别,是否可由另一个识别机关重新识别并予以推翻之前已经作出的识别? 这一点典型地体现在董事会已依法/章程进行识别的情形下,由于一般认为股东会是公司的最高权力机关,是否可以股东会的识别推

---

① 例如,广东省高级人民法院民二庭在其所著《广东省高级人民法院民二庭二审案件发改原因分析》中即指出,"从维护交易秩序的角度考虑,在大多数强制性规范,尤其是管理性规范在一审期间得以补正,又无损国家、集体、第三人利益的情形下,合同效力不受影响。"广东省高级人民法院民二庭:《广东省高级人民法院民二庭二审案件发改原因分析》,载最高人民法院民事审判第二庭编:《商事审判指导》(2011年第1辑·总第25辑),人民法院出版社2011年版,第63页。《最高人民法院关于适用〈中华人民共和国合同法〉若干问题的解释(一)》(已失效)第9条第1款规定,"依照合同法第四十四条第二款的规定,法律、行政法规规定合同应当办理批准手续,或者办理批准、登记等手续才生效,在一审法庭辩论终结前当事人仍未办理批准手续的,或者仍未办理批准、登记等手续的,人民法院应当认定该合同未生效",易言之,在一审法定辩论终结前当事人办理了批准手续的,如无其他导致合同无效原因,合同有效,该款之规则亦体现了对"瑕疵行为补正"理论的认可。

② 详见本章之二、(三)"我国公司利益事中识别机制的完善"。

翻董事会的识别?①

对于是否可以股东会的识别推翻董事会的识别,理论上存在着两种相反的见解:

(1)肯定说,认为股东会可以推翻董事会的决议。因为股东会是公司的最高决策机构,董事会成员由股东会任免,而且都是对股东会负责并报告工作。例如,在英国,股东拥有普通法规定的在年度股东大会上提交议案的法定权利②,立法允许合格的多数股东推翻董事会在其范围内的任何决策。③ 在澳大利亚和英国,股东拥有改变公司章程和任何董事会决议的权利,但须在会议中获得75%的投票支持。而且,他们可以做出一些重要决定,比如公司终止。④ 新西兰和加拿大也持类似立场。⑤

(2)否定说,认为股东会不能随意推翻董事会的决议,理由在于:①董事会的权限与其说是源于股东的授予,不如说来自立法者的授予;②股东会有权任免董事,并不意味着董事会权限由股东会一一授予;③既然董事会代表公司所作的决策经常涉及第三人的利益,倘若允许股东会随意否决董事会决议,将会损害公司信誉。根据疑人不

---

① 参见刘俊海:《公司法学》,北京大学出版社2008年版,第222页;刘俊海:《新公司法的制度创新:立法争点与解释难点》,法律出版社2006年版,第367页;刘俊海:《现代公司法》,法律出版社2008年版,第407页。该书作者未采此说。

② 参见经济合作与发展组织:《公司治理:对OECD各国的调查》,张政军、付畅译,中国财政经济出版社2006年版,第66页。

③ See Luca Enrique, Henry Hansmann and Reinier Kraakman, *The Basic Governance Structure: The Interest of Shareholders as a Class*, in Reinier Kraakman, John Armour and Paul Davies etc., *The Anatomy of Corporate Law: A Comparative and Functional Approach* (Second Edition), Oxford University Press, pp.39–40.

④ 参见经济合作与发展组织:《公司治理:对OECD各国的调查》,张政军、付畅译,中国财政经济出版社2006年版,第128页。

⑤ 同上注,第66页。

用、用人不疑的传统文化,也应作如是解释。① 在立法上,美国基本采纳此说,在美国,股东推翻董事会决议以及质问董事的权利非常有限。② 股东的权利行使受到董事会较大的限制,例如,在美国(特拉华州法律),即使股东可以投票决定改变公司章程,但是这种表决也只能在董事会提出建议的情况下才能进行,其他一些重要决策也受制于这种条件。③ 在德国,根据其《股份法》第 111 条第 4 款第 2 句,公司章程或监事会可以规定,某种业务仅在取得监事会同意后才能进行。④ 对于这些须征得监事会同意的事务来说,当监事会虽然认为董事会的措施是正当合理的,但它却更希望选择另一种解决方案时,它有权拒绝(对有关措施)作出同意。在监事会与董事会对经营管理方案作出不同判断时,监事会负有"干预义务",此类基础决策要求董事会与监事会意见一致。如果双方未达成一致,那么自行制定经营政策虽然不是监事会的职责,但它却有义务设法使董事会制定一项能够得到其同意的方案。如果董事会拒绝制定此类方案,那么这可能成为解聘董事的重大原因。⑤ 同时,根据《德国股份法》第 111 条第 3、4、5 句,如果监事会拒绝同意进行这类业务,董事会可以要求股东大会作出同意进行这类业务的决议。股东大会作出的同意决议需要得到投票数的至少 3/4 的多数通过。章程既不能规定另外一个多数,也不能提出其他要求。⑥

---

① 参见刘俊海:《公司法学》,北京大学出版社 2008 年版,第 222 页;刘俊海:《新公司法的制度创新:立法争点与解释难点》,法律出版社 2006 年版,第 367 页;刘俊海:《现代公司法》,法律出版社 2008 年版,第 407 页。该说为该书作者所采。
② 参见经济合作与发展组织:《公司治理:对 OECD 各国的调查》,张政军、付畅译,中国财政经济出版社 2006 年版,第 66 页。
③ 同上注,第 128 页。
④ 参见卞耀武主编:《德国股份公司法》,贾红梅、郑冲译,法律出版社 1999 年版,第 70 页。
⑤ 参见[德]路德·克里格尔:《监事会的权利和义务(第 5 版)》,杨大可译,法律出版社 2011 年版,第 35 页。
⑥ 参见卞耀武主编:《德国股份公司法》,贾红梅、郑冲译,法律出版社 1999 年版,第 70 页。不过,实践中尚未发生此种以股东大会代替监事会以 3/4 多数作出同意的情况,参见[德]路德·克里格尔:《监事会的权利和义务(第 5 版)》,杨大可译,法律出版社 2011 年版,第 43 页。

可见，即使德国对监事会施以"干预义务"，无论是监事会，还是股东会，其也不能直接推翻董事会所作识别，充其量，也只是在就需经监事会同意的事项且董事会与监事会发生争执时，由股东会予以最终同意而已。

对此，笔者持否定的见解，认为不能以股东会的识别推翻董事会的识别，其原因在于：①若允许股东会推翻董事会的决议，意味着股东会可以随意干涉董事会的经营决策，这将极大地破坏公司的经营效率与董事会经营决策稳定性。②董事是对公司负有忠实义务和勤勉义务而不是对股东负此义务，董事会也是公司的经营决策机关，其在经营中对出经营决策进行的识别系以公司利益为出发点，然而，有时股东利益与公司利益并不完全一致，允许股东会推翻董事会决议将会影响董事会功能的发挥。③股东会不能经常召开，小股东通过股东会选举董事后，有理由期待由董事组成的董事会在其职权范围内行使职权，若允许股东会决议进行的识别推翻以董事会决议所进行的识别，小股东可能基于各种原因无法参加为此召开的股东会会议，无法充分表达自己的意志，从而有可能损害小股东利益。④组成董事会的董事并非都是由股东选举产生（例如，我国《公司法》第44条规定的，"两个以上的国有企业或者两个以上的其他国有投资主体投资设立的有限责任公司，其董事会成员中应当有公司职工代表；其他有限责任公司董事会成员中可以有公司职工代表。董事会中的职工代表由公司职工通过职工代表大会、职工大会或者其他形式民主选举产生。"），有时立法上还要求其必须由非股东担任（例如美国公司法上要求的独立非执行董事，我国上市公司中要求的独立董事），选举董事更非一定按照股东会就普通决议进行表决的表决数进行（如公司实行累积投票制，小股东也可能选出董事，以在董事会发出小股东的声音），若允许股东会推翻董事会决议，将会使以上立法或章程中关于职工董事、独立董事、实行累积投票制这些制度的功能与作用无法发挥，有关规定也就沦为空文。⑤根据本书的观点，无论是董事会进行的识别，还是股东会进行的识别,最终都应接受事后的司法识别的监督,以确保识别的公正性,如果有适当的确保司法识别公正性的设计,那么就无须出于对董事会识别正当性的担忧而以牺牲公司经营效率的巨大代价来确保识别正当性,同时设置股东会对董事会已识别事项的识别与司法识别的设计,显然运行成本过高。

3. 股东代表诉讼中的公司利益识别:兼论公司利益识别机关的完善

当代各主要发达国家已普遍建立了股东代表诉讼,而且,部分国家提起代表诉讼的主体还不仅局限于股东。我国于2005年修订的《公司法》也建立了该制度。

在建立股东代表诉讼制度的国家,一般均要求相关股东在提起诉讼前,须竭尽公司内部救济,要求其向公司提出要求公司提起诉讼的请求,由公司特定机关决定是否提起诉讼。即使在提起诉讼后,一些国家(例如美国)也允许公司的特定机构对公司是否提起代表诉讼提出意见,如果此类独立机构的意见符合法定条件,法院将予以尊重。该特定机关决定是否提起诉讼以及是否请求法院终止诉讼决定所考量的是该项诉讼"是否有利于公司利益",例如,在美国,根据美国《示范公司法》及美国法律研究院的《公司治理原则:分析与建议》,就是否进行派生诉讼进行判断的特别诉讼委员会进行合理调查后善意地认定[①]继续派生诉讼程序不能实现公司最大利益,法院可以按照公司的申请不予受理一项派生诉讼。[②] 因此,股东代表诉讼过程中进行的利益识别,即是由特定独立机构对提起/继续进行诉讼是否有利于公司利益

[①] 根据美国《示范公司法》第7.44节(a)(b)规定,特别委员会作出决定时,必须符合下列条件:独立董事已达法定人数,参加董事会议的独立董事中的多数票做出;或者,参加董事会议的独立董事的多数票选举的包含两个或两个以上的独立董事的委员会的多数票做出,转引自杨勤法:《公司治理的司法介入——以司法介入的限度和程序设计为中心》,北京大学出版社2008年版,第210页。

[②] 参见杨勤法:《公司治理的司法介入——以司法介入的限度和程序设计为中心》,北京大学出版社2008年版,第210页。

进行的识别。

在美国,司法意见上一般认为,公司的管理是委托给董事会,而不是股东。是否起诉,一般来说属于董事的商业判断。① 如同美国联邦高等法院在其审理的 United Copper Sec. Co. v. Amalgamated Copper Co. 案中,布兰迪斯法官所指出的,"公司应否向法院就损害赔偿问题提起诉讼,如同其他经营决策,是经营者权限范围内的事项。如果股东会未对该事项形成决议,应由经营者自主决定。"② 这一论断指出了决定公司是否提起诉讼,原则上属于公司经营决策事项,而且,股东代表诉讼的提起,多是由于董事或者股东控制了公司导致其不愿提起诉讼所致,即多是在董事与股东的利益冲突的情形下发生,因此,当代各建立股东代表诉讼制度的国家,各国法律上决定是否提起诉讼或是否终止诉讼的特别机关/利益识别机关也基本与公司经营中利益冲突时的利益识别机关基本保持了一致。

在美国,无论是在提起派生诉讼前,还是在提起派生诉讼后,都可能由独立的特别机构对进行诉讼是否符合公司利益进行识别并做出决定:(1)在起诉前,一般要求股东向董事会提出请求,少数几个州要求原告在提起派生诉讼前对股东们提出请求,或者是给出不这样做的"充分理由"。《联邦民事诉讼规则》规则 23.1 指出,派生诉讼中的控告应当"由原告以特别的努力(如果有的话),获得董事或相当机构,以及(如果需要的话)股东或成员的同意,并采取他们所需要的行动,或(得到说明)没有能够作出这些行为或没有做出努力的原因。"③《1984 年示范公司法》§7.42 规定,在每一起案件中,原告在提起派生

---

① 参见〔美〕罗伯特·C. 克拉克:《公司法则》,胡平、林长远、徐庆恒、陈亮译,工商出版社 1999 年版,第 532 页。
② United Copper Sec. Co. v. Amalgamated Copper Co., 244. U. S. 261, 263 – 264 (1917),转引自朱圆:《美国公司治理机制晚近发展》,北京大学出版社 2010 年版,第 126 页。
③ 〔美〕罗伯特·C. 克拉克:《公司法则》,胡平、林长远、徐庆恒、陈亮译,工商出版社 1999 年版,第 532 页。

诉讼之前必须首先向董事会提出请求。大约有 16 个州做出了类似的规定，其他的州在通常情况下对此也有规定，但在个别情况下却对原告不做此要求。① 所有管辖区事实上的一般规则是，在提起派生诉讼之前，股东首先必须要求公司的董事会采取行动，以便对股东控诉的情形作出补救。如果董事做出积极反应，比如说起诉涉嫌对公司造成损害的当事人，或者采取了其他纠正措施，这些行动通常会阻止股东提起诉讼。如果董事拒绝采取行动，股东可以继续也可以不继续进行派生诉讼。② 不过，一般来讲，在以下情况下，原告则被豁免向董事会提出请求：(ⅰ)如果原告能够证明董事会的多数都与争议有染或没有去了解该交易；(ⅱ)"不法行为人完全控制公司管理层"。③ 第一种情况显然涉及董事利益冲突，但是，也只是在多数董事均存在此利益冲突的情形下，才豁免向董事会提出起诉请求，如果只是个别或少数董事存在利益冲突，则此种情形下的利益识别机关仍为董事会。第二种则可能涉及控制股东实施的不法行为。此外，也有少数州要求原告在提起派生诉讼前对股东们提出请求，或者是给出不这样做的"充分理由"。《1984 年示范公司法》对此未做要求。④ 而在特拉华州，如果某一案件属于要求必备型，即要求股东在提起诉讼前必须向董事会提出要求。如果他没有这么做，法院就会因为他没有穷尽手中救济而驳回派生诉讼。假定股东首先提出了要求，那么是否应该进行派生诉讼的决定权就由诉讼委员会来行使，如果该诉讼委员会做出了不应该进行

---

① 参见〔美〕罗伯特·W. 汉密尔顿：《美国公司法（第 5 版）》，齐东祥等译，法律出版社 2008 年版，第 408 页。
② 参见〔美〕罗伯特·C. 克拉克：《公司法则》，胡平、林长远、徐庆恒、陈亮译，工商出版社 1999 年版，第 532 页。
③ 参见〔美〕罗伯特·W. 汉密尔顿：《美国公司法（第 5 版）》，齐东祥等译，法律出版社 2008 年版，第 408 页；〔美〕罗伯特·C. 克拉克：《公司法则》，胡平、林长远、徐庆恒、陈亮译，工商出版社 1999 年版，第 532 页。
④ 参见〔美〕罗伯特·W. 汉密尔顿：《美国公司法（第 5 版）》，齐东祥等译，法律出版社 2008 年版，第 409 页。

派生诉讼的决定,那么该决定就会受到经营判断规则的保护。如果上述决定满足了经营判断规则的宽泛标准,那么法院就没有理由来适用自己的"独立经营判断"或"内在公平"标准。① (2)即便在提起股东代表诉讼前,免除了股东向公司董事会提出起诉请求,法院一般也允许公司在股东提起诉讼后,成立一个由无利害关系董事组成的特别诉讼委员会,由其对是否停止诉讼进行识别并作出决定。正如纽约州法院在 Auerbach v. Bennett 案中所认为的,公司的特别诉讼委员会可以,而且应当代表公司决定是否终止派生诉讼。② 审理该案的法院认为,在特别委员会建议驳回后,原告可以证明,委员会成员并未真正独立,或公正无私,他们没有善意行事,或他们的调查或评议不够勤勉。如果原告不能证实,对决定的处理就将受到商业判断规则的保护。③ 在特拉华州,对于"要求无益"的案件,即原告股东没有必要在诉讼前先行向董事会提出要求的案件,公司在股东起诉后提名一个诉讼委员会来权衡诉讼的价值。如果诉讼委员会建议法院停止进行派生诉讼,那么法院首先就要确定该决定是否体现了该委员会的独立性以及其是否无利益冲突;其次,法院要确定该决定是否是该委员会的经营判断;再次,法院会按照自己的"独立经营判断"来决定该委员会的建议是否应该接受;最后一项审查并非强制性的,法院完全可以根据恰当情势免除此项审查。④ 可见,无论在股东提起派生诉讼前对公司是否提起诉讼进行决定的董事会或其特别诉讼委员会,还是股东提起派生诉讼后审查是否应当终止诉讼的特别诉讼委员会,其所作决定均受商业判

---

① 参见〔美〕罗伯特·W.汉密尔顿:《美国公司法(第 5 版)》,齐东祥等译,法律出版社 2008 年版,第 413 页。
② 参见 47 N.Y.2d 619,1979,转引自丁丁:《商业判断规则研究》,吉林人民出版社 2005 年版,第 211 页。
③ 参见〔美〕罗伯特·C.克拉克:《公司法则》,胡平、林长远、徐庆恒、陈亮译,工商出版社 1999 年版,第 536 页。
④ 参见〔美〕罗伯特·W.汉密尔顿:《美国公司法(第 5 版)》,齐东祥等译,法律出版社 2008 年版,第 413 页。

断规则的保护,而对于商业判断规则,美国法律研究院《公司治理原则:分析与建议》第4.01(c)规定的重要条件之一便是"与该商业判断的有关事项没有利益关系"。① 在特拉华州,除非原告能证明经营判断规则的以下要素之一缺失,否则经营判断规则将适用于董事:①董事作出的决策;②决策时掌握了相关信息(即决策程序合理谨慎);③善意的决策;④董事在决策过程中无实质性的利益冲突。② 董事在决策过程中无实质性的利益冲突与掌握相关信息是对其适用商业判断规则基本前提。

在英国,Smith v. Croft 一案认为,当公司的独立机构决定不以公司名义对不当行为提起诉讼时,该不予起诉的决定应当阻却股东代表诉讼。理由是公司独立机构被认为比公司单个股东更适合决定是否为了公司利益提起诉讼。③ 但是,英国法并没有明确究竟什么是独立机构。对此,在 Smith v. Croft 案中,Knox 法官提出了非常灵活的解决方法:他认为合适的独立机构将随着公司章程和被告身份的不同而有所区别,而在大多数情况下,被告的投票权应当被剥夺。④ 这样,合适的独立机构可能是一群股东、董事或董事的一个委员会。⑤

在德国,一般来说,决定是否提起公司诉讼的权力在于董事会,而当诉讼是针对董事时,该权力则由监事会行使。另外,当股东大会决议涉及批准某股东行为、免除其责任或决定是否对其提起诉讼时,该

---

① 还有其他两项是"所知悉的有关商业判断的事项的范围是高级主管和董事在当时情况下合理相信是恰当的"以及"理性地相信该商业判断是为公司最佳利益作出的",参见许传玺主编:《公司治理原则:分析与建立》(上卷),楼建波、陈炜恒、朱征夫、李骐译,法律出版社2006年版,第160页。

② 参见朱圆:《美国公司治理机制的晚近发展》,北京大学出版社2010年版,第57—58页。

③ 参见 Davis(1992),p.89;Hirt(2004b),p.168,转引自李小宁:《公司法视角下的股东代表诉讼——对英国、美国、德国和中国的比较研究》,法律出版社2009年版,第73页。

④ 参见(1988)Ch.114,p.185,转引自李小宁:《公司法视角下的股东代表诉讼——对英国、美国、德国和中国的比较研究》,法律出版社2009年版,第73页。

⑤ 参见 Law Commission CP 142 (1996),para.4.29,转引自李小宁:《公司法视角下的股东代表诉讼——对英国、美国、德国和中国的比较研究》,法律出版社2009年版,第73页。

股东不能行使表决权。① 因此,德国法通过制度安排,在决定是否提起公司诉讼这一点上已经事先避免了利益冲突。②

从各国关于股东代表诉讼中利益识别机关的规则来看,其表现出如下特点:(1)无论由哪一识别机关进行识别,均强调这一机关的独立性,即识别机关成员与争讼事项无利益冲突。(2)总体而言,各国一般认为,提起诉讼属于经营事项,故是否应提起诉讼一般情形下理应由公司经营决策机构——董事会进行利益识别。(3)就股东是否可以作为股东代表诉讼中的利益识别机构存在差异,在德国、英国,股东(会)均可能作为利益识别机关;而在美国,股东会一般不作为股东代表诉讼的利益识别机关,只有很少的州要求原告在提起诉讼前向股东们提出请求,其理由在于:(1)当股东人数众多时,向股东们提出要求的花费是高昂的。③ 因此,在公开持股公司中,这种要求将十分昂贵和负担沉重。从而阻止派生诉讼的提起,这是不适当的。④ (2)在公开持股公司中,对于诉讼的法律依据、诉讼费和胜诉的可能性以及由此而来的起诉是否符合公司的最佳利益作出复杂的判断,股东根本不是一个适合的机构。(3)公司的多数股东不应当被允许越过少数人的反对批准欺诈,和不顾少数人的反对投票奉送公司的资产。⑤

根据我国《公司法》第151条对股东代表诉讼中的利益识别机构的规定,当董事、高级管理人员存在法定损害公司利益行为时,由监事会作为利益识别机关决定是否以公司名义提起诉讼;监事实施法定损害公司利益行为时,由董事会决定作为利益识别机关决定是否以公司

---

① 参见德国《股份公司法》第136条第1款。
② 参见李小宁:《公司法视角下的股东代表诉讼——对英国、美国、德国和中国的比较研究》,法律出版社2009年版,第229页。
③ 参见〔美〕罗伯特·W.汉密尔顿:《美国公司法(第5版)》,齐东祥等译,法律出版社2008年版,第409页。
④ 参见〔美〕罗伯特·C.克拉克:《公司法则》,胡平、林长远、徐庆恒、陈亮译,工商出版社1999年版,第538页。
⑤ 同上注。

名义提起诉讼。当第三人损害公司合法权益,给公司造成损失时,该条第3款规定:"他人侵犯公司合法权益,给公司造成损失的,本条第一款规定的股东可以依照前两款的规定向人民法院提起诉讼。"

以公司代表诉讼中公司决定是否起诉或继续诉讼的机关本质上是一种公司利益识别机关,结合前文中关于公司利益识别机关的研究成果,并参考国外股东代表诉讼中利益识别机关的立法经验与考量因素,我国立法中关于股东代表诉讼中利益识别机关的规定尚有待于进一步完善。

第一,关于非利益冲突情形下股东代表诉讼中的利益识别机关,原则上应以董事会作为利益识别机关,公司亦可通过章程约定股东会作为公司利益识别机关,并约定股东会与董事会之间识别权限的分工。根据我国《公司法》第151条第3款规定,在他人(董事、高级管理人员以外的第三人)损害公司利益的情形下,"……本条第一款规定的股东可以依照前两款的规定向人民法院提起诉讼",此所谓前两款规定,既包括向董事会/执行董事征求意见,也包括向监事会/监事征求意见,即其利益识别机关为董事会或监事会。以董事会作为非利益冲突情形下股东代表诉讼利益识别机关为国际立法通例,而以监事会作为非利益冲突情形下股东代表诉讼利益识别机关则无任何国际立法例可资参照,其将产生实务中的诸多问题,并不可取。此外,我国公司法允许在公司正常经营中股东会与董事会共同作为利益识别机关,应允许股东(大)会作为股东代表诉讼的利益识别机关,这也与域外诸多国家立法例相符。(1)一般认为,决定是否起诉仍属公司经营事项决策,应由经营决策机关对是否起诉进行利益识别,故各国均由公司经营决策机关——董事会作为非利益冲突情形下股东代表诉讼中的利益识别机关。对此,不仅美国由董事会下独立的诉讼委员会进行此种利益识别,英国认可的识别机关也包括董事会,即便是在当诉讼是针对董事时利益识别权由监事会行使的德国,在一般情形下,决定是否提起公司诉讼的权力也在董事会①，因此，以董事会作为非利益冲突情形下提起诉讼的利益识别机关与董事会作为经营管理机构的职能相符，亦符合国际通行做法；(2)股东(大)会也应作为股东代表诉讼中的公司利益识别机关。考量当今各国立法例，即便是涉及控制股东、董事利益与公司利益冲突的事项，一般也均认可股东(大)会拥有一定的公司利益识别权②，更遑论非利益冲突情形下了。而且，英、德等国均认可股东(大)会在股东代表诉讼中的利益识别权。尽管在美国，在董事利益冲突情形下，一般允许股东会作为利益识别机关，而在股东代表诉讼中一般则不作此要求，从其理由来看③，也主要是针对公开公司而不是针对封闭公司的④，公司利益识别显然并非局限于公开公司，其理由并不能当然适用于有限公司，而且，通过股东大会决定是否提起诉讼的成本考量，理应交给公司自己进行裁量，美国反对股东会作为诉讼的利益识别机关的关于成本问题的理由并不成立。而且，根据本书见解，股东代表诉讼中的公司的自我利益识别不应是终局性的，如公司股东会决定不起诉应不必然会存在"欺诈"和"奉送公司资产"行为。可见，美国股东大会不作为股东代表诉讼中利益识别机关的规则仅为特例，并不足取，也与域外其他国家所普遍采纳的规则不符。我国《公司法》第16条规定，"公司向其他企业投资或者为他人提供担保，按照公司章程的规定，由董事会或者股东会、股东大会决议"。显然，向其他企业投资或者为他人提供担保均属于经营事项，我国立

---

① 参见德国《股份公司法》第136条第1款。
② 参见本章二、(二)1."识别程序的独立要求"部分。
③ 这主要是指，"在公开持股公司中，这种要求将十分昂贵和负担沉重，从而阻止派生诉讼的提起，这是不适当的"以及"在公开持股公司中，对于诉讼的法律依据、诉讼费和胜诉的可能性以及由此而来的起诉是否符合公司的最佳利益作出复杂的判断，股东根本不是一个适合的机构"两个理由，参见〔美〕罗伯特·C.克拉克：《公司法则》，胡平、林长远、徐庆恒、陈亮译，工商出版社1999年版，第538页。
④ 参见〔美〕罗伯特·C.克拉克：《公司法则》，胡平、林长远、徐庆恒、陈亮译，工商出版社1999年版，第538页。

法也是肯认公司经营中股东大会的公司利益识别权,以及允许通过章程对股东会、董事会的公司利益识别权进行约定的。结合前文中关于董事利益冲突情形下利益识别机关的完善建议①,本书认为,不仅董事会应作为公司诉讼的利益识别机关,股东(大)会亦可作为公司是否提起诉讼的利益识别机关,不过,在非利益冲突情形下,应以董事会作为公司是否提起诉讼的主要利益识别机关,并且,可通过章程对董事会与股东会诉讼利益识别权做出划分(例如以诉讼请求的标的额为标准进行划分)。(3)关于监事会作为非利益冲突情形下利益识别机关的规定与监事会的职能不符,也与国际通行规则相悖,应予取消。首先,如认可监事会与董事会共同作为公司诉讼的利益识别机关,则二者之间权限如何划分?股东在向董事会/执行董事或者监事会/监事征求公司是否起诉的意思时,是否需要遵循一定的程序?立法显得模糊不清。一旦股东欲对第三人提起代表诉讼,则如何征求公司意思势必成为司法操作中的难题。② 其次,公司是否起诉的决策本质上是一种经营决策,很多时候,是否起诉、何时起诉的诉讼战略也是公司经营战略的一部分,监事会作为监督管理机构,其可能缺乏在经营方面的识别与判断能力;再次,以监事会作为公司诉讼的利益识别机关,意味着负责公司经营的董事会或高级管理人员在遇到涉及可能需要提起诉讼的事项时,应通知监事会,在履行了监事会的召集与表决程序后,再依据其决策决定予以提起诉讼或不予诉讼,这显然将极大地影响公司的经营效率与诉讼效率。最后,从域外立法例来看,对非利益冲突情形下公司诉讼的利益识别权,一般均赋予董事会,即便是在诉讼针对董事而存在利益冲突时利益识别权由监事会行使的德国,在非利益冲突

---

① 详见本章二、(三)2."关于我国董事利益冲突情形下利益事中识别制度的完善"部分。

② 参见蒋大兴:《公司法的观念与解释Ⅲ:裁判逻辑 & 规则再造》,法律出版社2009年版,第14—15页。

情形下,决定是否提起公司诉讼的利益识别权也归属于董事会而非监事会,可见,以监事会作为公司非利益冲突情形下的公司诉讼的利益识别机关与国际通行规则明显相悖。

　　第二,在决定是否起诉问题上存在利益冲突情形下的利益识别机关。(1)在董事、监事损害公司利益时,均应以无利害关系董事会作为股东代表诉讼中的利益识别机关,股东(大)会亦可作为利益识别机关,并可以公司章程约定董事会与股东会之间的识别权限分工。原因在于:①各国一般认为公司诉讼决策仍属公司经营决策,因此,对其利益识别仍应由经营决策机关——董事会进行,唯在诉讼对象为董事时,为避免利益冲突可能对识别结果产生的不公正影响,各国均通过确保识别机关的独立性以排除利益相关董事表决对识别结果的影响,由无利害关系董事或由独立的诉讼委员会进行识别均为循此思路进行的规制,如此,在以独立的识别组织进行识别确保的公正性与由经营机构识别实现的效率之间确保了适度的平衡。②考量各国股东代表诉讼制度关于诉讼利益识别组织的规定,其与公司正常经营时的利益冲突情形下的公司利益识别机关基本保持一致,美国的独立的董事会/由无利害关系董事组成的特别诉讼委员会、英国的独立股东/董事/董事会的一个委员会均是如此,而德国由监事会作为针对董事的诉讼情形下的公司利益识别机关也与公司经营中存在董事利益冲突情形下由监事会作为利益识别机关的规定保持一致。只是在美国,其在经营中控制股东和董事与公司利益冲突时以股东会和董事会作为利益识别机关,而在代表诉讼中则以无利害关系董事会或独立的诉讼委员会作为利益识别机关或免除向公司提出起诉请求的要求,这一规定仅为一特例,且其也并未为代表诉讼创设新的诉讼利益识别机关。反观我国《公司法》第148条关于公司正常经营中董事/高级管理人员利益冲突的规定,其仅以股东(大)会为利益识别机关,根据前文对公司正常经营中董事利益冲突情形下利益识别机关的完善建议,应以无利害关系董事会作为主要利益识别机关,股东(大)会亦可作为利益识别机关,并可以公司章程对董事会与股东会在利益冲突情形下董事会与股东会的利益识别权限进行划分。① 我国现行立法以监事会作为就董事损害公司利益决定是否提起诉讼时的利益识别机关的规定,已然超越了我国现行法以及本书根据国际通行做法对董事利益冲突下利益识别机关完善建议的范围,也与各国在利益冲突情形下股东代表诉讼中诉讼利益识别机关基本与经营中公司利益识别机关保持一致(甚至窄于公司经营时识别机关的范围,如美国)的通行做法相悖,并不足取。我国股东代表诉讼中的利益识别机关应与经营中董事利益冲突情形下的利益识别机关保持一致。③当以董事会作为识别机关时,应实行排除利益相关董事的独立的董事会作为利益识别机关,当无利害董事人数不足法定(章定)的定足数时,则可由股东(大)会作为识别机关。美国式的独立诉讼委员会并不适于作为公司利益的识别组织。不必采用美国式的独立的特别诉讼委员会作为识别组织,在美国,通常,特别诉讼委员会得到董事会的特别授权,享有决定是否提起诉讼的全部权利。② 委员会是由董事会设立,可以由两到三名在诉讼中没有列为被告的董事组成,事实上,现任董事可以任命新董事,以便有人组成这样一个董事会。有时,如果所有董事都被列为被告,董事会可以任命那些在质疑交易中没有私人利益的外部董事到委员会。③ 实践证明,诉讼委员会对股东的请求进行审查,表面看来公正性似乎有所增强,但并不能保证独立和公正,因为诉讼委员会的成员都是公司聘请的,在调查、形成结论和作出决定的过程中不可避免地带有某种感情因素,很难不偏不倚地作出决定。事实上,美国已有学者指出,在所

---

① 详见本章二、(三)2.“关于我国董事利益冲突情形下利益事中识别制度的完善”部分。
② 参见朱圆:《美国公司治理机制的晚近发展》,北京大学出版社 2010 年版,第 129 页。
③ 参见〔美〕罗伯特·C. 克拉克:《公司法则》,胡平、林长远、徐庆恒、陈亮译,工商出版社 1999 年版,第 130 页,第 535 页。

有把问题提交给诉讼委员会决定的案件中,诉讼委员会都作出了不进行诉讼最符合公司利益的决定,这也许不是偶然的。① ④尽管德国在决定是否提起针对董事的诉讼时以监事会作为利益识别机关,但是,德国的监事会与我国监事会职能并不相同,其享有任免董事的权限。这样,由监事会享有是否起诉董事的利益识别权与对董事的任免权可以相得益彰,充分的信息有利于权利的行使,一方面,监事会可通过决定是否对董事起诉的利益识别过程中掌握的信息更好地行使对董事的任免权,同样,在任免董事的过程中所掌握的信息也有助于其决定是否对相关董事予以起诉;另一方面,即便监事会决定对相关董事不予起诉,对损害公司利益的董事,其也可通过任免权的行使而对其予以惩戒。反观我国立法,对董事的任免权由股东(大)会行使,由股东(大)会作为董事利益冲突情形下的利益识别机关更有助于利益识别权的有效行使。而我国监事会的职权相对较弱,在实践中难以有效行使监督权,而且,正如在非利益冲突情形下股东代表诉讼的利益识别机关的讨论中所指出的,监事会作为公司利益识别机关还存在着缺乏判断能力、影响诉讼效率与经营效率等诸多问题,相较于以董事会或股东会作为股东代表诉讼中的诉讼利益识别机关,监事会作为利益识别机关在牺牲了效率(相较于董事会作为利益识别机关)的同时也未能提升公司对董事的监督能力(相较于股东会作为利益识别机关)。因此,虽然德国监事会作为董事利益冲突情形下的股东代表诉讼的利益识别机关,但是,"此监事会非彼监事会也",当然,如我国能对监事会职权予以改革,赋予其董事任免权②,则以其作为公司经营中及股东代表诉讼中的利益识别机关则是适当的。⑤根据公司章程的自治法

---

① 参见〔美〕罗伯特·W. 汉密尔顿:《公司法概要》,李存捧译,中国社会科学出版社1999年版,第262页。

② 详见本章二、(三)2. "关于我国董事利益冲突情形下利益事中识别制度的完善"部分。

规性质,应允许以章程对非专属于董事会或股东会识别权限范围的董事利益冲突情形下的利益识别权限进行划分,例如,以诉讼请求金额作为划分标准规定两者各自在一定的范围内拥有特定利益冲突事项的利益识别权限。(2)我国现行股东代表诉讼制度所涉利益冲突情形,缺少对控制股东/股东利益冲突情形下诉讼提起利益识别机关的规定,应增加在此种情形下仅以无利害关系股东会作为利益识别主体的相关规定。① 从各国关于公司内部相关主体与公司利益冲突的情形来看,一般均包括董事/高级管理人员/监事与公司利益冲突,以及控制股东与公司利益冲突。我国《公司法》第 16 条中关于公司为股东或实际控制人提供担保由股东会决议并实行关联股东表决权排除的规定,也涉及了控制股东与公司间的利益冲突。确定了公司对控制股东的诉讼请求权。控制股东与公司间存在利益冲突系公司法与公司运营中不争的事实且已引起理论与实务上的广泛关注。① 我国《公司法》第 21 条规定,"公司的控股股东、实际控制人、董事、监事、高级管理人员不得利用其关联关系损害公司利益。违反前款规定,给公司造成损失的,应当承担赔偿责任",该条不仅涉及已为《公司法》第 151 条规定了特别利益识别机关的对董事/高级管理人员的赔偿责任,更涉及控股股东/实际控制人的赔偿责任,《公司法》第 151 条对并无公司经营决策权,对公司无多少控制能力的监事会尚表达了特别的关注而规定了专门的利益识别机关,而对于公司具有强大控制力的控股股东/实际控制人损害公司利益时决定是否起诉的利益识别机关却付之阙如,显属立法疏漏。由于对是否控股股东或实际控制人可能需经审判程序才能确定,且股东可能通过多种难以为他人(包括其他股东)所

---

① 多部学术专著对控制股与公司的利益冲突以及其对公司的义务进行了研究,例如,王继远:《控制股东对公司和股东的信义义务》,法律出版社 2010 年版,第 186—354 页;习龙生:《控制股东的义务和责任研究》,法律出版社 2006 年版,第 58—247 页;李建伟:《关联交易的法律规制》,法律出版社 2007 年版,第 301—394 页。

举证证明的方式对公司实施控制而损害公司利益。因此,如将扩大的进行特别识别的损害公司利益的主体仅限于控股股东/实际控制人将徒增识别上的诸多困扰,而将特别识别的范围扩展至一般股东,由于该股东是否需承担责任尚需公司对是否对其起诉的利益识别以及起诉后的司法识别,并不会损害该股东利益;②就公司决定是否起诉控股股东/实际控制人的利益识别而言,本书以为,与前述关于公司经营中控制股东利益冲突情形下公司利益事中识别机关一致,应由股东(大)会作为利益识别机关并实行利害相关股东的表决权排除制度。①③由实行利害相关股东表决权排除的股东会对是否起诉控股股东/股东进行利益识别,有助于提升诉讼效率。显然,进行利益识别的无利害关系股东会可能做出两种识别结果:起诉或不起诉。A. 如果股东会决定提起诉讼,则股东不会再行提起诉讼。"尽管股东会的召开需要花费一定资财、损失一定时间,……公司自己诉讼可能比一个外部股东代其诉讼,更便利诉讼过程的开展。而且,增加诉讼过程的便利,在某种意义上也就促进了诉讼效率。"②B. 如果无利害关系股东会决定不提起诉讼,由于进行利益识别的该股东(大)会已排除了利益相关股东行使表决权,则这些剩余的无利害关系股东所形成的决议通常能代表其意思,如其决定不提起诉讼,一般而言,其并不会对此决议表示不满而愿意遵守,这显然有利于平息讼争,化解股东内部不一致的声音,促进公司经营。

需要指出的是,无论是非利益冲突情形下就是否起诉董事时股东会作为股东代表诉讼利益识别机关之一,还是利益冲突情形下,股东会作为唯一的利益识别机关,则可能会产生这样的疑问:由于股东会

---

① 详见本章二、(三)1."关于控制股东关联交易中的公司利益事中识别机制的完善"部分。

② 蒋大兴:《公司法的观念与解释Ⅲ:裁判逻辑 & 规则再造》,法律出版社2009年版,第24页。

决议对全体股东均具有约束力,如果对股东提出请求的事项,股东会代表公司决议不起诉,则提起请求的股东本身也应受该决议的约束,他如何可能再违背"不得起诉的决议"而提起代表诉讼呢？ 如此,则代表诉讼也许没有了存在的空间。① 对此,有学者已作出了精辟的阐释:

> 将股东会的意思纳入考量,并不会导致"股东代表诉讼丧失生存的制度空间"。因为,股东会的决议对全体股东都有约束力,并不意味着股东不可以通过诉讼的手段挑战乃至否定该决议的效力——股东会决议无效或撤销制度即为明证。既然股东可以通过诉讼的方式否定股东会决议本身的效力而不受其约束,当然应许可股东以提起代表诉讼的方式,事实上否定股东会作出的不起诉的"公司意思"。因此,承认股东会决议对单个股东的整体约束力,并不意味着股东代表诉讼就没有了设定空间。换言之,股东虽然要受股东会决议的约束,但同时,股东通过诉讼挑战股东会决议的行为却不受约束。该所谓"诉讼",既包括直接否定决议效力的决议无效撤销之诉,也包括间接否定决议效力的股东代表诉讼。②

加拿大 British Columbia《公司法》第 222 节的规定亦可佐证上述观点,根据该条,公司大多数股东对被诉董事行为的事后追认并不必然阻止派生诉讼。③

(二) 公司利益的司法识别

公司利益的司法识别是由司法机关所进行的,对特定主体所实施

---

① 参见蒋大兴:《公司法的观念与解释 III:裁判逻辑 & 规则再造》,法律出版社 2009 年版,第 21 页。
② 同上注,第 25—26 页。
③ 参见王丹:《公司派生诉讼论:理论基础与制度构造》,中国法制出版社 2012 年版,第 184—185 页。

的行为是否符合公司利益所进行的识别。

1. 公司利益司法识别的发动主体

通过司法程序,由司法机关对公司利益进行识别,以司法程序的发动为前提。民事诉讼遵循"不告不理"的原则,因此,就公司利益受损而享有提诉权的适格主体是公司利益司法识别的发动主体。

(1)直接诉讼下的公司利益司法识别发动主体

公司利益遭受损失,正常情形下,应由公司提起直接诉讼,以维护自身利益,在此情形下,则公司成为公司利益司法识别的发动主体。即便在公司以外的其他适格主体欲以代表诉讼方式就损害公司利益行为提起诉讼,在该主体向公司代表诉讼的利益识别机关提出起诉请求后,在该识别机关决定提起诉讼后,诉讼也仍为公司作为司法识别发动主体的直接诉讼。

(2)代表诉讼下的公司利益司法识别发动主体

当公司利益遭受损失,适格主体可提请公司提起诉讼,如果公司不提起诉讼的,则该主体有权代表公司提起诉讼,此即代表诉讼。各国立法中均允许符合法定条件的股东作为发动主体提起代表诉讼,一些国家也允许法院认可的其他主体发动代表诉讼,根据本书对公司利益构成因子的认识,我国也应准允经法院认可的股东以外的其他主体发动代表诉讼,对公司利益进行司法识别。

①股东。在各国,均允许股东作为提起代表诉讼的主体,我国公司法亦然。根据我国《公司法》第151条,有权提起代表诉讼的股东为"有限责任公司的股东"和"股份有限公司连续一百八十日以上单独或者合计持有公司百分之一以上股份的股东"。

②法庭认为适当的其他主体。尽管多数国家仅允许股东作为代表诉讼的主体,但是,也有一些国家,不仅股东,法庭认为适当的其他人也可提起派生诉讼,例如,加拿大1985年《商业公司法》第238条(d)规定,根据法庭的自由裁量认定的任何其他适当的人也可提出提

起代表诉讼的申请。新加坡《公司法》第 216 条 A(1)(C) 也规定了能够申请提起派生诉讼的人的范围包括任何根据法庭的自由裁量权认为是适当的人。① 根据本书对公司利益构成因子的分析，公司利益应当是"利益相关者综合利益"②，而且，信托模式下的公司利益构成因子呈现一种开放的结构③，非股东的其他利益相关者的利益与股东利益一样，通过信托模式共同融入公司利益。既然允许在公司不提起诉讼的情形下，其利益融入公司利益的股东得提起派生诉讼，那么对其利益同样融入公司利益的其他利益相关者，也应享有发动此种代表诉讼以维护公司利益的权利。当然，与股东提起代表诉讼一样，应当对其他主体提起代表诉讼发动权予以适当的限制，以防止滥诉行为的发生干扰公司的正常经营，鉴于其他主体种类繁多，例如债权人、雇员、董事④等等，很难划定一个划一的标准，因此，应将其他主体发动代表诉讼以进行公司利益司法识别的权限交给法庭决定，即应当允许"法庭认为适当的债权人、雇员、董事等其他主体"提起代表诉讼。

2. 公司利益司法识别中的程序识别与实体识别

公司利益识别是公司的一种意思形成，此种意思形成在多数情形下以股东会/董事会/监事会决议的形式形成。有时，也可能由个别代表董事在权限范围内行使自由裁量权进行识别。无论是在对利益冲突情形下的公司利益的识别，还是在司法决定是否适用商业判断规则对董事是否履行了对公司诚信义务进行的识别，以及在司法对作为利益识别最终结果的股东会/董事会决议进行审查时，公司利益司法识别的范围既包括程序识别也包括实体识别。

---

① See Andrew Keay, *The Corporate Objective: Corporations, Globalisation and The Law*, Edward Elgar Publishing Limited, 2011, pp. 257 – 258.
② 详见第三章之一、"公司利益的总体构造"部分。
③ 详见第三章之二、(一)1."信托模式下的公司利益构成因子：开放的结构"部分。
④ 例如，澳大利亚 2001 年《公司法案》第 236 条除允许股东提起派生诉讼外，前股东及公司官员也可提起该诉讼。参见 Andrew Keay, *The Corporate Objective: Corporations, Globalisation and The Law*, Edward Elgar Publishing Limited, 2011, pp. 257 – 258.

(1)公司利益识别包括程序识别与实体识别

首先,在控制股东/董事利益冲突情形下,例如在控制股东/董事与公司实施关联交易情形下,公司利益识别的范围既包括程序识别也包括实体识别。在规定有控制股东/董事自我交易的利益识别机制的立法例中,一般均对特定识别机关的独立性(识别程序的独立要求)与识别信息的披露(识别程序的公开程序)作出了要求①,对此进行的审查显然是一种程序识别。与此同时,即便未遵守相关的程序要求,只要经司法识别该交易对公司而言是公平的,则司法上依然对该交易的效力予以认可。例如,对包括母公司同其部分拥有的子公司之间的交易(即控制股东与公司间的关联交易)以及董事自我交易在内的"基本自我交易",根据《特拉华州普通公司法》第144条以及《示范公司法》第8章第31条以及许多州的相似的成文法规定,只要满足以下三个条件之一,该基本自我交易即不会仅因其为自我交易而无效:①公开加无利益关系董事的批准;②公开加股东的批准;③公平性。② 对前两个条件的识别显然是程序识别,而对第三个条件的识别则显然是实体识别。同样,根据美国法律研究院1994年《公司治理原则:分析与建议》第5.02条关于董事和高级主管的公平义务的规定③以及第5.10条关于控股股东与公司之间的交易的规定④,对于董事或控制股东与公司间的关联交易,即便未遵守相关的识别程序的规定,只要该交易对公司是公平的,则该交易仍有效。对识别程序的司法识别是一种程序识别,而对公平性的识别则是实体识别。

其次,就适用进行决策的董事与决策事项之间无利益冲突情形下

---

① 详见本章二、(二)"识别程序"相关内容。
② 参见〔美〕罗伯特·C.克拉克:《公司法则》,胡平、林长远、徐庆恒、陈亮译,工商出版社1999年版,第130页、第136页。
③ 参见许传玺主编:《公司治理原则:分析与建议》(上卷),楼建波、陈炜恒、朱征夫、李骐译,法律出版社2006年版,第247—249页。
④ 同上注,第378—379页。

的商业判断规则而言①,该规则的适用,使公司董事在了解情况的基础上出于善意的行为被假定为系为了公司的最大利益而采取的行动②,符合适用该规则所需的条件,自然被假定为是符合公司利益的,在对是否符合适用该原则的条件进行识别时,也应被认为是对是否符合公司利益进行的一种识别。对是否可适用商业判断规则的识别与判断,使法庭审查的关注点从董事是否作出了正确决策转移到了董事在作出决策时是否坚持了充分的和适当的程序。③ 法院审查判断的是经营判断所作出的过程或其遵循的程序。④ 尽管如此,董事的商业判断在特殊的情形下也会被审查。⑤ 而且,法院在审查适用商业判断规则的要件之一的董事"合理地相信其所作出的经营判断符合公司的利益"时,其审查的"合理相信"部分在一定程度上也可被看作是实体审查。⑥ 可见,对是否可适用商业判断规则的识别与判断,亦即就董事履行职责行为是否符合商业判断规则所假定的为公司最大利益服务的要求而进行的识别而言,这一公司利益识别过程虽然主要以程序识别

---

① 第4.01(c)规定的适用商业判断规则的条件是:(1)与该商业判断的有关事项没有利益关系;(2)所知悉的有关商业判断的事项的范围是高级主管和董事在当时情况下合理相信是恰当的;(3)理性地相信该商业判断是为公司最佳利益作出的。参见许传玺主编:《公司治理原则:分析与建立》(上卷),楼建波、陈炜恒、朱征夫、李骐译,法律出版社2006年版,第160页。在特拉华州,除非原告能证明经营判断规则的以下要素之一缺失,否则经营判断规则将适用于董事:(1)董事作出的决策;(2)决策时掌握了相关信息(即决策程序合理谨慎);(3)善意的决策;(4)董事在决策过程中无实质性的利益冲突。参见朱圆:《美国公司治理机制的晚近发展》,北京大学出版社2010年版,第57—58页。可见,适用商业判断规则必然要求决策董事与决策事项之间无利益冲突。
② 参见〔美〕罗伯特·C.克拉克:《公司法则》,胡平、林长远、徐庆恒、陈亮译,工商出版社1999年版,第91页。
③ See Andrew Keay, *The Corporate Objective: Corporations, Globalisation and The Law*, Edward Elgar Publishing Limited, 2011, p.152.
④ 参见〔美〕罗伯特·W.汉密尔顿:《美国公司法(第5版)》,齐东祥等译,法律出版社2008年版,第340页。
⑤ See David Rosenberg, "Galactic Stupidity and the Business Judgment Rule," 32 *the Journal of Corporation Law* 301(2007), pp.301 - 302.
⑥ 参见〔美〕罗伯特·W.汉密尔顿:《美国公司法(第5版)》,齐东祥等译,法律出版社2008年版,第340页。

为主,但也包含实体识别。

最后,作为公司自我利益识别表现的股东会决议或者董事会决议,也将接受司法审查,司法对该决议的审查过程即为公司利益的司法识别过程。就这一识别过程所需识别对象而言,依《公司法》第22条:"公司股东会或者股东大会、董事会的决议内容违反法律、行政法规的无效。股东会或者股东大会、董事会的会议召集程序、表决方式违反法律、行政法规或者公司章程,或者决议内容违反公司章程的,股东可以自决议作出之日起六十日内,请求人民法院撤销。"前述对会议召集程序、表决方式是否违反法律、行政法规或者公司章程的识别即为程序识别,而对决议内容是否违反法律、行政法规或公司章程的识别则为实体识别。可见,从对作为公司自我利益识别结果的公司决议的司法识别的识别对象来看,公司利益的司法识别同样既包括程序识别,也包括实体识别。

(2)公司利益司法识别应包括对自我识别的公正性识别

如前所述,在控制股东/董事与公司实施关联交易情形下,即便未遵守相关的程序要求,只要经司法识别该交易对公司而言是公平的,则司法上依然对该交易的效力予以认可。例如,对包括母公司同其部分拥有的子公司之间的交易(即控制股东与公司间的关联交易)以及董事自我交易在内的"基本自我交易",无论是根据美国法律研究院1994年《公司治理原则:分析与建议》§5.02 关于董事和高级主管的公平义务的规定①以及§5.10 关于控股股东与公司之间的交易的规定②,还是《特拉华州普通公司法》第144条以及《示范公司法》第8章第31条以及许多州的相似的成文法规定,在公司对自我交易进行利益识别过程中,即便未遵守相关的识别程序的规定,只要该交易对公

---

① 参见许传玺主编:《公司治理原则:分析与建议》(上卷),楼建波、陈炜恒、朱征夫、李骐译,法律出版社2006年版,第247—249页。
② 同上注,第378—379页。

司是公平的,则该交易仍有效。由此,司法识别对未遵守相关识别程序的自我交易的识别,必然要对其公正性进行识别。

即使未正式在制度上确立商业判断规则,许多国家也接受了商业判断规则中法院对董事行为的司法识别应以程序识别为主的理念。即使如此,从比较法上考察,在域外,也并非对董事决策完全不作实质性审查,而允许对董事决策的公正性/合理性进行审查。例如:①在美国,董事的商业判断在特殊的情形下也会被审查。① 公司法上,授权裁判者在事后对代理人遵守情况进行准确认定的标准,不可避免地要求法庭(或其他裁判者)事后对公司进行评估,甚至有时直接作出公司决策。② 在反收购背景下,法庭也常常需要评估,当面对多种选择时,董事会是否履行了勤勉义务,这也不可避免地涉及对公司董事会所作决策的实质性审查。②在英国,尽管并不存在正式的商业判断规则。③ 不过,一个派生的规则却在适用。英国法庭一贯限制对董事商业判断以司法上的事后眼光对其进行审查。④ 即使如此,法院也并非绝对地不对董事的判断进行审查。一般地讲,如果正在调查的行为与公司的利益毫不相干,那么,法院将会用它的判断代替董事的商业判断。⑤ 在克里孟斯诉克里孟斯·布洛斯有限公司案中,福斯特法官即引述威尔伯福斯法官在维斯特伯恩画廊判例中的话语指出,股东无论以何种方式行使表决权,均得符合公平之考量。在特定情况下以特定方式行

---

① See David Rosenberg, "Galactic Stupidity and the Business Judgment Rule," 32 *the Journal of Corporation Law* 301 (2007), pp. 301–302.

② See John Armour, Henry Hansmann and Reinier Kraakman, *Agency Problems and Legal Strategies*, in Reinier Kraakman, John Armour and Paul Davies etc., *The Anatomy of Corporate Law: A Comparative and Functional Approach (Second Edition)*, Oxford University Press, pp. 39–40.

③ See Andrew Keay, *The Corporate Objective: Corporations, Globalisation and The Law*, Edward Elgar Publishing Limited, 2011, p. 314.

④ Ibid, p. 154, p. 314.

⑤ 参见〔马来西亚〕罗修章、王鸣峰:《公司法:权力与责任》,杨飞、林海全、张辉、钟秀勇等译,法律出版社2005年版,第215页。

使表决权是不公平的。① 英国国会于 2006 年《公司法》中,也显示出了对法官可以巧妙地评价董事行为的承认。例如,法庭必须评价董事是否根据该法第 172 条(1)按照促进公司成功的方式行事。国会看起来也愿意赋予法庭对管理人所作出的,有关 1986 年破产法案表 B1 的托管所采取的行为所作出的决定进行审查的权力。这一权力包含对管理人必须作出的商业决策进行评估。② ③在澳大利亚,尽管其《公司法》已正式引入"商业判断规则"来平衡更严格的问责,其 2001 年《公司法》第 447 条 A 项中,国会仍授予了法庭非常广泛的权力以决定自愿托管计划如何运行,这涉及对董事和管理人行为的考量。同样,该法第 447 条 E 也赋予了法庭决定其对自愿托管程序中的管理人的以下行为是否满意的权力:其是否以(或正在以)一种侵害了部分或全部公司债权人(或股东)的方式实施了管理公司事务行为,或者实施了(或正打算实施、未能实施)损害债权人或股东利益的行为。③ ④在日本,尽管学术界普遍认同商业判断规则④,在东京地方法院的一起案件中,法院指出,在判断董事是否违反了注意义务时,应当注意以下几个事项:第一,是否具备该公司所属行业的通常经营者应该具有的知识和经验;第二,是否忽视了作为判断前提的事实;第三,经营决定是否被评价为明显不合理。⑤ 而在最高法院审理的一起银行董事融资 540 亿日元的案件中,法院也认定:"该案中的融资决定明显具有不合

---

① 参见〔英〕丹尼斯·吉南:《公司法(原著第 12 版)》,朱羿锟等译,法律出版社 2005 年版,第 241 页。
② See Andrew Keay, *The Corporate Objective: Corporations, Globalisation and The Law*, Edward Elgar Publishing Limited, 2011, p. 271.
③ Ibid, p. 272.
④ 参见〔日〕前田庸:《公司法入门(第 12 版)》,王作全译,北京大学出版社 2012 年版,第 315 页;〔日〕森田章:《公开公司法论》,黄晓林编译,中国政法大学出版社 2012 年版,第 199—200 页。
⑤ 参见"东京地方裁判所 2004 年(平成 16 年 9 月 28 日)判决",载《判例时报》1886 号,第 111 页,转引自〔日〕森田章:《公开公司法论》,黄晓林编译,中国政法大学出版社 2012 年版,第 200 页。

理性,……违反了忠实义务、善管义务。"①看来,在日本,无论是最高法院还是地方法院,也并不排斥对董事决定的合理性/公正性进行审查。

允许司法对控制股东/董事自我交易进行公正性/合理性审查的态度自然会表现在司法对公司利益自我识别的结果——会议决议的识别的公正性进行审查。例如,根据日本《公司法》,其承认利害关系股东有表决权,但特殊利害关系股东滥用多数决原则,致使决议明显不当的,属于可撤销决议。② 在英美等国,即便股东大会决议的事项与特定股东存在利害关系,该股东参与表决本身并不影响决议的效力,只有当决议的结果造成显著不公平或者损害公司利益时,才构成决议瑕疵的原因。③

之所以应允许公司利益司法识别包括对公司自我识别的公正性识别,其原因在于④:存在着法院易于判断的领域;法庭并不缺乏商事判断的能力;在公司法以外存在着行政机关与法庭作出对商事判断的实践;就我国立法而言,也并未排除司法机关作出商业决策的权力,甚至于在《企业破产法》中明确肯认了此项权利。《企业破产法》第69条规定了管理人的诸多对债务人财产进行管理和处分的权限⑤,其所

---

① "最高裁判所2008年(平成20年)1月28日判决",载《判例时报》1997号,第143页,转引自〔日〕森田章:《公开公司法论》,黄晓林编译,中国政法大学出版社2012年版,第200页。
② 第831条第1款第3项,参见〔日〕前田庸:《公司法入门(第12版)》,王作全译,北京大学出版社2012年版,第300页。参见〔日〕森田章:《公开公司法论》,黄晓林编译,中国政法大学出版社2012年版,第164页。
③ 参见钱玉林:《股东大会决议瑕疵研究》,法律出版社2005年版,第204页。
④ 详见第二章五(三)2."公司利益不确定性司法控制中的实体判断"相关内容。
⑤ 《企业破产法》第69条规定:"管理人实施下列行为,应当及时报告债权人委员会:(一)涉及土地、房屋等不动产权益的转让;(二)探矿权、采矿权、知识产权等财产权的转让;(三)全部库存或者营业的转让;(四)借款;(五)设定财产担保;(六)债权和有价证券的转让;(七)履行债务人和对方当事人均未履行完毕的合同;(八)放弃权利;(九)担保物的取回;(十)对债权人利益有重大影响的其他财产处分行为。""未设立债权人委员会的,管理人实施前款规定的行为应当及时报告人民法院。"

涉行为均属涉及公司利益的商业决策行为。而根据《企业破产法》第68条,债权人委员会有权监督债务人财产的管理和处分行为;管理人、债务人的有关人员违反该法规定拒绝接受监督的,债权人委员会有权就监督事项请求人民法院作出决定;人民法院应当在五日内作出决定。① 立法在此明确肯定了法院有权就《企业破产法》第 69 条涉及的商业决策事项自己直接作出决定,同时也否定了法院不具备进行这样的商业决策能力的假设。

(3)满足自我识别中的程序要求导致司法识别中举证责任转移

在公司利益自我识别中,存在着对识别程序的要求。② 为了实现实体的正义必须不断地改善程序,但人类的认识和实践能力有限,且什么是实体的正义也并不总是明明白白的,于是妥协就成为必要。当从方法和过程上已尽了最大努力仍不能确定实体正义时,假定某个结果合乎正义是一种不得已的必要妥协。③ 在公司利益的司法识别过程中,便假定公司依照自我利益识别的程序要求所形成的结果是与公司利益要求一致的。

因此,在公司利益识别过程中,当遵守了自我识别中的程序性要求,司法识别中便假定公司作出的利益识别(董事作出的决策)是符合公司利益的。根据接近证据者举证以及主张积极事实者举证的证据法上的规则,应由主张决策或行为符合公司利益者(由于作出利益识别的机构,通常对其符合法律或章程规定的程序要求较之其他人具有更强的举证能力,因此,当该识别组织参加诉讼时,通常由其就此举证。若其不参加而由公司参加诉讼,则通过公司进行此项举证)举证证明利益识别组织就其作为利益识别机关的适格性以及其遵守了识

---

① 参见《企业破产法》第 68 条。
② 参见本章二、(二)"识别程序"的相关内容。
③ 参见〔日〕谷口安平:《程序的正义与诉讼(增补本)》,王亚新、刘荣军译,中国政法大学出版社 2002 年版,第 3 页。

别程序的要求。①若利益识别机关的适格性及其遵守了识别程序的要求得到证明,便推定公司所作自我利益识别是符合公司利益的。同时,既然是一种推定,在司法中便应当允许对此提出质疑者举证予以推翻。反对者可从两方面进行举证:第一,证明识别组织的不适格性或未遵循正确的识别程序要求;第二,程序最终是为实体服务的,符合程序正义即为符合实体正义也只是一种推定,因此,当反对者确能证明识别结果不符合公司利益时,也应允许在司法识别中通过对公司自我识别进行公正性识别,并应允许司法识别推翻自我识别所形成的不公正的识别结果。②若未能证明利益识别机关的适格性及其符合识别程序要求,即作出行为或决策符合公司利益假定的前提未能满足或被推翻,相关利益识别或董事决策符合公司利益要求的假定便失去成立基础。在此情形下,相关行为人或董事需就该交易符合公司利益或决策符合公司利益承担举证责任。域外关于董事/控制股东自我交易、商业判断规则、股东代表诉讼的公司立法与司法实践均体现了这一逻辑。

以董事/控制股东自我交易为例,交易以公平为目标,正如我国《民法典》第 6 条规定:"民事主体从事民事活动,应当遵循公平原则,合理确定各方的权利和义务。"鉴于董事/控制股东自我交易损害公司利益的重大可能性,各国立法一般对其作出了特别的程序要求。以美国法律研究院《公司治理原则:分析与建议》为例,其§5.02(a)(2)(A)要求"交易在达成时对公司是公平的",§5.02(a)(2)(B)、(a)(2)(C)或(a)(2)(D)规定了董事/高级管理人员自我交易的程序要求,§5.02(b)则对举证责任作出了明确的要求,即"对董事和高级主管与公司之间的交易提出争议的一方当事人承担举证责任,除非该当事人证实上述(a)(2)(B)、(a)(2)(C)或(a)(2)(D)的要求未得到满足时,则高级主管或董事承担证明该交易对公司公平的举证责任。"①与之类似,§5.10(a)(1)要求控制股东与公司间的交易属于"该交易对公司是公平的",(a)(2)提出了该交易的程序要求,§5.10(b)则对举证责任作出了规定,即:"如果该交易是在进行相关信息披露之后经由无利害关系的董事之事先授权,或者经由无利益冲突的股东事先授权或批准,那么对该交易提出异议的一方负有举证责任。如果该交易经无利益冲突董事的事后批准,而且未能对该交易进行事先授权并未对公司利益造成重大的负面影响,提出异议的一方在这种情况下亦负有举证责任。如果该交易未经授权或批准,则除非下文(c)另有规定,该控股股东负有举证责任。"②根据上述规则,当满足了董事/控制股东与公司交易的程序要求后,即推定该交易是合公司利益的(对公司是公平的),从而对其提出质疑者应承担举证责任;而当未能遵循该程序要求时,关于该交易符合公司利益(对公司是公平的)的推定便不能成立,从而实施交易的董事/高级主管/控制股东应就交易的公平性承担举证责任。而§5.10(b)中的除外规定,即§5.10(c)的规定为:"属于日常业务范围的业务:如果控股股东与公司之间的一项交易属于公司日常业务范围,不论该交易是否经无利益冲突的董事或股东的事先授权或批准,对该交易提出异议的一方负有首先证明该交易不公的责任。"③此条实际上免除了日常业务范围的业务的程序要求,从而即便未经该程序要求,该交易也被认为是属于董事/高级管理人员等公司经营层自由裁量权范围内的公司利益识别,被推定为是符合公司利益的(对公司是公平的),从而,"对该交易提出异议的一方负有首先证明该交易不公的举证责任。"根据英国法律,证明公司大

---

① 许传玺主编:《公司治理原则:分析与建议》(上卷),楼建波、陈炜恒、朱征夫、李骐译,法律出版社2006年版,第248—249页。

② 同上注,第378—379页。

③ 同上注。

多数股东决议之通过并非是为了整个公司利益的举证责任应由公司那些提起诉讼的人承担。作为原告的公司成员可以证明,公司大多数股东在行为时具有恶意(malice),他们通过决议完全是因为他们想损害原告的利益①,这也是因为,依照多数决原则与合法程序通过的决议,首先便被假定为是符合公司利益的,欲推翻此假定者应就此承担举证责任。

商业判断规则作为对董事会作出经营决策时所遵循的原则,具有双重含义:一是董事会对基于合理的信息和一定的理性作出的经营决策不承担责任,即便从公司的角度来看这些决定是糟糕的或者是灾难性的。第二重含义则是,这些决策是有法律效力的,是对公司有法律约束力的,股东对其不得加以禁止、废除或者抨击。② 由于商业判断规则适用于董事的经营决策行为,而董事作出经营决策行为乃属其权限范围,董事有权在其自由裁量权范围内进行利益识别,对此,除非特殊情形(例如前述董事自我交易、控制股东与公司间交易等),立法并未对此提出特别要求。因此,§5.10(c)规定的控制股东与公司间就没有程序要求日常业务范围内业务交易的举证责任一样,我们可以认为,只要是董事就正常经营决策(日常业务)在其权限范围内做出决策,即被认为符合了程序要求,从而推定该交易是符合公司利益的。"商业判断规则假定:在做出经营决定时,公司董事们在了解情况的基础上出于善意和为了公司的最大利益的正直信念而采取行动。"③从而,"对高级主管或董事的行为提出质疑的人应当承担证明其违反注意义务的举证责任。此类举证包括:在履行(b)或(c)款所规定的

---

① 参见张民安:《现代英美董事法律地位研究》(第二版),法律出版社2007年版,第438页。
② 参见[美]罗伯特·W.汉密尔顿:《美国公司法(第5版)》,齐东祥等译,法律出版社2008年版,第339页。
③ [美]罗伯特·C.克拉克:《公司法则》,胡平、林长远、徐庆恒、陈亮译,工商出版社1999年版,第91页。

义务时,上述条款的不适用性",即对董事行为符合公司利益提出质疑者应承担不符商业判断规则适用要件的举证责任。在特拉华州,除非原告能证明经营判断规则的以下要素之一缺失,否则经营判断规则将适用于董事:①董事作出的决策;②决策时掌握了相关信息(即决策程序合理谨慎);③善意的决策;④董事在决策过程中无实质性的利益冲突。① 因此,在适用商业判断规则审查董事的行为过程和方式时,举证责任首先在原告一方。如果原告以涉及利益冲突、无独立性等有利证据推翻商业判断规则的合理假定,举证责任转移至被告董事一方。②

在股东代表诉讼中,各国一般均要求一个独立机构(通常是无利害关系的董事会或独立的特别诉讼委员会)就是否继续诉讼进行利益识别,正如纽约州法院在 Auerbach v. Bennett 案中所认为的,公司的特别诉讼委员会可以,而且应当代表公司决定是否终止派生诉讼。③ 在此过程中,董事会就决定是否继续诉讼作出的利益识别一般被认为属于其经营决策事项,从而,商业判断规则亦可适用于董事会就是否终止派生诉讼作出的决策。例如,在美国特拉华州,对于股东没有必要在诉讼前先行向董事会提出要求的案件,公司在股东起诉后提名一个诉讼委员会来权衡诉讼的价值。如果诉讼委员会建议法院停止进行派生诉讼,那么法院首先就要确定该决定是否体现了该委员会的独立性以及其是否无利益冲突;其次,法院要确定该决定是否是该委员会的经营判断。④ 由于通常而言,立法并未就股东代表诉讼中的利益

---

① 参见朱圆:《美国公司治理机制的晚近发展》,北京大学出版社 2010 年版,第 57—58 页。
② 参见丁丁:《商业判断规则研究》,吉林人民出版社 2005 年版,第 135 页。
③ 参见 47 N.Y.2d 619,1979,转引自丁丁:《商业判断规则研究》,吉林人民出版社 2005 年版,第 211 页。
④ 有时,法院还会按照自己的"独立经营判断"来决定该委员会的建议是否应该接受;最后一项审查并非强制性的,法院完全可以根据恰当情势免除此项审查。参见〔美〕罗伯特·W.汉密尔顿:《美国公司法(第 5 版)》,齐东祥等译,法律出版社 2008 年版,第 413 页。

识别机构终止股东代表诉讼规定程序要求,因此,该利益识别机构在其权限范围内的行为即意味着是符合公司利益的行为,如果该识别机构作出终止诉讼的决定,只要其能证明识别主体的适格性即识别组织的适格性(例如,对特定起诉对象提起诉讼识别主体需符合特殊要求)、该机构成员的独立性以及识别程序的适当性,那么,正如前述,这一识别便应被认为是符合公司利益的。对此,美国法律研究院《公司治理原则:分析与建议》§7.08(a)规定,公司根据§7.08(应董事会或委员会请求驳回诉讼的申请而驳回对董事、高级主管、对公司有控制权的人或上述人员的关联方的诉讼)或§7.11(根据股东的决议而驳回派生诉讼)的规定提出驳回诉讼之申请时,应该向法院递交报告或其他书面材料,说明董事会或委员会所采用的程序及决定或股东之决议。① 除非原告能够证明,该识别机构不符合法定要求,即其成员并非真正独立,或公正无私,他们没有善意行事,或他们的调查或评议不够勤勉。如果原告不能证实,对决定的处理就将受到商业判断规则的保护②,从而,根据商业判断规则,董事作出的这些决策是有法律效力的,是对公司有法律约束力的③,是被假定为了公司的最大利益而采取的行动④,从而,法院将根据该决定,终止派生诉讼。

---

① 参见许传玺主编:《公司治理原则:分析与建议》(上卷),楼建波、陈炜恒、朱征夫、李骐译,法律出版社2006年版,第725页。
② 参见〔美〕罗伯特·C.克拉克:《公司法则》,胡平、林长远、徐庆恒、陈亮译,工商出版社1999年版,第536页。
③ 参见〔美〕罗伯特·W.汉密尔顿:《美国公司法(第5版)》,齐东祥等译,法律出版社2008年版,第339页。
④ 参见〔美〕罗伯特·C.克拉克:《公司法则》,胡平、林长远、徐庆恒、陈亮译,工商出版社1999年版,第91页。

3. 我国公司利益司法识别制度的完善

根据本书对公司司法识别制度的研究,我国公司利益司法识别制度可考虑从以下几个方面予以完善:

(1)在《公司法》第 22 条增加关于监事会决议无效、撤销之诉的规定。① 司法识别是司法机关对公司利益的识别,很多时候,其表现为对公司自我识别结果的审查。犹如本书已指出的,公司利益形成/识别本质上是公司意思的形成,形成公司意思的机关包括股东会、董事会、监事会等②,我国《公司法》第 53 条规定的监事会职权中即包括"当董事、高级管理人员的行为损害公司的利益时,要求董事、高级管理人员予以纠正",在行使此项职权时,监事会自然需要对董事、高级管理人员的行为是否损害"公司利益"进行识别。此外,在股东代表诉讼中进行公司利益事后识别的机关也可能包括监事会(例如,我国《公司法》第 151 条即规定,就董事、高级管理人员损害公司利益行为,股东在提起代表诉讼前,应向监事会提出起诉请求,监事会在决定是否起诉时,自然需对起诉是否符合公司利益进行识别)。在我国,监事会是集体行使职权的,如同公司股东会、董事会一样,公司监事会亦有其议事方式和表决程序,监事会决议应当经半数以上监事通过。作为对公司利益自我识别进行审查的司法识别,自不能忽略对监事会所进行的利益识别的结果——监事会决议的审查,鉴于此,对于理论上存有争议的"对监事会决议能否

---

① 我国公司法中对于决议瑕疵之诉仅规定决议无效之诉与决议撤销之诉,存在立法疏漏,事实上,诸多国家采取的三分法,即将决议瑕疵之诉分为决议无效之诉、决议撤销之诉以及决议不成立之诉更为科学。鉴于这并非本书主题,故在此仅从现行《公司法》第 22 条规定出发,建议增加监事会决议无效之诉与监事会撤销之诉。

② 参见本书第一章四、(三)1.(1)"公司机关形成公司意思"部分。

请求确认无效或者撤销"①的结论便十分明了：当然可以。我国《公司法》第 22 条中未规定监事会决议无效或撤销之诉，属立法疏漏，应予补充。

（2）应增加规定决议内容的不公平性作为导致公司利益自我识别结果——决议撤销的原因。正如前文所述，司法识别中对公司利益自我识别的审查，不仅包括程序审查，也包括实体审查。在实体审查中，应包括对公正性/合理性的审查②，事实上域外一些国家也将决议不公正作为决议撤销的原因，例如，根据日本公司法，其承认利害关系股东有表决权，但特殊利害关系股东滥用多数决原则，致使决议明显不当的，属于可撤销决议。③ 在英美等国，即便股东大会决议的事项与特定股东存在利害关系，该股东参与表决本身并不影响决议的效力，当决议的结果造成显著不公平或者损害公司利益时，构成决议瑕疵的原因。④ 因此，我国《公司法》第 22 条应增加规定决议结果的不公正性作为决议撤销的原因。

---

① 对于监事会决议是否可以申请确认无效或者撤销，理论与实务界存在着两种不同的意见：（1）否定说，认为公司法中仅规定了股东会决议及董事会决议撤销之诉，并未规定请求确认监事会决议无效或者撤销之诉，因此，撤销监事会决议无法律依据。只有股东（大）会与董事会才属于公司意思机关，其决议为公司决议，监事会决议不属于公司决议的范畴，换言之，监事会不能决定公司的具体事务，不可以作出公司决议。从职权而言，监事会主要享有提议、检查、报告、提案、提诉等权利，而最终决定权掌握在股东（大）会或者董事会手中，监事会的意思只有借助股东（大）会或董事会才得以实现，而不能成为独立的公司决议。既然监事会决议不属于公司决议的范畴，也就谈不上对监事会决议请求确认无效或者撤销。参见褚红军主编：《公司诉讼原理与实务》，人民法院出版社 2007 年版，第 430 页。（2）肯定说，认为随着加强公司权力监督的迫切需要，监事会的职权不断扩张、监事会作出的决议往往对所有股东、董事以及整个公司具有约束力。这类决议应当属于公司决议。对于有瑕疵的监事会决议应当赋予相应的司法审查权，此种观点转引自江苏省高级人民法院民二庭：《审判实务中公司法适用的若干问题——全国法院公司法理论与实践论坛学术会议综述》，载《人民司法应用》2007 年第 23 期，第 54 页。
② 参见本章四（二）2（2）"公司利益司法识别应包括对自我识别的公正性识别"部分。
③ 第 831 条第 1 款第 3 项，参见〔日〕前田庸：《公司法入门（第 12 版）》，王作全译，北京大学出版社 2012 年版，第 300 页。参见〔日〕森田章：《公开公司法论》，黄晓林编译，中国政法大学出版社 2012 年版，第 164 页。
④ 参见钱玉林：《股东大会决议瑕疵研究》，法律出版社 2005 年版，第 204 页。

(3)总体而言,我国现行公司法中较为缺少关于公司利益自我识别的程序性要求,如我国将来立法对此予以规定,应可同步考虑增加程序要求对公司举证责任转移影响的相关规定。当然,这一规定也可通过司法解释的方式予以规定。

参考文献

一、英文文献

(一)书籍

1. Andrew Keay, *The Corporate Objective: Corporations, Globalisation and The Law*, Edward Elgar Publishing Limited, 2011.

2. David Sciulli, *Corporate Power in Civil Society: An Application of Societal Constitutionalism*, New York University Press, 2001.

3. Edward S. Mason, *The Corporation in Modern Society*, Harvard University Press, 1959.

4. Frank H. Easterbrook & Daniel R. Fischel, *The Economic Structure of Corporate Law*, Harvard University Press, 1991.

5. Henry Hansmann, *The Ownership of Enterprise*, Harvard University Press, 1996.

6. Joel Bakan, *The Corporate: The Pathological Pursuit of Profit and Power*, Free Press, 2004.

7. Paul L. Davies, *Gower's Principle of Mod-

ern Company Law (6th edition), Sweet & Maxwell, 1997.

8. Reinier Kraakman & John Armour & Paul Davis & Luca Enriques & Henry Hansmann & Gerard Hertig & Klaus Hopt & Hideki Kanda & Edward B. Rock, *The Anatomy of Corporate Law: A Comparative and Functional Approach* (Second Edition), Oxford University Press, 2009.

9. Robin Paul Malloy & Michael Diamod, *The Public Nature of Private Property*, Routledge, 2011.

10. Lawrence E. Mitchell (ed), *Progressive Corporate Law*, Westview Press, 1995.

(二) 论文

1. Andrew Keay, *Tackling the Issue of the Corporate Objective: An Analysis of the United Kingdom's Enlightened Shareholder Value Approach*, 29 Sydney Law Review 577 (2007).

2. Andrew Keay, *Stakeholder Theory in Corporate Law: Has It Got What It Takes?* 9 Richmond Journal of Global Law and Business 249 (2010).

3. Christopher M. Bruner, *The Enduring Ambivalence of Corporate Law*, 59 Alabama Law Review 1385 (2008).

4. Christopher J. Smart, *Takeover Dangers and Non-Shareholders: Who Should Be Our Brothers' Keeper?* Columbia Business Law Review 301 (1988).

5. David K. Million, *New Game Plan or Business as Usual? A Critique of the Team Production Model of Corporate Law*, 86 Virginia Law Review 1001 (2000).

6. David Rosenberg, *Galactic Stupidity and the Business Judgment Rule*, 32 Journal of Corporation Law 301 (2007).

7. Gerald E. Frug, *The Ideology of Bureaucracy in American Law*, 97 Harvard Law Review 1276(1984).

8. Henry Hansmann & Reinier Kraakman, *The End of History for Corporate Law*, 89 Georgetown Law Journal 439(2001).

9. Henry. T. C. Hu, *New Financial Products, the Modern Process of Financial Innovation, and the Puzzle of Shareholder Welfare*, 69 Texas Law Review 1273(1991).

10. Henry N. Bulter & Fred S. McChesney, *Why They Give at the Office: Shareholder Welfare and Corporate Philanthropy in the Contractual Theory of the Corporation*, 84 Cornell Law Review 1195(1999).

11. John H. Matheson & Brent A. Olson, *Corporate Law and the Longterm shareholder Model of Corporate Governance*, 76 Minnesota Law Review 1313(1992).

12. Jill E. Fisch, *Measuring Efficiency in Corporate Law: The Role of Shareholder Primacy*, 31 Journal of Corporation Law 637(2006).

13. Kathleen Hale, *Corporate Law and Stakeholders: Moving Beyond Stakeholder Statutes*, 45 Arizona Law Review 823(2003).

14. Kent Greenfield, *Saving the World With Corporate Law?* 57 Emory Law Journal 947(2008).

15. Lyman Johnson & David Millon, *Missing the Point About State Takeover Statutes*, 87 Michigan Law Review 846(1989).

16. Lynn A. Stout, *The Shareholder as Ulysses: Some Empirical Evidence on Why Investors in Public Corporations Tolerate Board Governance*, 152 University of Pennsylvania Law Review 667(2003).

17. Lan B. Lee, *The Role of the Public Interest in Corporate Law*, available at: http://ssrn. com/abstract = 1909014, visited on October 18, 2012.

18. Mark E. van der Weide, *Against Fiduciary Duties to Corporate Stakeholders*, 21 Delaware Journal of Corporate Law 27(1996).

19. Stephen M. Bainbridge, *Why a Board? Group Decisionmaking in Corporate Governance*, 55 Vanderbilt Law Review 1(2002).

20. Stephen M. Bainbridge, *Director Primacy: The Means and Ends of Corporate Governance*, 97 Northwestern University Law Review 547(2003).

21. Thomas A. Smith, *The Efficient Norm for Corporate Law: A Neotraditional Interpretation of Fiduciary Duty*, 98 Michigan Law Review 214(1999).

22. Tuvia Borok, *A modern Approach to Redefining "In the Best Interest of the Corporation"*, Windsor Review of Legal and Social Issues 113(2003).

23. W. Leung, *The Inadequacy of Shareholder Primacy: A Proposed Corporate Regime that Recognizes Non-Shareholder Interests*, 30 Columbia Journal of Law and Social Problems 587(1997).

二、翻译文献

(一)书籍

1. 许传玺主编:《公司治理原则:分析与建议》(上卷),楼建波、陈炜恒、朱征夫、李骐译,法律出版社2006年版。

2. 〔美〕罗伯特·C.克拉克:《公司法则》,胡平、林长远、徐庆恒、陈亮译,工商出版社1999年版。

3. 〔美〕罗伯特·W.汉密尔顿:《美国公司法(第5版)》,齐东祥等译,法律出版社2008年版。

4. 〔美〕罗伯特·W.汉密尔顿:《公司法概要》,李存捧译,中国社会科学出版社1999年版。

5. 〔美〕玛格丽特·M.布莱尔:《所有权与控制:面向21世纪的公司治理探索》,张荣刚译,中国社会科学出版社1999年版。

6. 〔美〕莱纳·克拉克曼、〔英〕保罗·戴维斯、〔美〕亨利·汉斯曼等:《公司法剖析:比较与功能的视角》,刘俊海、徐海燕等译,北京大学出版社2007年版。

7. 〔美〕马克·罗伊:《公司治理的政治维度:政治环境与公司影响》,陈宇峰、张蕾、陈国营、陈业玮译,中国人民大学出版社2008年版。

8. 〔美〕理查德·埃尔斯沃斯:《公司为谁而生存》,李旭大译,中国发展出版社2005年版。

9. 〔美〕大卫·G.爱泼斯坦、〔美〕史蒂夫·H.尼克勒斯、〔美〕詹姆斯·J.怀特:《美国破产法》,韩长印等译,中国政法大学出版社2003年版。

10. 〔美〕威廉·A.克莱因、〔美〕约翰·C.小科菲:《企业组织与财务——法律和经济的原则(第8版)》,陈宝森、张静春、罗振兴、张帆译,岳麓书社2006年版。

11. 〔美〕唐纳德·H.邱:《公司财务和治理机制:美国、日本和欧洲的比较》,杨其静、林妍英、聂辉华、林毅英等译,中国人民大学出版社2005年版。

12. 〔美〕杰姆斯·布雷克利、〔美〕克雷佛·史密斯、〔美〕杰诺德·施泽曼:《管理经济学与组织架构》,张志强、王春香译,华夏出版社2001年版。

13. 〔美〕弗兰克·伊斯特布鲁克、〔美〕丹尼尔·费希尔:《公司法的经济结构》,张建伟、罗培新译,北京大学出版社2005年版。

14. 〔美〕迈克尔·迪屈奇:《交易成本经济学——关于公司的新

的经济意义》,王铁生、葛立成译,经济科学出版社 1999 年版。

15. 〔美〕道格拉斯·诺思:《理解经济变迁过程》,钟正龙、邢华等译,中国人民大学出版社 2008 年版。

16. 〔美〕罗伯特·蒙克斯、〔美〕尼尔·米诺:《公司治理(第 2 版)》,李维安、周建等译,中国财政经济出版社 2004 年版。

17. 〔美〕默里·L. 韦登鲍姆:《全球市场中的企业与政府(第 6 版)》,张兆安译,上海三联书店、上海人民出版社 2006 年版。

18. 〔美〕肯尼思·A. 金、〔美〕约翰·R. 诺夫辛格:《公司治理:中国视角(原书第 2 版)》,严若森译,中国人民大学出版社 2008 年版。

19. 〔美〕乔迪·S. 克劳斯、〔美〕史蒂文·D. 沃特主编:《公司法和商法的法理基础》,金海军译,北京大学出版社 2005 年版。

20. 〔美〕泰德·纳杰:《美国黑帮:公司强权的扩张和民主制度的衰落》,汪德华、张延人译,中信出版社 2006 年版。

21. 〔美〕杰弗里·N. 戈登、〔美〕马克·J. 罗编:《公司治理:趋同与存续》,赵玲、刘凯译,北京大学出版社 2006 年版。

22. 〔美〕约翰·W. 巴德:《人性化的雇佣关系——效率、公平与发言权之间的平衡》,解格先、马振英译,北京大学出版社 2007 年版。

23. 〔美〕罗斯科·庞德:《通过法律的社会控制:法律的任务》,沈宗灵、董世忠译,商务印书馆 1984 年版。

24. 〔美〕曼瑟尔·奥尔森:《集体行动的逻辑》,陈郁、郭宇峰、李崇新译,格致出版社、上海三联书店、上海人民出版社 2011 年版。

25. 〔美〕米尔顿·弗里德曼:《资本主义与自由》,张瑞玉译,商务印书馆 2004 年版。

26. 〔美〕斯蒂芬·杨:《道德资本主义:协调私利与公益》,余彬译,上海三联书店 2010 年版。

27. 〔美〕郝伯特·A. 西蒙:《管理行为》,詹正茂译,机械工业出版社 2004 年版。

28. 〔美〕乔治·斯蒂纳、〔美〕约翰·斯蒂纳:《企业、政府与社会》,张志强、王春香译,华夏出版社 2002 年版。

29. 〔美〕艾尔弗雷德·拉帕波特:《谁绑架了上市公司:创造股东长期价值》,汪建雄、何雪飞等译,机械工业出版社 2012 年版。

30. 〔美〕桑福德·M. 雅各比:《嵌入式世纪企业——日美公司治理和雇佣关系的实践和比较》,张平淡、刘荣译校,经济科学出版社 2010 年版。

31. 〔美〕亨利·汉斯曼:《企业所有权论》,于静译,中国政法大学出版社 2001 年版。

32. 〔美〕E. 博登海默:《法理学:法律哲学与法律方法》,邓正来译,中国政法大学出版社 1999 年版。

33. 〔美〕阿瑟·库恩:《英美法原理》,陈朝璧译注,法律出版社 2002 年版。

34. 〔美〕斯蒂芬·加奇:《商法(第二版)》,屈广清、陈小云译,中国政法大学出版社 2004 年版。

35. 〔美〕约翰·肯尼斯·加尔布雷思:《经济学与公共目标》,于海生译,华夏出版社 2010 年版。

36. 〔美〕COSO 制定发布:《企业风险管理——整合框架》,方红星、王宏译,东北财经大学出版社 2005 年版。

37. 〔美〕保罗·舒梅科:《从不确定性中盈利》,北京天则经济研究所选译,云南人民出版社 2005 年版。

38. 〔美〕弗兰克·H. 奈特:《风险、不确定性与利润》,安佳译,商务印书馆 2010 年版。

39. 〔美〕哈罗德·德姆塞茨:《企业经济学》,梁小民译,中国社会科学出版社 1999 年版。

40. 〔美〕阿道夫·贝利:《没有财产权的权力:美国政治经济学的新发展》,江清译,商务印书馆 1962 年版。

41. 〔美〕迈克尔·詹森:《企业理论——治理、剩余索取权和组织形式》,童英译,上海财经大学出版社2008年版。

42. 〔美〕尼尔·K. 考默萨:《法律的限度——法治、权利的供给与需求》,申卫星、王琦译,商务印书馆2007年版。

43. 〔美〕希·卡思、〔美〕伊丽莎白·明尼克:《鸡窝里的狐狸:私有化是怎样威胁民主的》,肖聿译,中国社会科学出版社2007年版。

44. 〔美〕徐中约:《中国近代史:1600—2000 中国的奋斗(第6版)》,计秋枫、朱庆葆译,世界图书出版公司2008年版。

45. 〔美〕查尔斯·德伯:《公司帝国》,闫正茂译,中信出版社2004年版。

46. 〔美〕苏珊·F. 舒尔茨:《董事会白皮书:使董事会成为公司成功的战略性力量》,李犁、朱思翀、刘宸宇译,中国人民大学出版社2003年版。

47. 〔美〕罗伯特·孟克斯、〔美〕尼尔·米诺:《监督监督人:21世纪的公司治理》,杨介棒译,中国人民大学出版社2006年版。

48. 〔美〕约翰·罗尔斯:《正义论》,何怀宏、何包钢、廖申白译,中国社会科学出版社1988年版。

49. 〔美〕凯斯·R. 桑斯坦:《权利革命之后:重塑规制国》,钟瑞华译,中国人民大学出版社2008年版。

50. 〔英〕保罗·戴维斯:《英国公司法精要》,樊云慧译,法律出版社2007年版。

51. 〔英〕丹尼尔·吉南:《公司法(原著第12版)》,朱羿锟等译,法律出版社2005年版。

52. 〔英〕罗纳德·道尔:《企业为谁而在:献给日本型资本主义的悼词》,宋磊译,北京大学出版社2009年版。

53. 〔英〕Roger McCormick:《金融市场中的法律风险》,胡滨译,社会科学文献出版社2009年版。

54.〔英〕珍妮特·丹恩:《公司集团的治理》,黄庭煜译,北京大学出版社 2008 年版。

55.〔英〕约翰·米克勒斯维特、〔英〕阿德里安·伍尔德里奇:《公司的历史》,夏荷立译,时代出版传媒股份有限公司、安徽人民出版社 2012 年版。

56.〔英〕加文·凯利、〔英〕多米尼克·凯利、〔英〕安德鲁·甘布尔编:《利害相关者资本主义》,欧阳英译,重庆出版社 2001 年版。

57.〔英〕吉尔·所罗门、〔英〕阿瑞斯·所罗门:《公司治理与问责制》,李维安、周建译,东北财经大学出版社 2006 年版。

58.〔英〕弗里德里希·冯·哈耶克:《哈耶克文选》,冯克利译,凤凰出版传媒集团、江苏人民出版社 2007 年版。

59.〔英〕F. A. 哈耶克、〔美〕罗伯特·诺齐克等著,秋风编:《知识分子为什么反对市场》,吉林人民出版社 2011 年版。

60.〔英〕弗里德里希·冯·哈耶克:《法律、立法与自由(第一卷)》,邓正来、张守东、李静冰译,中国大百科全书出版社 2000 年版。

61.〔英〕弗里德利希·冯·哈耶克:《自由秩序原理(上)》,邓正来译,生活·读书·新知三联书店 1997 年版。

62.〔英〕亚当·斯密:《国民财富的性质和原因的研究(下卷)》,郭大力、王亚南译,商务印书馆 1997 年版。

63.〔英〕托尼·莫纳、〔卡塔尔〕费萨尔·F. 阿勒萨尼:《公司风险管理:基于组织的视角》,姜英兵译,东北财经大学出版社 2011 年版。

64.〔英〕贾斯汀·奥布莱恩编:《治理公司:全球化时代的规制和公司治理》,高明华、杜文翠等译,经济科学出版社 2011 年版。

65.〔英〕阿德里安·戴维斯:《公司治理的最佳实践——树立声誉和可持续的成功》,李文溥、林涛、孙建国译校,经济科学出版社 2011 年版。

66.〔英〕张夏准:《资本主义的真相——自由市场经济学家的 23

个秘密》,孙建中译,新华出版社 2011 年版。

67. 〔英〕琳达·格拉顿:《什么样的公司才叫好公司:民主化的公司是好公司》,李宪一、程朝勇译,中国人民大学出版社 2005 年版。

68. 〔英〕安东尼·奥格斯:《规制:法律形式与经济学理论》,骆梅英译,中国人民大学出版社 2008 年版。

69. 〔加拿大〕布莱恩·R. 柴芬斯:《公司法:理论、结构和运作》,林华伟、魏旻译,法律出版社 2001 年版。

70. 〔英〕蒂莫西·A. O. 恩迪科特:《法律中的模糊性》,程朝阳译,北京大学出版社 2010 年版。

71. 〔英〕大卫·雷斯曼:《保守资本主义》,吴敏译,社会科学文献出版社 2003 年版。

72. 〔英〕艾利斯·费伦:《公司金融法律原理》,罗培新译,北京大学出版社 2012 年版。

73. 〔英〕A. J. M. 米尔斯:《人的权利与人的多样性——人权哲学》,夏勇、张志铭译,中国大百科全书出版社 1995 年版。

74. 〔英〕Christine A. Mallin 编:《公司治理国际案例精选》,宋增基、李春红译,北京大学出版社 2011 年版。

75. 〔英〕大卫·丹尼:《风险与社会》,马缨、王嵩、陆群峰译,北京出版集团公司、北京出版社 2009 年版。

76. 〔英〕哈特:《法律的概念》,张文显、郑成良等译,中国大百科全书出版社 1996 年版。

77. 〔英〕费奥娜·托米:《英国公司和个人破产法(第二版)》,汤维建、刘静译,北京大学出版社 2010 年版。

78. 〔加拿大〕乔尔·巴肯:《公司:对利润与权力的病态追求》,朱近野译,世纪出版集团、上海人民出版社 2008 年版。

79. 〔德〕托马斯·莱塞尔、〔德〕吕迪克·法伊尔:《德国资合公司法(第 3 版)》,高旭军、单晓光、刘晓海、方晓敏等译,法律出版社 2005

年版。

80. 〔德〕格茨·怀克、〔德〕克里斯蒂娜·温德比西勒:《德国公司法(第21版)》,殷盛译,法律出版社2010年版。

81. 〔德〕路德·克里格尔:《监事会的权利与义务(第5版)》,杨大可译,法律出版社2011年版。

82. 〔德〕沃尔夫冈·多伊普勒:《德国雇员权益的维护》,唐伦亿、谢立斌译,中国工人出版社2009年版。

83. 〔德〕罗伯特·霍恩、〔德〕海因·科茨、〔德〕汉斯·G.莱塞:《德国民商法导论》,楚建译,中国大百科全书出版社1996年版。

84. 〔德〕K.茨威格特、〔德〕H.克茨:《比较法总论》,潘汉典、米健、高鸿钧、贺卫方译,法律出版社2003年版。

85. 〔德〕迪特尔·梅迪库斯:《德国民法总论》,邵建东译,法律出版社2001年版。

86. 〔德〕卡尔·拉伦茨:《德国民法通论(下册)》,王晓晔、邵建东、程建英、徐国建、谢怀栻译,法律出版社2003年版。

87. 〔德〕卡尔·拉伦茨:《法学方法论》,陈爱娥译,商务印书馆2003年版。

88. 〔德〕马克斯·韦伯:《社会学的基本概念》,胡景北译,上海人民出版社2000年版。

89. 〔德〕汉斯·J.沃尔夫、〔德〕奥托·巴霍夫、〔德〕罗尔夫·施托贝尔:《行政法(第一卷)》,高家伟译,商务印书馆2002年版。

90. 〔法〕伊夫·居荣:《法国商法(第1卷)》,罗结珍、赵海峰译,法律出版社2004年版。

91. 〔法〕贝特朗·理查、〔法〕多米尼克·米艾莱:《公司治理》,张汉麟、何松森、杜晋均等译,经济管理出版社2006年版。

92. 〔法〕让-皮埃尔·戈丹:《何谓治理》,钟震宇译,社会科学文献出版社2010年版。

93. 〔法〕孟德斯鸠:《论法的精神(上册)》,张雁深译,商务印书馆1959年版。

94. 〔法〕卢梭:《社会契约论》,何兆武译,商务印书馆2003年版。

95. 〔日〕前田庸:《公司法入门(第12版)》,王作全译,北京大学出版社2012年版。

96. 〔日〕森田章:《公开公司法论》,黄晓林编译,中国政法大学出版社2012年版。

97. 〔日〕落合诚一:《公司法概论》,吴婷等译,法律出版社2011年版。

98. 〔日〕末永敏和:《现代日本公司法》,金洪玉译,人民法院出版社2000年版。

99. 〔日〕奥村宏:《股份制向何处去——法人资本主义的命运》,张承耀译,中国计划出版社1996年版。

100. 〔日〕青木昌彦:《比较制度分析》,周黎安译,上海远东出版社2001年版。

101. 〔日〕谷口安平:《程序的正义与诉讼(增补本)》,王亚新、刘荣军译,中国政法大学出版社2002年版。

102. 〔荷〕费迪南德·B. J. 格拉佩豪斯、〔荷〕莱昂哈德·G. 费尔堡:《荷兰雇佣法与企业委员会制度》,蔡人俊译,商务印书馆2011年版

103. 〔荷〕赛特斯·杜玛、〔荷〕海因·斯赖德:《组织经济学——经济学分析方法在组织管理上的应用(第3版)》,原磊、王磊译,华夏出版社2006年版。

104. 〔马来西亚〕罗修章、王鸣峰:《公司法:权力与责任》,杨飞、林海全、张辉、钟秀勇等译,法律出版社2005年版。

105. 〔韩〕郑灿亨:《韩国公司法》,崔文玉译,上海大学出版社2011年版。

106. 〔韩〕李哲松:《韩国公司法》,吴日焕译,中国政法大学出版社 2000 年版。

107. 经济合作与发展组织:《公司治理:对 OECD 各国的调查》,张政军、付畅译,中国财政经济出版社 2006 年版。

108. 经济合作与发展组织:《〈OECD 公司治理原则〉实施评价方法》,周清杰译,中国财政经济出版社 2008 年版。

109. 〔西〕泽维尔·维夫斯:《公司治理:理论与经验研究》,郑江淮、李鹏飞等译,中国人民大学出版社 2006 年版。

110. 李伟阳、肖红军、郑若娟编译:《企业社会责任经典文献导读》,经济管理出版社 2011 年版。

(二)论文

1. 〔美〕格里高里·A. 马克:《美国法中的公司人格理论》,路金成、郑广淼译,载方流芳主编:《法大评论》(第三卷),中国政法大学出版社 2004 年版。

2. 〔美〕邓肯·肯尼迪:《私法性判决的形式与实质》,朱硕、杜红波译,载冯玉军选编:《美国法学最高引证率经典论文选》,法律出版社 2008 年版。

3. 〔美〕弗兰克·胡佛·伊斯特尔布鲁克、〔美〕丹尼尔·R. 菲斯科尔:《目标公司管理层在要约收购中的适当角色》,郭晓慧译,载冯玉军选编:《美国法学最高引证率经典论文选》,法律出版社 2008 年版。

4. 〔美〕卡尔·N. 卢埃林:《现实主义法理学——引领未来》,朱文博译,载冯玉军选编:《美国法律思想经典》,法律出版社 2008 年版。

5. 〔美〕Harvey Gelb:《公司治理及其独立神话》,李诗鸿译,载顾功耘主编:《公司法律评论》(2009 年卷·总第 9 卷),上海人民出版社 2010 年版。

6. 〔英〕保罗·戴维斯:《英国公司法改革》,代小希译,载赵旭东主编:《国际视野下公司法改革——中国与世界:公司法改革国际峰会论文集》,中国政法大学出版社2007年版。

7. 〔德〕克劳斯·J. 霍普特、〔德〕帕特里克·C. 莱因斯:《欧洲董事会模式——德国、英国、法国和意大利公司内部治理结构的新发展》,丁丁、蒋睿、刘睿杰译,载沈四宝、丁丁主编:《公司法与证券法论丛》(第1卷),对外经济贸易大学出版社2005年版。

8. 〔德〕西奥多·鲍姆、〔美〕肯·斯科特:《认真对待股东权利——公司治理在美国和德国》,李园园译,载赵旭东主编:《国际视野下公司法改革——中国与世界:公司法改革国际峰会论文集》,中国政法大学出版社2007年版。

9. 〔德〕莱因哈德·博尔克:《股份有限公司董事会和监事会间的机构诉讼——实体法和程序法问题》,乔文豹译,载蒋大兴主编:《公司法律报告》(第二卷),中信出版社2003年版。

10. 〔德〕福尔克·博伊庭:《德国公司法中的代表理论》,邵建东译,载梁慧星主编:《民商法论丛》(第13卷),法律出版社2000年版。

11. 〔新加坡〕陈清汉:《公司法改革的途径:对英联邦法域的一种选择性比较研究》,载顾功耘主编:《公司法律评论》(2003年卷),上海人民出版社2003年版。

12. 〔英〕菲利普·劳顿:《英国公司治理的董事责任》,载李凯主编:《公司治理方略——欧盟中小企业公司治理研究》,知识产权出版社2006年版。

三、中文文献

(一)书籍

1. 蔡立东:《公司自治论》,北京大学出版社2006年版。

2. 曹富国:《少数股东保护与公司治理》,社会科学文献出版社 2006 年版。

3. 曹顺明:《股份有限公司董事损害赔偿责任研究》,中国法制出版社 2005 年版。

4. 蔡福华:《公司解散的法律责任》,人民法院出版社 2005 年版。

5. 陈瑞华:《论法学研究方法》,北京大学出版社 2009 年版。

6. 陈瑞华:《程序正义理论》,中国法制出版社 2010 年版。

7. 陈东:《跨国公司治理中的责任承担机制》,厦门大学出版社 2003 年版。

8. 陈兰通主编:《中国企业劳动关系状况报告(2011)》,企业管理出版社 2012 年版。

9. 陈新民:《德国公法学基础理论》(上册),山东人民出版社 2001 年版。

10. 程合红:《商事人格权论——人格权的经济利益内涵及其实现与保护》,中国人民大学出版社 2002 年版。

11. 褚红军主编:《公司诉讼原理与实务》,人民法院出版社 2007 年版。

12. 邓峰:《普通公司法》,中国人民大学出版社 2009 年版。

13. 丁文联:《破产程序中的政策目标与利益平衡》,法律出版社 2008 年版。

14. 丁丁:《商业判断规则研究》,吉林人民出版社 2005 年版。

15. 董涛:《专利权利要求》,法律出版社 2006 年版。

16. 董慧凝:《公司章程自由及其法律限制》,法律出版社 2007 年版。

17. 段威:《公司治理模式论:以公司所有和公司经营为研究视角》,法律出版社 2007 年版。

18. 范世乾:《控制股东滥用控制权行为的法律规制:中国公司法相关制度的构建》,法律出版社2010年版。

19. 冯果:《公司法要论》,武汉大学出版社2003年版。

20. 冯震宇:《公司证券重要争议问题研究》,北京大学出版社2008年版。

21. 付翠英编著:《破产法比较研究》,中国人民公安大学出版社2004年版。

22. 甘培忠:《公司控制权的正当行使》,法律出版社2006年版。

23. 高岸起:《利益的主体性》,人民出版社2008年版。

24. 郭富青:《公司权利与权力二元配置论》,法律出版社2010年版。

25. 国家统计局编:《中国统计摘要(2011)》,中国统计出版社2011年版。

26. 葛伟军:《英国公司法:原理与判例》,中国法制出版社2007年版。

27. 郝云:《利益理论比较研究》,复旦大学出版社2007年版。

28. 贺丹:《破产重整控制权的法律配置》,中国检察出版社2010年版。

29. 何美欢:《公众公司及其股权证券》,北京大学出版社1999年版。

30. 胡利玲:《困境企业拯救的法律机制研究——制度改进的视角》,中国政法大学出版社2009年版。

31. 胡改蓉:《国有公司董事会法律制度研究》,北京大学出版社2010年版。

32. 胡适:《介绍我自己的思想》,载陈平原选编:《胡适论治学》,安徽教育出版社2006年版。

33. 胡果威:《美国公司法》,法律出版社1999年版。

34. 黄茂荣：《法学方法与现代民法》，中国政法大学出版社 2001 年版。

35. 黄辉：《现代公司法比较研究——国际经验及对中国的启示》，清华大学出版社 2011 年版。

36. 季卫东：《法律程序的意义》（增订版），中国法制出版社 2012 年版。

37. 江平主编：《法人制度论》，中国政法大学出版社 1994 年版。

38. 江若玫、靳云汇：《企业利益相关者：理论与应用研究》，北京大学出版社 2009 年版。

39. 蒋大兴：《公司法的观念与解释Ⅰ：法律哲学 & 碎片思想》，法律出版社 2009 年版。

40. 蒋大兴：《公司法的观念与解释Ⅱ：裁判思维 & 解释伦理》，法律出版社 2009 年版。

41. 蒋大兴：《公司法的观念与解释Ⅲ：裁判逻辑 & 规则再造》，法律出版社 2009 年版。

42. 蒋大兴：《公司法的展开与评判：方法·判例·制度》，法律出版社 2001 年版。

43. 柯芳枝：《公司法论》，中国政法大学出版社 2004 年版。

44. 孔祥俊：《公司法要论》，人民法院出版社 1997 年版。

45. 李志刚：《公司股东大会决议问题研究——团体法的视角》，中国法制出版社 2012 年版。

46. 李志强：《企业重整程序的正当性基础与规范建构》，中国政法大学出版社 2011 年版。

47. 李云峰：《公司控制权依存状态及其治理机制研究》，上海财经大学出版社 2006 年版。

48. 李建伟：《公司制度、公司治理与公司管理——法律在公司管理中的地位和作用》，人民法院出版社 2005 年版。

49. 李建伟:《关联交易的法律规制》,法律出版社 2007 年版。

50. 李立新:《劳动者参与公司治理的法律探讨》,中国法制出版社 2009 年版。

51. 李伟阳、肖红军:《ISO26000 的逻辑:社会责任国际标准深层解读》,经济管理出版社 2011 年版。

52. 李清池:《商事组织的法律结构》,法律出版社 2008 年版。

53. 李小宁:《公司法视角下的股东代表诉讼——对英国、美国、德国和中国的比较研究》,法律出版社 2009 年版。

54. 梁慧星:《民法解释学》,中国政法大学出版社 2000 年版。

55. 梁慧星:《民法总论》(第二版),法律出版社 2001 年版。

56. 梁上上:《论股东表决权——以公司控制权争夺为中心展开》,法律出版社 2005 年版。

57. 林毅夫:《论经济学方法》,北京大学出版社 2005 年版。

58. 林承铎:《有限责任公司股东退出机制研究》,中国政法大学出版社 2009 年版。

59. 刘剑文主编:《民主视野下的财政法治》,北京大学出版社 2006 年版。

60. 刘燕:《会计法》,北京大学出版社 2001 年版。

61. 刘俊海:《公司的社会责任》,法律出版社 1999 年版。

62. 刘俊海:《公司法学》,北京大学出版社 2008 年版。

63. 刘俊海:《新公司法的制度创新:立法争点与解释难点》,法律出版社 2006 年版。

64. 刘连煜:《公司治理与公司社会责任》,中国政法大学出版社 2001 年版。

65. 刘迎霜:《公司债:法理与制度》,法律出版社 2008 年版。

66. 刘丹:《利益相关者与公司治理法律制度研究》,中国人民公安大学出版社 2005 年版。

67. 刘宁:《分享利益论——兼析在我国的发展与运用》,复旦大学出版社 2002 年版。

68. 马艳、周扬波:《劳资利益论》,复旦大学出版社 2009 年版。

69. 梅慎实:《现代公司法人治理结构规范运作论》,中国法制出版社 2001 年版。

70. 苗壮:《美国公司法:制度与判例》,法律出版社 2007 年版。

71. 潘勇辉:《外资并购的风险识别、测度及调控机制研究——基于"动机与风险对应论"的视角》,经济科学出版社 2008 年版。

72. 彭诚信:《主体性与私权制度研究——以财产、契约的历史考察为基础》,中国人民大学出版社 2005 年版。

73. 彭劲松:《当代中国利益关系分析》,人民出版社 2007 年版。

74. 彭礼堂:《公共利益论域中的知识产权限制》,知识产权出版社 2008 年版。

75. 钱玉林:《股东大会决议瑕疵研究》,法律出版社 2005 年版。

76. 秦合舫:《战略,超越不确定性》,机械工业出版社 2005 年版。

77. 安建主编:《中华人民共和国破产法释义》,法律出版社 2006 年版。

78. 邵建东:《德国反不正当竞争法研究》,中国人民大学出版社 2001 年版。

79. 沈洪涛、沈艺峰:《公司社会责任思想——起源与演变》,世纪出版集团、上海人民出版社 2007 年版。

80. 沈四宝:《西方国家公司法原理》,法律出版社 2006 年版。

81. 沈达明编著:《法国商法引论》,对外经济贸易大学出版社 2001 年版。

82. 沈乐平:《企业集团法律问题》,中山大学出版社 2003 年版。

83. 沈贵明:《公司法学》,法律出版社 2002 年版。

84. 施天涛:《公司法论》,法律出版社 2005 年版。

85. 石纪虎:《股东大会制度法理研究》,知识产权出版社 2011 年版。

86. 孙永祥:《公司治理结构:理论与实证研究》,上海三联书店、上海人民出版社 2002 年版。

87. 孙威:《公司管理者利益冲突的法律规制》,知识产权出版社 2011 年版。

88. 史尚宽:《民法总论》,中国政法大学出版社 2000 年版。

89. 苏号朋主编:《美国商法:制度、判例与问题》,中国法制出版社 2000 年版。

90. 王文钦:《公司治理结构之研究》,中国人民大学出版社 2005 年版。

91. 王文宇:《公司法论》,中国政法大学出版社 2004 年版。

92. 王艳华:《反思公司债权人保护制度》,法律出版社 2008 年版。

93. 王义松:《私人有限责任公司视野中的股东理论与实证分析》,中国检察出版社 2006 年版。

94. 王伟光:《利益论》,中国社会科学出版社 2010 年版。

95. 王泽鉴:《民法总则》(增订版),中国政法大学出版社 2001 年版。

96. 王保树、崔勤之:《中国公司法原理》(最新修订第三版),社会科学文献出版社 2006 年版。

97. 王卫国:《破产法》,人民法院出版社 1999 年版。

98. 王长斌:《企业集团法律比较研究》,北京大学出版社 2004 年版。

99. 王继远:《控制股东对公司和股东的信义义务》,法律出版社 2010 年版。

100. 王丹:《公司派生诉讼论:理论基础与制度构造》,中国法制出版社 2012 年版。

101. 王卫东:《兼并美国》,中信出版社 2007 年版。

102. 王宗正:《股东大会通讯表决制度研究》,中国社会科学出版社 2010 年版。

103. 吴从周:《概念法学、利益法学与价值法学:探索一部民法方法论的演变史》,中国法制出版社 2011 年版。

104. 吴越:《企业集团法理研究》,法律出版社 2003 年版。

105. 最高人民法院民事审判第二庭编著:《最高人民法院关于企业破产法司法解释理解与适用:破产管理人制度·新旧破产法衔接》,人民法院出版社 2007 年版。

106. 习龙生:《控制股东的义务和责任研究》,法律出版社 2006 年版。

107. 杨仁寿:《法学方法论》,中国政法大学出版社 1999 年版。

108. 杨忠孝:《破产法上的利益平衡问题研究》,北京大学出版社 2008 年版。

109. 杨云霞:《我国企业职工参与法律制度的系统分析》,西北工业大学出版社 2009 年版。

110. 杨勤法:《公司治理的司法介入——以司法介入的限度和程序设计为中心》,北京大学出版社 2008 年版。

111. 余政:《综合经济利益论》,复旦大学出版社 1999 年版。

112. 郁光华:《公司法的本质:从代理理论的角度观察》,法律出版社 2006 年版。

113. 虞政平:《股东有限责任:现代公司法律之基石》,法律出版社 2001 年版。

114. 曾军平:《自由意志下的集团选择:集体利益及其实现的经济理论》,格致出版社、上海三联书店、上海人民出版社 2009 年版。

115. 曾小青:《公司治理、受托责任与审计委员会制度研究》,东北财经大学出版社 2005 年版。

116. 张守文:《财税法学》,中国人民大学出版社 2007 年版。

117. 张世君:《公司重整的法律构造——基于利益平衡的解析》,人民法院出版社 2006 年版。

118. 张艳丽:《破产欺诈法律规制研究》,北京大学出版社 2008 年版。

119. 张开平:《英美公司董事法律制度研究》,法律出版社 1998 年版。

120. 张民安:《公司法上的利益平衡》,北京大学出版社 2003 年版。

121. 张民安:《现代英美董事法律地位研究》(第二版),法律出版社 2007 年版。

122. 张维迎:《企业理论与中国企业改革》,北京大学出版社 1999 年版。

123. 张穹主编:《新公司法修订研究报告》(上册),中国法制出版社 2005 年版。

124. 张瑞萍:《公司权力论——公司的本质与行为边界》,社会科学文献出版社 2006 年版。

125. 张凝:《日本股东大会制度的立法、理论与实践》,法律出版社 2009 年版。

126. 张舫:《公司收购法律制度研究》,法律出版社 1998 年版。

127. 赵旭东主编:《公司法学》,高等教育出版社 2003 年版。

128. 赵旭东主编:《境外公司法专题概览》,人民法院出版社 2005 年版。

129. 赵志钢:《公司集团基本法律问题研究》,北京大学出版社 2006 年版。

130. 郑成思:《知识产权论》(第3版),法律出版社2003年版。

131. 朱鸣雄:《整体利益论——关于国家为主体的利益关系研究》,复旦大学出版社2006年版。

132. 朱圆:《美国公司治理机制晚近发展》,北京大学出版社2010年版。

133. 朱伟一:《美国公司法判例解析》,中国法制出版社2000年版。

134. 朱羿锟:《公司控制权配置论——制度与效率分析》,经济管理出版社2001年版。

135. 朱羿锟:《董事问责标准的重构》,北京大学出版社2011年版。

136. 《最高人民法院公报》2011年第3期。

137. 《最高人民法院公报》2012年第10期。

138. 赵德枢:《一人公司详论》,中国人民大学出版社2004年版。

139. 张芳杰主编:《牛津现代高级英汉双解词典》,商务印书馆、牛津大学出版社1988年版。

140. 梁上上:《利益衡量论》(第三版),北京大学出版社2021年版。

141. 中国证券监督管理委员会编:《中国证券监督管理委员会年报(2011)》,中国财政经济出版社2012年版。

(二)论文

1. 包剑虹:《闭锁公司非自愿解散制度研究——从美国法视角》,载杨紫烜主编:《经济法研究》(第4卷),北京大学出版社2005年版。

2. 陈波、张益锋:《我国国有企业高效率论——基于层次分析法(AHP)的分析》,载《马克思主义研究》2011年第5期。

3. 邓峰:《公司利益缺失下的利益冲突规则——基于法律文本和

实践的反思》,载《法学家》2009 年第 4 期。

4. 邓峰:《作为社团的法人:重构公司理论的一个框架》,载《中外法学》2004 年第 6 期。

5. 邓峰:《业务判断规则的进化和理性》,载《法学》2008 年第 2 期。

6. 邓峰:《董事会制度的起源、演进与中国的学习》,载《中国社会科学》2011 年第 1 期。

7. 黄子凯:《董事会的制度价值:公司利益》,载《浙江省政法管理干部学院学报》2001 年第 3 期。

8. 胡建淼、邢益精:《公共利益概念透析》,载《法学》2004 年第 10 期。

9. 黄辉:《澳大利亚的股东救济制度:强制公司清算救济与压迫行为救济》,载赵旭东、宋晓明主编:《公司法评论》(2008 年第 1 辑·总第 13 辑),人民法院出版社 2009 年版。

10. 黄美园、周彦:《我国公司僵局司法救济制度之构建》,载《法律适用》2004 年第 5 期。

11. 蒋大兴、谢飘:《公司法规则的回应力——一个政策性的边缘理解》,载《法制与社会发展》2012 年第 3 期。

12. 蒋大兴:《股东代表诉讼中的"公司意思"——关于股东会生成哲学的展开》,载顾功耘主编:《公司法律评论》(2008 年卷·总第 8 卷),上海人民出版社 2009 年版。

13. 蒋大兴:《团结情感、私人裁决与法院行动——公司内解决纠纷之规范结构》,载《法制与社会发展》2010 年第 3 期。

14. 蒋大兴:《民事清欠 VS.国家惩罚——中捷股份案与法律的同情式理解》,载《月旦财经法杂志》2010 年第 22 期。

15. 蒋大兴:《一人公司法人格否认之法律适用》,载《华东政法学院学报》2006 年第 6 期。

16. 蒋大兴:《公司裁判解散的问题和思路——从公司自治与国家干预的关系展开》,载王保树主编:《全球竞争体制下的公司法改革》,社会科学文献出版社 2003 年版。

17. 蒋大兴、沈晖:《从私人选择走向公共选择——摧毁"保荐合谋"的利益墙》,载张育军、徐明主编:《证券法苑》(第五卷)(上),法律出版社 2011 年版。

18. 李春成:《公共利益的概念建构评析——行政伦理学的视角》,载《复旦学报》(社会科学版)2003 年第 1 期。

19. 李小军:《董事对谁承担责任?》载王保树主编:《实践中的公司法》,社会科学文献出版社 2008 年版。

20. 梁上上:《利益的层次结构与利益衡量的展开——兼评加藤一郎的利益衡量论》,载《法学研究》2002 年第 1 期。

21. 林浚清、黄祖辉:《公司相机治理中的控制权转移与演进》,载《财经论丛(浙江财经学院学报)》2003 年第 1 期。

22. 罗培新:《试析我国公司社会责任的司法裁判困境及若干解决思路》,载楼建波、甘培忠主编:《企业社会责任专论》,北京大学出版社 2009 年版。

23. 毛玲玲:《论闭锁公司和公众公司的立法范式之区分——合同路径下的公司法修改之一》,载《金融法苑》2003 年第 5 期。

24. 乔文豹:《突破传统还是维持现状?——德国"亚当—欧宝案"(Adam Opel Fall)介评》,载蒋大兴主编:《公司法律报告》(第二卷),中信出版社 2003 年版。

25. 卜祥健:《小议公司利益的范围及保护》,载《时代金融》2008 年第 6 期。

26. 陕西省高级人民法院:《当前民商事审判法律适用中尚待明确的几个问题——陕西省法院民商事审判工作座谈会综述》,最高人民法院民二庭主编:《中国民商审判》(总第 6 集),法律出版社 2004 年版。

27. 时建中、杨巍:《评公司法修订中的公司社会责任条款》,载楼建波、甘培忠主编:《企业社会责任专论》,北京大学出版社2009年版。

28. 谭甄:《论有限责任公司闭锁性困境的救济》,载方流芳主编:《法大评论》(第3卷),中国政法大学出版社2004年版。

29. 王保树:《是采用集中理念,还是采用制衡理念——20世纪留下的公司法人治理课题》,载中国政法大学民商法教研室编:《民商法纵论——江平教授70华诞祝贺文集》,中国法制出版社2000年版。

30. 王保树:《经济体制转变中公司法面临的转变——〈公司法〉修改中值得注意的几个问题》,载王保树主编:《商事法论集》(第5卷),法律出版社2000年版。

31. 王玉梅:《法国困境企业重整制度的改革及其启示》,载《法商研究》2004年第5期。

32. 王清华:《评英国的公司利害关系人理论》,载顾功耘主编:《公司法律评论》(2002年卷),上海人民出版社2002年版。

33. 王欣新、徐阳光:《论破产重整中的公司治理结构问题》,载甘培忠、楼建波主编:《公司治理专论》,北京大学出版社2009年版。

34. 吴汉东:《论商誉权》,载《中国法学》2001年第3期。

35. 杨奕:《论公司利益结构下派生诉讼的原告扩张》,载王保树主编:《实践中的公司法》,社会科学文献出版社2008年版。

36. 杨瑞龙、周业安:《一个关于企业所有权安排的规范性分析框架及其理论含义——兼评张维迎、周其仁及崔之元的一些观点》,载《经济研究》1997年第1期。

37. 杨瑞龙、周业安:《相机治理与国有企业监控》,载《中国社会科学》1998年第3期。

38. 赵建国:《析公司利益》,载《铜陵学院学报》2003年第4期。

39. 张宪初:《全球改革浪潮中的中国公司法》,载王保树、王文宇主编:《公司法理论与实践:两岸三地观点》,法律出版社 2010 年版。

40. 张民安:《公司无效制度研究》,载吴越主编:《私人有限公司的百年论战与世纪重构——中国与欧盟的比较》,法律出版社 2005 年版。

41. 张民安:《有限责任公司的治理结构研究》,载王保树主编:《商事法论集》(第 9 卷),法律出版社 2005 年版。

42. 杨大可:《德国法上的公司利益及其对我国的启示》,载《清华法学》2019 年第 4 期。

四、外国法典中译本

1. 沈四宝编译:《最新美国标准公司法》,法律出版社 2006 年版。

2. 虞政平编译:《美国公司法规精选》,商务印书馆 2004 年版。

3. 徐文彬等译:《特拉华州普通公司法》,中国法制出版社 2010 年版。

4. 葛伟军译:《英国 2006 年公司法》,法律出版社 2008 年版。

5. 杜景林、卢谌译:《德国股份法·德国有限责任公司法·德国公司改组法·德国参与决定法》,中国政法大学出版社 2000 年版。

6. 卞耀武主编:《德国股份公司法》,贾红梅、郑冲译,法律出版社 1999 年版。

7. 蔡文海校译:《加拿大重要商业公司法和证券法》,中国对外经济贸易出版社 1999 年版。

8. 刘俊海译:《欧盟公司法指令全译》,法律出版社 2000 年版。

9. 于敏、杨东译:《最新日本公司法》(2006 年最新版),法律出版社 2006 年版。

10. 吴日焕译:《韩国商法》,中国政法大学出版社 1999 年版。

11. 李飞主编:《当代外国破产法》,中国法制出版社 2006 年版。

12. 李萍译:《法国公司法规范》,法律出版社 1999 年版。

13. 李耀芳、李研编:《欧洲联盟公司法》,高等教育出版社 2010 年版。